O POVO CONTRA A DEMOCRACIA

YASCHA MOUNK

# O povo contra a democracia

*Por que nossa liberdade corre perigo e como salvá-la*

Tradução
Cássio de Arantes Leite
Débora Landsberg

6ª reimpressão

COMPANHIA DAS LETRAS

Copyright © 2018 by Yascha Mounk

Grafia atualizada segundo o Acordo Ortográfico da Língua Portuguesa de 1990, que entrou em vigor no Brasil em 2009.

*Título original*
The People vs. Democracy: Why Our Freedom Is in Danger and How to Save It

*Capa*
Thiago Lacaz

*Preparação*
Joaquim Toledo Jr.

*Índice remissivo*
Luciano Marchiori

*Revisão*
Angela das Neves
Fernando Nuno

Dados Internacionais de Catalogação na Publicação (CIP)
(Câmara Brasileira do Livro, SP, Brasil)

Mounk, Yascha
    O povo contra a democracia : por que nossa liberdade corre perigo e como salvá-la / Yascha Mounk; tradução Cássio de Arantes Leite, Débora Landsberg. — 1ª ed. — São Paulo : Companhia das Letras, 2019.

    Título original: The People vs. Democracy : Why Our Freedom Is in Danger and How to Save It.
    Bibliografia.
    ISBN 978-85-359-3208-9

    1. Autoritarismo 2. Democracia 3. Direitos humanos 4. Participação política 5. Populismo I. Título.

19-23403                                          CDD-321.8

Índice para catálogo sistemático:
1. Democracia : Ciência política   321.8

Maria Paula C. Riyuzo – Bibliotecária – CRB-8/7639

Todos os direitos desta edição reservados à
EDITORA SCHWARCZ S.A.
Rua Bandeira Paulista, 702, cj. 32
04532-002 — São Paulo — SP
Telefone: (11) 3707-3500
www.companhiadasletras.com.br
www.blogdacompanhia.com.br
facebook.com/companhiadasletras
instagram.com/companhiadasletras
twitter.com/cialetras

# Sumário

*Prefácio à edição brasileira* ............................................................ 7
*Introdução — A perda das ilusões* ................................................15

PARTE UM: A CRISE DA DEMOCRACIA LIBERAL
1. Democracia sem direitos ........................................................ 47
2. Direitos sem democracia ....................................................... 74
3. A democracia está se desconsolidando ............................... 125

PARTE DOIS: ORIGENS
4. As mídias sociais .................................................................. 169
5. Estagnação econômica ......................................................... 184
6. Identidade ............................................................................. 195

PARTE TRÊS: REMÉDIOS
7. Domesticar o nacionalismo ................................................. 233
8. Consertar a economia .......................................................... 257
9. Renovar a fé cívica ............................................................... 281

Conclusão — Lutar por nossas convicções ............................... 301

Notas ................................................................................ 317
Créditos das figuras ........................................................ 407
Agradecimentos ............................................................... 411
Índice remissivo ............................................................... 421

## Prefácio à edição brasileira

É uma fraqueza comum da mente humana projetar tendências passadas muito adiante no futuro — achar que uma ação que subiu rapidamente nos últimos anos continuará com o valor nas alturas ou que o time campeão das últimas cinco temporadas voltará a triunfar sobre os adversários. E, contudo, a definição de loucura às vezes reside não em esperar que um mesmo movimento acabe produzindo um resultado diferente, mas, antes, em presumir que seguirá tendo o mesmo desfecho. Quando a quantidade de carruagens em Nova York cresceu acentuadamente no início do século xx, um relatório advertia que cada palmo da cidade ficaria coberto de esterco; então o carro foi inventado.

Refletindo sobre essa propensão bastante humana enquanto dava os últimos retoques no livro, não pude deixar de me perguntar se meus prognósticos mais pessimistas sobre a perigosa ascensão do populismo não poderiam em pouco tempo se revelar equivocados. Será que assistiremos em breve a uma reversão do crescimento impressionante do populismo autoritário — a eleição de Donald Trump, a consolidação de Rodrigo Duterte no poder nas Filipinas ou a rápida ascensão da Alternativa para a Alemanha — que acabamos de testemunhar?

No devido tempo, é bem possível. Mas os eventos do último ano, pelo mundo todo e especialmente no Brasil, sugerem outra conclusão: por ora, a ameaça populista à democracia é mais séria do que nunca.

Nos Estados Unidos, Donald Trump continua a atacar abertamente as instituições democráticas. Após ameaçar de prisão sua principal adversária durante a campanha e pôr em dúvida se respeitaria o resultado da eleição, no governo ele tem solapado a independência de instituições cruciais e ameaçado decretar estado de emergência nacional. Até o momento, a República americana resistiu a seus ataques erráticos. Mas, mesmo que Trump perca a eleição de 2020 e deixe a Casa Branca coberto de infâmia, sua presidência terá exposto a fragilidade da democracia mais antiga do mundo. Pois a despeito de seu descarado desprezo pelas tradições democráticas e dos constantes escândalos que assolam seu governo, ele consolidou o controle do Partido Republicano, furtou-se a prestar contas perante o Congresso e expandiu os poderes da presidência.

O que nos chega da Europa é igualmente sombrio. Falando em Fulton, Missouri, em março de 1946, Winston Churchill lamentou a Cortina de Ferro que descia sobre o coração da Europa, de Stettin, no Báltico, a Trieste, no Adriático. Hoje, é possível percorrer a estrada ao longo dessa falha geológica da história — começando na Polônia e na República Tcheca e passando pela Hungria e pela Áustria — sem nunca deixar um país governado por populistas autoritários.

Para ficar num exemplo: com sua vibrante sociedade civil, histórico de eleições livres e justas e PIB relativamente elevado, os cientistas políticos há muito proclamaram a Hungria uma "democracia consolidada". Desde a eleição de Viktor Orbán, em

2010, o país marcha, como mostro nas páginas deste livro, a passos largos rumo à autocracia: Orbán encheu de sectários o supremo tribunal da Hungria e sua poderosa comissão eleitoral, transformou os canais de televisão estatais em veículos de propaganda, entregou jornais importantíssimos nas mãos de seus aliados e causou graves danos ao sistema eleitoral do país. No ano passado, o governo recrudesceu ainda mais a repressão. Uma grande universidade foi forçada a deixar o país. Orbán foi rebatizado primeiro-ministro em eleições na maior parte livres, mas não mais justas. Segundo um painel de especialistas internacionais, o país não podia mais ser classificado como "livre".

Seria tentador pôr os estarrecedores acontecimentos de lugares como a Hungria, a Polônia e a República Tcheca na conta de seu longo legado de governo totalitário ou do caráter recente de suas instituições democráticas. Mas a triste verdade é que esses mesmos acontecimentos estão rapidamente criando raízes em partes do continente que foram democráticas por muito mais tempo. Na Itália, os populistas abocanharam quase dois terços da votação nas eleições do ano passado; o Movimento Cinco Estrelas e a Liga estão formando nesse momento um governo populista de esquerda-direita que remete à tradição dos pactos vermelho-marrom. A situação na Áustria não é muito melhor: embora Sebastian Kurz, o mais jovem chanceler do país, seja membro de um partido político tradicionalmente moderado, a agenda do governo é ditada sobretudo por seus parceiros de coalizão populista, o Partido da Liberdade, de extrema direita.

Como resultado desses e outros acontecimentos similares, a democracia prossegue em seu encolhimento global. Segundo novo relatório da Freedom House, adentramos o 13º aniversário de uma "recessão democrática": em cada um dos últimos treze anos, mais países se afastaram da democracia do que foram em sua direção. As quatro democracias mais populosas do mundo são hoje governadas por populistas autoritários...

... o que, é claro, nos leva ao Brasil. Durante a campanha, Jair Bolsonaro demonstrou claramente suas semelhanças com Trump e Orbán. Como eles, Bolsonaro se pintou como o único representante verdadeiro do povo e chamou seus adversários de traidores ilegítimos; e, também como eles, atacou as regras e normas mais básicas das instituições do país — chegando a ponto de elogiar a ditadura militar que dominou o país por duas cruéis décadas.

O que define o populismo é essa reivindicação de representação exclusiva do povo — e é essa relutância em tolerar a oposição ou respeitar a necessidade de instituições independentes que com tamanha frequência põe os populistas em rota de colisão direta com a democracia liberal. Desse modo, a eleição de Jair Bolsonaro deve ser encarada como o evento mais significativo na história brasileira desde a queda da ditadura militar: pelos próximos anos, o povo terá de lutar pela própria sobrevivência da democracia liberal.

Os brasileiros conseguirão salvar a democracia brasileira? E terá o leitor deste livro algo a contribuir para essa que é a mais nobre das causas?

A resposta a ambas as questões é sim.

Há alguns meses, meu colega Jordan Kyle e eu começamos a montar o primeiro estudo sistemático do impacto que populistas do mundo todo tiveram sobre as instituições democráticas de seus países. Nossos resultados são desanimadores. A probabilidade de um populista causar um estrago duradouro ao grau em que um país pode ser considerado democrático é quatro vezes maior do que a de outros tipos de governantes eleitos. Apenas uma pequena minoria de presidentes e primeiros-ministros populistas deixa o governo por perder eleições livres e justas ou chegar ao fim do mandato. Quase metade conseguiu mudar a Constituição para se conceder poderes expandidos. Muitos restringem significativamente as liberdades políticas e civis desfrutadas por aqueles sob seu governo. E embora na campanha não raro prometam erradicar a corrupção, os países que governam ficaram, em média, *mais* corruptos.

Mas, apesar das más notícias, a principal lição a tirar desse estudo está longe de ser fatalista. Afinal, ele demonstrou que em muitos casos uma oposição disciplinada e atuante conseguiu fazer frente às tentativas do governo de expandir seus poderes. Assim como há populistas autoritários que concentraram poder nas próprias mãos e minaram as liberdades de seus súditos, também há casos em que os cidadãos removeram aspirantes a autocrata do governo com uma vitória acachapante nas urnas ou por meio de impeachment, devido à corrupção generalizada.

As evidências sugerem fortemente que a democracia brasileira corre grave perigo. Mas levam a crer também que o destino do país depende hoje das ações de defensores da democracia. Mas o que eles — você — podem fazer?

A experiência de outros países sugere três lições principais. Primeiro, a oposição sempre subestima o populista, deixando de enxergar a astúcia que espreita sob suas bravatas. Dos venezuelanos de classe alta que se convenceram de que Chávez não teria capacidade para continuar no poder aos italianos cultos que tinham certeza de que seus compatriotas em pouco tempo perceberiam que Silvio Berlusconi não passava de um charlatão ridículo, todos continuaram a escarnecer enquanto a vaca ia para o brejo. Com frequência, esse desdém pela figura de proa do populismo vinha acompanhado de uma palpável depreciação de seus partidários.

É fundamental que os brasileiros não cometam o mesmo erro: Bolsonaro é o adversário mais poderoso que a democracia brasileira enfrenta em meio século, e seus partidários são cidadãos que, como você, terão que compartilhar o país por uma década ou até um século. Não o subestime e não menospreze essas pessoas.

Segundo, os opositores dos populistas muitas vezes deixam de trabalhar unidos até se verem juntos na impotência. Na maioria dos países, os populistas só alcançam o cargo máximo porque seus adversários fracassam em concluir um pacto eleitoral. E embora seja natural presumir que a ameaça autoritária possa nos ajudar a enxergar as coisas com mais lucidez, o oposto geralmente se mostra verdadeiro: aflitos e apavorados, os adversários do populista começam a fazer o jogo político da pureza, impondo testes ainda mais decisivos a seus potenciais parceiros e recusando-se a abraçar antigos aliados do populista dispostos a lhe dar as costas.

Todos os brasileiros que reconhecem o perigo representado por Bolsonaro e estão comprometidos tanto com a liberdade individual como com a autodeterminação coletiva precisam trabalhar juntos, a despeito de suas enormes diferenças políticas. Você poderá voltar à luta por taxas de impostos mais justas ou debater os limites do Estado de bem-estar social depois que esse perigo iminente tiver sido afastado. Por ora, é preciso união — ou sujeitar-se à cisão.

Terceiro, os oponentes dos populistas muitas vezes deixam de visualizar uma perspectiva positiva para um país melhor. Em vez de tentar convencer seus colegas cidadãos de que eles podem oferecer benefícios tangíveis, concentram-se apenas nas falhas gritantes de seus inimigos. Se ao menos conseguissem chamar a atenção para suas mentiras, preconceitos e mau gosto, o país finalmente levaria um susto e acordaria do pesadelo, atônito — é o que parecem pensar.

Mas a maioria dos partidários dos populistas tem plena consciência de que seu líder mente, dissemina mensagens de ódio e não passa de um bronco. Convencidos de que os políticos tradicionais nada têm a lhes oferecer, é precisamente isso que os atrai nele. Sempre existe a chance, dizem a si mesmos, de que o populista realize uma fração de suas promessas irreais. E, pelo menos, ele vai poupá-los da hipocrisia envaidecida da velha-guarda.

É crucial que os políticos da oposição evitem a armadilha de deixar Bolsonaro determinar a agenda política, concentrando-se exclusivamente em suas falhas pessoais e políticas. Em vez de denunciar as palavras afrontosas que estão sempre saindo dos lábios dos populistas, eles deveriam tentar uma estratégia própria. Pois somente quando os cidadãos se sentem mais esperançosos do que fatalistas — apenas quando recuperam a confiança de que políticos mais moderados lutarão e trabalharão por eles — eles mudam seu voto. Para resgatar o país, os defensores da democracia liberal precisam provar para seus concidadãos não só que Bolsonaro é ruim para a nação, como também que eles podem fazer um trabalho melhor.

A batalha pela sobrevivência da democracia brasileira ainda não foi perdida. Ao contrário dos cidadãos da Turquia e da Hungria, você ainda tem nas mãos a capacidade de brigar por seus valores. Um excelente começo é protestar sempre que o presidente tentar expandir seu poder. Afinal, nada melhor do que centenas de milhares de pessoas de todas as classes e etnias tomando as ruas em uma jubilosa celebração da democracia para demonstrar que Bolsonaro não fala em nome de todo o povo.

Se você se importa com a proteção de sua liberdade, é seu dever solene exercer seus direitos antes que o novo presidente os tire de vez. Mas vá com calma: salvar uma democracia de um populista perigoso é como correr uma ultramaratona — e você acaba de transpor o primeiro quilômetro.

# Introdução
# A perda das ilusões

Existem décadas intermináveis, em que a história parece se arrastar. Eleições são vencidas e perdidas, leis são adotadas e revogadas, estrelas nascem e pessoas ilustres vão para o túmulo. Mas a despeito do caráter prosaico da passagem do tempo, as estrelas-guia da cultura, da sociedade e da política seguem as mesmas.

E existem também anos breves em que tudo muda abruptamente. Novas figuras políticas tomam o palco de assalto. Eleitores clamam por políticas públicas que até o dia anterior eram impensáveis. Tensões sociais que por muito tempo fervilharam sob a superfície vêm à tona numa explosão terrível. O sistema de governo que antes parecia inabalável dá sinais de que vai desmoronar.

É o tipo de momento em que vivemos hoje.

Até há pouco tempo, a democracia liberal reinava absoluta. A despeito de todas as suas deficiências, a maioria dos cidadãos parecia profundamente comprometida com sua forma de governo. A economia estava em crescimento. Os partidos radicais eram insignificantes. Os cientistas políticos achavam que em lugares como a França ou os Estados Unidos a democracia chegara para ficar fazia um bom tempo e que em anos vindouros pouca coisa mudaria. Politicamente falando, assim parecia, o futuro não seria muito diferente do passado.

Então o futuro chegou — e se revelou, na verdade, bem diferente.

A desilusão do cidadão com a política é coisa antiga; hoje em dia, ele está cada vez mais inquieto, raivoso, até desdenhoso. Faz tempo que os sistemas partidários parecem paralisados; hoje, o populismo autoritário cresce no mundo todo, da América à Europa e da Ásia à Austrália. Não é de hoje que os eleitores repudiam esse ou aquele partido, político ou governo; agora, muitos deles parecem estar fartos da democracia liberal em si.

A eleição de Donald Trump para a Casa Branca foi a manifestação mais aparente da crise da democracia. Nunca é demais frisar o que significou a ascensão de Trump. Pela primeira vez em sua história, a democracia mais antiga e poderosa do mundo elegeu um presidente que despreza abertamente normas constitucionais básicas — alguém que deixou seus apoiadores "em suspense", ameaçando não aceitar o resultado da eleição; que defendeu a prisão de sua principal opositora política; e que sem exceção preferiu os adversários autoritários do país a seus aliados democráticos.[1] Mesmo se no fim das contas Trump for cerceado pelos mecanismos institucionais de controle, a disposição do povo americano em eleger um aspirante a déspota para o cargo mais alto do país é um péssimo sinal.

E a eleição de Trump dificilmente pode ser considerada um incidente isolado. Na Rússia e na Turquia, déspotas eleitos conseguiram transformar democracias incipientes em ditaduras eleitorais. Na Polônia e na Hungria, líderes populistas rezam essa mesma cartilha para destruir a liberdade de imprensa, solapar as instituições independentes e calar a oposição.

Mais países em breve seguirão o mesmo caminho. Na Áustria, um candidato de extrema direita quase ganhou a presidência. Na França, o panorama político em rápida transformação está oferecendo novas oportunidades tanto para a extrema esquerda como para a extrema direita. Na Espanha e na Grécia, sistemas partidários estabelecidos estão se desintegrando a uma velocidade alarmante. Mesmo nas democracias supostamente estáveis e tolerantes — Suécia, Alemanha, Holanda —, os extremistas têm celebrado triunfos sem precedentes.

Não resta mais a menor dúvida de que estamos em um momento populista. A questão agora é se esse momento populista vai se tornar uma era populista — e pôr em xeque a própria sobrevivência da democracia liberal.

Após a queda da União Soviética, a democracia liberal virou a forma de regime dominante no mundo. Parecia imutável na América do Norte e na Europa Ocidental, radicou-se num piscar de olhos em países outrora autocráticos, do Leste Europeu à América do Sul, e fez rápidas incursões por Ásia e África.

Um motivo para o triunfo da democracia liberal é que não havia alternativa consistente a ela. O comunismo fracassara. A teocracia islâmica contava com pouquíssimo apoio fora do Oriente Médio. O sistema singular chinês de capitalismo estatal sob a bandeira do comunismo dificilmente poderia ser copiado por países que não partilhassem de sua história incomum. O futuro, assim parecia, pertencia à democracia liberal.

A ideia do triunfo infalível da democracia ficou associada à obra de Francis Fukuyama. Em controverso ensaio publicado no fim dos anos 1980, Fukuyama afirmava que o encerramento da Guerra Fria levaria "ao ponto final da evolução ideológica da humanidade e à universalização da democracia liberal ocidental como forma definitiva de governo humano". O triunfo da democracia, proclamou numa frase que veio a condensar o otimismo eufórico de 1989, marcaria o "Fim da História".[2]

Muitos criticaram Fukuyama por sua suposta ingenuidade. Alguns alegavam que a disseminação da democracia liberal estava longe de ser inevitável, receando (ou esperando) que muitos países se mostrariam resistentes a essa ideia importada do Ocidente. Outros afirmavam que era cedo demais para prever que tipo de avanços a engenhosidade humana seria capaz de conceber nos séculos seguintes: talvez, sugeriam, a democracia liberal fosse apenas o prelúdio para uma forma de governo mais justa e esclarecida.[3]

A despeito da crítica vociferante, o pressuposto fundamental de Fukuyama se revelou de enorme influência. A maioria dos que advertiam que a democracia liberal podia não triunfar no mundo todo estava igualmente confiante em que ela permaneceria estável nos redutos democráticos da América do Norte e da Europa Ocidental. Na verdade, até mesmo a maior parte dos cientistas políticos, por demais cautelosos para fazer grandes generalizações sobre o fim da história, chegou mais ou menos à mesma conclusão. As democracias nos países pobres muitas vezes fracassavam, observaram eles. Autocratas eram regularmente expulsos do poder mesmo quando podiam oferecer um bom padrão de vida a seus súditos. Mas quando um país passava a ser não apenas rico como também democrático, mostrava-se incrivelmente estável. A Argentina sofrera um golpe militar em 1975, quando seu PIB per capita era de cerca de 14 mil dólares, em moeda atual.[4] Acima desse limiar, nenhuma democracia estabelecida jamais desmoronara.[5]

Impressionados com a estabilidade sem paralelo das democracias ricas, os cientistas políticos começaram a conceber a história do pós-guerra em diversos países como um processo de "consolidação democrática".[6] Para sustentar uma democracia duradoura, o país devia atingir um alto nível de riqueza e educação.

Tinha de construir uma sociedade civil vibrante e assegurar a neutralidade de instituições de Estado fundamentais, como o judiciário. Grandes forças políticas tiveram de aceitar que deviam deixar os eleitores — e não o poder de seus exércitos ou de suas carteiras gordas — determinar os resultados políticos. Todos esses objetivos frequentemente se revelaram esquivos.

Construir uma democracia não foi tarefa fácil. Mas a recompensa que acenava no horizonte era tão preciosa quanto perene: uma vez estabelecidos os parâmetros fundamentais da democracia, o sistema político continuaria estável para sempre. A consolidação democrática, segundo essa visão, era uma via de mão única. Depois que a democracia, na famosa expressão de Juan J. Linz e Alfred Stepan, virou "a única opção", ela estava lá para ficar.[7]

Os cientistas políticos tinham tanta convicção desse pressuposto que poucos se dedicaram a especificar as condições sob as quais a consolidação democrática correria o risco de andar para trás. Mas acontecimentos recentes põem essa autoconfiança democrática em xeque.

Há um quarto de século, a maioria dos cidadãos das democracias liberais estava muito satisfeita com seus governos e o índice de aprovação de suas instituições era elevado; hoje, a desilusão é maior do que nunca. Há um quarto de século, a maioria dos cidadãos tinha orgulho de viver numa democracia liberal e rejeitava enfaticamente uma alternativa autoritária a seu sistema de governo; hoje, muitos estão cada vez mais hostis à democracia. E há um quarto de século, adversários políticos eram unidos em seu respeito mútuo pelas regras e normas democráticas básicas; hoje, candidatos que violam as normas mais fundamentais da democracia liberal ganharam grande poder e influência.[8]

Tomemos dois exemplos extraídos de minha pesquisa: mais de dois terços dos idosos americanos acreditam que é extremamente importante viver em uma democracia; entre os millennials, menos de um terço pensa o mesmo. O fim do caso de amor com a democracia também está deixando os americanos mais abertos a alternativas autoritárias. Em 1995, por exemplo, apenas uma em cada dezesseis pessoas acreditava que um governo militar era um bom sistema de governo; hoje, a proporção é de uma em seis.[9]

Sob essas circunstâncias radicalmente transformadas, seria uma imprudência pressupor que a estabilidade da democracia persistirá sem sombra de dúvida. O primeiro grande pressuposto do pós-guerra — a ideia de que países ricos em que o poder repetidamente trocou de mãos por meio de eleições livres e justas seguiriam democráticos para sempre — permaneceu todo esse tempo enraizado em solo instável.

Se o primeiro grande pressuposto que moldou nossa imaginação política se mostrou injustificável, temos motivo para reexaminar também o segundo grande pressuposto.

Liberalismo e democracia, assim pensamos por muito tempo, compõem um todo coeso. A questão não é apenas que nos preocupamos com a vontade popular e com o Estado de direito, ambos ligados não só à autonomia de decisão das pessoas como também à proteção dos direitos individuais. É que cada componente de nosso sistema político parece ser necessário para proteger os demais.

Há de fato um bom motivo para recear que a democracia liberal talvez não sobreviva se um de seus elementos for abandonado. Um sistema em que as pessoas têm voz nas decisões assegura que os ricos e poderosos não possam passar por cima dos direitos dos desfavorecidos. Por esse mesmo motivo, um sistema em que os direitos de minorias impopulares são protegidos e a imprensa pode criticar o governo livremente assegura que as pessoas possam mudar seus soberanos mediante eleições livres e justas. Direitos individuais e vontade popular, conforme sugere essa narrativa, andam juntos, como torta e maçã, ou como Twitter e Donald Trump.

Mas o fato de que um sistema funcional precisa de ambos os elementos para prosperar não significa que um sistema que tenha as duas coisas necessariamente será estável. Pelo contrário, a dependência mútua do liberalismo e da democracia mostra com que rapidez a disfunção em um aspecto de nossa política pode gerar disfunção em outro. E assim a democracia sem direitos sempre corre o risco de degenerar naquilo que os Pais Fundadores mais temiam: a tirania da maioria. Entretanto, os direitos sem democracia não precisam se provar mais estáveis: depois que o sistema político virar um playground de bilionários e tecnocratas, a tentação de excluir cada vez mais o povo das decisões importantes continuará aumentando.

Essa lenta divergência entre o liberalismo e a democracia talvez seja exatamente o que acontece neste momento — e as consequências decerto serão tão ruins quanto as nossas previsões.

Na forma e no conteúdo, muita coisa separa os populistas que estão celebrando vitórias sem precedentes de ambos os lados do Atlântico.

É tentador, por exemplo, ver Donald Trump como um fenômeno exclusivamente americano. Dos modos impudentes à ostentação da própria riqueza, ele é a caricatura ambulante do id americano — o tipo de personagem que um cartunista comunista encarregado de ridicularizar o arqui-inimigo poderia ter desenhado a mando de um ministério da propaganda da era soviética. E de muitas maneiras, sem dúvida, Trump é *de fato* muito americano. Ele enfatiza suas credenciais de homem de negócios em parte devido à profunda veneração de empresários típica da cultura americana. Os alvos de sua ira também são moldados pelo contexto americano. O temor de que as elites liberais estejam conspirando para tirar as armas do povo, por exemplo, na Europa pareceria peculiar.

E, contudo, a real natureza da ameaça que Trump representa só pode ser compreendida em um contexto muito mais amplo: o de populistas da extrema direita que vêm ganhando força em toda grande democracia, de Atenas a Ancara, de Sydney a Estocolmo, de Varsóvia a Wellington. A despeito das diferenças óbvias entre os populistas em ascensão nesses países, suas características em comum são profundas — e fazem de cada um deles um perigo surpreendentemente similar para o sistema político.

Donald Trump nos Estados Unidos, Nigel Farage na Grã-Bretanha, Frauke Petry na Alemanha e Marine Le Pen na França afirmam todos que as soluções para os problemas mais prementes de nosso tempo são bem mais simples do que o establishment político quer nos fazer crer e que a grande massa de pessoas comuns instintivamente sabe o que fazer. No fundo, eles veem a política como um assunto muito simples. Se a voz pura do povo prevalecesse, os motivos para o descontentamento popular rapidamente desapareceriam. A América (ou a Grã-Bretanha, ou a Alemanha, ou a França) seria grande outra vez.

Isso leva a uma pergunta óbvia. Se os problemas políticos de nosso tempo são tão fáceis de consertar, por que persistem? Como os populistas não estão dispostos a admitir que o mundo real pode ser complicado — que as soluções podem se revelar esquivas até para pessoas bem-intencionadas —, precisam de alguém para culpar. E culpar é o que mais fazem.

Em geral, o primeiro culpado evidente é encontrado fora do país. Assim, nada mais lógico que Trump culpe a China pelos problemas econômicos dos Estados Unidos. Tampouco deveria causar surpresa que ele se aproveite dos medos das pessoas e alegue que os Estados Unidos estão sendo tomados por estupradores (mexicanos) e terroristas (muçulmanos).[10]

Os populistas europeus veem inimigos por toda parte e a maioria expressa seu ódio de maneira mais velada. Mas a retórica deles tem a mesma lógica subjacente. Como Trump, Le Pen e Farage acreditam que a culpa é dos estrangeiros — parasitas muçulmanos ou encanadores poloneses — se os salários ficam estagnados ou a identidade nacional é ameaçada por recém-chegados. E, como Trump, culpam o establishment político — dos burocratas de Bruxelas à mídia falaciosa — por seu fracasso em cumprir com as promessas exageradas. Aquela gente da capital, afirmam populistas de todos os jaezes, está ali em proveito próprio ou conspirando com os inimigos da nação. Os políticos do establishment, alegam, têm um fetiche equivocado pela diversidade. Ou então torcem pelos inimigos da nação. Ou — a explicação mais simples de todas — são de algum modo forasteiros, ou muçulmanos, ou as duas coisas.

Essa visão de mundo engendra dois desejos políticos, e a maioria dos populistas é suficientemente esperta para abraçar ambos. Primeiro, dizem os populistas, um líder honesto — que partilhe da opinião pura das pessoas e esteja disposto a lutar em nome delas — precisa galgar os altos escalões do poder. E, segundo, depois que esse líder honesto estiver no comando, precisa acabar com os obstáculos institucionais que o impeçam de cumprir a vontade do povo.

As democracias liberais têm muitos mecanismos de controle criados para impedir um partido de acumular demasiado poder e para conciliar os interesses de grupos diferentes. Mas na imaginação dos populistas a vontade do povo não precisa ser mediada, e qualquer compromisso com as minorias é uma forma de corrupção. Nesse sentido, os populistas são profundamente democratas: muito mais fervorosos do que os políticos tradicionais, eles acreditam que o *demos* deve governar. Mas também são profundamente iliberais: ao contrário dos políticos tradicionais, dizem abertamente que nem as instituições independentes, nem os direitos individuais devem abafar a voz do povo.

O medo de que insurgentes populistas sabotem as instituições liberais se chegarem ao poder pode soar alarmista. Mas está baseado em numerosos precedentes. Afinal de contas, populistas iliberais foram eleitos em países como Polônia e Turquia. Em cada um desses lugares, tomaram medidas surpreendentemente parecidas para consolidar seu poder: elevaram as tensões com supostos inimigos domésticos e no exterior; encheram de cupinchas os tribunais e comissões eleitorais; e assumiram o controle da mídia.[11]

Na Hungria, por exemplo, a democracia liberal foi um transplante bem mais recente — e frágil — do que, digamos, na Alemanha ou na Suécia. E, no entanto, durante toda a década de 1990 os cientistas políticos estiveram otimistas com seu futuro. Segundo suas teorias, a Hungria tinha todos os atributos que favoreciam uma transição democrática: o país conhecera um governo democrático no passado; seu legado totalitário era mais moderado que o de vários outros países do Leste Europeu; as antigas elites comunistas haviam consentido com o novo regime num acordo negociado; e o país fazia fronteira com uma série de democracias estáveis. A Hungria, no linguajar das ciências sociais, era um "caso mais provável": se a democracia não triunfasse ali, também dificilmente seria bem-sucedida nos demais países comunistas.[12]

Essa previsão pareceu mais ou menos se confirmar ao longo de toda a década de 1990. A economia húngara cresceu. O governo mudou de mãos pacificamente. Sua atuante sociedade civil tinha uma mídia crítica, ONGs fortes e uma das melhores universidades da Europa Central. A democracia húngara parecia em processo de consolidação.[13]

Então começaram os problemas. Muitos húngaros acharam que estavam recebendo uma fatia pequena demais do crescimento econômico nacional. Viram sua identidade ameaçada pela perspectiva (sem base na realidade) da imigração em massa. Quando o partido de centro-esquerda então no poder se envolveu num grande escândalo de corrupção, o descontentamento popular culminou no completo repúdio ao governo. Nas eleições parlamentares de 2010, os eleitores húngaros deram ao partido Fidesz, de Viktor Orbán, uma vitória esmagadora.[14]

Uma vez no governo, Orbán consolidou sistematicamente seu controle. Indicou seguidores leais para dirigir estações de TV estatais, chefiar a comissão eleitoral e controlar o tribunal constitucional do país. Mudou o sistema eleitoral em proveito próprio, forçou a saída de empresas estrangeiras para favorecer o lucro de seus cupinchas, instituiu regulamentação excessivamente rígida para as ONGs e tentou fechar a Universidade Centro-Europeia.[15]

Não houve decisão revolucionária, nenhuma medida isolada que assinalasse nitidamente que as velhas normas políticas haviam sido varridas do mapa. Qualquer uma das medidas de Orbán podia ser defendida de uma maneira ou de outra. Mas, tomadas em conjunto, seu efeito pouco a pouco se tornou inconfundível: a Hungria não é mais uma democracia liberal.

Então o que ela é?

Ao longo dos anos, Orbán tem respondido a essa pergunta com clareza cada vez maior. No começo ele se apresentou como um democrata honesto com valores conservadores. Agora declara em alto e bom som sua oposição à democracia liberal. A democracia, ele prega, deve ser hierárquica, não liberal. Sob sua liderança, a Hungria passará a ser um "novo Estado iliberal baseado em fundações nacionais".[16]

Essa é uma descrição da natureza de sua empreitada muito melhor do que a maioria dos observadores externos foi capaz de produzir. Eles tendem a denunciar Orbán como antidemocrático. Mas, embora tenham razão em se preocupar que suas reformas iliberais lhe permitam no fim das contas ignorar a vontade do povo, é um erro pensar que todas as democracias devam por natureza ser liberais ou se assemelhar a nossas atuais instituições políticas.

A democracia hierárquica permite a líderes popularmente eleitos cumprir a vontade do povo tal como a interpretam, sem ter de fazer concessões aos direitos ou interesses de minorias obstinadas. Sua alegação de ser um democrata não é necessariamente insincera. No sistema emergente, a vontade popular reina soberana (ao menos no início). O que o separa do tipo de democracia liberal à qual estamos acostumados não é a falta de democracia; é a falta de respeito pelas instituições independentes e pelos direitos individuais.

O surgimento da democracia iliberal, ou da democracia sem direitos, é apenas um lado da política nas primeiras décadas do século XXI. Pois mesmo que o homem comum esteja cada vez mais cético quanto às práticas e instituições liberais, as elites políticas tentaram se isolar de sua ira. O mundo é complicado, insistem — e elas têm se esforçado para encontrar as respostas corretas. Se a inquietação do povo crescer a ponto de ignorar o sábio conselho oferecido pelas elites, ele deve ser educado, ignorado ou intimidado a obedecer.

Essa atitude nunca ficou mais evidente do que nas primeiras horas de 13 de julho de 2015. A Grande Recessão deixara a Grécia com uma dívida astronômica. Os economistas sabiam que o país nunca seria capaz de pagar tudo que devia; a maioria concordava que uma política de austeridade só serviria para infligir estragos ainda maiores a uma economia já combalida.[17] Mas os investidores temiam que, caso a União Europeia permitisse o calote grego, países bem maiores, como Espanha ou Itália, pudessem vir em seguida. E assim tecnocratas em Bruxelas decidiram que, para o resto do sistema monetário europeu sobreviver, a Grécia teria de sofrer.

Com poucas opções à vista, uma sucessão de governos gregos fez o que Bruxelas mandou. Mas, com a economia encolhendo ano após ano e o desemprego entre jovens saltando para 50%, os eleitores desesperados finalmente depositaram sua confiança em Alexis Tsipras, um líder jovem e populista que prometia acabar com a austeridade.[18]

Quando Tsipras assumiu o governo, começou a renegociar a dívida do país com seus principais credores, representados pela Comissão Europeia, pelo Banco Central Europeu e pelo Fundo Monetário Internacional. Mas logo se soube que a assim chamada "troica" estava irredutível. A Grécia teria de persistir na penúria — ou decretar falência e deixar o euro. No verão de 2015, com um ingrato pacote de resgate financeiro sobre a mesa, Tsipras viu-se reduzido a duas opções: capitular às demandas dos tecnocratas ou conduzir a Grécia ao caos econômico.[19]

Diante da grave escolha, Tsipras fez o que pode parecer natural em um sistema que alega defender a soberania do povo: convocou um plebiscito. A reação foi imediata e estridente. Líderes políticos de toda a Europa chamaram o referendo de irresponsável. A chanceler alemã Angela Merkel insistiu que a troica fizera uma oferta "extraordinariamente generosa". A mídia reagiu com dureza contra a decisão de Tsipras.[20]

Em meio a muita excitação, a Grécia foi às urnas em 5 de julho de 2015. O resultado foi um grande não às elites tecnocratas do continente. A despeito das ominosas advertências sobre a catástrofe iminente, os eleitores não estavam dispostos a engolir seu orgulho. O acordo foi rejeitado.[21]

Encorajado com a clara expressão da vontade popular, Tsipras voltou à mesa de negociações. Parecia presumir que a troica cederia um pouco. Em vez disso, o acordo original foi retirado — e a nova oferta implicava sofrimentos ainda piores.[22]

Com a Grécia à beira da insolvência, a elite política europeia reuniu-se em Bruxelas para uma maratona de negociações a portas fechadas. Quando Tsipras apareceu diante das câmeras, no início da manhã de 13 de julho, de olhos injetados e rosto pálido, logo ficou patente que a noite terminara com sua capitulação. Pouco mais de uma semana após ele ter deixado que seu povo rejeitasse o impopular acordo de resgate, Tsipras assinou um termo que era, sob qualquer parâmetro razoável, pior.[23] A tecnocracia prevalecera.

A política da zona do euro é o exemplo extremo de um sistema político em que as pessoas sentem ter cada vez menos voz sobre o que de fato acontece.[24] Mas isso está longe de atípico. Sem que fosse notada pela maioria dos cientistas políticos, uma forma de liberalismo antidemocrático lançou raízes na América do Norte e na Europa Ocidental. Nessa forma de governo, as sutilezas processuais são cuidadosamente observadas (na maior parte das vezes) e os direitos individuais são respeitados (muitas vezes). Mas os eleitores concluíram há muito tempo que sua influência nas políticas públicas é pequena.

Não estão de todo errados.

A ascensão dos populistas na Hungria e o controle tecnocrático da Grécia parecem ocupar polos opostos. Em um caso, a vontade do povo tirou do caminho as instituições independentes que deveriam resguardar o primado da lei e os direitos das minorias.

No outro, a força dos mercados e as convicções dos tecnocratas tiraram do caminho a vontade do povo.

Mas a Hungria e a Grécia são apenas dois lados da mesma moeda. Nas democracias do mundo todo, dois acontecimentos aparentemente distintos estão ocorrendo. Por um lado, as preferências do povo são cada vez mais iliberais: os eleitores estão cada vez mais impacientes com as instituições independentes e cada vez menos dispostos a tolerar os direitos de minorias étnicas e religiosas. Por outro lado, as elites vêm assumindo o controle do sistema político e tornando-o cada vez mais insensível: os poderosos estão cada vez menos dispostos a ceder às opiniões do povo. Como resultado, liberalismo e democracia, os dois elementos centrais de nosso sistema político, começam a entrar em conflito.

Os especialistas sempre souberam que o liberalismo e a democracia podiam, às vezes, ser observados isoladamente um do outro. Na Prússia do século XVIII, um monarca absoluto fez um governo relativamente liberal respeitando (em parte) os direitos de seus súditos e permitindo (o mínimo de) liberdade de expressão.[25] Já na antiga Atenas a assembleia do povo governava de maneira clamorosamente iliberal, exilando estadistas impopulares, executando filósofos críticos e censurando desde discursos políticos a partituras musicais.[26]

Mesmo assim, a maioria dos cientistas políticos há muito considera o liberalismo e a democracia como complementares. Embora reconhecessem que os direitos individuais e a vontade popular nem sempre andam juntos, eles se aferravam à crença de que era esse o seu destino. Nos casos em que o liberalismo e a democracia caminham lado a lado, assim se diz, eles formam um amálgama particularmente estável, resiliente e coerente.

Mas quando as opiniões do povo tendem a ser iliberais e as preferências das elites se tornam antidemocráticas, liberalismo e democracia colidem. A democracia liberal, essa mistura única de direitos individuais e governo popular que há muito tem caracterizado a maioria dos governos na América do Norte e na Europa Ocidental, está se desmantelando. Em seu lugar, presenciamos a ascensão da *democracia iliberal*, ou democracia sem direitos, e do *liberalismo antidemocrático*, ou direitos sem democracia.

Era uma vez um galinheiro muito feliz. Todo dia, o fazendeiro alimentava as galinhas. Todo dia, elas ficavam um pouco mais gorduchas e complacentes.

Outros animais da fazenda tentaram advertir as galinhas. "Vocês vão morrer", disseram. "O fazendeiro só está tentando engordar vocês."

As galinhas não deram ouvidos. Durante toda a sua vida o fazendeiro aparecera para alimentá-las, murmurando palavras de carinho e encorajamento. Como as coisas poderiam mudar tão de repente?

Mas de fato um dia as coisas foram diferentes: "O homem que alimentou as galinhas todos os dias de sua vida", escreve Bertrand Russell em seu tom caracteristicamente irônico, "no fim torce seu pescoço".[27] Enquanto a galinha era jovem e magra, o fazendeiro queria engordá-la; quando estava gorda o suficiente para o mercado, era hora de ser abatida.

Russell faz aqui uma advertência contra as previsões fáceis: se não compreendemos o que levou aos acontecimentos no passado, assim nos adverte a história das galinhas desavisadas, podemos presumir que continuarão a acontecer no futuro. Assim como as galinhas deixaram de antever que seu mundo um dia iria desmoronar, também podemos ficar cegos para as mudanças que nos aguardam.

Se esperamos aventar uma hipótese plausível para o futuro da democracia, devemos fazer a "pergunta da galinha". A estabilidade pregressa da democracia terá sido criada por condições que não existem mais?

A resposta pode ser sim.

Há pelo menos três constantes surpreendentes que caracterizaram a democracia desde sua fundação, mas que hoje não são mais válidas. Primeiro, durante o período de estabilidade democrática, a maioria dos cidadãos gozou de rápida melhora de seu padrão de vida. De 1935 a 1960, por exemplo, a renda de uma família americana típica dobrou. De 1960 a 1985, voltou a dobrar. Desde então, estagnou.[28]

Isso foi o prenúncio de uma mudança radical na política americana: os cidadãos nunca foram particularmente fãs dos políticos — e, contudo, em sua maioria, acreditavam que os representantes eleitos cumpririam sua parte no trato, e, como resultado, suas vidas continuariam prosperando. Hoje, essa confiança e esse otimismo evaporaram. Conforme os cidadãos ficaram cada vez mais ansiosos com o futuro, passaram a ver a política como um jogo de soma zero — um jogo em que todo ganho para imigrantes ou minorias étnicas será obtido à sua custa.[29]

Isso significa exacerbar uma segunda diferença entre o passado comparativamente estável e o presente cada vez mais caótico. Durante toda a história da estabilidade democrática, um grupo racial ou étnico tem sido dominante. Nos Estados Unidos e no Canadá, sempre houve uma hierarquia racial clara, com os brancos usufruindo de incontáveis privilégios. Na Europa Ocidental, essa dominância foi além. Fundados em bases monoétnicas, países como a Alemanha ou a Suécia não reconheciam imigrantes como membros verdadeiros da nação. O funcionamento da democracia pode depender dessa homogeneidade até um ponto que muitas vezes preferimos ignorar.

Décadas de migração em massa e ativismo social transformaram radicalmente essas sociedades. Na América do Norte, as minorias raciais estão enfim reivindicando um lugar à mesa. Na Europa Ocidental, descendentes de imigrantes começam a insistir que um indivíduo negro ou moreno pode ser um cidadão alemão ou sueco de verdade. Mas, embora parte da população aceite, ou mesmo abrace, essa mudança, outra parte parece se sentir ameaçada e ressentida. Como consequência, uma ampla revolta contra o pluralismo étnico e cultural vem ganhando ímpeto em todo o hemisfério ocidental.[30]

Uma última mudança dominou o mundo no breve período de algumas décadas. Até recentemente, os meios de comunicação permaneciam domínio exclusivo das elites políticas e econômicas. Os custos associados a imprimir um jornal, dirigir uma estação de rádio ou operar uma rede de TV eram proibitivos para a maioria dos cidadãos. Isso permitiu ao establishment político marginalizar as opiniões extremas. A política permaneceu relativamente consensual.

No decorrer do último quarto de século, por outro lado, o veloz crescimento da internet e, em especial, das mídias sociais desequilibrou a balança do poder entre insiders e outsiders políticos. Hoje, qualquer cidadão é capaz de viralizar uma informação para milhões de pessoas a grande velocidade. Os custos de se organizar politicamente despencaram. E, à medida que o abismo tecnológico entre o centro e a periferia se estreitava, os incitadores da instabilidade levavam vantagem sobre as forças da ordem.[31]

Mal começamos a compreender o que causou a crise existencial da democracia liberal; que dirá saber como combatê-la. Mas se levarmos a sério as causas principais de nossa era populista, devemos reconhecer que precisamos tomar uma atitude em pelo menos três frentes.

Primeiro, temos de reformar a política econômica, no país e no exterior, para diminuir a desigualdade e cumprir a prometida elevação rápida do padrão de vida. Uma distribuição mais igualitária do crescimento econômico, segundo essa visão, vai além da mera justiça distributiva; é uma questão também de estabilidade política.

Certos economistas afirmam que não podemos ter democracia, globalização e Estado-nação ao mesmo tempo. E alguns filósofos abraçaram o fim do Estado-nação, concebendo soluções predominantemente internacionais para os problemas econômicos que enfrentamos hoje. Mas essa é a abordagem errada. Para preservar a democracia sem abrir mão do potencial emancipador da globalização, precisamos descobrir o que o Estado-nação deve fazer para retomar o controle de seu destino.[32]

Segundo, precisamos repensar o significado de ser membro de um Estado-nação moderno e de sentir que pertencemos a ele. A promessa da democracia multiétnica, na qual os membros de qualquer crença ou cor são vistos de fato como iguais, é inegociável. Mas, por mais difícil que possa ser para os países com uma concepção profundamente monoétnica de si próprios acolher recém-chegados e minorias, tal mudança é a única alternativa realista à tirania e à guerra civil.

Mas o nobre experimento da democracia multiétnica só pode dar certo se todos os seus participantes começarem a pôr maior ênfase antes no que os une do que no que os divide. Nos últimos anos, uma justificada impaciência com a persistente realidade da injustiça racial tem levado alguns a denunciar cada vez mais os princípios da democracia liberal como hipócritas ou mesmo a fazer dos direitos coletivos o alicerce da sociedade. Esse é um equívoco tanto moral como estratégico: a única sociedade capaz de tratar todos os seus membros com respeito é aquela em que os indivíduos gozam de direitos iguais por serem cidadãos, não por pertencerem a um grupo particular.[33]

Por fim, precisamos aprender a resistir ao impacto transformativo da internet e das mídias sociais. Com a disseminação dos discursos de ódio e das fake news, muitos já pedem que as empresas de mídias — ou os governos — atuem como censores. Há muitas medidas sensatas que o Facebook e o Twitter podem tomar para dificultar a exploração de suas plataformas pelos grupos de ódio. Mas, se os governos ou os executivos começassem a determinar quem poderia dizer o quê na internet, a liberdade de expressão rapidamente acabaria. A fim de tornar a era digital segura para a democracia, precisamos ser capazes de exercer influência não apenas sobre quais mensagens são difundidas nas mídias sociais, mas também sobre como tendem a ser recebidas.

No tempo em que víamos a democracia como um experimento ousado e frágil, investimos vastos recursos educacionais e intelectuais na difusão da boa-nova acerca de nosso sistema político. Escolas e universidades sabiam que sua principal tarefa era educar os cidadãos. Escritores e acadêmicos admitiam ter um grande papel a desempenhar em explicar e defender as virtudes da democracia liberal. Ao longo dos anos, esse senso de missão evaporou. Agora, num momento em que a democracia liberal corre risco existencial, está mais do que na hora de revivê-lo.[34]

Existem tempos ordinários, em que as decisões políticas influenciam a vida de milhões de pessoas de muitas maneiras, graves e tênues, mas as características básicas da vida coletiva de um país não estão em risco. A despeito das profundas divergências, os partidários de cada lado na arena política endossam as regras da disputa. Eles concordam em acertar suas diferenças com base em eleições livres e justas, comprometem-se com as normas básicas do sistema político e aceitam que uma derrota nas urnas legitima a vez de seu adversário político na condução do país.

Por conseguinte, os que vivem em tempos ordinários admitem que toda vitória é provisória e que o perdedor numa batalha política pode viver para vencer a guerra. Como está em seu poder transformar o progresso derrotado hoje em justiça postergada para amanhã, veem toda derrota como apenas mais um motivo para redobrar seus esforços de permanecer no caminho da persuasão pacífica.

E existem tempos extraordinários, em que os contornos básicos da política e da sociedade estão sendo renegociados. Em períodos assim, as divergências entre partidários de ambos os lados são tão feias e profundas que eles não concordam mais com as regras do jogo. Para obter uma vantagem, os políticos se prontificam a sabotar eleições livres e justas, a escarnecer das normas básicas do sistema político e a difamar seus adversários.

Consequentemente, os que vivem em tempos extraordinários começam a encarar os riscos da política como existenciais. Em um sistema cujas regras são seriamente contestadas, eles têm bons motivos para temer que uma vitória nas urnas possa se revelar eterna; que a derrota em uma batalha política venha a despojá-los da capacidade de travar a guerra mais ampla; e que o progresso derrotado hoje acabe pondo o país no caminho de uma perene injustiça.

A maioria de nós passou grande parte da vida em tempos ordinários.

Quando eu chegava à idade adulta, na Alemanha, no fim da década de 1990, por exemplo, os políticos estavam debatendo questões importantes. Benefícios de segurança social deveriam estar condicionados ao bom comportamento?[35] Imigrantes e seus filhos poderiam obter cidadania alemã sem renunciar a seus outros passaportes? O Estado deveria reconhecer casais do mesmo sexo mediante a união civil?

A resposta deles a essas perguntas, acreditava eu, iria moldar profundamente a nação nos anos que estavam por vir. O futuro era uma estrada ampla. De um lado, tínhamos a visão de um país aberto, generoso, acolhedor. Do outro, de um país fechado, mesquinho, estagnado. Como membro da organização de juventude de um grande partido político, eu passava bastante tempo brigando pelo que acreditava ser certo.

Na época, mal conhecia os Estados Unidos. Assim, não entendia que havia questões ainda mais importantes sendo debatidas naquele país. Milhões de cidadãos sem cobertura médica deveriam ter acesso a um sistema de saúde decente? Um soldado deveria ser expulso do Exército por se abrir sobre sua sexualidade? E será que aspectos essenciais do Estado de bem-estar social deveriam ser abolidos?

As respostas a essas questões também moldariam profundamente o país. Tornariam melhores ou piores as vidas de milhões de pessoas, mais autênticas ou mais desestimulantes, mais prósperas ou mais precárias. O caminho a ser seguido pelo país fazia — muita — diferença. E, contudo, com a vantagem da visão em retrospecto, percebo que a política ordinária era feita disso.

Hoje, por outro lado, fica cada vez mais evidente que vivemos em tempos extraordinários: numa época, melhor dizendo, em que as decisões que tomamos determinarão se um caos terrível vai se espalhar; se uma crueldade indizível vai ser desencadeada; e se um sistema político — a democracia liberal — que fez mais pela propagação da paz e da prosperidade do que qualquer outro na história da humanidade conseguirá sobreviver.

O apuro que enfrentamos hoje é tão recente, e tão assustador, que ninguém até o momento conseguiu se dar conta realmente do que significa. Peças individuais do quebra-cabeça são dissecadas diariamente no jornal, na TV, às vezes até no meio acadêmico. Mas quanto mais obcecados ficamos com as peças individuais, menos enxergamos o panorama geral.

Neste livro, tento extrair sentido de nossa nova paisagem política fazendo quatro contribuições distintas: demonstro que, no momento, a democracia liberal está se decompondo em suas partes integrantes, ensejando a ascensão da democracia iliberal de um lado e do liberalismo antidemocrático de outro. Sustento que o profundo desencanto com nosso sistema político oferece um risco existencial à própria sobrevivência da democracia liberal. Explico as raízes dessa crise. E apresento o que podemos fazer para resgatar o que é realmente valioso em nossa ameaçada ordem social e política.

Temos a sorte imensa de viver na era mais pacífica e próspera da história da humanidade. Embora os acontecimentos dos últimos anos possam nos desorientar e até paralisar, conservamos a capacidade de conquistar um futuro melhor. Mas, ao contrário de quinze ou trinta anos atrás, o futuro não está mais garantido.

No momento, os inimigos da democracia liberal parecem mais determinados a moldar nosso mundo do que seus defensores. Se queremos preservar a paz e a prosperidade, o governo popular e os direitos individuais, precisamos reconhecer que não vivemos em tempos ordinários — e fazer um esforço extraordinário para defender nossos valores.

# PARTE UM

# A CRISE DA DEMOCRACIA LIBERAL

Em 1830, o rei da França enviou um jovem engenheiro à Inglaterra para estudar uma invenção fora de série: um trem a vapor que transportava passageiros de Manchester a Liverpool. Quando o trem chegou, o engenheiro

> sentou junto aos trilhos para fazer copiosas anotações enquanto a robusta maquininha puxava impecavelmente o primeiro comboio ferroviário de uma cidade a outra. Após calcular minuciosamente o que observara, ele informou seus resultados a Paris: "A coisa é impossível", escreveu. "Não tem como funcionar."[1]

É tentador zombar do engenheiro. Ele está tão envolvido com a doutrina científica que desprezou a evidência trovejando diante de seus olhos a cinquenta quilômetros por hora. Mas devo admitir que simpatizo com o sujeito. Pois creio que não foram as equações matemáticas em seu caderno de anotações que levaram a essa conclusão absurda — mas sim sua recusa tipicamente humana em acreditar que sua compreensão do mundo pudesse se revelar tão equivocada. E desse modo dificilmente causará surpresa que, com um choque político após outro ao longo dos últimos meses, pessoas que outrora poderiam ter parecido perfeitamente racionais e pragmáticas tenham mostrado comportamento semelhante ao do jovem engenheiro francês.

Especialistas e cientistas políticos afirmaram que os britânicos nunca aprovariam o Brexit. Aprovaram. Especialistas e cientistas políticos afirmaram que Donald Trump nunca seria eleito. Foi. Especialistas e cientistas políticos afirmaram que a democracia nunca correria risco de se desconsolidar. Ela corre.

Vivemos numa era de incerteza radical. O leque de resultados possíveis é muito mais amplo hoje do que parecia ser há alguns anos. O jogo da previsão ficou mais difícil do que nunca. E, contudo, a previsão que decerto despistou todo mundo — o pressuposto de que as coisas continuarão a ser do jeito que sempre foram — permanece sendo a mais popular ainda hoje. "A coisa é impossível", parece ser a conclusão de artigo após artigo. "Não pode ser."

Se queremos evitar ser surpreendidos pelo futuro, como fomos no passado recente, é hora de reexaminar nossos pressupostos básicos. As democracias liberais podem ser menos estáveis do que presumimos? E a ascensão do populismo, será que ela levará à desintegração do nosso sistema político?

Para pensar com clareza sobre as ameaças à democracia liberal, necessitamos compreender o que significam de fato os elementos que a constituem. A tarefa é complicada. Por dois motivos.

Primeiro, a palavra "liberalismo" adquire diferentes significados quando falamos sobre a política cotidiana e sobre a natureza de nossas instituições políticas. Em boa parte do tempo, sobretudo nos Estados Unidos, usamos "liberal" para indicar as opiniões políticas da pessoa: há liberais e conservadores, assim como há esquerda e direita, democratas e republicanos. Não é a isso que me refiro quando falo sobre democracia liberal ou o uso da palavra "liberal". Neste livro, liberal é alguém comprometido com valores básicos como a liberdade de expressão, a separação de poderes ou a proteção dos direitos individuais. No sentido em que utilizo a palavra, George W. Bush é tão liberal quanto Obama, e Ronald Reagan foi tão liberal quanto Bill Clinton.

Segundo, como a democracia goza de muito prestígio, adquirimos o hábito prejudicial de estender sua definição a todo tipo de coisas que apreciamos. Por conta disso, praticamente todas as definições de democracia que temos à nossa disposição nem se dão ao trabalho de fazer a distinção entre três animais muito distintos: o liberalismo, a democracia e o conjunto de instituições historicamente contingentes ao qual estamos acostumados na América do Norte e na Europa Ocidental.

A tendência a introjetar todas as qualidades desejáveis à própria ideia de democracia é mais obviamente verdadeira entre filósofos que querem reservar o termo aos regimes mais justos — essas sociedades imaginárias que de fato seriam bem-sucedidas em erradicar injustiças, como a disseminação da pobreza ou o crescimento da desigualdade. Mas mesmo cientistas políticos que tentaram deliberadamente divisar concepções minimalistas da democracia omitem distinções fundamentais entre liberalismo, democracia e instituições como parlamentos e tribunais. Segundo o cientista político Robert Dahl, por exemplo, os "minimalistas procedimentais" definem democracia como qualquer sistema que apresente:

- Eleições livres, justas e competitivas;
- Sufrágio adulto pleno;
- Proteção ampla das liberdades civis, incluindo liberdade de expressão, de imprensa e de associação; e

- Ausência de autoridades "tutelares" não eleitas (por exemplo, militares, monarquias, grupos religiosos) que restrinjam a capacidade de governar dos representantes eleitos.²

Desse modo, o modelo conceitual de Dahl integra a proteção dos direitos liberais à própria definição de democracia. De modo que torna impossível perguntar se a democracia e o liberalismo podem estar se separando. O foco em um conjunto particular de instituições historicamente contingentes também dificulta interrogar se essas instituições de fato facultam ao povo governar-se. Assim, a definição não tão minimalista de democracia exagera a importância de nossas instituições políticas. Em vez de reconhecê-las como um meio de alcançar a democracia e o liberalismo, parece imaginar que são um fim em si.³

Emprego aqui, portanto, um conjunto de definições bem mais simples — que parte de menos pressupostos sobre o mundo e captura melhor a promessa original da democracia de deixar o povo governar. A meu ver,

- A *democracia* é um conjunto de instituições eleitorais com poder de lei que traduz as opiniões do povo em políticas públicas.⁴
- As instituições *liberais* efetivamente protegem o Estado de direito e garantem os direitos individuais — como a liberdade de expressão, de religião, de imprensa e de associação — para todos os seus cidadãos (incluindo as minorias étnicas e religiosas).
- A *democracia liberal* é simplesmente um sistema político ao mesmo tempo liberal e democrático — um sistema que tanto protege os direitos individuais como traduz a opinião popular em políticas públicas.

Isso nos permite afirmar que as democracias liberais podem se desvirtuar de duas formas. Democracias podem ser iliberais. Isso tende a acontecer particularmente em lugares onde a maioria opta por subordinar as instituições independentes aos caprichos do executivo ou por restringir os direitos das minorias que a desagradam. Por sua vez, regimes liberais podem ser antidemocráticos, a despeito de contarem com eleições regulares e competitivas. Isso tende a acontecer sobretudo em lugares onde o sistema político favorece de tal forma a elite que as eleições raramente servem para traduzir a opinião popular em políticas públicas.

Receio ter sido precisamente isso que ocorreu em muitas partes do mundo ao longo das últimas décadas. O liberalismo e a democracia, afirmo, permaneceram colados graças a uma série contingente de precondições tecnológicas, econômicas e culturais. A cola está rapidamente perdendo aderência. Em função disso, a democracia liberal — essa mistura única de direitos individuais e soberania popular que há muito tempo caracteriza a maioria dos governos na América do Norte e na Europa Ocidental — está se desmanchando. Em sua esteira, duas novas formas de regime ganham projeção: a *democracia iliberal*, ou democracia sem direitos, e o *liberalismo antidemocrático*, ou direitos sem democracia. Quando a história do século XXI for escrita, a decomposição da democracia liberal nessas duas partes integrantes provavelmente ocupará o centro do palco.

# 1. Democracia sem direitos

No outono de 1989, os cidadãos do "paraíso dos trabalhadores" na Alemanha Oriental tomaram as ruas de Leipzig e Dresden nas noites de segunda-feira para protestar contra o regime comunista. Seu principal bordão transmitia uma dignidade esperançosa: "*Wir sind das Volk*", entoava a multidão. Nós — não a polícia secreta, não as elites do partido — somos o povo.[1]

Nos últimos três anos, os moradores de Leipzig e Dresden voltaram a ocupar as ruas. Quando a raiva contra as centenas de milhares de refugiados acolhidos pela Alemanha ao longo de 2015 entrou em ebulição, um movimento autointitulado "Europeus Patriotas contra a Islamização do Ocidente" (ou PEGIDA) iniciou protestos contra Angela Merkel e as políticas de seu governo.[2]

Reunindo-se toda segunda-feira à noite no centro dessas mesmas cidades, o PEGIDA se apropriava com astúcia do legado da própria resistência popular. Os que se opunham a Merkel naquele momento, sugeriam eles, eram os herdeiros por direito das pessoas que se opuseram ao regime comunista um quarto de século antes. Assim, quando observei milhares de cidadãos enfurecidos protestarem no centro de Dresden, a atmosfera palpável de contrarrevolução não deveria ter sido um choque para mim. Mas foi.

O repúdio à *Lügenpresse*, a "imprensa mentirosa", é central na ideologia do movimento, e a maior parte dos manifestantes se recusou a falar comigo. Quando tentei tirar fotos, me empurraram para o lado, sem dizer uma palavra. "Estou aqui porque não tenho família", contou-me o produtor de uma emissora de TV local, que posicionara a câmera longe da multidão. "Meus colegas que têm filhos se recusam a cobrir os protestos. O risco de apanhar é muito grande."[3]

Mesmo assim, os temas mais caros ao PEGIDA — o ódio aos refugiados, a desconfiança dos Estados Unidos e a insistência na pureza étnica do povo alemão — eram manifestados livremente. Alguns levavam a bandeira preta, vermelha e dourada da República Federal, cujo padrão tricolor invoca os valores universais da Revolução Francesa. Mas a maioria preferia a assim chamada bandeira Wirmer, uma cruz contra um fundo vermelho, que se popularizou entre círculos de extrema direita por ser vista como símbolo das raízes nórdicas e das tradições cristãs do país.

O que a iconografia da resistência ficava devendo em sutileza, ela mais do que compensava em variedade: na multidão, avistei também bandeiras russas ("Putin pensa no povo dele primeiro"), bandeiras confederadas ("Eram rebeldes de verdade") e uma solitária bandeira japonesa.

Esta última me deixou confuso. Não fiquei surpreso ao ver que aquela multidão admirava o regime autocrático de Putin ou o tratamento brutal que ele dava às minorias na Rússia. Pude entender por que os manifestantes que odiavam os Estados Unidos e tinham medo da diversidade étnica se identificavam com o Sul americano. Mas o que o Japão tinha a ver com a história?

Aproximei-me com certo nervosismo do sujeito que segurava o emblema, mas ele ficou radiante de poder me explicar seu raciocínio. O Japão, disse, tinha o mesmo problema da Alemanha: o encolhimento da população. A Alemanha permitira a entrada de um monte de imigrantes na esperança de compensar a carência de mão de obra, em troca de uma contribuição para os sistemas de seguridade social. Mas tudo não passara de um grande erro. Os japoneses, que sempre se recusaram a abrir as portas para forasteiros, são bem mais inteligentes: "Melhor deixar a população encolher do que deixar um monte de estrangeiros entrar".[4]

Os cartazes contavam uma história similar. Um declarava que Merkel e outros membros do governo são "inimigos do povo alemão" e que estão "travando uma guerra de aniquilação contra nós!!". "Ei, ianque", dizia outro, "cai fora daqui e leva seus fantoches com você." Uma terceira placa pareceu familiar no início, evocando as faixas de "BEM-VINDOS, REFUGIADOS" tão onipresentes alguns meses antes, quando voluntários alemães saudaram calorosamente os refugiados recém-chegados nas estações de trem em todo o país. Mostrava um cruzado a cavalo usando sua lança para repelir um casal de terroristas com kalashnikovs, o homem trajado à maneira tradicional e a mulher usando um *niqab*. Anunciava-se em letras garrafais: "ISLÂMICOS NÃO SÃO BEM-VINDOS". "VOLTEM POR CONTA PRÓPRIA OU VÃO VOLTAR À FORÇA." (Outros cartazes, indo por essa mesma linha, diziam "RAPEFUGEES NOT WELCOME" [Refugiados/estupradores não são bem-vindos] ou, simplesmente, "MAOMÉ NÃO É BEM-VINDO".)

Mas esse desfile do ódio não era a atração principal. O cerne emocional da manifestação — sua mensagem central e seu refrão insidioso — foi o entoar de um slogan que não mudara em um quarto de século. "*Wir sind das Volk*", cantava a multidão, repetidamente, cada brado mais agressivo que o anterior. Nós — não esses estrangeiros que estão invadindo a Alemanha, não os políticos conspirando com eles — somos o povo.[5]

* * *

Nos meses subsequentes aos protestos, quando populistas autoritários arrebatavam os holofotes por toda a Europa e os Estados Unidos elegiam Donald Trump, minhas experiências naquela noite gelada não paravam de me voltar à mente. A energia raivosa que insuflava esses movimentos fora vista em tamanha proporção nas ruas de Dresden que não pude deixar de interpretar os acontecimentos de 2016 e 2017 à luz do que presenciei ali: o ódio aos imigrantes e às minorias étnicas; a desconfiança da imprensa e a disseminação de fake news; a convicção de que a maioria silenciosa finalmente encontrara sua voz; e, talvez mais do que qualquer outra coisa, o anseio por alguém que falasse em nome do povo.[6]

A rápida ascensão de déspotas afirmando serem os únicos a encarnar a vontade do povo é extraordinária, da perspectiva histórica. Como os cientistas políticos Seymour Martin Lipset e Stein Rokkan observaram, durante grande parte do pós-guerra a estrutura partidária na maioria dos países da Europa Ocidental e da América do Norte parecia "congelada".[7] Nas últimas décadas do século xx, os principais movimentos políticos representados nos parlamentos de Berna, Copenhague, Helsinque, Ottawa, Paris, Estocolmo e Washington mal se alteraram. Embora suas forças relativas mudassem a cada eleição, permitindo à centro-esquerda ganhar o governo após a centro-direita ter ficado no poder por um tempo, e vice-versa, o formato básico da estrutura partidária era notavelmente estável.[8]

Então, ao longo dos últimos vinte anos, o sistema partidário degelou rapidamente. Em um país após outro, os partidos políticos que haviam sido marginais ou inexistentes até poucos anos antes estabeleceram-se como presenças importantes da cena política.[9]

A primeira democracia de peso a passar por esse processo foi a Itália. No início da década de 1990, um escândalo de corrupção gigantesco pulverizou o sistema político. Partidos que haviam dominado a política italiana desde o fim da Segunda Guerra Mundial debandaram ou caíram no abismo eleitoral. A primeira pessoa a explorar o vácuo deixado foi Silvio Berlusconi, um empresário que, por sua vez, também enfrentava acusações de corrupção quando ingressou na política. Prometendo limpar o sistema e enriquecer o país, Berlusconi obteve uma vitória esmagadora. Nos anos seguintes, grande parte da energia de seu governo foi gasta lidando com as consequências de sua incessante torrente de gafes — e mantendo-o fora da prisão. E mesmo assim ele dominaria a política do país durante o próximo quarto de século.[10]

Na época, a Itália parecia uma anomalia. Nos últimos anos, quando novos políticos subiram ao poder e ganharam influência por toda a Europa, ficou óbvio que era tudo menos isso.

Na Grécia, o Movimento Socialista Pan-Helênico (PASOK), a maior parte da centro-esquerda e a Nova Democracia, principal partido de centro-direita, tradicionalmente dividiam o eleitorado entre si; mas em janeiro de 2015 a Coalizão da Esquerda Radical, ou Syriza, conquistou o poder sob a liderança de Alexis Tsipras, obtendo uma inesperada maioria.[11] Na Espanha, Pablo Iglesias, jovem professor de ciências políticas na Universidade Complutense de Madri que costumava dar cursos como "Cinema, identidades políticas e hegemonia", fundou um movimento de protesto na esteira da crise financeira de 2008; nas eleições de 2015, o Podemos obteve 21% dos votos, tornando-se o terceiro maior partido da Espanha.[12] Mesmo na Itália, uma nova geração de populistas realizou a mesma proeza de transformação que a anterior: Beppe Grillo, um comediante popular, iniciou o Movimento Cinco Estrelas em 2009; no momento em que escrevo, está à frente de todos os demais partidos nas pesquisas.[13]

A ascensão dos partidos de extrema direita tem sido ainda mais incrível do que a de partidos de extrema esquerda como Syriza e Podemos. Na Suécia, o Partido Social-Democrata tem dominado a política há mais de um século, só ocasionalmente cedendo o governo a uma coalizão de centro-direita liderada pelo Partido Moderado; mas em anos recentes os Democratas Suecos, arrivistas políticos com raízes profundas no movimento neonazista, cresceram rapidamente, liderando algumas pesquisas e aparecendo em segundo em outras.[14] Na França, a Frente Nacional é uma antiga integrante do sistema político. Mas, após décadas em segundo plano, Jean-Marie Le Pen inesperadamente derrotou o candidato de centro-esquerda no primeiro turno da eleição presidencial de 2002, e pôde concorrer contra o presidente Jacques Chirac; em 2017, sua filha, Marine Le Pen, conseguiu feito similar, obtendo o dobro da votação recebida por ele.[15]

A mesma história vale para Áustria, Holanda, Finlândia e Alemanha: em todos esses países, populistas de extrema direita celebraram um sucesso sem precedentes nos últimos anos ao proclamar que estavam do lado do povo. De fato, a votação dos partidos populistas europeus de esquerda e de direita mais do que dobrou nas últimas décadas.[16]

Minha experiência em Dresden também reforçou minha convicção de que os termos usuais do debate sobre populismo estão equivocados.

Os defensores do populismo celebraram esses movimentos como um sinal de grande vitalidade de nosso sistema político. "O verdadeiro problema enfrentado pela democracia hoje", escreve Astra Taylor em sua elegia "O ímpeto antidemocrático", não é "o excesso, mas a falta de poder popular".[17] "Antipopulismo", repercutiu o sociólogo britânico Frank Furedi, "normalmente não passa de antidemocracia."[18]

PARTIDOS POPULISTAS

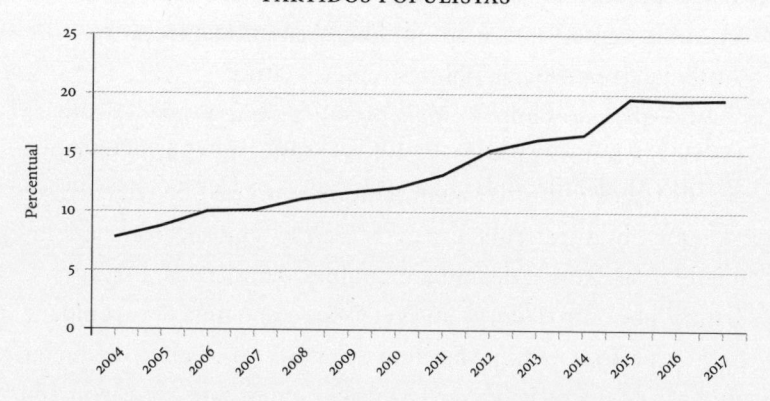

Votação dos partidos antiestablishment na União Europeia (EU15).

Taylor e Furedi têm razão na medida em que os populistas normalmente expressam a voz do povo de maneira genuína. Mas deixam de apreciar — ou de mencionar — como grande parte da energia por trás da ascensão populista é profundamente iliberal: quando manifestantes em Dresden escreveram que "Maomé não é bem-vindo" ou cantaram "Nós somos o povo", representaram um desafio mais fundamental ao respeito pelos direitos humanos do que gente como Taylor e Furedi gostam de admitir.

Embora haja um elemento genuinamente democrático no populismo, ele também é, no longo prazo, muito mais desfavorável à vontade popular do que alegam seus defensores. Como sabe muito bem quem quer que já tenha estudado a Turquia, a Rússia ou a Venezuela, a ascensão dos déspotas iliberais pode muitas vezes ser o prelúdio de um governo autocrático: depois que a mídia foi amordaçada e as instituições independentes foram abolidas, é fácil para os governantes iliberais fazer a transição do populismo para a ditadura.

Seria, portanto, tentador concluir que esses novos movimentos são, afinal de contas, diametralmente opostos à democracia. "O populismo", sustenta Ivan Krastev, expressando um consenso crescente, "não é só antiliberal, é antidemocrático — a sombra permanente da política representativa."¹⁹

Só que isso também mais obscurece que revela. Pois dizer apenas que a nova safra de populistas é antidemocrática não capta seus traços distintivos nem tampouco a razão de seu sucesso: movimentos de extrema direita mais antigos glorificavam abertamente o fascismo e defendiam abolir a democracia; o PEGIDA e Trump, por outro lado, veem as eleições como uma oportunidade para as pessoas comuns fazerem valer sua voz. Longe de querer abolir a democracia, eles estão impacientes para ver a vontade popular remodelar o país à sua imagem.

É por isso que a única maneira de compreender esses movimentos novos é distinguir entre sua natureza e seu efeito provável. Para entender a *natureza* do populismo, devemos admitir que ele é tanto democrático como iliberal — que ele busca tanto expressar a frustração do povo como minar as instituições liberais. E para compreender seu *efeito* provável, devemos ter em mente que essas instituições liberais são, a longo prazo, necessárias para a sobrevivência da democracia: depois que os líderes populistas se livrarem dos obstáculos liberais que impedem a expressão da vontade popular, fica muito fácil para eles dar as costas ao povo, quando as prioridades deste começarem a entrar em conflito com as suas.

## A POLÍTICA É SIMPLES (E QUEM DIZ QUE NÃO É MENTIROSO)

Nas últimas décadas, o PIB global cresceu rapidamente. Um bilhão de pessoas saiu da pobreza. Os índices de alfabetização nunca estiveram tão altos, enquanto a mortalidade infantil caiu.

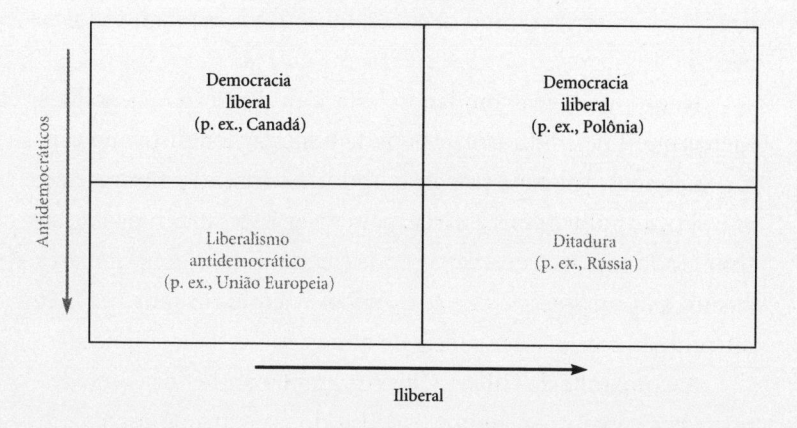

|  | Democracia liberal (p. ex., Canadá) | Democracia iliberal (p. ex., Polônia) |
|---|---|---|
| Antidemocráticos | Liberalismo antidemocrático (p. ex., União Europeia) | Ditadura (p. ex., Rússia) |

Iliberal

Considerando o mundo como um todo, a desigualdade de renda encolheu.[20]

Mas muitas dessas melhorias se concentraram nos países em rápido desenvolvimento, como a China. Nas economias desenvolvidas, o crescimento do PIB foi um pouco mais lento. E em grande parte do Ocidente, sobretudo nos Estados Unidos e no Reino Unido, a parte do leão desse crescimento foi para uma pequena fatia da elite. Consequentemente, uma grande parcela da classe média em redutos tradicionais da democracia liberal não consegue sair do lugar. E, embora a desigualdade global tenha diminuído porque os países pobres têm crescido muito mais rápido do que os ricos, a desigualdade em praticamente todas as sociedades — tanto as economias mais estagnadas do Ocidente afluente como as economias mais dinâmicas do Sul mundial — aumentou de forma visível.[21]

Os motivos para esses desdobramentos são muitos. Temos a globalização. Temos a automação. Temos a mudança da manufatura para os serviços. Temos o crescimento da economia digital, que possibilita imensas economias de escala, canalizando vastas fortunas para poucas empresas e seus trabalhadores mais especializados, ao mesmo tempo oferecendo pouca coisa para todos os demais.

Nenhuma dessas mudanças está fora da alçada da política. Mesmo hoje, medidas corretas podem ajudar a redistribuir a riqueza e a incrementar o padrão de vida dos cidadãos comuns. Mas as políticas públicas necessárias para fazer isso estão longe de ser simples ou imediatas e, com grande frequência, são impopulares. Assim, não surpreende que os políticos encontrem cada vez mais dificuldade para vender a ideia de que as coisas são complicadas.

A campanha de Hillary Clinton, amplamente tida como desprovida de visão por ambos os lados do espectro político, é um exemplo eloquente. À esquerda, Bill de Blasio, prefeito de Nova York, lamentou ter ficado "esperando para escutar o ponto de vista [de Hillary]".[22] À direita, Kevin Williamson escreveu que "sabemos o que ela quer ser, mas não o que ela quer fazer".[23] As duas acusações colaram porque soavam verdadeiras. Muitos eleitores realmente sentiram que Clinton estava mais interessada em chegar à Casa Branca do que em seguir qualquer agenda particular quando chegasse lá. Na maior parte do tempo, me senti assim também. E no entanto sei que ela tem um longo histórico de serviços públicos honestos e concorreu com uma plataforma de propostas de políticas públicas que teriam feito diferença significativa em questões tão variadas quanto a educação pré-escolar e a luta contra o Alzheimer.[24]

Donald Trump, por outro lado, tem um longo histórico de engambelar as pessoas, dos alunos da "Universidade Trump" aos inúmeros empreiteiros contratados por ele que jamais receberam pelos serviços prestados.[25] A maior parte das políticas que ele defendeu nunca funcionaria. Ele se cacifou com a raiva do público em relação à imigração, prometendo construir um muro na fronteira com o México. E se cacifou com a angústia das cidades industriais decadentes, prometendo elevar as tarifas das importações chinesas. Os especialistas não pararam de repetir que o muro com o México não deteria a vasta maioria dos imigrantes ilegais, que simplesmente continuam no país após o visto expirar, e que uma guerra comercial com a China não traria de volta a vasta maioria dos empregos na manufatura, uma vez que eles haviam sido perdidos para robôs, não para a competição internacional.[26] E mesmo assim milhões de eleitores viram a simplicidade das propostas de Trump como uma marca de sua autenticidade e determinação, e a complexidade das propostas de Clinton como uma marca de sua insinceridade e indiferença.

É precisamente por isso que soluções fáceis, superficiais, ocupam o coração do apelo populista. Os eleitores não gostam de pensar que o mundo é complicado. Sem dúvida não gostam de escutar que não há resposta imediata para seus problemas. Diante de políticos que parecem cada vez menos capazes de governar um mundo cada vez mais complexo, muitos estão propensos cada vez mais a votar em quem promete soluções simples. É por isso que os populistas — Narendra Modi, na Índia, Recep Tayyip Erdoğan, na Turquia, Viktor Orbán, na Hungria, Jarosław Kaczyński, na Polônia, Marine Le Pen, na França, Beppe Grillo, na Itália — soam surpreendentemente parecidos entre si, a despeito de suas consideráveis diferenças ideológicas.[27]

A prontidão dos líderes populistas para oferecer soluções tão simples que nunca funcionariam é muito perigosa. Uma vez no poder, suas políticas tendem a exacerbar justamente os problemas que haviam suscitado a indignação pública e levado à sua eleição. Seria tentador presumir que os eleitores, devidamente punidos pelo caos subsequente, voltariam a depositar confiança nos políticos de sempre. Mas o sofrimento adicional costuma os deixar num estado de espírito ainda mais amargo e inquieto. E, como mostra a história de muitos países na América Latina, quando um populista fracassa, os eleitores podem tanto se voltar a outro populista — ou a um rematado ditador — quanto devolver as antigas elites ao poder.[28]

Nesse ínterim, o pendor populista para a simplicidade também gera outro perigo mais imediato. Porque, se as soluções para os problemas do mundo são tão óbvias quanto dizem, as elites políticas devem estar deixando de implementá-las por um motivo ou outro: ou são corruptas ou estão trabalhando secretamente em prol de interesses externos.

Na maior parte das vezes os populistas fazem as duas acusações.

A acusação de que a verdadeira motivação de Clinton era ganhar todo dinheiro que pudesse foi tema constante da campanha de Trump: "Hillary Clinton faz parte do sistema, ela briga só pelos doadores de campanha dela e pelos amigos que tem no governo. Eu sou o azarão e vou brigar por vocês", disse Trump. "É só seguir o dinheiro…", acrescentou, ao seu estilo ominoso.[29]

Embora algumas acusações feitas por Trump fossem absurdas, não eram muito diferentes da maneira como populistas de outros países por muito tempo atacaram os políticos tradicionais. Na Polônia, por exemplo, Jarosław Kaczyński, num estilo mais refinado, afirmou que os políticos que haviam conduzido o país foram "cooptados pela esfera dos socialmente privilegiados" e, por conseguinte, não tinham o menor interesse em "mudar a hierarquia social".[30] Enquanto isso, na França, Marine Le Pen ficou marcada por seu apoio crescente a uma rebelião contra uma "oligarquia da UE" voltada para seus próprios interesses.[31]

Populistas de esquerda rezam a mesma cartilha. Na Itália, por exemplo, Grillo adora malhar a "casta política", uma rede de elites que funciona apenas em prol de si mesma.[32] Na Espanha,

Iglesias usou retórica similar depois que o Podemos conquistou uma parcela recorde do voto nas eleições europeias de 2014: "Os partidos da casta política sofreram um golpe duro. Mas ainda não cumprimos nossa meta eleitoral. Amanhã o governo da casta política ainda estará no poder".[33]

O dinheiro que (supostamente) é a grande prioridade dos políticos do establishment precisa vir de algum lugar, claro, e desse modo a acusação de que entraram nessa pensando em si mesmos rapidamente se transforma na acusação de serem fantoches dos grandes negócios. Na eleição americana, os valores elevados que o Goldman Sachs pagou a Hillary Clinton por suas palestras deu corpo a essa narrativa, e Trump explorou o fato como pôde: o banco, alegou, tinha "controle total, total… sobre Hillary Clinton".[34]

Mas a maioria dos populistas leva um passo adiante a acusação de que os líderes dos velhos partidos são traidores. Eles não afirmam meramente que os membros da casta política entraram nessa por interesse próprio ou que estão no bolso de grupos de pressão. Antes, alegam que eles nutrem particular lealdade a esses inimigos do povo, e estão mais interessados em promover o bem-estar das minorias étnicas ou religiosas impopulares do que no destino da maioria.

Donald Trump é, de novo, provavelmente o caso mais puro à nossa disposição. Sua primeira investida real na política foi alegar que Barack Obama falsificara a certidão de nascimento, não era americano de verdade e talvez fosse até um muçulmano disfarçado. No desenrolar da campanha, repetiu variações da acusação diversas vezes — de chamar Obama de "fundador do Estado Islâmico" a fazer aspas no ar ao se referir a seu título de presidente.[35] O fato de Clinton não ter um nome incomum como Obama, ou de não vir de nenhuma minoria étnica ou religiosa, não impediu Trump de inventar acusações similares: ele chamou Clinton de "cofundadora" do Estado Islâmico e exigiu que fosse "presa" por manter um servidor de e-mail privado quando secretária de Estado.[36]

O tipo de deslealdade dos quais políticos do establishment são acusados varia de país para país. Mas, enquanto os populistas moldam a identidade da maioria traída e da minoria desprezada às necessidades de seus contextos locais, a estrutura retórica básica é notavelmente semelhante no mundo todo.

Assim, na Índia, Modi afirma que seus adversários são inimigos dos hindus e contribui para criar um ambiente em que estudiosos considerados críticos do hinduísmo linha-dura "recebem ameaças de morte e depois são assassinados".[37] Na Turquia, Erdoğan usou o golpe para rotular qualquer opositor de seu governo como defensor do terrorismo,[38] prendendo acadêmicos e jornalistas aos montes.[39] E na França, na Alemanha e na Itália, líderes populistas como Marine Le Pen, Alice Weidel e Matteo Salvini afirmam que os políticos do establishment odeiam a maioria branca e cristã. Nas palavras de Marion Maréchal-Le Pen, sobrinha de Marine e ex-parlamentar francesa, "temos de acabar com o islamismo ou ele vai acabar conosco. [...] Quem defende o statu quo vira cúmplice dos nossos inimigos".[40]

EU SOU SUA VOZ (E OS OUTROS SÃO UNS TRAIDORES)

Os principais problemas políticos do momento, afirmam os populistas, podem ser facilmente resolvidos. Só é preciso bom senso. Se as empresas transferem empregos para o exterior, você deve proibir outros países de vender produtos para o seu. Se os imigrantes estão invadindo o país, você deve construir um muro. E, se você é atacado por terroristas em nome do islã, deve banir os muçulmanos.

Se os políticos comuns estão deixando de tomar essas medidas sensatas, a explicação parece ser igualmente simples. Estão mais preocupados consigo mesmos. Têm o rabo preso com grupos de pressão e minorias étnicas. São politicamente corretos. Incompetentes. Inúteis.

Assim, o que precisa acontecer é óbvio. Para a crise ser resolvida — para os problemas sumirem, para a economia prosperar, para o país se tornar grande (outra vez) —, precisamos apenas que um leal porta-voz do povo assuma o poder, derrote os traidores e implemente soluções sensatas.

Esse porta-voz é o populista — e ele não se cansa de repetir isso.

Não é de admirar, assim, que o discurso de Trump na Convenção Nacional do Partido Republicano tenha batido inúmeras vezes nessa tecla. "Os grandes negócios, a mídia de elite e doadores gigantes estão por trás da campanha da minha adversária porque eles sabem que ela vai manter esse sistema corrupto que está aí", disse ele no começo do discurso. "Estão dando um monte de dinheiro pra ela porque eles têm controle total de tudo que ela faz. Ela é a marionete deles, eles puxam as cordinhas."[41]

Mas as coisas não precisam ser tão ruins assim. "Os problemas que enfrentamos hoje — pobreza e violência no país, guerra e destruição no exterior — vão durar apenas enquanto continuarmos a confiar nesses mesmos políticos que os criaram", prometeu. Para recomeçar do zero, "uma mudança de liderança se faz necessária". Essa liderança, garantiu Trump, enfim priorizaria o americano comum: "A diferença mais importante entre nosso plano e o de nossa adversária é que nosso plano vai pôr a América em primeiro lugar. Americanismo, não globalismo, vai ser nosso credo".[42]

Tendo desse modo preparado o público, Trump pôde em seguida lançar sua mensagem principal, que voltaria como um estribilho ao longo de sua fala. Por tempo demais os homens e as mulheres comuns haviam sido esquecidos. Eles "não tinham mais voz". Mas, afirmou Trump, ele mudaria isso: "EU SOU SUA VOZ".[43]

Essa promessa virou o refrão central do discurso. E embora tenha sido amplamente ridicularizada nos dias seguintes, foi uma brilhante destilação da promessa fundamental que os populistas pelo mundo afora fizeram a seus eleitores o tempo todo: Marine Le Pen conduziu sua campanha presidencial de 2017 *"au nom du peuple"*, em nome do povo. "Somos o povo", disse certa vez Erdoğan a seus adversários. "Quem são vocês?", perguntou Norbert Hofer, líder do Partido da Liberdade da Áustria, evocando o mesmo sentimento em um recente discurso de campanha. "Vocês têm a alta sociedade por trás", disse. "Eu tenho o povo comigo."[44] A promessa de dar livre expressão à voz do povo é a característica central do populismo.

O apelo ao povo é tão importante para quem ele exclui quanto para quem ele inclui. Quando os populistas invocam o povo, estão postulando um grupo interno — unido em torno de etnicidade, religião, classe social ou convicção política compartilhada — contra um grupo externo cujos interesses podem ser justificadamente negligenciados. Em outras palavras, estão demarcando as fronteiras do *demos*, defendendo, de modo implícito, que a consideração política é devida a alguns cidadãos mas não a outros. Estão, nas palavras precisas de Jan-Werner Müller, reivindicando um "monopólio moral da representação".[45]

A história do monopólio moral da representação é tão longa quanto sangrenta. Durante a Revolução Francesa, Maximilien de Robespierre chegou ao poder opondo-se à pretensão da monarquia de personificar a nação — mas não demorou a afirmar que ele próprio era o único a manifestar de fato a vontade popular.

Em 1914, ainda pensando em si como um socialista em luta contra a opressão de seu povo pela classe capitalista, Benito Mussolini fundou um jornal chamado *Il Popolo d'Italia*.[46]

Essa mesma jogada retórica também esteve claramente em ação na história americana recente. Era o que Sarah Palin fazia quando alegou que "o melhor da América está na cidade pequena [...] e nesses pequenos bolsões maravilhosos que eu chamo de a verdadeira América", opondo implicitamente as "áreas pró-América desta grande nação" às que são, por implicação lógica, "anti-América".[47] Foi isso que Glenn Beck fez quando escreveu um livro intitulado *A América real: Mensagens do coração e do coração do país*.[48] E certamente foi isso que Donald Trump expressou com a estupidez de costume quando disse que "a única coisa importante é a unificação do povo, porque os outros não significam nada".[49]

Quando os populistas estão concorrendo ao governo, dirigem sua ira antes de mais nada contra grupos étnicos ou religiosos que não consideram parte do povo "real". Depois que chegam ao governo, dirigem sua ira cada vez mais contra um segundo alvo: todas as instituições, formais ou informais, que ousam contestar sua reivindicação ao monopólio moral da representação.

Nas fases iniciais, a guerra às instituições independentes assume com frequência a forma de incitação à desconfiança, ou mesmo ao puro ódio, contra a liberdade de imprensa.

Veículos críticos cobrem os protestos contra o líder populista. Eles noticiam os fracassos de seu governo e dão voz a seus opositores proeminentes. Escrevem matérias solidárias a suas vítimas. Ao fazê-lo, desafiam a ilusão de consenso, mostrando a um público amplo que o populista está mentindo quando afirma falar por todo o povo.

É o que torna a imprensa tão perigosa para o governo populista. E é também o motivo para a maioria dos populistas tomarem medidas severas contra jornalistas independentes e construir uma rede de veículos de mídia leais que celebre todas as suas medidas.

Na primeira coletiva de imprensa de Trump como presidente eleito dos Estados Unidos, ele chamou a CNN de "fake news", referiu-se ao BuzzFeed como "um monte de lixo", exclamou "essa é outra", sobre a BBC, e acusou a imprensa como um todo de "desonesta".[50] Em seu primeiro dia efetivo no gabinete, mandou a porta-voz fazer uma série de pronunciamentos falsos sobre "as reportagens deliberadamente falsas" da imprensa.[51] Durante os primeiros meses de mandato, se aperfeiçoou excluindo jornais importantes de um briefing na Casa Branca e rotulando veículos de comunicação, do *New York Times* à CNN, de "inimigos do povo americano".[52]

Trump também está criando sua própria contraprogramação. Ele tem uma relação muito íntima com a Fox News. Costuma conceder credenciais de imprensa a sites alternativos que apoiam acriticamente sua agenda. E até lançou um programa de notícias regular em sua página no Facebook, oferecendo a seus admiradores relatos entusiasmados de suas supostas realizações.[53]

Populistas europeus, à esquerda e à direita, comportam-se de maneira similar. Na Polônia, o governo de extrema direita de Kaczyński assumiu o controle da emissora estatal e tentou barrar a entrada de repórteres independentes no Parlamento.[54] Na Grécia, o governo de extrema esquerda de Tsipras deu ao Estado o poder de decidir quem pode ir ao ar, limitando o número total de concessões de TV e chegando a fechar uma revista que ousou criticar o secretário de exterior.[55] Há grande risco de que Beppe Grillo, um homem que já prometeu acabar com o que chama de controle político da mídia italiana, siga por esse mesmo caminho, se eleito.[56]

\* \* \*

Ataques contra a liberdade de imprensa são apenas o primeiro passo. No passo seguinte, a guerra contra as instituições independentes frequentemente mira fundações, sindicatos de trabalhadores, think tanks, associações religiosas e outras organizações não governamentais.

Os populistas percebem como instituições intermediárias com direito legítimo de representar as opiniões e os interesses de amplos segmentos da sociedade são perigosas para a ficção de que eles, e apenas eles, são o porta-voz exclusivo do povo. Desse modo, trabalham com afinco para desacreditar tais instituições como instrumentos das velhas elites ou dos interesses externos. Quando isso não é suficiente, introduzem leis limitando financiamento do exterior ou usam a capacidade regulatória do Estado para impedir que operem.

Mas a ira suprema e os ataques mais impiedosos ficam em geral reservados a instituições estatais que não estão sob influência direta do governo populista. Quando as estações de rádio ou TV públicas se recusam a transmitir propaganda do governo; quando as sentinelas da ética criticam o governo; quando comissões eleitorais independentes tentam assegurar eleições livres e justas; quando os militares se recusam a cumprir ordens ilegais; quando os parlamentares ousam utilizar o legislativo como base para fazer oposição; ou quando o tribunal mais elevado do país julga as ações dos populistas inconstitucionais, essas instituições cruciais primeiro são maculadas com insinuações de traição — para depois serem "reformadas" ou abolidas.

Na Hungria, por exemplo, Orbán tem sistematicamente ocupado as instituições burocráticas antes imparciais com uma equipe leal a ele e minado a independência do judiciário. Na Venezuela, Hugo Chávez reescreveu a Constituição assim que subiu ao poder, dando caráter efetivamente político às principais instituições do país.[57]

A mesma tática está cada vez mais em evidência até na Europa Ocidental e na América do Norte. No Reino Unido, por exemplo, há uma longa tradição de deferência ao judiciário. Mas, quando um tribunal determinou que a primeira-ministra Theresa May precisava da aprovação do Parlamento para precipitar a saída do Reino Unido da União Europeia, os ataques ao judiciário assumiram uma virulência sem precedentes. Mostrando a foto dos três juízes que haviam tomado a decisão, num estilo visual estranhamente reminiscente dos ataques contra o judiciário alemão na década de 1930, o *Daily Telegraph* esbravejou contra o modo como o veredicto em tese subvertia a vontade do povo. O *Daily Mail* foi um passo além: estampando uma foto parecida, com manchete ainda maior, tachava os juízes de "INIMIGOS DO POVO".[58]

Isso capta com perfeição a lógica que está em andamento quando o populismo se volta contra as instituições independentes. Diante da pretensão populista de ser a única representante da vontade popular, a política logo se torna uma luta existencial entre o povo real e seus inimigos. Por esse motivo, populistas tanto à esquerda como à direita tendem a se tornar cada vez mais iliberais à medida que seu poder aumenta. Com o tempo, passam a considerar toda voz dissonante como traição e concluem que qualquer instituição que fique em seu caminho é uma deturpação ilegítima da vontade do povo. Ambas precisam ser erradicadas. Resta apenas o capricho do populista.

O POVO DECIDE (FAZER O QUE BEM ENTENDER)

Ali Erdoğan, presidente da pequena comunidade turca em Wangen bei Olten, tinha um grande sonho. Um dia, esperava, um modesto minarete azul e dourado — com seis metros de altura — adornaria seu centro cultural, no norte da Suíça.

Após anos de luta, ele conseguiu levantar a verba necessária e requereu um alvará de construção. Mas os moradores locais se mobilizaram rapidamente para frustrar seus planos. Alguns alegavam que o minarete bloquearia a vista. Outros temiam que a identidade cultural da cidade pudesse ser ameaçada por um símbolo islâmico tão chamativo. E outros foram ainda mais diretos: Wangen bei Olten não era lugar de minaretes, disseram, muito menos dos imigrantes que queriam construí-los. A Comissão de Obras e Planejamento da cidade rejeitou o pedido por unanimidade.

Erdoğan não desistiu tão rápido e a controvérsia acabou por passar do processo político à justiça — como costuma acontecer hoje em dia. O Tribunal Administrativo do Cantão de Solothurn deu permissão para o minarete. Quando os moradores entraram com uma apelação, o Supremo Tribunal Federal manteve a decisão. O minarete enfim pôde ser construído.[59]

Mas essa pequena vitória para os direitos da comunidade turca em Wangen bei Olten logo virou uma grande derrota para os direitos das minorias religiosas por toda a Suíça. Furiosos com as decisões dos tribunais, uma coalizão de ativistas de extrema direita começou a coletar assinaturas para um referendo popular que proibisse por lei a construção de novos minaretes. "O povo disse que não queremos isso", declarou Roland Kissling, líder local do Partido Popular Suíço. "Sou a favor de integrar imigrantes — mas essas pessoas simplesmente estão pedindo demais."[60]

A maioria dos compatriotas de Kissling concordou. Em 29 de novembro de 2009, milhões de eleitores suíços votariam para cercear os direitos dos muçulmanos à liberdade religiosa. Líderes políticos, jornais tradicionais e observadores estrangeiros apelaram aos eleitores que respeitassem os direitos da maior minoria religiosa do país. Mas foi em vão. No fim, a proposta foi aceita com 58% dos votos.⁶¹ Depois do referendo, a Constituição suíça agora diz: "A liberdade de religião e de pensamento é garantida. […] A construção de minaretes é proibida".⁶²

Ali Erdoğan realizou seu sonho. O referendo veio tarde demais para impedir seu minarete. Mas a torre modesta que hoje adorna uma construção prosaica na periferia de sua cidade foi a última coisa do tipo a ser construída na Suíça.

Nos dias que se seguiram ao referendo, comentaristas chocados do mundo todo chamaram o resultado de visivelmente antidemocrático.⁶³ Mas seu uso enganoso dessa palavra só mostra como é difícil falar sobre a atual crise com clareza quando atribuímos à democracia uma miríade de significados. Afinal, é mais difícil pensar em um modo direto de deixar que o povo governe do que deixar que vote em questões controversas.

É por isso que prefiro dizer que a polêmica dos minaretes exemplifica com perfeição o desmantelamento da democracia liberal em duas novas formas de regime: a democracia iliberal e o liberalismo antidemocrático.

De um lado da divisão, há as instituições burocráticas e tecnocráticas que preservam os direitos individuais: o Tribunal Administrativo do Cantão de Solothurn e o Supremo Tribunal Federal são compostos de juízes não eleitos. Ambos preservaram os direitos de liberdade religiosa para uma minoria impopular. Do outro, há as instituições democráticas que permitem ao povo expressar sua opinião: os membros eleitos da Comissão de Obras e Planejamento e o referendo que convocou todo cidadão legalmente adulto da Suíça a chegar a uma decisão final serviram para traduzir a opinião popular em políticas públicas.

Assim, o problema com o referendo suíço não é o fato de ser de algum modo antidemocrático; é que a democracia suíça cada vez mais tem voltado suas energias contra as normas liberais básicas.

Nisso a Suíça não está sozinha.⁶⁴

\* \* \*

Como não costumo ir a comícios de partidos da extrema direita, esperava que o evento de campanha da Alternativa para a Alemanha (AfD) pudesse ser, bem, exótico. Pelo contrário, trouxe-me na mesma hora lembranças da minha juventude. Cada detalhe parecia inspirado nas cidadezinhas alemãs provincianas onde morei durante boa parte da infância, entre o fim da década de 1980 e o início dos anos 1990.

A convenção teve lugar numa desolada arena esportiva multieventos localizada num subúrbio de classe média de Offenburg — o tipo de bairro residencial onde as casas não são exatamente idênticas, mas têm paredes da mesma cor e telhados inclinados no mesmíssimo ângulo. Exceto pela previsível constatação de que tendia mais para o senil, o público também parecia ordinário; se um fabricante de produtos ortodônticos montasse um grupo de entrevista estranhamente numeroso, a atmosfera teria sido mais ou menos a mesma. Até os cartazes do partido pareciam ter um quê comercial. Ostentando azuis um pouco azuis demais e vermelhos um pouco vermelhos demais, me lembraram uma apresentação de PowerPoint, ou talvez um anúncio ruim do metrô.

Conhecida por sua perniciosa retórica contra imigrantes, Frauke Petry, na época líder da AfD, defendeu o uso de "provocações verbais" como estratégia de relações públicas nos e-mails internos.[65] Fiel à sua palavra, ela recentemente demandou que a polícia alemã evitasse, por quaisquer meios necessários, inclusive o uso de armas, travessias ilegais na fronteira.[66]

Quando subiu ao palanque em Offenburg, esses instintos iliberais ficaram totalmente à mostra.[67] A raiva contra os imigrantes era um pouco visceral demais, a insistência em sua incapacidade de se tornarem membros legítimos da nação alemã, um tanto estridente e incômoda. Muitas vezes acusada de incitar medos irracionais, ela insistia que "o medo e a inveja são uma parte importante da política". Os alemães, disse ela, sob estrondosas ovações, não deveriam mais ter receio de empregar termos historicamente carregados como "*Volk*" com orgulho.

No decorrer da noite, esses temas profundamente iliberais continuaram a vir à baila. Mas tão surpreendente quanto, e muito menos notado na mídia em geral, foi a ênfase que o partido pôs no aprofundamento da democracia durante todo o comício. Observando o ambiente, não fiquei surpreso em ver cartazes dizendo que "a imigração exige leis claras" ou que a Alemanha não deve ser a "fiadora do mundo". Mas fiquei confuso ao ver outro cartaz mostrando uma bandeira suíça: "A Suíça é a favor de referendos", dizia. "Nós também somos."

Fazer a defesa da democracia direta, explicou Petry no começo de seu discurso, é uma preocupação central do partido — e sobre a qual nenhum jornalista jamais lhe perguntou nada. Quando a *Grundgesetz*, a Constituição alemã, foi aprovada em 1949, disse ela, prometia duas coisas: uma lei para eleger os parlamentares e outra para permitir aos cidadãos realizar plebiscitos nacionais. Mas, no fim, os políticos só aprovaram a lei para eleições do Bundestag e os cidadãos alemães continuam sem ter o direito de decidir questões prementes. "Por causa disso", disse Petry a trezentos simpatizantes, a indignação crescendo em sua voz, "hoje vivemos numa semidemocracia."

Os políticos tradicionais querem manter as coisas exatamente como estão. Segundo Petry, eles "estão vibrando por dentro com o fato de que a população ficou tão desencantada da política. Porque isso quer dizer que ninguém os impede de fazer o que querem".[68] Mas, ao contrário do establishment político, seu partido é diferente. Ele é o único a favor de que o povo alemão decida seu próprio destino.

É aí que entra a pequena vizinha da Alemanha. A Suíça, disse

Petry, tem um sistema político maravilhoso exatamente porque confia em seus cidadãos para tomar decisões importantes. Já está mais do que na hora de a Alemanha fazer o mesmo.

Além da fronteira alemã, os plebiscitos já contam com um apelo inédito por motivos similares. O Partido da Independência do Reino Unido (UKIP), Podemos, Cinco Estrelas e outros partidos pela Europa já pediram plebiscitos. Na Holanda, Geert Wilders apresentou suas promessas de campanha para as eleições parlamentares de 2017 em um manifesto amplamente condenado por seu extremismo. O segundo de seus onze pontos era espantosamente simples (e iliberal até a medula): proibir o Corão. Mas o terceiro ponto era, na aparência, democrático: ele queria introduzir referendos com poder de lei.[69]

É impossível compreender a ascensão do populismo sem tentar destrinchar os modos como arroga para si o manto da democracia.

Movimentos de extrema direita mais antigos sonhavam com a volta do passado fascista ou procuravam estabelecer um sistema hierárquico que transcendesse a democracia. Na França, o fundador da Frente Nacional, Jean-Marie Le Pen, defendeu o Regime de Vichy e chamou o Holocausto de um "detalhe da história".[70] Na Alemanha, o Partido Nacional Democrático (NPD) glorificou nazistas de primeiro escalão como Rudolf Hess e lançou dúvida sobre a legitimidade da ordem constitucional do pós-guerra no país.[71]

Os sucessores desses movimentos, por outro lado, não se abstêm apenas da franca simpatia por um sistema mais autoritário; na maior parte do tempo, pintam a si mesmos como uma alternativa ao establishment oligárquico.

Na França, Marine Le Pen expulsou seu pai do partido quando ele repetiu suas calúnias sobre o Holocausto e atualmente alega ser mais democrática que os partidos tradicionais.[72] Na Alemanha, a AfD está (ainda que a contragosto) no processo de expulsar Björn Höcke porque ele propôs "uma guinada de cento e oitenta graus na maneira como nos lembramos do passado". O partido também aposta na tática de dizer que é o único defensor de um sistema verdadeiramente democrático: "Eles estão contra nós", afirma um slogan, "porque nós estamos com vocês".[73]

O vociferante comprometimento dos populistas com a democracia está sintetizado claramente no modo como comemoraram o resultado da eleição americana de 2016. Nas palavras de Viktor Orbán, a vitória de Trump assinalou a transição dos Estados Unidos de "não democracia liberal" para "democracia real".[74]

Analistas importantes do populismo, como Jan-Werner Müller, se recusaram a admitir essa energia democrática. A expressão "democracia iliberal", observa Müller, presta-se perfeitamente a esses regimes, reforçando "a imagem de tais líderes como opositores do liberalismo, ao mesmo tempo lhes permitindo continuar a se referir a suas atitudes como democráticas". Mas, na verdade, afirma, governos iliberais são antidemocráticos em sua essência: "Se os partidos de oposição ficam impedidos de apresentar seus pontos de vista ao eleitorado e os jornalistas não ousam denunciar os erros do governo, as urnas já foram fraudadas".[75]

Compartilho tanto da revolta de Müller contra o estrago já feito pelos populistas como de sua preocupação quanto ao perigo que eles ainda representam. Mas receio também que a recusa em admitir que haja algo democrático acerca da energia que os impele ao poder nos impeça, antes de mais nada, de compreender a natureza do apelo que exercem — e torne ainda mais difícil pensarmos em um modo cuidadoso e criativo de detê-los.

Mais do que desejar estabelecer um sistema político hierárquico que transcenda a democracia, como movimentos de extrema direita mais antigos muitas vezes fizeram, os populistas de hoje alegam que estão procurando aprofundar os elementos democráticos de nosso atual sistema. Isso é importante.

Mas, mesmo nos casos em que os compromissos democráticos dos populistas são genuínos, eles ainda assim representam um perigo à democracia. Como Müller observa com acerto, suas predileções iliberais estão em profundo desacordo com a manutenção de instituições, como eleições livres e justas, que os impeçam de passar por cima da vontade popular uma vez que se tornem impopulares. Isso também é importante.

Os populistas afirmam ser a verdadeira voz do povo. Acham que toda resistência a seu governo é ilegítima. E desse modo, com triste frequência, costumam ceder à tentação de silenciar a oposição e destruir os centros de poder rivais. É impossível compreender sua natureza sem admitir a energia democrática que os move — e, contudo, também é impossível estimar o estrago que são capazes de causar sem admitir com que rapidez essa energia pode se voltar contra o povo. A menos que os defensores da democracia liberal consigam se erguer contra os populistas, a democracia iliberal sempre corre o risco de degringolar numa perfeita ditadura.

## 2. Direitos sem democracia

Era um dia importantíssimo para os camponeses do Januschau, uma região remota do leste da Prússia. Pela primeira vez na vida, ou na vida de seus pais, ou dos pais de seus pais, foram convocados a votar. Por séculos, foram súditos — praticamente propriedade — da família Oldenburg, sem voz alguma e com pouquíssimos direitos. Agora, cabia-lhes participar do ato incompreensivelmente nobre de governar a si mesmos.

Quando se reuniam na estalagem da cidade, convertida às pressas em local de votação, perceberam que o novo mundo conservava não poucos elementos do antigo. O inspetor de terras da família Oldenburg distribuía envelopes lacrados. Continham as cédulas eleitorais já preenchidas.

A maioria dos camponeses fez conforme instruído. Depositaram seu primeiro voto na urna sem saber em quem estavam votando.

Um rebelde solitário se atreveu a abrir o envelope. Isso despertou a fúria imediata do inspetor. Agredindo-o com a bengala, ele berrou, com sincera indignação: "O voto é secreto, seu verme!".[1]

Na maioria dos lugares, a pretensão da democracia de deixar o povo governar foi um pouco mais séria, e o controle da elite sobre o processo eleitoral, um pouco mais sutil. Mesmo assim, essa anedota sobre a aurora da democracia sintetiza o acordo fundamental que as elites tradicionais ofereciam às massas no princípio de nosso sistema político: "Contanto que vocês nos deixem dar as cartas, vamos fingir que deixamos vocês governar".

É um trato que se provou um sucesso fenomenal nos últimos 250 anos. Hoje, está ficando cada vez mais difícil de ser mantido.

A democracia liberal agrada a gregos e troianos: para as massas, é a promessa de deixar que deem as cartas; para as minorias, de proteger seus direitos contra uma maioria opressiva; e para as elites econômicas, de que poderão conservar sua riqueza. Essa qualidade camaleônica ajudou a dar à democracia liberal uma estabilidade inigualável.

No nível mais fundamental, essa qualidade depende de uma tensão que é central para a história das democracias liberais. Os sistemas políticos de países como o Reino Unido e os Estados Unidos foram criados não para manifestar a democracia, mas para se opor a ela; eles ganharam retrospectivamente uma aura democrática com a alegação posterior de que permitiam ao povo governar. A credibilidade dessa afirmação depende de comparações. Na medida em que a memória da monarquia absoluta era recente, e um sistema mais diretamente democrático parecia impraticável, as democracias liberais podiam afirmar que deixavam o povo governar. Esse aspecto foi válido durante o período de quase um século em que a democracia desfrutou de sua hegemonia ideológica sem precedentes. Mas isso deixou de ser verdade. Como resultado, o mito democrático que ajudou a emprestar a nossas instituições uma aparência de legitimidade exclusiva está perdendo a força.

As raízes antidemocráticas de nossas instituições supostamente democráticas estão expostas com clareza no Reino Unido. O Parlamento não foi concebido para permitir que o povo governasse; foi o acordo banhado em sangue entre um monarca encurralado e os escalões superiores da elite do país. Somente quando a franquia foi pouco a pouco expandida, no decorrer dos séculos XIX e XX, alguém teve a ideia de achar que esse sistema de governo guardava alguma semelhança com uma democracia. Mesmo então, a ampliação da franquia acabou transformando o sistema de formas bem menos fundamentais do que tanto defensores como oponentes da reforma democrática haviam previsto.[2]

Por estar fundamentada em uma conduta ideologicamente mais autoconsciente, essa mesma história fica ainda mais evidente no caso americano. Para os Pais Fundadores, a eleição de representantes, que passamos a enxergar como a maneira mais democrática de traduzir a opinião popular em políticas públicas, foi um mecanismo para manter o povo à distância.

As eleições eram feitas, nas palavras de James Madison, para "cultivar e ampliar a visão popular, filtrando-a por meio de um corpo eleito de cidadãos, cuja sabedoria está mais apta a discernir os reais interesses de seu país".[3] Que isso tenha restringido radicalmente em que medida a população poderia de fato influenciar o governo não foi acidente: "A voz pública, articulada pelos representantes do povo", argumentava Madison, "será mais consoante com o bem público do que se articulada pelo próprio povo, reunido para esse propósito".[4]

Em resumo, os Pais Fundadores não acreditavam que uma república representativa era um prêmio de consolação; pelo contrário, achavam-na mil vezes preferível aos horrores facciosos de uma democracia. Como Alexander Hamilton e James Madison deixaram claro no artigo 63 de "O Federalista" a essência da república americana consistiria — o destaque no texto é deles — "NA TOTAL EXCLUSÃO DO POVO, EM SUA CAPACIDADE COLETIVA, de qualquer participação" no governo.[5]

Foi somente no século XIX, quando as condições materiais e políticas da sociedade americana mudaram com a imigração em massa, a expansão para oeste, a guerra civil e a rápida industrialização, que um grupo de pensadores com espírito empreendedor começou a trajar uma república ideologicamente consciente com as vestes desacostumadas de uma democracia renascida. As mesmas instituições um dia concebidas para excluir o povo de participar do governo eram agora enaltecidas por possibilitar o governo "do povo, pelo povo, para o povo".[6]

Mas, embora a América fosse cada vez mais vista como uma democracia, a realidade estava muito longe disso. Apenas gradualmente os Estados Unidos promoveram melhorias verdadeiras em seu processo democrático. Com a ratificação da Emenda XV em 1870, "raça, cor ou condição prévia de servidão" não podiam mais ser utilizadas para negar aos cidadãos o direito de votar (embora, na prática, muitas vezes fossem).[7] A eleição direta de senadores foi estabelecida pela Emenda XVII em 1912.[8] Finalmente, a Emenda XIX, aprovada em 1920, decretou que "o direito de votar dos cidadãos dos Estados Unidos não deve ser negado ou cerceado em função do sexo".[9]

Essas reformas tornaram de fato as instituições americanas mais democráticas. Mas a transformação da língua que usamos para descrever as instituições da democracia americana foi de alcance muito maior do que a transformação das próprias instituições. E crucial para essa transformação é uma história sobre os limites da governança democrática sob condições modernas.

Na antiga Atenas, assim se conta, o povo — ou pelo menos aqueles que eram vistos como povo, ou seja, cidadãos adultos do sexo masculino — podia governar diretamente porque havia pouca gente, o território do Estado era muito pequeno e muitos tinham escravos que se encarregavam de suas necessidades do dia a dia.[10] Não é mais o caso. Como observou John Adams, o povo "não consegue agir, orientar-se ou raciocinar junto, porque as pessoas não podem fazer marchas de oitocentos quilômetros, tampouco dispor de tempo ou de um lugar para se reunir".[11] Sob as condições modernas, a democracia direta era aparentemente impossível.

Perceber isso permitiu aos escritores democráticos do fim do século XIX empreender uma peculiar reinvenção do governo americano. Se antes as instituições representativas haviam sido fundadas numa oposição deliberada ao ideal da democracia, agora passavam a ser descritas como a consumação desse ideal possível sob as condições modernas. Assim, nascia o mito fundador da ideologia democrática liberal — a ficção improvável de que o governo representativo ensejaria o governo do povo.

Um homem que põe vinho novo em odres velhos, adverte o Evangelho de Lucas, terá o que lamentar: "O vinho novo explodirá os odres e entornará, e os odres serão perdidos".[12] O oposto se revelou verdadeiro para a democracia. A maré crescente de sentimento igualitário ao longo do século XIX deve, justificadamente, ter ido de encontro a uma série de instituições abertamente aristocráticas. Em vez disso, a nova embalagem deu às instituições representativas uma segunda chance. O fato agradou às elites, que continuaram a impor sua vontade nas questões mais importantes, tanto quanto agradou aos igualitários, que passaram a ver nisso uma consumação de suas aspirações.

Por um longo século, o mito fundador da democracia se revelou uma das forças ideológicas mais poderosas da história da humanidade. Foi enquanto imperou, e no contexto da transubstanciação milagrosa entre controle da elite e apelo popular que proporcionou, que a democracia conquistou meio mundo. E embora nunca tenha sido exatamente correto — sempre teria sido possível fazer mais uso de referendos ou restringir a capacidade dos representantes de descumprir a vontade de seus eleitores —, ele manteve suficiente pé na realidade para cativar a imaginação democrática.

Esse chão agora está se desmanchando. Um dos motivos é que, depois da internet, a preocupação de Adams com a incapacidade do povo de deliberar em conjunto virou uma coisa antiquada. Talvez seja verdade que o povo não possa marchar oitocentos quilômetros nem achar um lugar para se reunir. Mas por que deveria? Se as pessoas de fato quisessem governar a si mesmas, poderiam fazê-lo com facilidade. Uma ágora virtual poderia substituir a ágora física da antiga Atenas, permitindo a todo cidadão debater e votar em propostas para as políticas públicas, grandes ou pequenas.

Não estou sugerindo que a maioria dos cidadãos das democracias contemporâneas queira estar intimamente envolvida no processo de criação de políticas públicas. Não quer. Tampouco acredito que a deliberação em uma ágora virtual viesse a ser educada e racional. Não seria. Por bons motivos, a ideia de democracia direta tem muito mais adeptos na teoria do que na prática.

Mas, embora o cidadão atual esteja tão inclinado a votar e deliberar sobre cada lei e regulamento obscuros quanto o cidadão da década de 1960 ou de 1830, hoje ele possui uma percepção bem mais instintiva de que nossas instituições democráticas são fortemente mediadas. Para gerações anteriores, devia parecer natural que as pessoas governassem mediante instituições parlamentares e elegessem seus representantes indo a um local de votação. Mas para uma geração criada no imediatismo do voto digital, plebiscitário, do Twitter e do Facebook, do *Big Brother* e do *American Idol*, essas instituições começaram a parecer canhestras.

O cidadão de hoje talvez não esteja tão envolvido no resultado dos debates sobre políticas públicas quanto está em votar em quem vai sair da casa do *Big Brother*. Talvez nem faça tanta questão que sua influência sobre o sistema de governo seja tão imediata quanto seu voto na última temporada de *American Idol*. Mas, a despeito de tudo isso, tem um modelo muito claro de qual é a sensação de exercer um impacto real, direto. Ele sabe que, se quiséssemos conceber um sistema de governo que realmente permitisse às pessoas governar, esse sistema não se pareceria muito com uma democracia representativa.

Há outro motivo ainda mais importante para o mito fundador da democracia não exercer mais o mesmo fascínio de antes sobre nossa imaginação: durante as últimas décadas, as elites políticas se isolaram extraordinariamente da opinião popular.

Embora o sistema nunca tenha sido criado para permitir que o povo governe, na verdade conta com importantes elementos de participação popular. A maioria das decisões políticas era tomada por uma legislatura eleita. E muitos legisladores tinham profundas ligações com seu eleitorado: vinham de todas as partes do país e estavam envolvidos em associações, de igrejas a sindicatos.

Os legisladores também deviam ser profundamente imbuídos de uma ideologia que lhes desse senso de propósito. Fossem social-democratas vindos de famílias pobres que viam a si mesmos como defensores dos trabalhadores comuns, fossem democratas cristãos oriundos de famílias religiosas que viam a si mesmos como guardiões da tradição, tinham uma missão política clara — e muitas vezes ansiavam por voltar às comunidades de onde saíram, ao deixar o governo.

Hoje em dia, isso vale para pouquíssimos políticos profissionais. A legislatura, outrora o corpo político mais importante de todos, perdeu boa parte de seu poder para tribunais, burocracias, bancos centrais e tratados e organizações internacionais. Entretanto, as pessoas que integram a legislatura se parecem cada vez menos com aqueles que deveriam representar: hoje, dificilmente seus membros mantêm laços fortes com suas comunidades locais, e o comprometimento profundo com uma ideologia estruturante é ainda mais raro.

Como consequência, o eleitor médio hoje se sente mais alienado da política do que nunca. Quando olha para os políticos, não se reconhece — e, quando olha para as decisões que tomam, não vê reflexo de suas prioridades.

Jamais houve esse momento de participação popular perfeita. Conforme o mito fundador da democracia nos lembra, o copo sempre esteve cheio pela metade. Mas hoje corre o perigo de ficar vazio.

**DIREITOS SEM DEMOCRACIA**

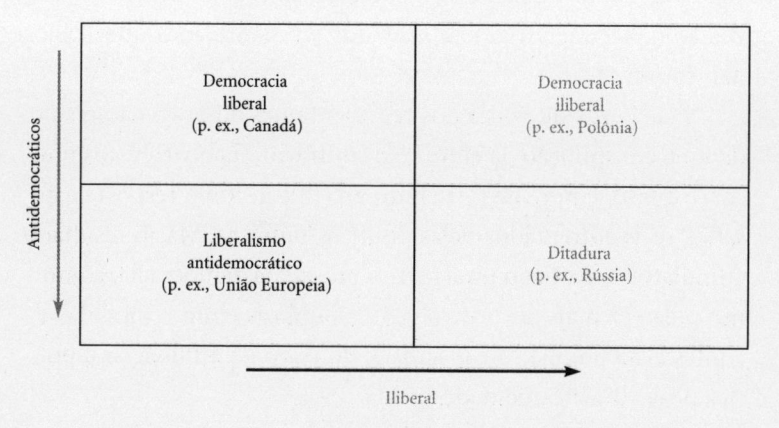

| | |
|---|---|
| Democracia liberal (p. ex., Canadá) | Democracia iliberal (p. ex., Polônia) |
| Liberalismo antidemocrático (p. ex., União Europeia) | Ditadura (p. ex., Rússia) |

Antidemocráticos ↓

Iliberal →

## OS LIMITES DAS INSTITUIÇÕES ELEITORAIS

Nas últimas décadas, os representantes eleitos do povo perderam um bocado de seu poder.

Desde o fim da Segunda Guerra Mundial, a complexidade dos desafios regulatórios enfrentados pelo Estado disparou: a tecnologia progrediu e as dinâmicas econômicas ficaram mais intricadas. A política monetária passou a ser uma ferramenta fundamental de estabilização da economia. Ainda mais importante, os principais desafios políticos enfrentados hoje pela humanidade, da mudança climática ao aumento da desigualdade, têm raízes profundamente globais, e, ao que parece, superam a capacidade dos Estados nacionais de encontrar uma resposta adequada.

Todas essas mudanças levaram à perda de poder dos parlamentos nacionais. Para lidar com a necessidade de regulamentação em campos altamente técnicos, as agências burocráticas, compostas de especialistas em diferentes áreas, começaram a assumir um papel quase legislativo. Para determinar a política monetária e resistir à pressão política de criar crescimentos artificiais em anos de eleição, mais e mais bancos centrais ganharam independência. Finalmente, para lidar com uma série de questões que vão desde estabelecer regras comerciais a negociar acordos relativos ao aquecimento global, tratados e organizações internacionais foram criados.

Essa perda de poder dos representantes do povo não resulta de uma conspiração da elite. Pelo contrário, ela ocorreu aos poucos, e quase sempre de forma imperceptível, como resposta a desafios reais enfrentados pelas políticas públicas. Mas o resultado cumulativo significou uma furtiva erosão da democracia: conforme cada vez mais áreas de políticas públicas eram removidas da contestação popular, a capacidade do povo de influenciar a política ficava drasticamente reduzida.

*Os burocratas como legisladores*

Quando se soube do gigantesco desperdício do Ministério de Assuntos Administrativos do Reino Unido, Sir Humphrey, seu funcionário mais antigo, foi levado perante um Comitê Seleto da Câmara dos Comuns. Mas em vez de mostrar arrependimento pelo fato de que seu departamento gastara uma montanha de dinheiro do contribuinte na manutenção de um jardim no terraço, que ninguém usava, ele tentou fugir da responsabilidade.

"Acharam que a venda de flores e verduras poderia compensar o custo", arriscou ele.

"E compensou?", perguntou uma parlamentar.

"Não", admitiu ele.

"Concorda que o dinheiro foi jogado fora?", perguntou ela.

"Não cabe a mim fazer comentários sobre as políticas do governo. Pergunte ao ministro."

"Olha, Sir Humphrey. Quando a gente pergunta para o ministro, ele fala que é um problema administrativo de vocês. E quando a gente pergunta para o senhor, o senhor diz que é um problema de políticas públicas da alçada do ministro. O que sugere que a gente faça para descobrir o que está acontecendo?"

"Sei, sei, sei, percebo que existe mesmo um dilema aqui, na medida em que, embora seja política do governo ver as políticas públicas como de responsabilidade dos ministros e a administração como de responsabilidade dos servidores, as questões de política administrativa podem causar confusão entre as políticas da administração e a administração das políticas, ainda mais quando a responsabilidade pela administração da política de administração entra em conflito com a responsabilidade pela administração das políticas públicas, ou se sobrepõe a ela."

"Mas isso é uma lenga-lenga sem sentido, não acha?", perguntou a parlamentar.

"Não me cabe comentar as políticas públicas do governo", respondeu Sir Humphrey. "Pergunte ao ministro."

Sir Humphrey e o Ministério dos Assuntos Administrativos são, como o leitor já deve ter adivinhado, fictícios. Foram extraídos de *Yes Minister*, um adorado sitcom da BBC dos anos 1980 que retratava a luta diária de um político incompetente tentando impor sua agenda a despeito da burocracia determinada a frustrar seus planos e servir aos próprios interesses.[13]

Mas, embora os malabarismos verbais e as proezas de Sir Humphrey fossem exagerados para efeito cômico, havia neles considerável fundo de verdade. "Seu retrato perspicaz do que acontece nos corredores do poder", derreteu-se Margaret Thatcher quando ainda era primeira-ministra, "proporcionou-me horas da mais pura alegria."[14] David Cameron, um dos sucessores de Thatcher na vida real, reviveu esse sentimento cerca de três décadas mais tarde. Estudando política em Oxford, ele precisou certa vez "escrever um ensaio sobre 'Até que ponto *Yes Minister* é fiel à realidade?'. Acho que escrevi [...] que não era fiel à realidade. Como primeiro-ministro, posso afirmar que é fiel à realidade".[15]

Políticos frustrados não são os únicos a enfatizar o papel superdimensionado que a burocracia desempenha hoje na atuação de inúmeras democracias mundo afora. Ao contrário, um amplo campo de estudos acadêmicos descobriu não só que é muito difícil para os políticos controlar a burocracia, como também que o alcance das decisões tomadas pelas agências burocráticas se expandiu nos últimos anos.

No conceito mais simples de Estado, as pessoas elegem legisladores que transformam a vontade popular em leis. Os burocratas então aplicam essas leis a casos particulares. Eles desempenham um papel importante, sem dúvida, mas também subordinado.

Afinal de contas, sua tarefa é servir à vontade popular tal como manifestada na legislação.

Na realidade, a história nunca foi tão simples assim. Sintetizando a visão que Max Weber tem da burocracia, por exemplo, os livros didáticos geralmente enfatizam que os funcionários públicos preferem seguir "regras gerais" a emitir "uma ordem individual para cada caso".[16] Mas Weber percebeu que o juiz ou burocrata não é só "um autômato no qual documentos legais e emolumentos são depositados numa ponta para cuspir o veredicto na outra".[17] Pelo contrário, o processo de implementar as leis sempre levou em consideração a discrição e a criatividade: mesmo uma lei redigida com cuidado deixa alguns detalhes em aberto e importantes procedimentos burocráticos por serem estipulados. Com isso, os funcionários públicos cumprem um papel político importante desde o surgimento da burocracia moderna. Eles nunca foram tão subalternos quanto os modelos simplistas da política gostariam de nos fazer crer.[18]

E, contudo, o aumento recente na quantidade de burocratas e a ampliação de seu papel foi surpreendente. No decorrer do século XX e no início do XXI, o número de servidores públicos disparou e sua influência é maior do que nunca. Consequentemente, os representantes eleitos do povo têm um papel bem mais restrito na determinação das políticas públicas.

As cifras são surpreendentes. No Reino Unido, por exemplo, a quantidade de burocratas nacionais foi de cerca de 100 mil em 1930 para 400 mil em 2015. (No mesmo período, a população total aumentou apenas em cerca de um terço.)[19]

Embora o crescimento da burocracia seja expressivo, duas mudanças qualitativas podem ser ainda mais importantes: as agências governamentais influenciam cada vez mais os projetos de lei submetidos ao poder legislativo.[20] Ao mesmo tempo, assumem gradativamente um papel parecido com o de legisladores, dispondo de autoridade para conceber e implementar regras amplas em áreas cruciais como regulação financeira ou ambiental. Tomados em conjunto, esses dois fatores significam que boa parte das leis a que o cidadão comum deve obedecer são hoje escritas, implementadas e às vezes até propostas por funcionários públicos não eleitos.

Os órgãos burocráticos tradicionais estão incumbidos de implementar as leis redigidas pelos legisladores e são liderados por um político — muitas vezes um membro eleito do Parlamento — nomeado pelo presidente ou primeiro-ministro. Porém, cada vez mais, nas políticas públicas, a função de legislar cabe às assim chamadas "agências independentes", que podem formular suas próprias políticas e desfrutam de extrema liberdade tanto dos parlamentares quanto do chefe de governo eleito.[21] Uma vez estabelecidas pela legislatura, essas diretorias e comissões ficam encarregadas de tomar "decisões legalmente difíceis, tecnicamente complexas e, com frequência, politicamente delicadas". Muitas gozam de autoridade regulatória plena — em outras palavras, "podem emitir regulamentações, tomar medidas administrativas para fazer valer seus estatutos e regulamentações e decidir casos por meio de adjudicação administrativa".[22]

Nos Estados Unidos, essas agências independentes incluem a Comissão Federal de Comunicações (FCC), criada em 1934, que regulamenta redes de rádio e TV e decide questões cruciais da era digital, como neutralidade da rede;[23] a Comissão de Títulos e Câmbio (SEC), criada no mesmo ano, incumbida de proteger investidores regulamentando a operação dos bancos e de outros prestadores de serviços financeiros, preservar a imparcialidade dos mercados e propiciar a formação de capital;[24] a Agência de Proteção Ambiental (EPA), criada em 1970, com poder de aprovar regulamentação para objetivos tão amplos quanto preservar a água limpa e proteger espécies em perigo;²⁵ e a Agência de Proteção Financeira ao Consumidor (CFPB), criada em 2010, que regulamenta os serviços financeiros pessoais, como hipotecas e cartões de crédito.²⁶

O leque de questões controversas regulamentadas por essas agências independentes nos últimos anos atesta sua importância. A FCC já determina há tempos quais palavras são proibidas na TV a cabo, fazendo da comissão uma das principais responsáveis pelo peculiar costume americano de abafar palavrões com um bipe em muitos programas.²⁷ Fundamental para regulamentar o meio de comunicação mais importante do final do século XX, a FCC hoje molda o futuro do meio mais importante do início do século XXI: em 2015, ela determinou a exigência de que provedores de internet seguissem regras de "neutralidade da rede", criadas para assegurar igual sucesso a uma ampla gama de ofertas na web.²⁸ De modo similar, a EPA teve papel central nas disputas de políticas ambientais dos últimos cinquenta anos, desde o uso de DDT ao controle de qualidade da água potável.²⁹ Em anos recentes, também passou a ser muito importante para o modo como as políticas públicas americanas reagiram à mudança climática, ao considerar o carbono como poluente e propor limites sobre emissões admissíveis de novas usinas energéticas.³⁰ Enquanto isso, em seus cinco primeiros anos de existência, a CFPB propôs um regulamento para cortar o crédito consignado e exigiu que os consultores financeiros atuassem em prol dos investidores, eliminando parte das arriscadas práticas que levaram à crise hipotecária de 2008.³¹

Longe de tomar decisões apenas nos poucos casos de maior visibilidade, as agências independentes hoje são responsáveis pela vasta maioria das leis, normas e regulamentos no país. Em 2007, por exemplo, o Congresso aprovou 138 leis públicas. No mesmo ano, as agências federais norte-americanas finalizaram 2926 regulamentos.³² E não se pode pontificar que os eleitores disponham de alguma forma real de supervisionar as regras às quais se subordinam.³³

Os Estados Unidos não estão sozinhos. Órgãos equivalentes às agências independentes americanas surgiram também em outros países. Na Grã-Bretanha, por exemplo, houve outrora mais de novecentas ONGS Quase Autônomas (QUANGOS), organizações públicas financiadas com dinheiro do contribuinte, mas que não contam com nenhuma ou quase nenhuma supervisão democrática.³⁴ Embora algumas QUANGOS, como a Agência Ambiental, realizassem tarefas essenciais, seu rápido crescimento — em quantidade e alcance — passou a preocupar as pessoas cada vez mais.³⁵ Em 2010, o Parlamento deu ouvido aos críticos, prometendo eliminar ou fundir um terço das QUANGOS existentes.³⁶ Mas a maioria delas sobreviveu ao processo e muitas mudanças se mostraram meramente cosméticas: "Uma análise mais detida revela que, embora o governo tenha reduzido a quantidade de órgãos públicos, eles se livraram de relativamente poucas funções e na verdade trataram de [...] 'embaralhar departamentos'".³⁷

Mas a "agência independente" mais poderosa do mundo talvez seja a Comissão Europeia. Na maioria dos países, o poder da burocracia é de algum modo limitado pela presença de um chefe de governo forte, de um lado, e a força de uma legislatura com apoio real dos cidadãos comuns, do outro. Na União Europeia, ao contrário, amplas prioridades de políticas públicas são determinadas numa cúpula com os chefes de governo de Estados-membros que se reúnem apenas algumas vezes por ano. A legislatura, entretanto, é escolhida numa disputa eleitoral que resulta em enorme abstenção e é no geral encarada pelos eleitores como uma oportunidade de protestar contra seus governos nacionais impopulares — entre outras coisas porque os poderes do Parlamento europeu são, em todo caso, muito restritos. Por conseguinte, a Comissão Europeia, uma organização de burocratas não eleitos, foi historicamente o motor da maioria das atividades da União Europeia: é a comissão que propõe, redige e implementa uma porção de leis da UE.[38]

Uma coisa é certa: as agências independentes são responsáveis por grandes feitos. De modo geral, creio que as decisões da FCC e da SEC, da EPA e da CFPB fizeram dos Estados Unidos um lugar melhor. O mesmo é verdade sobre a Comissão Europeia e uma série de QUANGOS britânicas. Percebe-se, contudo, uma verdadeira troca entre o respeito pela vontade popular e a capacidade de resolver problemas complicados de políticas públicas. Embora agências independentes realizem tarefas essenciais de hábito não executadas por outras instituições, é difícil negar que elas removem do debate político decisões importantes.

## Bancos centrais

Quando eu era criança, na Alemanha dos anos 1980 e 1990, cerca de seis décadas após a hiperinflação ter acabado com o valor do papel-moeda e com a estabilidade da República de Weimar, meus professores contavam histórias sobre esse período como se houvesse acontecido poucos meses antes de eu nascer.

"Meu pai tinha umas economias", lembro de Frau Limens, minha professora da terceira série, dizer. "Por ele, deixava no banco. Mas todo mundo falava que era melhor encontrar um jeito de gastar o dinheiro. Só estava perdendo o valor. Ele precisava tomar uma providência logo. Daí, depois de pensar muito, ele decidiu comprar uma coisa que as pessoas sempre fossem querer: açúcar. Assim, ele pensou, ele podia vender o açúcar aos poucos, comprando pão e roupa pra nós até o fim daquele caos."

"Deu certo?", perguntou um colega. "Vocês conseguiam comprar as coisas de que precisavam?"

"Bom", respondeu ela, gravemente, "ele pegou emprestado o carro de boi do vizinho e saiu para comprar o açúcar. Era muita coisa e a caçamba ficou cheia. Uma montanha branca, gigante. Mas transportar o açúcar pro nosso celeiro levou mais tempo do que ele imaginou. E na hora que ele estava começando a descarregar o açú…"

"Oh, oh", interrompeu meu colega.

"Bem na hora que ele estava começando a descarregar o açúcar, começou a chover. Um pé-d'água. Durou só uns minutos e a montanha de açúcar — suas preciosas economias — foi embora com a chuva."

"Nossa", falou meu colega.

"Nossa digo eu", concordou a professora.

De um modo ou de outro, implícita ou explicitamente, esses relatos sempre descreviam uma clara parábola — do perigo à redenção. O problema todo, contou Frau Limens à nossa turma de crianças de nove anos de idade, começara porque "os políticos estavam tomando todas as decisões relativas ao dinheiro". Foi por isso que, depois da guerra, "tornamos o Bundesbank independente. Hoje em dia, não teríamos esse problema".

A verdadeira história da inflação e da independência do Banco Central é um pouco mais complicada do que Frau Limens nos levara a crer. Diante da imensa dívida da Primeira Guerra Mundial e de um grupo de credores determinados a tirar tudo que pudessem do país recém-derrotado, o governo alemão estava desesperado por encontrar maneiras de obter moeda estrangeira. Com um monte de opções ruins na mesa, o governo escolheu uma das piores: imprimir dinheiro a rodo.[39]

Mas as lições políticas que o país extraiu da consequente hiperinflação na verdade foram tão míopes quanto o que aprendemos na terceira série com Frau Limens. Após a Segunda Guerra Mundial, muitos alemães atribuíram a experiência desestabilizadora da hiperinflação à chegada de Hitler ao poder, assim como atribuíram a interferência política no dinheiro circulante à experiência desestabilizadora da inflação. Para evitar a recaída no caos e mesmo no fascismo, concluíram, o novo Bundesbank teria de ser o mais independente possível. Essa independência exigia mais do que proibir os políticos eleitos de interferir em suas operações no dia a dia ou de tomar decisões por indicação de seus governantes. Em acentuado contraste com outros bancos centrais no mundo todo, o Bundesbank também ganhou o direito de determinar seus próprios objetivos políticos, decidindo se priorizava o controle da inflação ou do desemprego.[40]

O sucesso econômico do pós-guerra na Alemanha e a grande estabilidade do marco alemão logo passaram a ser fonte imprescindível de orgulho nacional. Assim, quando as elites políticas europeias decidiram embarcar no processo de união monetária, durante a década de 1980, um dos pontos em que os líderes alemães insistiam era que o Banco Central Europeu (BCE) teria de seguir o modelo do Bundesbank.

Foi exatamente o que acabou acontecendo: "O BCE", segundo Daniel Gros, "era o Bundesbank 2.0, só que até um pouco mais sólido, em termos de independência".[41] A razão desse projeto institucional, escreve Christopher Alessi, era assegurar que fosse "dirigido por tecnocratas não eleitos e fora do âmbito de prestação de contas política".[42]

A influência do Bundesbank vai ainda mais longe: no decorrer das décadas de 1970 e 1980, os economistas começaram a apresentar argumentos ainda mais abrangentes a favor da independência do Banco Central no modelo alemão. Como os políticos que querem concorrer a intervalos regulares têm fortes incentivos para estimular o crescimento econômico de curto prazo, bancos centrais dependentes impulsionariam a inflação no curto prazo sem desemprego sustentavelmente decrescente no longo prazo, defendiam estudiosos importantes como Robert Barro e Robert J. Gordon.[43] Levar a independência aos bancos centrais deixaria as decisões sobre taxas de juros nas mãos de quem está a salvo desse tipo de incentivo de curto prazo, impulsionando o desempenho econômico de longo prazo. E assim, os países — do Reino Unido ao Japão, da Moldávia ao Quênia — deram aos membros de seus bancos centrais um grau de independência muito maior. Nos anos 1990, escreveram Simone Polillo e Mauro Guillén, 54 países do mundo todo "fizeram mudanças estatutárias para maior independência. [...] Apenas 24 países sem Banco Central fortemente independente a partir de 1989 não introduziram mudanças estatutárias durante a década de 1990".[44]

Há outro motivo para que uma independência maior dos bancos centrais pelo mundo afora tenha tanta importância: não se trata apenas de que muitas instituições que estiveram sob o efetivo controle de legisladores eleitos cinquenta anos atrás sejam atualmente dirigidas por tecnocratas não eleitos e livres de responsabilidades políticas. Também aconteceu de a relevância das decisões tomadas por essas instituições aumentar nesse mesmo intervalo de tempo.

Durante a maior parte da história da democracia liberal, os bancos centrais contaram apenas com um arsenal limitado à sua disposição. No século XIX e no início do XX, quase sempre o valor da maioria das moedas ficava lastreado às reservas de ouro do país. No sistema Bretton Woods, que ganhou predominância após a Segunda Guerra Mundial, as taxas de câmbio eram na maior parte fixas; nas relativamente raras ocasiões em que tinham de ser ajustadas, a decisão era de hábito tomada por políticos eleitos, não por burocratas não eleitos. Durante esse período, segundo Polillo e Guillén escreveram, "os ministros das finanças ficaram incumbidos de decisões cruciais, ao passo que os bancos centrais [...] desempenharam um papel relativamente limitado e discreto na elaboração das políticas econômicas e financeiras".[45]

Somente após a derrocada do Bretton Woods, no início da década de 1970, os bancos centrais ganharam margem de manobra para determinar taxas de juros segundo os objetivos de suas políticas. Encarregados há muito de manter a estabilidade de um sistema concebido por políticos eleitos, eles são hoje as principais instituições a decidir, por exemplo, se é mais importante o país conter a inflação ou o desemprego.[46] Consequentemente, algumas das decisões econômicas mais importantes para países do mundo todo hoje são tomadas por tecnocratas.

*Controle de constitucionalidade*

Nos 250 anos desde que os Pais Fundadores criaram uma república que buscava excluir o povo, em sua capacidade coletiva, de qualquer participação no governo, a introdução duramente conquistada do sufrágio universal foi a segunda maior inovação institucional. A maior foi conferir a nove juízes não eleitos o poder de indeferir a vontade do povo sempre que ela conflitasse com o respeito aos direitos individuais.

Esse poder foi, ao longo da história, utilizado com alguns propósitos extraordinariamente nobres. Às vezes, quando a maioria dos americanos não estava disposta a conceder os direitos que reivindicava para si a uma minoria muito vilipendiada, coube à Suprema Corte intervir. Obteve-se o fim da segregação não graças à vontade do povo americano, mas antes por uma instituição que tinha o poder constitucional de proibi-la. Quando pensamos no movimento dos direitos civis, tendemos a pensar nos gestos corajosos de cidadãos comuns, de Rosa Parks a James Hood. E, no entanto, a história do movimento foi feita igualmente de decisões liberais que venceram a resistência de maiorias eleitorais.[47]

Não resta dúvida de que muitos avanços importantíssimos para os direitos do cidadão americano vieram dos tribunais. Também não resta dúvida de que nove juízes não eleitos detêm vasto poder — e que é no mínimo justificado afirmar que ficaram mais propensos a exercer esse poder ao longo do século XX.[48]

Em 1954, a Suprema Corte proibiu a segregação nas escolas e universidades.[49] Revogou e depois reintroduziu a pena capital.[50] Legalizou o aborto.[51] Restringiu a censura sobre a televisão e o rádio.[52] Descriminalizou a homossexualidade e instituiu o casamento do mesmo sexo.[53] Derrubou regulamentações para financiamento de campanha e medidas de controle de armas.[54] Determinou se milhões de pessoas receberiam cobertura de saúde[55] e se milhões de "sonhadores" [filhos de imigrantes ilegais] precisavam viver com medo de serem deportados.[56]

É por isso que a direita americana sempre esbravejou furiosamente contra juízes ativistas, ao passo que a esquerda americana, que gozou de maioria na Suprema Corte durante grande parte do tempo desde o pós-guerra, sempre alegou que os juízes estavam meramente fazendo seu trabalho. E também é por isso que esses papéis estão pouco a pouco se invertendo, agora que a Suprema Corte começa a pender para a direita.[57] Mas, embora seja bastante controverso determinar se o controle da instituição aumentou ao longo das últimas décadas, os melhores estudos da Suprema Corte de fato sugerem que seu papel é muito mais amplo do que na época em que a Constituição foi escrita — e que ela permanece isolada da vontade do povo em aspectos importantes.[58]

* * *

Na maior parte do globo, a expansão do controle de constitucionalidade no decorrer do último século é ainda mais indiscutível do que nos Estados Unidos. Segundo minha pesquisa, por exemplo, apenas oito dos 22 países que podiam ser classificados como democracia em 1930 tinham mecanismos de controle de constitucionalidade. Atualmente, 21 têm.[59]

O crescimento mundial do controle de constitucionalidade é ainda mais surpreendente quando ampliamos a amostragem para incluir tanto as novas democracias como as autocracias. Segundo um estudo de Tom Ginsburg e Mila Versteeg, 38% dos países garantiram o poder de controle de constitucionalidade para um tribunal constitucional em 1951; em 2011, a proporção era de 83%.[60]

Mesmo em alguns países cuja Constituição não admite explicitamente o poder de controle de constitucionalidade dos tribunais, eles começaram, na prática, a desempenhar esse papel. O Reino Unido é a grande prova. O país há muito se orgulha de um sistema de soberania parlamentar que conferiu às Casas poderes plenipotenciários. Por muitos séculos, o país ficou sem confiar a seus juízes o poder de controle de constitucionalidade.[61] Isso começou a mudar depois que o Reino Unido entrou para a União Europeia, em 1973.[62] Os tribunais britânicos não podiam revisar as leis do Parlamento sob a jurisprudência da UE.[63] O poder de controle de constitucionalidade foi expandido depois que o Reino Unido incorporou a Convenção Europeia dos Direitos Humanos na legislação nacional.[64] A atenuação da doutrina da soberania parlamentar foi completada na teoria, assim como na prática, em 2005, quando o tribunal mais alto do país recebeu um título que evoca sua nova importância. Se antes os juízes mais antigos haviam sido parte da Câmara dos Lordes, agora eram reconstituídos como um corpo separado: a Suprema Corte do Reino Unido.[65]

História similar poderia ser contada em outros países que haviam no passado limitado o poder de controle de constitucionalidade. No Canadá, a Carta dos Direitos e das Liberdades de 1982 transformou a soberania parlamentar em constitucional.[66] Na França, os poderes do Conseil d'État foram gradualmente expandidos, com seus juízes hoje tomando cerca de 10 mil decisões todo ano.[67] Mesmo na Holanda, onde o Artigo 120 da Constituição deixa claro que nenhum tribunal pode revisar a constitucionalidade das leis parlamentares, a introdução de tratados internacionais de direitos humanos ampliou na prática os poderes dos juízes não eleitos.[68] Consequentemente, a única democracia entre as tantas que não permitiram aos juízes ter a última palavra sobre os parlamentos em 1930 hoje introduziu, para todos os efeitos, uma forma suave de controle de constitucionalidade.

Teóricos do direito como Jeremy Waldron oferecem argumentos convincentes contra o controle de constitucionalidade. A influência dos tribunais deve atuar como uma salvaguarda contra a tirania da maioria. Mas, afirma Waldron, não é assim tão óbvio que os países que historicamente evitaram sistemas de controle de constitucionalidade, como o Reino Unido, tenham um histórico de proteção dos direitos individuais pior do que o de países que sempre tiveram mecanismos robustos para tal, como os Estados Unidos.[69] Da mesma forma, tribunais são supostamente melhores em lidar com questões legais ou filosóficas complexas, como aborto, para as quais as pessoas comuns e seus representantes podem não estar devidamente preparados. Mas Waldron acredita que debates parlamentares sobre questões como aborto na verdade foram realizados com excelência em países sem controle de constitucionalidade — e que os acordos políticos resultantes têm ajudado a estabelecer um consenso social amplo em questões de carga moral elevada que ainda foge aos países com controle de constitucionalidade.⁷⁰

Embora os argumentos de Waldron sejam convincentes, em último caso concordo com a longa lista de teóricos eminentes, de Hans Kelsen a Ronald Dworkin, que defendem a legitimidade do controle de constitucionalidade. Em momentos de crise, juízes que estejam isolados da vontade popular são mais capazes de proteger as minorias vulneráveis e fazer frente às tentativas de tomada do poder por déspotas. O controle de constitucionalidade é uma salvaguarda necessária.⁷¹

E, no entanto, nossa defesa do controle de constitucionalidade não deve nos cegar para sua natureza: a pura verdade é que ela remove da contestação política muitos assuntos sobre os quais as pessoas têm opiniões fortes.⁷² É perfeitamente razoável supor que, digamos, proteger as minorias sexuais e religiosas da discriminação é tão importante que justifica ignorar a vontade do povo. Mas se for esse o caso, a honestidade intelectual exige que admitamos a natureza da instituição com a qual estamos tão comprometidos: embora muitas vezes vá contra a vontade popular, podemos então dizer que o controle de constitucionalidade é justificado pelo fato de que protege os direitos individuais e a soberania da lei.

*Tratados e organizações internacionais*

Desde o fim da Segunda Guerra Mundial, os países ficaram mais e mais enredados entre si em muitas esferas diferentes: política, cultural, militar e, claro, econômica.

Em 1960, apenas cerca de um quarto do PIB mundial estava associado ao comércio exterior. Na virada do milênio, mais da metade era gerado pelo comércio internacional — e a proporção só fez aumentar desde então. A quantidade de investimento estrangeiro direto teve crescimento ainda mais dramático: ao longo das duas últimas décadas do século xx, o investimento vindo do exterior triplicou, de 1 dólar para cada 10 dólares para mais de 1 dólar para cada 3 dólares.[73]

Nada mais natural que o crescimento da interconexão global tenha levado ao aumento da quantidade de tratados e organizações internacionais. Como podem os Estados-nações preservar pleno controle das políticas econômicas quando mais da metade da atividade econômica humana transpõe fronteiras? E que sentido haveria em criar regulamentações ambientais sem qualquer processo de coordenação internacional quando as emissões de carbono em um país podem elevar a temperatura do mundo todo?

Essas são perguntas que os opositores ferrenhos do livre-comércio, dos tratados entre Estados e das organizações internacionais não levam suficientemente a sério. Embora eles gostem de retratar a ascensão dos novos modos de "governança internacional" como uma conspiração elitista de corporações e tecnocratas, ela é na realidade uma reação gradual a tendências subjacentes que não podemos varrer para baixo do tapete.

Mas, por mais que sejam válidas as razões para a multiplicação dos tratados e organizações internacionais, seria desonesto fingir que não impactam a natureza da política doméstica dos países. Conforme aumentou o escopo de decisões políticas obstadas por tratados internacionais ou delegadas a órgãos internacionais, também se ampliou o escopo de diferentes áreas das políticas públicas efetivamente removidas da contestação democrática.

A finalidade de um acordo internacional é coordenar as ações de diferentes países a fim de estabelecer expectativas estáveis e capacitá-los a atingir um objetivo comum. Assim, a perda de controle nacional resultante da sujeição a acordos internacionais não é um defeito do sistema de acordos internacionais; é sua característica principal. Isso é verdade tanto para os tratados que estipulam a emissão de gases nocivos quanto para os tratados que criam organizações internacionais como o Banco Mundial ou as Nações Unidas.

Os tratados de livre-comércio certamente estão entre esses casos. Para entrar em acordo, o Estado necessita abdicar de (parte de) sua capacidade de tomar decisões independentes sobre aspectos como tarifas de importação: se puder reintroduzir tarifas a qualquer momento, o acordo de livre-comércio é incapaz de criar as expectativas estáveis que respondem por boa parte de seus benefícios econômicos.

O livre-comércio oferece grandes benefícios para todos os países envolvidos. Mesmo assim, a incapacidade de cobrar esses tipos de tarifa restringe muito a liberdade de manobra dos Estados participantes. No passado, muitos países em desenvolvimento conseguiram fortalecer indústrias importantíssimas protegendo-as temporariamente da competição. Os Estados Unidos fizeram isso com o aço no século XIX, assim como o Japão e Taiwan com seus automóveis e eletrônicos no século XX.[74] Hoje em dia, países em desenvolvimento sujeitos à Organização Mundial do Comércio ou a acordos comerciais regionais ainda mais onerosos estão efetivamente impedidos de empregar a mesma estratégia industrial para fazer sua economia crescer.[75]

Essa perda de controle é agravada pelo fato de que os acordos comerciais modernos vão muito além da redução ou eliminação de tarifas. As proibições de proteger as indústrias domésticas do controle estrangeiro dificultam para os governos reduzir a perda de empregos provocada pela globalização ou amortecer o efeito social dessas transformações. A tentativa de eliminar barreiras ocultas ao comércio, incluindo padrões reguladores e técnicos divergentes, dificulta para os governos nacionais aprovar novas proteções ambientais. Acordos mais ambiciosos, como o Tratado Norte-Americano de Livre-Comércio (Nafta), também incluem cláusulas para vistos de trabalho de curto prazo, reduzindo o controle do país sobre o influxo de imigrantes.[76] Por fim, a criação do instrumento jurídico de "arbitragens de disputa entre investidor e Estado" concede às empresas amplos poderes para requerer perante tribunais internacionais compensações por regulamentos locais que possam diminuir seus lucros.[77]

Muitos desses efeitos são mais pronunciados na União Europeia. Para criar um "mercado único" de verdade, a UE vem introduzindo limitações extensas à autonomia de seus Estados-membros.[78] Por exemplo, sua capacidade de tributar diferentes tipos de álcool com taxas diferentes é limitada devido ao medo de que, digamos, a Bélgica, que produz muita cerveja, possa preferir tributar pesadamente o vinho, enquanto a Itália, que produz muito vinho, possa tributar pesadamente a cerveja.[79] Padrões técnicos e ambientais são com frequência determinados por Bruxelas, não pelas capitais nacionais, depositando poderes significativos nas mãos da Comissão Europeia.[80] E, por fim, o livre trânsito de pessoas dá aos cidadãos europeus amplos direitos a acessar o território de outros Estados-membros[81] — mas limita a capacidade que estes têm de decidir quem deve habitar seu território.[82]

Tratados de livre-comércio constituem apenas um pequeno subconjunto dos acordos e organizações internacionais que estruturam atualmente o sistema internacional. Na verdade, os Estados Unidos participam de tantos acordos que o Departamento de Estado tem de publicar por conta própria uma "Lista de Tratados e Outros Acordos Internacionais dos Estados Unidos" — um catatau de 568 páginas.[83]

Assim como acordos de livre-comércio têm benefícios econômicos reais, muitos deles ajudam a manter o mundo seguro ou são uma enorme contribuição para lidar com problemas globais, como a mudança climática. Embora eu — como quase todo cidadão — dificilmente possa alegar possuir um conhecimento detalhado da maioria desses acordos, não duvido de que foram fechados por um bom motivo e que continuam a desempenhar um papel importante.

Mas isso, para nosso presente propósito, não vem ao caso. Os argumentos favoráveis a remover da contestação democrática tantas decisões sobre políticas públicas podem ser perfeitamente sensatos. Mas mesmo que sejam, isso não muda o fato de que as pessoas não têm mais influência real em todas essas áreas de políticas públicas. Em outras palavras, o liberalismo antidemocrático pode trazer grandes benefícios — mas não nos oferece um bom motivo para fecharmos os olhos para sua natureza.

## A COOPTAÇÃO DAS INSTITUIÇÕES ELEITORAIS

Um dos motivos para nosso sistema ter se tornado menos democrático — para ter se tornado menos eficaz em traduzir as opiniões do povo em políticas públicas, nos meus termos — é que muitos temas importantes foram removidos da contestação política nas últimas décadas. As legislaturas, diz o argumento, estão tolhidas em sua capacidade de exercer a vontade do povo devido ao poder crescente dos burocratas, ao papel preponderante desempenhado pelos bancos centrais, ao avanço do controle de constitucionalidade e à importância cada vez maior dos tratados e organizações internacionais. Mas há ainda uma peça importante nesse quebra-cabeça antidemocrático: mesmo em áreas nas quais os parlamentos conservam poder real, estão fazendo um mau trabalho em traduzir a visão da população em políticas públicas. Eleitos pelas pessoas para representar suas opiniões, os legisladores estão cada vez mais isolados da vontade popular.

Como Martin Gilens e Benjamin Page explicam em um artigo recente, existem há tempos quatro teorias abrangentes que buscam responder a uma questão tão simples quanto fundamental: "Quem manda?".[84] Numa teoria, é o cidadão médio. Em outra, a elite econômica. Uma terceira teoria sustenta que são os grupos de interesse de massa, como a Associação Americana de Aposentados (AARP). Finalmente, uma quarta afirma que são os grupos de interesse restrito, como o Conselho Nacional da Batata, que prevalecem. Gilens e Page põem essas teorias à prova investigando até que ponto as políticas defendidas pelos respectivos grupos anteciparam como o Congresso atuaria em 1779 questões de políticas públicas num intervalo de duas décadas.

Os resultados são chocantes. As elites econômicas e os grupos de interesse restrito foram muito influentes. Grupos de interesse de massa tiveram pouco efeito sobre as políticas públicas. A opinião da população média não exerceu praticamente nenhum impacto independente. "Quando comparadas às preferências das elites econômicas e às posições dos grupos de interesse organizados, as preferências do americano médio parecem exercer um impacto minúsculo, quase zero, estatisticamente desprezível nas políticas públicas."[85] O resultado parece inescapável. "Nos Estados Unidos", concluem Gilens e Page, "a maioria *não* decide."[86]

Para compreender por que a população comum parece ter tão pouca influência no ramo legislativo mesmo em áreas onde os parlamentos ainda têm a palavra final, precisamos compreender algumas raízes dessa perda de poder. O que explica que a opinião do cidadão comum tenha influência "quase zero" na atuação de seus representantes eleitos?

## Dinheiro

Fazendo campanha para a reeleição, o parlamentar Rupert Allason, do Partido Conservador, foi a um pub em seu distrito eleitoral em Torbay. Embora Allason tivesse fama de playboy inveterado, bem como uma queda por Porsches e uma fortuna pessoal declarada de milhões, ele se recusou a dar gorjeta para a garçonete. Segundo os jornais locais, ela ficou tão furiosa que decidiu mudar seu voto para os Liberais Democratas — e convenceu os colegas de trabalho a fazer o mesmo.[87]

Aproximando-se a noite da eleição, Allason estava confiante. Cinco anos antes, derrotara seu adversário por uma margem confortável de 5787 votos. Mas, quando os resultados começaram a ser divulgados, revelaram uma disputa acirrada. No fim, após três recontagens, Adrian Sanders, o principal rival de Allason, ganhou por doze votos — uma das vitórias mais apertadas na história das eleições parlamentares britânicas.

A crer no que saiu na imprensa local, o episódio da recusa da gorjeta fez toda a diferença. E a crer em um estudo recente de Andrew C. Eggers e Jens Hainmueller, a sovinice de Allason lhe custou mais que sua vaga no Parlamento; também pode ter reduzido suas perspectivas financeiras a longo prazo.[88]

Há cerca de dez anos, Eggers e Hainmueller iniciaram um estudo para saber se os políticos tinham ganhos financeiros ao serem eleitos para o Parlamento. Mas depararam-se com um problema óbvio: todo tipo de fator — charme, capacidade, riqueza pregressa etc. — podia determinar tanto se o candidato venceria como se teria chances de ser nomeado para posições bem remuneradas fora do Parlamento. Para controlar essa variável, Eggers e Hainmueller se concentraram naqueles casos "pseudoaleatórios" em que as eleições foram tão apertadas que pareceu ser questão de pura sorte ganhar ou perder. Os dados que obtiveram são estarrecedores: "Por ocasião da morte, parlamentares do Partido Conservador", concluíram, "tinham quase o dobro da riqueza de seus colegas conservadores que concorreram sem sucesso ao Parlamento."[89]

Grande parte do motivo para essa conclusão preocupante parece ser que candidatos que haviam vencido a eleição por margem estreita tinham probabilidade três vezes maior de integrar as diretorias das empresas listadas na Bolsa de Valores de Londres do que os candidatos que haviam perdido por margem estreita. A conclusão geral desse modo parece seguir naturalmente: "O mandato foi lucrativo para os políticos do Partido Conservador porque os dotou de contatos políticos e conhecimento que puderam usar para obter vantagem financeira pessoal".[90]

Quando pensamos no efeito corrosivo do dinheiro sobre o sistema político, costumamos ter em mente os casos mais flagrantes e extremos. Imaginamos homens carregando pastas cheias de dinheiro ou talvez um envelope pardo furtivamente mudando de mãos numa praça agitada. Em muitas democracias incipientes pelo mundo afora, esse tipo de suborno descarado é de fato um problema grave. Em países como a Índia ou o Iraque, pagamentos em dinheiro são exigidos para tudo, de tirar a carteira de motorista a obter um alvará de construção.

Mesmo em democracias consolidadas como a Alemanha ou os Estados Unidos, há esse tipo de troca explícita de uma soma combinada de dinheiro por um favor político particular — o tipo de corrupção que os estudiosos do direito classificam como *quid pro quo* [uma coisa pela outra]. Talvez fosse isso que o governador de Illinois, Rod Blagojevich, estivesse esperando conseguir em 2009, quando a vitória de Barack Obama lhe permitiu ficar com a cadeira no Senado que o presidente eleito em breve deixaria vaga: "Uma oportunidade do caralho", disse Blagojevich em um

CUSTO DE VENCER UMA ELEIÇÃO NA CÂMARA

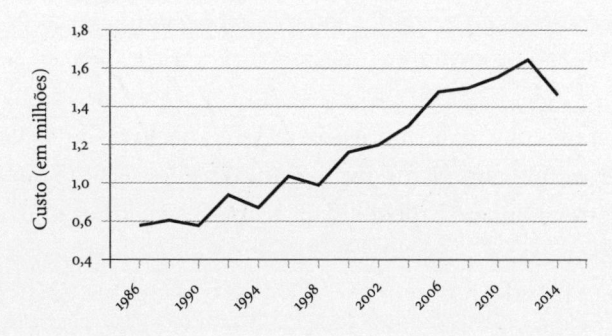

telefonema grampeado. "Esse troço caiu no meu colo e vale ouro", acrescentou em outra ligação. "Não abro mão dessa porra por nada nesse mundo."[91]

As falcatruas de Blagojevich terminaram por levá-lo à prisão. Nisso não estava sozinho. Nos doze anos transcorridos de 1990 a 2002, cerca de 10 mil servidores públicos americanos foram condenados por corrupção, com práticas indo das mais descaradas às mais ridículas.[92]

Mesmo assim, o papel do dinheiro no sistema político tende a ser mais sutil em democracias consolidadas. Em vez de tirar vantagem financeira do sistema político por meio da propina explícita, os indivíduos e as empresas na maioria das vezes tentam influenciar as decisões políticas a seu favor mediante doações, lobby ou a promessa de um emprego bem remunerado.

Contribuições de campanha são um problema particularmente sério em países como os Estados Unidos em que os limites vigentes sobre gastos políticos são muito frouxos. Como consequência, o gasto total nas eleições americanas cresceu continuamente nas últimas décadas e hoje está em níveis sem precedentes. Em 2012, por exemplo, "os gastos de campanha federal declarados [...] chegaram a quase 6,3 bilhões de dólares", ou mais do que o dobro do PIB anual total de um país africano como o Burundi.[93]

CUSTO DE VENCER UMA ELEIÇÃO NO SENADO

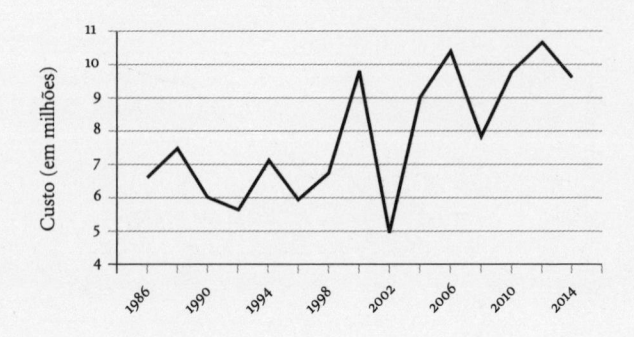

Alguns políticos estão perfeitamente satisfeitos com esse sistema: contanto que mantenham relações cordiais com grandes doadores, é fácil para eles obter uma boa vantagem financeira sobre possíveis adversários; se tentassem em vão mudar as regras do financiamento de campanha, poderiam enfrentar a ira da classe dos doadores; e se de algum modo conseguissem mudar as regras, passariam a pisar em terreno novo e incerto. Melhor deixar as coisas do jeito que estão...

Mas igual número de políticos sente-se aprisionado em um sistema que parece impossível de mudar. E assim a vontade política de reformar o sistema se materializa em raros momentos. Em 2002, por exemplo, dois pesos pesados da política, preocupados com a influência cada vez maior do dinheiro em seu meio, negociaram com a oposição para mudar a forma como as eleições são disputadas. John McCain e Russ Feingold propuseram uma lei para limitar a influência perniciosa do "*soft money*" — fundos doados aos partidos para favorecer antes temas políticos do que candidatos específicos. Para surpresa geral, ela passou. Pela primeira vez em décadas, era como se a influência do dinheiro na política pudesse finalmente começar a diminuir.[94]

A legislação, mais conhecida como McCain-Feingold, vigorou por cerca de sete anos. Então um grupo de lobby conservador chamado Citizens United desafiou sua legitimidade. Eles haviam produzido um documentário — na realidade, pouco mais do que um longo ataque político — sobre Hillary Clinton. Sob as novas regras de gastos de campanha, estavam proibidos de levar o documentário ao ar trinta dias antes de uma primária ou sessenta dias antes de uma eleição geral. Isso, alegaram eles, violava seu direito de livre expressão tal como garantido pela Primeira Emenda.

Considerando que as empresas — bem como outras associações, como grupos de interesse ou sindicatos — possuem muitos direitos iguais aos dos indivíduos, a maioria dos juízes da Suprema Corte concordou. A Lei McCain-Feingold, escreveu o juiz Kennedy, violava o direito de liberdade de expressão do Citizens United. Empresas e grupos de ação política tinham liberdade de gastar quanto dinheiro quisessem no apoio ou ataque a esse ou aquele candidato. Embora alguns limites às contribuições diretas para os candidatos continuem a vigorar, a decisão do tribunal na prática abriu as portas para uma invasão de interesses privados.[95]

Centenas de livros e artigos foram escritos sobre o processo do Citizens United e seu (suposto) efeito corrosivo na democracia americana. Mas um dos aspectos importantes dessa decisão que passou quase despercebido é que diferentes formas de liberalismo antidemocrático se reforçam mutuamente no caso: uma vez que a ampliação do controle de constitucionalidade remove do processo político decisões importantes, um tribunal de juízes não eleitos pode derrubar uma lei aprovada pelos representantes do povo. O efeito disso, por sua vez, tem sido o de dificultar ainda mais para os legisladores refletir a opinião do povo mesmo nas etapas do processo político em que eles conservam poder real.[96]


A evolução do lobby foi em muitos aspectos ainda mais dramática do que o crescimento das contribuições de campanha.

Os Pais Fundadores, afirma Zephyr Teachout em *Corrupção nos Estados Unidos*, estavam extremamente preocupados com a infinidade de maneiras pelas quais as pessoas podiam tentar influenciar as decisões políticas. Enquanto os países europeus permitiam a seus embaixadores ficar com os presentes extravagantes recebidos de monarcas, algo que viam como sinal de respeito, o Congresso americano ficou bastante apreensivo quando Benjamin Franklin foi regalado por Luís XVI com uma luxuosa caixa de rapé. Talvez seja compreensível que os Pais Fundadores encarassem com desconfiança um presente incrustado com 408 diamantes e retratando um potentado estrangeiro "com o cabelo empoado e as bochechas vermelhas, usando renda branca sobre a garganta, duas correntes de ouro nos ombros e um manto azul com flores de lis douradas".[97] Mas, como mostra Teachout, a preocupação deles se estendeu até a formas de atividade política que aos olhos modernos talvez parecessem inofensivas.

Em um exemplo particularmente surpreendente, um homem idoso e doente tinha dinheiro a receber do governo federal. Sem conseguir fazer isso por conta própria, contratou um advogado para representá-lo. Quando seu filho mais tarde recusou pagar os honorários combinados, um tribunal lhe deu ganho de causa. Embora o propósito original do combinado não tenha nada de ilícito, os juízes estavam receosos de oferecer uma base legal para atividades de lobistas:

> Se uma das grandes empresas do país contratasse aventureiros que comercializam seus serviços dessa forma, para buscar a aprovação de uma lei geral visando promover seus interesses privados, o senso moral de todo homem honrado instintivamente denunciaria patrão e empregado como afundados na corrupção.[98]

Por mais extremo que esse caso possa parecer, afirma Teachout, estava longe de ser idiossincrático. Durante boa parte de sua história, o governo federal americano proibiu diversas formas de lobby. Na Georgia, a Constituição estadual foi emendada certa vez para incluir a afirmação de que "fazer lobby passa a ser considerado crime".[99] Na Califórnia, era um delito grave.[100]

No decorrer do século XX, o lobby gradualmente perdeu a aura de ilícito. Mas mesmo depois que a atividade foi normalizada, os empresários continuaram relutantes em exercer sua influência — e o campo de jogo continuou muito mais imparcial do que é hoje.

Na década de 1960, como mostra Lee Drutman em *O lobby é o negócio dos Estados Unidos*, os sindicatos trabalhistas eram bem mais poderosos e os grupos de interesse público tinham muito mais voz do que hoje. As grandes empresas não faziam lobby diretamente em seu nome. "Como todo líder empresarial sabe", escreveu na época o futuro juiz da Suprema Corte Lewis F. Powell Jr., "poucos elementos da sociedade americana hoje têm tão pouca influência no governo quanto o empresário americano, as corporações ou mesmo seus milhões de acionistas. Se você duvida disso, assuma o papel do 'lobista' pelo lado dos negócios perante uma comissão do Congresso."[101]

Tudo isso começou a mudar a toda a velocidade no início da década de 1970. Determinado a combater a alta dos salários e a cumprir a nova legislação, um grupo de executivos proeminentes se reuniu para expandir sua influência sobre Washington. No começo, suas atividades foram na maior parte um gesto de autodefesa: o objetivo era barrar uma legislação capaz de prejudicar seus interesses. Mas, à medida que a influência política das grandes corporações se expandiu e seus lucros dispararam, uma nova classe de lobistas profissionais conseguiu convencer as empresas de que a atividade deles "era mais do que apenas manter o governo a distância — também teria a ver com trazer o governo para mais perto".[102]

Hoje, a tentativa de influenciar a legislação é uma parte essencial do que fazem os lobistas. Quando Drutman perguntou a eles sobre seus objetivos, descobriu que "o principal motivo era 'proteger a empresa contra mudanças nas políticas de governo'".[103]

Não causa surpresa, assim, que os gastos com lobby nos Estados Unidos tenham continuado a aumentar em ritmo acelerado. Nos primeiros quinze anos do século XXI, por exemplo, eles dobraram, indo de pouco menos de 1,6 bilhão de dólares para pouco mais de 3,2 bilhões.[104]

O resultado foi não só um influxo de dinheiro no sistema, como também um desequilíbrio no campo de jogo. Ao contrário do passado, as empresas hoje têm uma vantagem imensa. "Para cada dólar gasto com lobby por sindicatos e grupos de interesse público", mostra Drutman, "as grandes empresas e suas associações hoje gastam 34 dólares. Das cem organizações que mais gastam com lobby, 95 sistematicamente representam os negócios."[105]

Se alguma diferença houve, a explosão da indústria do lobby foi ainda mais expressiva na Europa. Na década de 1970, por

**DINHEIRO GASTO EM LOBBY**

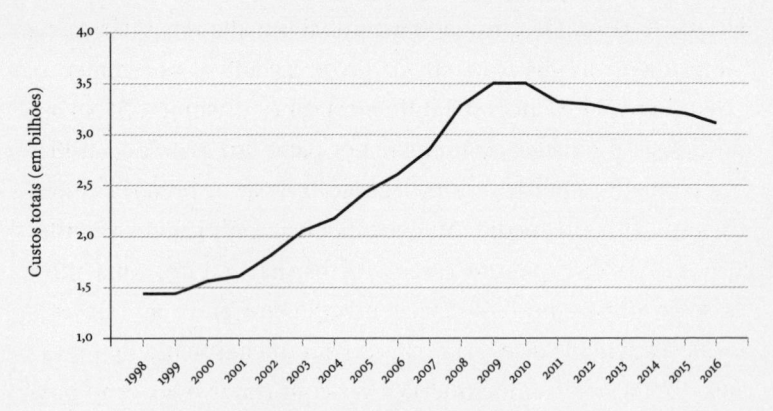

Gastos com lobby nos Estados Unidos, 1998-2016.

exemplo, havia menos de mil lobistas registrados em Bruxelas. Hoje, mais de 30 mil se encarregam de influenciar as políticas da União Europeia.[106]

Quando perguntaram a Hillary Clinton por que comparecera ao casamento de Donald Trump em 2005, sua resposta foi bem pouco convincente: "Achei que ia ser divertido", disse.[107]

Donald Trump ofereceu um motivo bem mais direto para o convite ao casal Clinton: "Como doador de campanha, exigi que fossem — eles não tiveram escolha, e é isso que está errado no nosso país. Nosso país é controlado por doadores de campanha, grupos de pressão e lobistas, para o benefício deles mesmos, e essa não é uma boa fórmula para o sucesso do nosso país".[108]

A espetacular relutância de Trump em revelar suas finanças, ou em tomar medidas efetivas para limitar seus inúmeros conflitos de interesse, deixam claro o que deveria ter ficado óbvio o tempo todo: suas queixas sobre o lobby eram insinceras. E, mesmo assim, sua descrição da realidade fundamental do sistema político americano guarda uma boa dose de verdade. Embora seja exagero dizer que "o país é controlado por doadores de campanha, grupos de pressão e lobistas", a condução do país de fato exige muita complacência para com esses grupos.

O fato de que as pessoas possam obter "influência sobre funcionários eleitos ou acesso a eles" por meio de doações ou lobby, escreveu o juiz Kennedy em *Citizens United vs. Federal Election Commission*, "não significa que esses servidores sejam corruptos".[109] Isso é verdade. Para os lobistas, não é crime redigir uma legislação em nome de representantes eleitos e, para as empresas onde trabalham, não é crime fazer para esses mesmos representantes pródigas doações de campanha algumas semanas depois. Tampouco configura corrupção parlamentares britânicos defenderem os interesses de grandes companhias públicas durante o mandato e assumirem um lugar em suas diretorias depois que deixam o Parlamento. Como sua sobrevivência política depende de participar de tais práticas, talvez nem faça muito sentido culpar os políticos por fazer o que o sistema exige. E, contudo, o acúmulo dessas práticas aceitas pode levar ao que Lawrence Lessig chama de "corrupção por dependência":[110] um sistema que "surge como resultado de uma economia da dádiva baseada no toma lá dá cá de favores políticos e que opera no nível institucional".[111]

Em outras palavras, Kennedy tem razão em observar a existência de uma importante distinção legal — e provavelmente também moral — entre a corrupção por dependência e os casos de subornos e propinas. Mas, do ponto de vista do liberalismo antidemocrático, os efeitos de ambos são bem semelhantes. Graças à força do dinheiro privado, os poderosos lucram e as políticas públicas são redirecionadas. Incumbidos de traduzir o pensamento popular em políticas públicas, os legisladores, num grau desanimador, viram reféns dos grupos de pressão.

*Ambiente social*

As pessoas com quem convivemos no dia a dia ajudam a formar nossos gostos, valores e pressupostos. Assim, uma das maneiras mais insidiosas pelas quais a influência de lobistas e financiadores de campanha distorce o sistema político é, pura e simplesmente, ajudando a moldar a visão de mundo de políticos que precisam gastar boa parte de sua energia interagindo com doadores e lobistas. Em muitos casos, eles são obrigados a comprometer seus ideais quando chega o momento de votar em um projeto de lei do interesse de seus doadores principais; por viverem rodeados de representantes dos grupos de interesse especial, muito provavelmente passam a compartilhar de seus propósitos.[112]

Embora ninguém ainda tenha estudado sistematicamente a magnitude desse efeito, é razoável pressupor que é bastante considerável. Afinal, a quantidade de tempo que os políticos têm de gastar atualmente captando recursos para suas campanhas é em si substancial. Entre 1986 e 2012, o custo médio de uma eleição ao Senado aumentou 62%; o de uma cadeira no Congresso saltou 344%. Assim, nada mais lógico que, de acordo com a evidência anedótica, os congressistas hoje passem mais da metade de seu tempo captando recursos para campanhas.[113]

A mudança é igualmente óbvia nos escalões mais altos. Jimmy Carter e Ronald Reagan foram a um evento de angariação de fundos mais ou menos uma vez a cada vinte dias durante o primeiro mandato. Diferentemente de Reagan, dizem que Barack Obama odiava esses eventos. Mesmo assim, continuou cativo das exigências de sua era política — e organizou uma arrecadação de fundos presidencial a cada cinco dias.[114]

O imperativo de levantar dinheiro é um dos motivos para os políticos passarem a maior parte do tempo entre outros de sua própria classe, que têm pouquíssimo em comum com as pessoas que deveriam representar. Mas isso é apenas a ponta do iceberg. A verdade é que, bem antes de chegar ao governo, a maioria dos legisladores já circulou por uma elite cultural, educacional e financeira que os diferencia do americano médio.

Na população americana geral, menos de um em cada duzentos indivíduos é formado em direito. Na Câmara dos Representantes, essa proporção é superior a um para três. No Senado, a um para dois. As estatísticas sobre riqueza são igualmente espantosas. Na média, o patrimônio líquido do americano médio é pouco inferior a 45 mil dólares.[115] Na média, o de um membro médio do Congresso é dez vezes maior, e entre senadores, ainda mais que isso.[116]

Para falar a verdade, os Pais Fundadores sempre imaginaram os legisladores como uma classe de elite. O fato de os americanos escolherem membros da comunidade com grau elevado de instrução — ou financeiramente bem-sucedidos — para representá-los não precisa ser um problema. Mas o que decerto representa problema é que, praticamente por qualquer parâmetro de medição, seja a geografia, seja a experiência de vida, essa elite está hoje completamente desconectada do resto da população.

Há algumas gerações, a maioria dos membros do Congresso tinha raízes profundas em determinada parte do país. Embora talvez fossem ilustres apenas para os padrões locais, eram pessoas importantes com um forte senso de comunidade. Democratas muitas vezes passaram por sindicatos ou escolas em suas regiões antes de assumir uma posição de destaque. Republicanos tendiam mais a serem ex-líderes empresariais ou comunitários de sua terra natal. Nascidos, criados e quase sempre educados em seus estados, a maioria esperava voltar para casa após se aposentar do Congresso.

Hoje, pelo contrário, a conexão que o congressista médio tem com seu distrito é, segundo a limitada pesquisa realizada a respeito, marcadamente mais tênue. Uma quantidade menor, parece, nasceu e foi criada na parte do país que representa. E mesmo que os políticos de fato sejam naturais do distrito, comparativamente ele deixou de ocupar o centro de suas vidas. Com frequência formados em faculdades de elite na Costa Leste ou Oeste, muitos passam o início da vida profissional nos grandes centros metropolitanos do país. Após um período nos negócios, nas finanças, no direito ou em Washington, em muitos casos é por ambição política que voltam para casa. E, embora muitos conservem algum tipo de residência em seu distrito após deixar o Congresso, poucos fazem dele o verdadeiro eixo de suas vidas após se aposentarem: ao deixarem o governo, tendem, mais do que seus predecessores, a buscar oportunidades lucrativas nos grandes centros metropolitanos.[117]

Muitos europeus gostam de pensar que seus países se saem bem melhor do que os Estados Unidos em todos esses parâmetros. Enquanto a democracia americana está há muito cativa de uma mentalidade hipercapitalista e das corporações que a estimulam, no velho continente, segundo dizem, as coisas têm ido bem melhor.

A afirmação conserva um quê de verdade. Na maioria dos países europeus, as restrições para contribuições de campanha são mais rígidas.[118] Embora o lobby tenha disparado, seus gastos políticos são muito menores.[119] Mais importante, as sociedades europeias continuam bem mais equitativas; em parte como consequência disso, o abismo social e econômico entre os legisladores e as pessoas comuns é menos fundo.

E, contudo, a separação entre eleitores e legisladores é onipresente também na Europa. Embora as restrições ao financiamento de campanha sejam reais, por exemplo, a vantagem que proporcionam aos políticos no poder que estão dispostos a fazer o jogo dos grupos de pressão pode ser igualmente grande — e ainda mais difícil de monitorar.

Por um lado, a dificuldade de levantar dinheiro por vias legais também torna bem mais tentador para os políticos buscar contribuições de campanha na clandestinidade. Helmut Kohl, antigo chanceler da Alemanha, talvez seja o exemplo mais famoso. Enquanto foi líder dos democratas cristãos, o partido desenvolveu um amplo sistema de doações de campanha secretas que pode perfeitamente ter influenciado as políticas do governo em questões importantes como as exportações de armamentos.[120] Doações ilegais de campanha são um problema ainda maior na

França, onde dezenas de políticos do primeiro escalão têm sido investigados por práticas de corrupção nas últimas décadas.[121]

Por outro lado, a relativa dificuldade de levantar dinheiro torna bem mais complicado para os políticos se manter no controle da própria mensagem. Isso aumenta a importância relativa do modo como são retratados pelos principais veículos de comunicação. Da Itália ao Reino Unido, nos países em que o dono do veículo controla uma vasta faixa da paisagem midiática, isso em essência faz dele alguém com o poder de influenciar eleições. Não pode ser mera coincidência, por exemplo, que o candidato apoiado pelo *Sun*, o jornal mais lido do Reino Unido, tenha vencido as últimas dez eleições parlamentares.[122] Tampouco surpreende que Silvio Berlusconi, dono da maior rede de televisão privada da Itália, tenha conseguido dominar a política de seu país por duas décadas, a despeito do deprimente desempenho de seu governo.

Os europeus também têm um bom motivo para se preocupar com o modo como sua elite política se tornou uma classe à parte. Isso acontece com mais facilidade em países como a França, onde vira notícia quando um político chega ao topo *sem* ter frequentado a minúscula École National d'Administration. Mas os legisladores na maioria dos demais países europeus também estão cada vez mais desconectados do grosso de seu eleitorado.

Até apenas uma geração atrás, a maioria dos líderes de esquerda europeus tinha fortes raízes no movimento sindicalista. Mesmo que não tivessem sido trabalhadores, seus pais haviam sido, e eles foram criados em um ambiente de classe média. Assim, suas ligações com a classe trabalhadora eram culturais e biográficas, além de políticas.[123]

Da mesma forma, a maioria dos líderes de direita tinha estreitos laços com algum movimento religioso ou comunidade rural. Mesmo se hoje vivessem na cidade, decerto pertenceriam a círculos sociais muito diferentes, e continuariam orgulhosamente conservadores em seu estilo de vida.

Mesmo numa época em que a política era altamente consensual e as políticas públicas almejadas por social-democratas e democratas cristãos eram parecidas em aspectos importantes, essa dimensão cultural ajudou a estruturar a política europeia: o abismo entre a massa de eleitores e seus representantes nacionais era comparativamente pequeno. Por sua vez, o abismo entre os representantes nacionais dos partidos políticos rivais era comparativamente grande. Por conseguinte, teria havido muitos líderes partidários sentindo-se mais à vontade em um jantar com seus eleitores do que com os principais rivais políticos. Hoje em dia, não é mais o caso.

Tudo isso teve um impacto político real. É natural dar mais peso a interesses legítimos que sejam evidentes para nós do que para os que temos dificuldade de imaginar. E é muito mais fácil apoiar leis que nossos amigos aprovam do que leis defendidas por pessoas que não conhecemos. Se os legisladores foram pouco a pouco se tornando incapazes de traduzir as opiniões de seus eleitores em políticas públicas, a enorme divisão social e cultural que há entre as elites políticas e o grosso do eleitorado é um dos principais motivos.

## NÃO HÁ SAÍDAS FÁCEIS

A quantidade de definições de democracia é quase tão grande quanto a de pensadores políticos. Ela é, nas palavras de um filósofo, um conceito essencialmente contestado — um conceito que não admite definição consensual na medida em que continuamos a discordar sobre o que exatamente tem de valioso.[124] Mas não precisamos recorrer à artimanha do velho patife que saca o dicionário para pôr em dúvida se os Estados Unidos são mesmo democráticos hoje.

No mínimo, sugiro, toda democracia deveria ter a postos um conjunto de mecanismos institucionais efetivos para traduzir a opinião popular em políticas públicas. Nos Estados Unidos, esses mecanismos hoje estão significativamente enfraquecidos. O compromisso do país com os direitos liberais permanece profundamente entranhado. Mas a forma que assume esse liberalismo é cada vez mais antidemocrática.

A América não está sozinha em sua tendência ao liberalismo antidemocrático. Praticamente todas as atuais democracias desenvolvidas apresentam fortes mecanismos tutelares. Muitas questões importantes foram removidas da contestação política por tratados de comércio e agências independentes. Quando a vontade popular se extravia para além dos limites do aceitável, é restringida pelas instituições democráticas, do Supremo Tribunal americano ao Banco Central Europeu. Mesmo em áreas onde os indivíduos permanecem formalmente senhores do próprio destino, os mecanismos para traduzir a opinião popular em políticas públicas estão tão sintonizados com os interesses das elites sociais ou econômicas que a influência do povo sobre seu próprio governo fica severamente limitada.

No Ocidente, as últimas três décadas foram marcadas pelo papel crescente dos tribunais, agências burocráticas, bancos centrais e instituições supranacionais. Ao mesmo tempo, houve um rápido crescimento da influência dos lobistas, dos gastos com campanhas políticas e do abismo que separa as elites políticas das pessoas que elas deveriam representar. Tomado como um todo, isso efetivamente isolou o sistema político da vontade popular.

Steven Levitsky e Lucan Way afirmam que a "competição injusta" define os regimes "autoritários competitivos" nos quais, a exemplo da Hungria, as eleições conservam algum significado real, ainda que o governo assegure que a competição seja desigual.[125] De modo similar, muitas supostas democracias hoje parecem oligarquias competitivas: mesmo que os debates sobre projetos de lei tenham valor aparente, um processo injusto de criação de políticas públicas dá às elites dominantes uma imensa vantagem na promoção dos próprios interesses.

Os poucos estudiosos que escreveram sobre esse fenômeno tendem a afirmar que as raízes do problema são tão óbvias quanto seus remédios.

As origens do desempoderamento do povo, sustentam, residem na tomada do poder pelas elites políticas e financeiras. As grandes empresas e os super-ricos defenderam bancos centrais independentes e tratados comerciais favoráveis para faturar boladas de dinheiro. Políticos, acadêmicos e jornalistas apoiam um modo tecnocrático de governança porque isso isola suas decisões da vontade popular. E todo esse egoísmo fica na prática oculto sob o manto de uma ideologia neoliberal propagada por think tanks e departamentos acadêmicos que são, eles mesmos, financiados por doadores ricos.

Como as causas da presente situação são inequivocamente sinistras, as soluções para ela são, ao que tudo indica, igualmente simples: o povo precisa reivindicar seu poder.

Os especialistas afirmam que os bancos centrais independentes são bons para o crescimento econômico e que os tratados comerciais derrubam os preços ao consumidor. Insistem na necessidade de grandes agências burocráticas e poderosas organizações internacionais para lidar com questões supostamente complicadas demais para a compreensão do homem comum. Mas, quando essas instituições são expostas como cúmplices em uma conspiração para deserdar o povo, fica óbvio que isso simplesmente não é verdade. A solução para os males do liberalismo antidemocrático é abolir as instituições tutelares, expulsar do governo as elites e reinstituir o povo no poder.[126]

Esse conjunto básico de instintos intelectuais se manifesta em debates a respeito de uma ampla gama de questões e guarda considerável influência tanto sobre a extrema esquerda como sobre a extrema direita. Ele estimula os argumentos contra tratados comerciais e bancos centrais. E anima a linguagem tanto de Donald Trump como de Jill Stein, tanto de Stephen Bannon como de Naomi Klein.

O problema disso tudo é a imagem caricata que faz da origem, do funcionamento e do propósito dessas instituições.

É verdade que as elites políticas ficam perfeitamente à vontade com instituições tecnocráticas que por acaso lhes proporcionam um bocado de poder. É óbvio que as elites financeiras gastam muito dinheiro e esforço para moldar essas instituições em benefício próprio. E não resta muita dúvida de que os fluxos de financiamento favorecem mais algumas ideias do que outras, limitando o leque de opiniões consideradas "sérias".[127]

Mesmo assim, a história da maioria das instituições que restringem a opinião popular é bem mais complicada do que seus detratores estão dispostos a admitir. A União Europeia, por exemplo, originou-se não de uma conspiração de corporações, mas antes de uma tentativa razoavelmente idealista de reconstruir o continente após a Segunda Guerra Mundial. Entrementes, instituições da Agência de Proteção Ambiental à Agência de Energia Atômica Internacional foram projetadas para responder a problemas genuínos — como poluição e proliferação nuclear — antes difíceis de abordar.

O funcionamento cotidiano dessas instituições também é um pouco mais complicado do que parece. As negociações entre a Grécia e a troica, por exemplo, foram em geral retratadas como um choque entre os eleitores gregos e os tecnocratas internacionais. E em vários aspectos importantes de fato eram (por isso mesmo as usei como exemplo de liberalismo antidemocrático na Introdução). Mas grande parte do motivo para líderes como Angela Merkel relutarem em oferecer à Grécia um acordo melhor é que eles respondiam pelas opiniões de seus eleitores; dessa perspectiva, a vontade do povo grego foi ignorada em parte porque consistia em ignorar a vontade de outros povos europeus.[128]

Assim como a história e o funcionamento das instituições tecnocráticas são um pouco mais complicados do que seus críticos alegam, a solução para o problema do liberalismo antidemocrático também é menos clara do que postulam. Pois embora seja fácil acusar instituições imperfeitas de serem inúteis ou voltadas para os próprios interesses, elas desempenham três papéis importantes.

O mundo em que vivemos hoje é extremamente complexo. Para manter a economia girando e evitar grandes desastres, precisamos regulamentar bancos e impor padrões de segurança do consumidor, monitorar furacões e inspecionar usinas. Há muitas maneiras diferentes de estruturar o modo como essas tarefas são realizadas. Faz sentido buscar reformas que proporcionem mais poder aos legisladores para criar as leis necessárias e exijam prestação de contas das agências burocráticas que as fiscalizam.

Mas, no fim, tanto o projeto como a implementação dessas regulamentações exigem de fato habilidades técnicas consideráveis. É mesmo difícil imaginar que a maioria dos cidadãos teria interesse real nelas — ou que políticos eleitos pudessem vir a dominar todos os seus intricados detalhes. E assim continua pouco claro como esses serviços seriam realizados se simplesmente abolíssemos as instituições tecnocráticas.

O desafio é ainda maior quando se trata de áreas de políticas públicas que exigem ampla cooperação internacional. Para desacelerar a mudança climática ou conter a disseminação de armas nucleares, praticamente todas as nações do mundo precisam chegar a um acordo sobre o que fazer. No momento, esse tipo de decisão é em geral tomada por chefes de governo (ou os ministros que eles indicam). Em países democráticos, eles são eleitos, claro. Mas a cadeia de delegação é demasiado longa e o cidadão comum conta com uma capacidade muito restrita de influenciar os tratados internacionais. Acordos como o Tratado de Paris sobre a Mudança Climática sofrem de um déficit democrático real.

E, no entanto, é mais uma vez difícil perceber qual pode ser a alternativa realista. Um parlamento mundial de verdade está longe de ser criado e, em todo caso, pareceria incrivelmente remoto para a maioria dos cidadãos. Por outro lado, permitir a cada país seguir seu próprio caminho torna impossível confrontar toda uma gama de desafios globais, como a mudança climática. No fim, ao que tudo indica, devemos escolher entre conseguir a cooperação internacional em questões fundamentais por meio de uma linha de pensamento incomodamente antidemocrática — ou simplesmente não consegui-la.

Finalmente, a relação entre liberalismo e democracia é muito mais complexa do que os oponentes das instituições tecnocráticas gostam de afirmar. A despeito de todas as suas deficiências, instituições contramajoritárias, como tribunais constitucionais, têm um histórico venerável de proteção dos direitos do indivíduo. Assim, seus adversários deveriam pelo menos levar em consideração a possibilidade de que membros das minorias étnicas e religiosas possam ficar vulneráveis caso seus direitos sejam abolidos. De modo mais amplo, instituições independentes historicamente se revelaram muito importantes em manter a estabilidade da democracia. Conforme as recentes experiências em países como a Hungria ou a Turquia demonstram, um sistema em que a vontade do povo consegue se sobrepor aos juízes e burocratas pode parecer mais democrática a curto prazo; no longo prazo, também torna mais fácil para um autocrata abolir a democracia.

* * *

A dupla crise da democracia liberal nos tenta a procurar soluções fáceis.

Observadores mais preocupados com as atitudes iliberais dos populistas relutam em admitir que há algo democrático na energia que os motiva; alguns até mesmo defendem isolar cada vez mais as decisões políticas da vontade popular.[129] Por sua vez, observadores mais preocupados com as atitudes tecnocráticas das atuais elites relutam em admitir que deve haver um bom motivo para criar essas instituições, para começo de conversa; como consequência, acreditam que muitas delas deveriam simplesmente ser abolidas.[130]

Mas não existem saídas fáceis para resolver a crise da democracia. Se pretendemos preservar os elementos liberais do sistema, limitar a influência dos populistas pondo todas as decisões importantes nas mãos dos especialistas não é uma solução; em vez disso, precisamos convencer os eleitores a derrotá-los nas urnas. De modo similar, se esperamos preservar os elementos democráticos do sistema, abolir as instituições que ajudam a estabilizar a economia e tratar alguns dos problemas mais urgentes do mundo não terão nenhuma valia; em vez disso, precisamos encontrar maneiras de reformar essas instituições para obter um melhor equilíbrio entre capacidade técnica e respeito à vontade popular.

A primeira grande suposição do pós-guerra parece estar errada: liberalismo e democracia não combinam tão bem quanto a maioria dos cidadãos — e muitos estudiosos — sempre presumiu. Conforme a vontade popular se choca com os direitos individuais, a democracia liberal aos poucos se desmantela em suas partes integrantes.

Isso é profundamente preocupante. Por um lado, liberalismo e democracia são valores inegociáveis. Se tivermos de abrir mão dos direitos individuais ou da vontade popular, precisaremos fazer uma escolha grave. Por outro lado, parece cada vez mais duvidoso que a democracia iliberal ou o liberalismo antidemocrático se revelem particularmente estáveis. Um sistema que prescinde dos direitos individuais para promover o culto da vontade popular pode em última instância se voltar contra o povo. De modo oposto, um sistema que prescinde da vontade popular para proteger os direitos individuais pode, em última instância, precisar recorrer a uma repressão cada vez mais ostensiva a fim de reprimir dissidências.

Isso lança dúvida sobre o segundo pressuposto ainda mais fundamental do pós-guerra: a democracia, assim se dizia, é uma conquista difícil. Mas quando um país é rico, além de democrático, seu sistema político é imutável. Em países como a França ou os Estados Unidos, a democracia é "consolidada". Mas se o liberalismo e a democracia não formam um amálgama tão estável quanto pensam os estudiosos, e se cada um desses valores se torna ainda mais vulnerável quando o outro é perdido, então nosso sistema político parece enfrentar ameaça muito maior do que admitimos. Assim, seriam as democracias liberais imperfeitas de hoje de fato tão seguras quanto sempre acreditamos?

# 3. A democracia está se desconsolidando

Os anos 1960 e o início da década de 1970 destruíram a confiança de muitos americanos na classe política. A turbulência trazida pelo movimento estudantil, a Guerra do Vietnã e o escândalo Watergate lançaram dúvida sobre uma fé até então inabalável. Quando ficava cada vez mais óbvio que Richard Nixon teria de renunciar ao cargo completamente desmoralizado, os críticos culturais proclamaram uma grave crise de confiança na democracia americana. "A revelação da desonestidade e paranoia do presidente", escreveu David Runciman recentemente sobre essa época, "pareceu desnudar a democracia, expondo algo que estava podre por baixo".[1]

Não é coincidência que nesse mesmo ano o instituto de pesquisas Gallup tenha se dado ao trabalho de fazer pela primeira vez uma pergunta cuja resposta teria parecido óbvia alguns anos antes: os americanos de fato confiavam nos "homens e mulheres da política [...] que detêm um cargo público ou concorrem a um?". Mas o retrato revelado pela pesquisa foi extraordinariamente otimista. Mesmo em 1974, em meio a todo o escândalo, uma clara maioria dos americanos continuava a acreditar em seus governantes.[2]

Nas décadas transcorridas desde então, por outro lado, a quantidade de americanos que confia em seus políticos encolheu rapidamente. Hoje, uma clara maioria dos americanos diz não confiar em seus políticos.[3]

A confiança nas instituições é igualmente baixa. Em junho de 2014, por exemplo, apenas 30% dos americanos afirmaram confiar na Suprema Corte, enquanto 29% expressaram confiança na presidência. Os índices de aprovação para o legislativo foram ainda mais desanimadores: no início da década de 1970, mais de 40% dos americanos manifestaram confiança no Congresso; em 2014, essa proporção caiu para 7%.[4]

Tendo em vista esses níveis estratosféricos de insatisfação com o sistema político, não deve surpreender que muitos americanos jovens simplesmente não queiram saber de política. Mesmo assim, é impressionante como o interesse na política diminuiu rápido. Enquanto americanos nascidos nas décadas de 1930 e 1940 em sua vasta maioria afirmavam ter um interesse ativo na política, menos da metade dos americanos jovens diz o mesmo.[5]

INTERESSE EM POLÍTICA

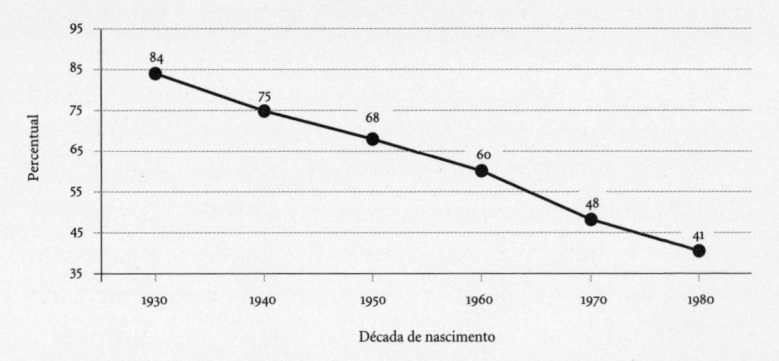

| Década de nascimento | Percentual |
|---|---|
| 1930 | 84 |
| 1940 | 75 |
| 1950 | 68 |
| 1960 | 60 |
| 1970 | 48 |
| 1980 | 41 |

Entrevistados norte-americanos que expressam interesse na política, por década de nascimento.

Tendências similares são visíveis em muitas democracias antigas do mundo todo. Em grande parte da Europa atual, por exemplo, a população tende menos do que há algumas décadas a acreditar que seus representantes eleitos priorizam os interesses do público em geral.[6] Eles participam menos do que antes de instituições políticas formais.[7] E, a exemplo dos americanos, os europeus jovens têm muito menos interesse na política do que os mais velhos.[8]

Esse descontentamento também se expressa nas avaliações desfavoráveis de determinados governos. Em junho de 2005, o índice de aprovação de Jacques Chirac caiu a um nível recorde. Apenas um em cada quatro eleitores na França dizia que ele estava fazendo um bom trabalho, o apoio mais baixo que a pesquisa TNS-Sofres registrara desde que começara a apurar os índices de aprovação presidencial em 1979.[9] Meia década mais tarde, Chirac pôde extrair algum consolo do destino de seu sucessor. Nicolas Sarkozy chegara à presidência prometendo aos franceses um estilo de liderança diferente e um futuro mais promissor. Mas quando fracassou em cumprir suas promessas, o veredicto do eleitor foi ainda mais implacável. Em abril de 2011, menos de um em cada cinco eleitores aprovava o desempenho de Sarkozy no cargo.[10] Mais meia década depois, Sarkozy pôde extrair algum consolo do destino sofrível de seu sucessor. François Hollande foi eleito numa onda de descontentamento. Depois, caiu no desagrado de tanta gente que nem tentou a reeleição. Em novembro de 2016, apenas um em cada vinte eleitores aprovava o trabalho que ele estava fazendo.[11] Quando Emmanuel Macron foi eleito em maio de 2017, pulverizando o sistema político vigente e usufruindo de tremenda popularidade, tudo pareceu mudar. Mas, no fim desse mesmo verão, sua popularidade estava em 37%, a queda mais vertiginosa de todas.[12]

ÍNDICES DE APROVAÇÃO DE PRESIDENTES DA FRANÇA

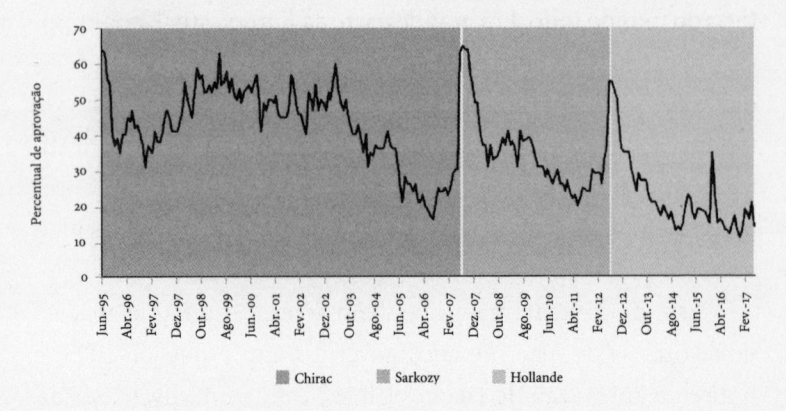

■ Chirac  ■ Sarkozy  ■ Hollande

Por toda a América do Norte e a Europa Ocidental, em suma, os cidadãos passaram a confiar menos nos políticos. Eles estão perdendo a confiança nas instituições democráticas. E têm uma visão cada vez mais negativa de seus governos. Tudo isso é preocupante. Mas talvez o sinal mais notável dos tempos em que vivemos seja algo bem menos tangível: enquanto os políticos sempre tiveram de aguentar o desagrado do público, a intensidade da desconfiança, aversão e intimidação que hoje enfrentam diariamente é inédita. Mesmo políticos veteranos estão surpresos com a manifesta animosidade.

Ao final de minha palestra em um encontro de legisladores estaduais há alguns meses, um republicano importante — conservador leal que tem ajudado a aprovar reformas altamente controversas em seu estado — veio me procurar. Ao longo dos anos, disse, estava percebendo seus eleitores cada vez mais raivosos e desconfiados. Ele já estava acostumado ao ânimo belicoso deles. E até começava a aceitar que, quando seu rival oferece uma solução simplista para uma questão de política pública complexa e você responde com uma explicação elaborada, a maioria dos eleitores presume que é *você* que está tentando lhes passar a perna.

Mas, embora esse legislador estivesse longe de ser um novato ingênuo, um acontecimento recente o deixara abalado. Ele me contou que havia entrado para a política por causa de sua professora da sexta série, sua mentora desde que tinha doze anos de idade e que agora o conhecia melhor do que quase todo mundo em sua família. "Por que mentiu pra nós?", essa mulher quis saber quando telefonou para ele alguns dias antes da nossa conversa.

"Como assim?", perguntou.

"Falaram no rádio. Falaram que você está mentindo sobre essa nova lei."

Ele tentou explicar que não se desviara dos princípios conservadores compartilhados por eles, mas que apenas havia adiado um voto por motivos estratégicos. "Você me conhece", falou. "Por que não me deixa explicar o que está acontecendo?"

Mas sua professora não quis nem saber. "Não sei", disse. "Estão falando no rádio que você mentiu para nós. Estou muito decepcionada com você."[13]

Há muito tempo os cientistas políticos estão conscientes de que a confiança nas instituições democráticas diminuiu; de que as avaliações dos políticos estão negativas; e de que os índices de aprovação dos representantes eleitos e das instituições estão em queda. Mas, até recentemente, quase todos eles davam pouquíssima importância a esses fatos.

Por muitos anos, estudiosos importantes como Ronald Inglehart, Pippa Norris e Russell J. Dalton tentaram da melhor forma possível vislumbrar uma luz na escuridão. Talvez as gerações anteriores de cidadãos fossem simplesmente obedientes e crédulas demais, sugeriram. A desilusão do eleitor contemporâneo não poderia ser interpretada como sinal de maturidade, em vez de um indício de instabilidade? Como Lynn Vavreck afirmou no verão de 2015, "parte do recente declínio [na confiança] talvez tenha menos a ver com o modo como o governo tem decepcionado as pessoas e mais com a ampliação do conhecimento de como o governo funciona". Embora admita que "causa alguma preocupação que a confiança no governo seja objetivamente baixa", em última instância ela atribui essa tendência a "uma marcha firme em sentido contrário à falta de transparência do governo — uma antiga tradição americana que remonta à franca submissão de queixas incluída na Declaração de Independência".[14]

Um modo comum de defender o otimismo foi distinguir entre "legitimidade do governo" e "legitimidade do regime".[15] A legitimidade do governo, admitiam esses estudiosos, declinara: os cidadãos ficaram muito mais dispostos a desafiar os governantes no poder. Mas a legitimidade do regime, insistiam, permanecera estável: segundo eles, os cidadãos não são mais críticos do sistema político básico hoje do que foram no passado.

É uma narrativa atraente. Mas, nos últimos anos, começa a parecer cada vez menos plausível. Por um lado, é difícil imaginar que pessoas comuns possam se voltar de forma tão radical contra governos particulares — e assumir uma visão tão negativa do funcionamento diário de suas instituições — sem criticar ainda mais o próprio sistema. Por outro, a evidência de que a democracia está sob ataque só faz crescer.

Na Europa Ocidental, os partidos que sistematicamente atacam as normas democráticas fundamentais continuam a subir nas pesquisas. Pelo mundo todo, do Egito à Tailândia, experimentos democráticos novos foram aniquilados e as democracias existentes degeneraram em ditadura. Pela primeira vez em décadas, a Freedom House — que mede a abrangência do governo democrático no mundo — registrou mais países se afastando da democracia do que caminhando para ela. Na expressão de Larry Diamond, uma "recessão democrática" está em curso.[16]

Logo, já está mais do que na hora de desenvolver uma maneira empírica de testar os pressupostos nos quais os otimistas se basearam por tanto tempo. A legitimidade do regime continua sendo tão alta na América do Norte e na Europa Ocidental quanto costumava ser? Como seria se democracias supostamente consolidadas começassem a se desconsolidar? E em que momento teríamos razão em concluir que a democracia não é mais a única opção?

Gostaria de sugerir pelo menos três coisas que a meu ver teriam de ser verdade para acharmos que a democracia é a única opção — e, por dedução, que continua tão segura quanto a maioria dos cientistas políticos imagina:

- A maioria dos cidadãos teria de ser fortemente comprometida com a democracia liberal.
- A maioria dos cidadãos teria de rejeitar alternativas autoritárias à democracia.
- Os partidos políticos e movimentos com poder real teriam de concordar com a importância das regras e normas democráticas básicas.

Ainda é assim?
Há muitas maneiras diferentes de encontrar uma resposta a essa questão. Olhar para as pesquisas de opinião é apenas uma delas. A pesquisa, no entanto, é uma ferramenta muito útil para obtermos uma resposta inicial. Se os melhores dados disponíveis revelam que muitos cidadãos criticam não só seus governos como também a própria democracia, isso dá crédito real ao medo de que a democracia não seja mais a única opção.
Assim, com meu colega Roberto Stefan Foa, comecei a estu-

dar o nível de apoio às instituições democráticas examinando a World Values Survey, o maior levantamento plurinacional já feito sobre atitudes públicas, cobrindo de política a questões sociais. O que descobrimos foi chocante: por toda a América do Norte e a Europa Ocidental, um grande contingente de cidadãos está de fato dando as costas à democracia.

## O FIM DO CASO DE AMOR ENTRE O CIDADÃO E A DEMOCRACIA

Uma maneira direta de medir o grau de apego dos cidadãos a seu sistema político é perguntar-lhes até que ponto é importante para eles viver numa democracia. Se as pessoas estão profundamente comprometidas com a democracia, devem achar inaceitável viver numa ditadura. De modo oposto, se não atribuem importância real a viver numa democracia, os argumentos em defesa do sistema parecem um tanto frágeis.[17]

IMPORTÂNCIA DE VIVER EM UMA DEMOCRACIA

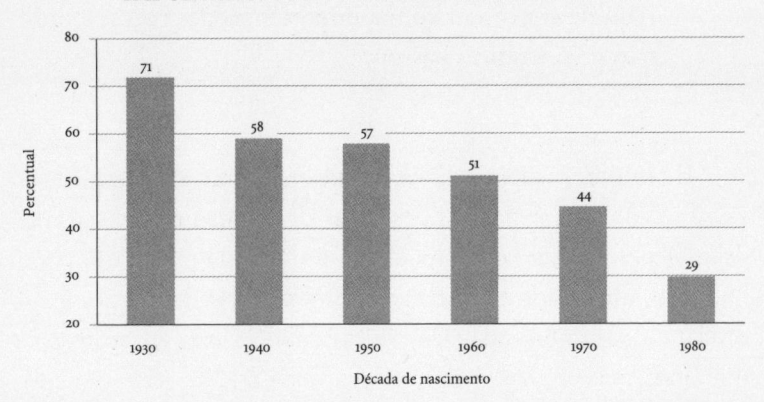

| Década de nascimento | Percentual |
| --- | --- |
| 1930 | 71 |
| 1940 | 58 |
| 1950 | 57 |
| 1960 | 51 |
| 1970 | 44 |
| 1980 | 29 |

Parcela dos consultados nos Estados Unidos que acredita ser "essencial" viver numa democracia, por década de nascimento.

A maioria das pessoas mais velhas parece ter uma ligação mais fervorosa com a democracia. Atribuindo notas de um a dez para a importância que dão a viver numa democracia, cerca de dois terços dos americanos nascidos nas décadas de 1930 ou 1940 indicam a resposta mais elevada: eles a consideram essencial. Mas os jovens estão bem menos envolvidos com seu sistema político. Entre os millennials, nascidos depois de 1980, menos de um terço considera essencial viver numa democracia.[18]

Fora dos Estados Unidos, o cenário é um pouco mais complicado. Em alguns países com histórico recente de governo autoritário, o envolvimento dos jovens com a democracia não é significativamente inferior ao dos mais velhos.[19] Mas na maioria das democracias antigas, sobretudo no mundo anglófono, os millennials estão igualmente desiludidos. Assim como os jovens são menos envolvidos com a forma de regime em que vivem nos Estados Unidos, essa fatia do eleitorado também dá menos importância a viver numa democracia em lugares como a Suécia, a Austrália, a Grã-Bretanha e a Holanda.

ALGUÉM NASCIDO NA DÉCADA DE 1980 TEM PROBABILIDADE ___ VEZES MAIOR DE CONSIDERAR A VIDA NUMA DEMOCRACIA COMO ESSENCIAL DO QUE ALGUÉM NASCIDO NA DÉCADA DE 1930

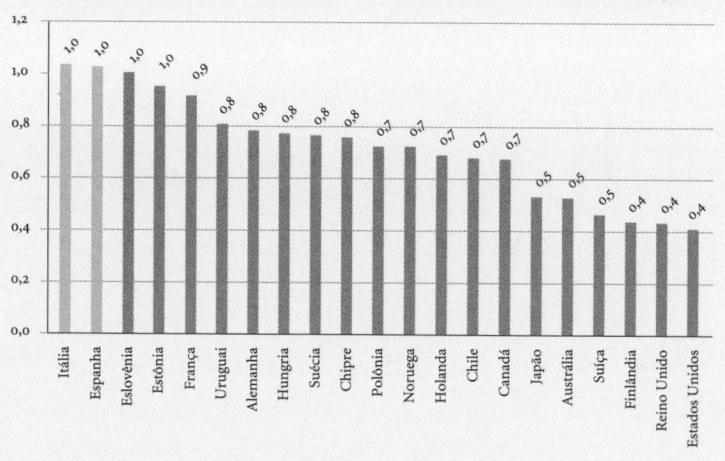

|  |  |
|---|---|
| Itália | 1,0 |
| Espanha | 1,0 |
| Eslovênia | 1,0 |
| Estônia | 1,0 |
| França | 0,9 |
| Uruguai | 0,8 |
| Alemanha | 0,8 |
| Hungria | 0,8 |
| Suécia | 0,8 |
| Chipre | 0,8 |
| Polônia | 0,7 |
| Noruega | 0,7 |
| Holanda | 0,7 |
| Chile | 0,7 |
| Canadá | 0,7 |
| Japão | 0,5 |
| Austrália | 0,5 |
| Suíça | 0,5 |
| Finlândia | 0,4 |
| Reino Unido | 0,4 |
| Estados Unidos | 0,4 |

Uma coisa é os cidadãos serem indiferentes à vida numa democracia, observaram os críticos, mas outra bem diferente é rejeitarem a democracia como sistema político.[20] Assim, será que os cidadãos chegariam a ponto de dizer que a democracia é um modo "ruim" ou "muito ruim" de governar seu país?

Infelizmente a resposta é sim.

Nos Estados Unidos, por exemplo, cerca de um em cada quatro millennials hoje acha que a democracia é uma maneira ruim de governar o país — um aumento de mais de 100% comparado às coortes mais velhas da amostra.

O retrato global é mais uma vez similar: a decepção com a democracia aumentou também no Reino Unido e na Holanda, na Suécia e na Nova Zelândia. Com efeito, mesmo jovens em países que são muitas vezes retratados como particularmente resistentes à atual crise da democracia liberal — como o Canadá, a Alemanha e a Suécia — criticam muito mais a democracia que seus pais e avós.[21]

UMA PESSOA NASCIDA NA DÉCADA DE 1930 TEM PROBABILIDADE ____ VEZES MAIOR DE CONSIDERAR A VIDA NUMA DEMOCRACIA COMO UM MODO "RUIM" OU "MUITO RUIM" DE GOVERNAR O PAÍS DO QUE ALGUÉM NASCIDO NA DÉCADA DE 1980

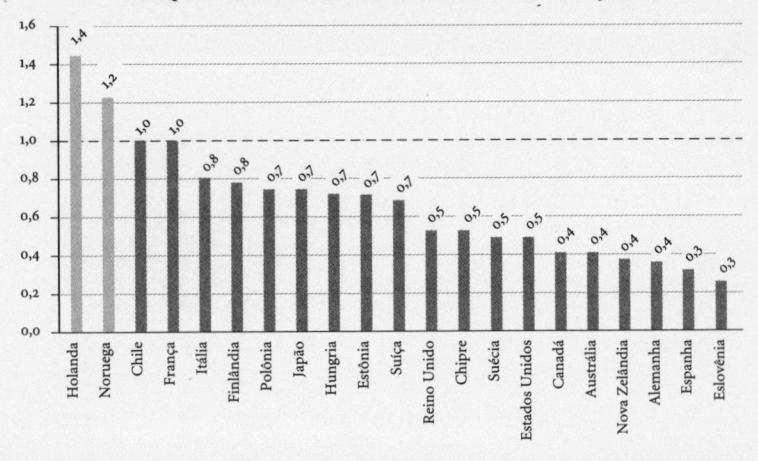

|  |  |
|---|---|
| Holanda | 1,4 |
| Noruega | 1,2 |
| Chile | 1,0 |
| França | 1,0 |
| Itália | 0,8 |
| Finlândia | 0,8 |
| Polônia | 0,7 |
| Japão | 0,7 |
| Hungria | 0,7 |
| Estônia | 0,7 |
| Suíça | 0,7 |
| Reino Unido | 0,5 |
| Chipre | 0,5 |
| Suécia | 0,5 |
| Estados Unidos | 0,5 |
| Canadá | 0,4 |
| Austrália | 0,4 |
| Nova Zelândia | 0,4 |
| Alemanha | 0,4 |
| Espanha | 0,3 |
| Eslovênia | 0,3 |

## OS CIDADÃOS ESTÃO CADA VEZ MAIS ABERTOS A ALTERNATIVAS AUTORITÁRIAS

Diante do que foi exposto, é com pesar que se constata que a população hoje é muito mais crítica da democracia do que no passado e que os jovens estão particularmente propensos a dar menos importância a viver numa democracia. Isso é preocupante, evidentemente. Mas também pode refletir uma falta de alternativas. É possível que os cidadãos estejam menos otimistas sobre seu sistema de governo sem por isso ficar mais abertos a alternativas?

Para testar essa hipótese, pesquisamos o apoio explícito a modos de governo autoritários. No início, parecia-nos uma tentativa infrutífera. Numa democracia, dizer-se a favor de abolir eleições ou de um governo militar representa um grande tabu. Mesmo que muitos desejassem em segredo uma alternativa à democracia, não fica óbvio que um número ainda maior estivesse disposto a abrir o coração com um estranho e admitir seus sentimentos antidemocráticos.

E, contudo, como não tardamos a descobrir, foi exatamente o que fizeram.

Uma maneira de avaliar em que medida as pessoas estão abertas a alternativas autoritárias é perguntar se acham que um líder autoritário que não tenha de se incomodar com parlamento ou eleições seria um bom sistema de governo. Isso não significa perguntar às pessoas se querem pura e simplesmente abolir a democracia. E, contudo, a pergunta capta claramente a abertura a um sistema que, em alguns aspectos cruciais, seria antidemocrático no mais alto grau: um líder forte, desobrigado de eleições, e que não necessita do apoio de uma legislatura, seria, exceto no nome, um ditador. Mas estariam os americanos mais abertos a ter um déspota a conduzir o país?

Sim. Na verdade, não só os jovens americanos estão bem mais inclinados do que os mais velhos a apoiar uma liderança desse tipo, como também a preferência de americanos de *todas* as idades por um líder forte é maior hoje do que há vinte anos.

Em 1995, 34% dos jovens americanos com idade entre dezoito e 24 anos achavam que um sistema político com um líder autoritário que não precisa se incomodar com parlamento ou eleições era bom ou muito bom. Em 2011, 44% dos jovens americanos pensavam a mesma coisa. O padrão entre americanos de todas as faixas etárias é semelhante: enquanto 24% de todos os americanos endossavam um tirano na condução do país em 1995, hoje essa proporção é de 32%.

Pegos de surpresa com a quantidade de gente a favor de um líder autoritário, queríamos descobrir quantos eleitores estavam dispostos a endossar uma alternativa à democracia liberal ainda mais radical. Estaria uma parcela significativa dos americanos disposta a dizer que apoia uma rematada ditadura militar?

A boa notícia é que o número de pessoas que afirma que um governo militar é um bom modo de conduzir os Estados Unidos é na verdade menor do que o número de pessoas que anseia por um déspota que não precise dar satisfações ao legislativo ou se incomodar com eleições. A má notícia é que o número está aumentando rápido.

Em 1995, cerca de 1 em 16 americanos dizia ser a favor de um governo militar, número expressivamente mais baixo do que o registrado em países que de fato sofreram golpes militares. Mas ao longo das duas últimas décadas esse número aumentou constantemente. A última vez em que essa pergunta foi apresentada, em 2011, praticamente o dobro — 1 em 6 — era a favor do governo militar. Isso significa que a quantidade de pessoas que apoiam um governo militar é hoje quase tão grande nos Estados Unidos quanto nos países com história turbulenta de relações entre civis e militares, como a Argélia (onde 17% eram a favor dos militares no poder em 2013) ou o Iêmen (20%).

Chama a atenção que o apoio ao governo militar tenha crescido até em segmentos da população que antes rejeitavam de pronto essa ideia. Em 1995, americanos ricos eram bem menos propensos a votar em militares do que americanos pobres. Hoje, a tendência é maior. A velocidade dessa transformação fica clara quando olhamos para o apoio ao governo militar entre americanos jovens e ricos. Há vinte anos, só 6% desse grupo preferia um governo militar. Desde então, seu apoio a um governo militar aumentou quase seis vezes, indo de 6% a 35%.

APOIO A UM GOVERNO MILITAR NOS ESTADOS UNIDOS

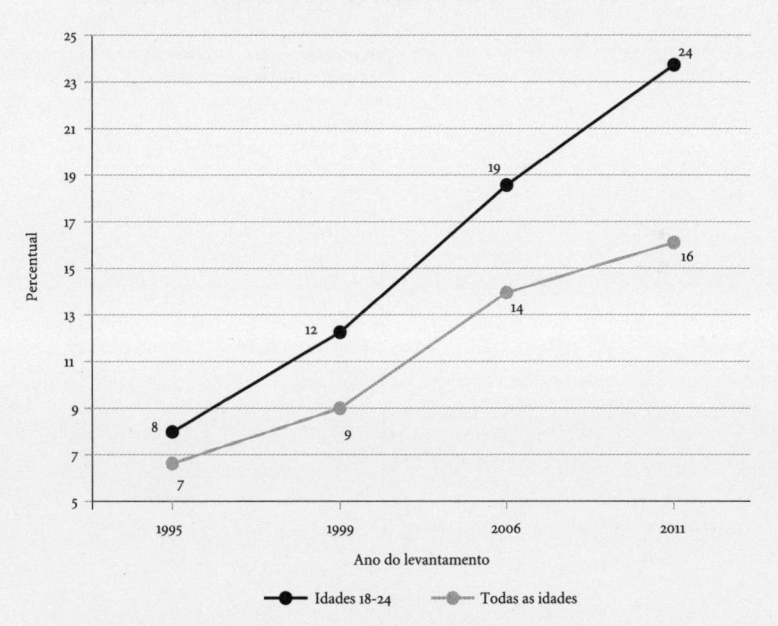

Proporção de entrevistados nos Estados Unidos que acham que "ter um governo militar" é um sistema político "bom" ou "muito bom", por faixa etária, 1995-2011.

Mais uma vez, esse desdobramento não é exclusivo dos Estados Unidos. Olhando para além do contexto americano, há alguns países em que o apoio a governos militares na verdade caiu nas últimas décadas. Mas na maior parte são nações, como o Chile, com experiência de ditadura militar muito recente. Por outro lado, na vasta maioria de países para os quais temos dados — incluindo antigas democracias, como a Alemanha, o Reino Unido, a Suécia e, especialmente, a Índia —, a quantidade de cidadãos que acreditam que seria bom ter um governo militar aumentou notavelmente.

Vemos tendência similar no percentual de cidadãos que apoiam um líder forte que não tenha de se incomodar com parlamento e eleições. Mais uma vez, há alguns países, incluindo a Suécia e a Suíça, em que esse número caiu. Mas há muitos mais, da

APOIO A UM GOVERNO MILITAR NO MUNDO

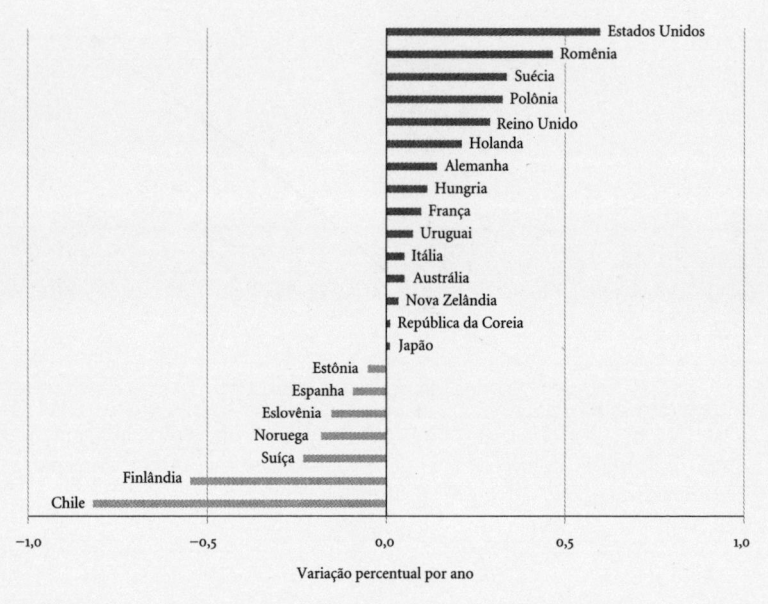

Variação percentual por ano no mundo entre entrevistados que acham que "ter um governo militar" é um sistema político "bom" ou "muito bom".

Alemanha aos Estados Unidos, em que cresceu significativamente. De forma preocupante, dados mais recentes (e ainda não publicados) sugerem que a tendência só fez acelerar desde então. Em uma pesquisa de 2017, por exemplo, a quantidade de eleitores alemães que apoiavam a liderança de um déspota aumentara de 16% para 33%; entre os eleitores franceses passara de 35% para 48%. No Reino Unido, o resultado foi ainda mais duro: enquanto apenas 25% apoiavam um líder autoritário em 1999, hoje eles são 50%.

APOIO A UM LÍDER AUTORITÁRIO NO MUNDO

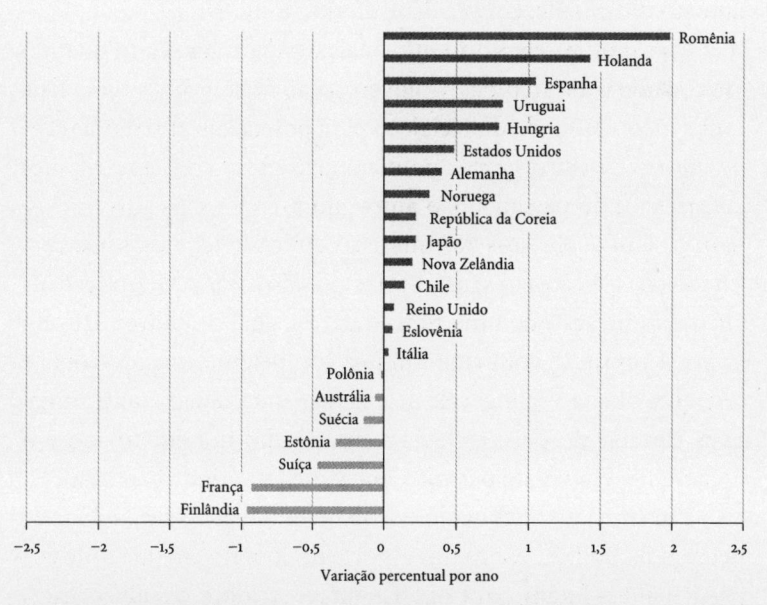

[gráfico de barras mostrando variação percentual por ano, com países: Romênia, Holanda, Espanha, Uruguai, Hungria, Estados Unidos, Alemanha, Noruega, República da Coreia, Japão, Nova Zelândia, Chile, Reino Unido, Eslovênia, Itália, Polônia, Austrália, Suécia, Estônia, Suíça, França, Finlândia]

Variação percentual por ano

Variação percentual por ano no mundo entre entrevistados que acham que "ter um líder político forte que não precisa se incomodar com parlamento ou eleições" é "bom" ou "muito bom".

A EROSÃO DO RESPEITO PELAS NORMAS DEMOCRÁTICAS

Esses resultados de pesquisa são evidentemente preocupantes. Mas, para verificar se a democracia continua sendo a única opção, temos de olhar para além dos números. Quando a democracia é estável, é porque os principais atores políticos estão dispostos a aderir às regras básicas do jogo democrático na maior parte do tempo.

Algumas dessas regras são formais: um presidente ou primeiro-ministro permite ao judiciário investigar os delitos de membros do governo, em vez de exonerar o promotor público. Ele aguenta as críticas da imprensa, em vez de mandar fechar jornais e perseguir jornalistas. Quando perde uma eleição, deixa o gabinete pacificamente, em vez de se aferrar ao poder.

Mas muitas regras são informais e não fica tão claro quando estão sendo transgredidas. O governo não reescreve as regras eleitorais meses antes de uma eleição para potencializar suas chances de vitória. Os insurgentes políticos não glorificam governantes autoritários do passado, não ameaçam prender seus adversários, nem violam os direitos das minorias étnicas e religiosas. Os derrotados na eleição, em seus últimos dias no cargo, evitam restringir o raio de ação de uma função para a qual um adversário foi eleito. A oposição confirma um juiz competente cuja ideologia é diferente da sua, em lugar de deixar vaga uma cadeira no tribunal mais elevado do país, e chega a um acordo imperfeito sobre o orçamento, em vez de permitir que o governo fique paralisado.

Em suma, políticos com envolvimento real no sistema talvez pensem na política como um esporte de contato em que todos os participantes lutam para obter vantagem sobre os adversários. Mas também estão agudamente cientes de que deve haver limites na busca de seus interesses partidários; que vencer uma grande eleição ou aprovar uma lei urgente é menos importante do que preservar o sistema; e que a política democrática jamais deve degenerar na guerra total.

"Para as democracias funcionarem", escreveu há alguns anos Michael Ignatieff, teórico político e ex-líder do Partido Liberal do

Canadá, "os políticos precisam respeitar a diferença entre um inimigo e um adversário. O adversário é alguém que você quer derrotar. O inimigo é alguém que você quer destruir."[22]

Nos Estados Unidos, bem como em muitos outros países mundo afora, não é mais assim que a prática democrática funciona. Como observa Ignatieff, estamos cada vez mais "presenciando o que acontece quando a política de inimigos supera a política de adversários".[23] E a nova safra de populistas que tomou de assalto a cena política nas últimas décadas é em grande parte culpada por isso.

A ascensão de novas figuras na política é provavelmente tanto um sinal de saúde e vigor democráticos como de enfermidade iminente. Os sistemas políticos se beneficiam de uma competição ampla de ideias e da troca regular de uma elite dominante por outra. Novos partidos podem ajudar de duas maneiras: ao obrigar a inclusão de questões há muito negligenciadas na agenda política, eles aumentam a representatividade do sistema político. E ao catapultar ao poder uma nova safra de políticos, injetam sangue novo no sistema.

Mesmo assim, há bons motivos para pensar que o recente degelo do sistema partidário está longe de ser benigno. Pois muitos novos partidos vão além de oferecer alternativas ideológicas dentro do sistema democrático — eles desafiam as regras e as normas do próprio sistema.

Um dos primeiros populistas a ganhar destaque foi o austríaco Jörg Haider, um político astuto e carismático da Caríntia. Depois de chegar à liderança do Partido da Liberdade da Áustria em 1986, Haider rapidamente conduziu o partido para a extrema direita. Sua estridente postura anti-imigração poderia ser defendida como a inclusão na agenda política de um tópico em larga medida negligenciado pelos partidos políticos convencionais, para evidente deleite de seus eleitores. Mas sua disposição em solapar as normas básicas da democracia liberal ficava patente sempre que ele fazia uma dissimulada reavaliação do passado nazista austríaco.

Falando a um público que incluía muitos ex-oficiais da ss, Haider afirmou que "nossos soldados não eram criminosos; no máximo, foram vítimas". Investindo em seu flerte com o Terceiro Reich, saudou os veteranos da mortífera Waffen ss de Adolf Hitler dizendo que "existe gente decente e de bom caráter que além disso não abre mão de suas convicções, por maior que seja a oposição".[24]

Violar as normas políticas é também uma especialidade de Geert Wilders, líder do Partido para a Liberdade holandês (PVV). O islã, afirma ele, é "uma ideologia totalitária perigosa".[25] Enquanto outros populistas tentaram proibir minaretes ou burquínis, Wilders, determinado a não ficar atrás, teve o desplante de pedir a proibição do Corão.

Comparado a Haider e Wilders, uma figura como Beppe Grillo parece bem mais benigna, a um exame superficial. Grillo surgiu na cena política condenando a — inegável — corrupção de Silvio Berlusconi com hilárias diatribes carregadas de expletivos. Quando fundou o Movimento Cinco Estrelas (M5S), prometeu tirar o poder das mãos de uma "casta política" parasitária e geriátrica e lutar por uma Itália mais moderna e tolerante.[26]

Mas, assim que o movimento ganhou popularidade, logo assumiu um matiz antissistema. Seus ataques contra políticos corruptos pouco a pouco se transformaram numa rejeição radical de aspectos fundamentais do sistema político, incluindo o próprio Parlamento. A raiva contra o establishment político foi sustentada por uma predisposição crescente para recorrer a teorias da conspiração ou proferir mentiras deslavadas contra os adversários políticos.[27]

A razão para populistas e novos políticos serem tão inclinados a desafiar as normas democráticas básicas é, em parte, estratégica: sempre que os populistas violam essas normas, eles atraem a inequívoca condenação do establishment político. E isso sem dúvida prova que, tal como anunciado, os populistas de fato representam uma nítida ruptura com o statu quo. Há, desse modo, algo de performático na tendência populista a romper com as normas democráticas: embora suas declarações mais provocativas sejam com frequência consideradas gafes pelos observadores políticos, a mera propensão a cometê-las já representa grande parte de seu charme. Mas isso tudo não faz de suas atitudes inconsequentes algo menos perigoso: uma vez que alguns membros do sistema político estão dispostos a violar as regras, os demais têm grande incentivo para fazer o mesmo. E é o que estão fazendo cada vez mais.

Alguns dos ataques mais espetaculares às normas democráticas básicas vieram de políticos novatos. Mas nos últimos anos os representantes dos velhos partidos estabelecidos também têm se mostrado cada vez mais dispostos a subverter as regras básicas do jogo.

Às vezes, isso se dá como simples reação à nova competição populista. Nicolas Sarkozy, por exemplo, sempre admitiu a existência da mudança climática provocada pela ação humana quando foi presidente da França. Mas, na disputa pelo voto da extrema direita quando concorria a um segundo mandato presidencial, em 2016, mudou radicalmente de opinião: agora alegava que o "clima está mudando faz 4 bilhões de anos. [...] Só a arrogância humana leva a acreditar que alteramos o clima".[28]

Partidos estabelecidos da esquerda às vezes também são culpados de violar as normas democráticas. Nos Estados Unidos, os democratas há muito tempo praticam formas inaceitáveis de *gerrymandering* [redesenho dos distritos eleitorais].[29] E no governo Obama o executivo continuou a expandir seu papel de maneira preocupante, processando um número recorde de jornalistas por divulgar informação confidencial e usando decretos presidenciais para driblar o Congresso em áreas de políticas públicas que vão de meio ambiente a imigração.[30]

Ainda assim, a maioria dos cientistas políticos concorda que os republicanos são hoje, de longe, a melhor ilustração de um ataque coordenado contra as normas democráticas perpetrado por um partido teoricamente do establishment.[31]

Em 2008, John McCain mostrou que compreendia a importante diferença entre tratar um competidor ao cargo mais elevado do país como adversário e não como inimigo. Quando um eleitor presente a um debate público com o candidato republicano disse que tinha medo do que aconteceria se Barack Obama ganhasse, McCain defendeu seu adversário: "Vou dizer uma coisa: ele é um sujeito decente, e você não precisa ter medo dele como presidente dos Estados Unidos". Mais tarde, nessa mesma assembleia, uma senhora idosa externou sua preocupação de que Obama não era confiável por ser "árabe". McCain foi novamente taxativo: "Não, senhora. Ele é um homem de família e um cidadão decente de quem por acaso discordo em assuntos fundamentais, e esse é o motivo desta campanha".[32]

A lucidez moral que levou McCain a abrir mão de uma vantagem partidária para reafirmar a legitimidade da oposição política nos últimos anos tornou-se notoriamente ausente. Quando Obama proferiu seu primeiro discurso de Estado da União, um deputado republicano quebrou uma antiga tradição de decoro gritando: "É mentira!" para o presidente.[33] Quando o Tea Party — liderado por Sarah Palin, a escolhida de McCain para vice-presidente — ganhava terreno, doze meses depois, alguns políticos republicanos estavam dispostos a difundir uma teoria da conspiração afirmando que o presidente Obama não era nascido no país.[34]

De maneira mais geral, a oposição total a Obama deixou os republicanos propensos a abusar de regulamentos parlamentares reservados a circunstâncias excepcionais, ou mesmo a negligenciar completamente seus deveres. Em nenhum lugar essa transformação fica mais evidente do que no Senado americano. Seus regulamentos e procedimentos foram pensados na suposição de que os senadores, quando necessário, abririam mão de sua vantagem partidária para fazer o sistema funcionar. Mas hoje os senadores endurecem o jogo constitucional diariamente. Embora respeitem os limites legais de sua autoridade, com a maior desfaçatez insistem em extrair o máximo proveito de cada regulamento e procedimento — mesmo quando é evidente que isso subverte o espírito em que foram concebidos. O resultado tem sido uma forma vagarosa de caos institucional.

O uso do obstrucionismo, por exemplo, historicamente estava reservado a raras circunstâncias. Quando Lyndon Baines Johnson era presidente, o partido de minoria no Senado se valeu do recurso dezesseis vezes. Quando Obama era presidente, por outro lado, o partido minoritário no Senado aplicou obstruções procedimentais 506 vezes.[35]

Um abuso ainda mais flagrante das normas constitucionais ocorreu após a morte do juiz Antonin Scalia. Em 16 de março de 2016, Barack Obama indicou Merrick Garland, um jurista moderado que gozara de forte apoio bipartidário ao longo de toda a sua distinta carreira, para a cadeira vaga na Suprema Corte.[36] Mas, embora a Constituição encarregue o Senado de fazer suas recomendações sobre os indicados do presidente, o líder da Casa, Mitch McConnell, se recusou a permitir até que a Comissão do Senado realizasse audiências para a confirmação de Garland. Contra todos os precedentes, uma cadeira na Suprema Corte continuou vaga durante a maior parte de 2016. E, embora a recusa do Senado em considerar a nomeação de Garland tenha ganhado particular visibilidade, ela foi parte de um padrão bem mais amplo de obstruções procedimentais para impedir que os indicados de Obama assumissem o judiciário e o executivo.[37]

Mas é nos estados, fora dos holofotes nacionais, que as transgressões das normas democráticas básicas têm sido mais clamorosas. Há décadas as comissões partidárias traçam mapas eleitorais com o objetivo óbvio de dar ao Partido Republicano uma vantagem nas eleições seguintes.[38] Há décadas os legisladores republicanos tentam privar as minorias do direito ao voto aprovando leis desnecessárias para identificação do eleitor ou fechando postos de votação em bairros predominantemente democratas. Em estados como a Carolina do Norte, a determinação de vencer excedeu há muito tempo o desejo de realizar uma eleição justa.[39]

Mas, mesmo por esses baixos padrões, o que aconteceu na esteira das eleições para governador de 2016 na Carolina do Norte foi de cair o queixo. Roy Cooper, o candidato democrata, venceu uma eleição muito acirrada por margem extremamente apertada. Mas, em vez de reconhecerem seu direito de governar pelos quatro anos seguintes, os republicanos decidiram reescrever os requisitos para o cargo. O governador da Carolina do Norte costumava ser responsável por nomear 1,5 mil funcionários; segundo uma lei aprovada pelos legisladores republicanos em fim de mandato, agora teria permissão de nomear apenas 425. O governador tinha o poder de nomear a maioria dos delegados para as comissões eleitorais do estado; agora, dividiria essa responsabilidade com a legislatura controlada pelos republicanos. Por fim, cabia ao governador nomear mais de 66 membros para os conselhos administrativos da Universidade da Carolina do Norte; agora, o número de nomeados por ele passava a ser zero.[40]

O partidarismo escancarado dessas ações é inegável. Assim

como seu significado: os republicanos da Carolina do Norte na prática rejeitaram a noção de que resolvemos as diferenças políticas por meio de eleições livres e justas e de que estamos dispostos a nos submeter ao domínio dos rivais políticos quando perdemos.

No momento, Donald Trump está importando para dentro da Casa Branca uma versão turbinada do jogo duro constitucional que tem sido cada vez mais praticada nos corredores do Congresso e de várias legislaturas estaduais.

No decorrer de sua campanha, Donald Trump desrespeitou praticamente todas as regras básicas de política democrática. Jurou que mandaria prender seus adversários políticos. Recusou-se a dizer que aceitaria o resultado da eleição. Intimidou a imprensa e ameaçou ampliar as leis contra difamação. Convidou uma potência estrangeira a sabotar sua principal competidora. Incitou o ódio contra minorias étnicas e religiosas e prometeu tomar medidas inconstitucionais contra elas.[41]

Após a eleição, Trump continuou a menosprezar normas democráticas básicas. Como presidente eleito, fez alegações infundadas sobre uma gigantesca fraude eleitoral. Denegriu a neutralidade de instituições estatais independentes, de tribunais a agências de inteligência. Perguntou sobre a situação de alvarás para seus projetos de construção em telefonemas oficiais com chefes de Estado estrangeiros. Recusou-se a criar um fundo fiduciário cego para seus negócios privados. E repetidas vezes elogiou o ditador de uma potência rival.[42]

Como presidente, Trump aposta no mesmo comportamento. Ele se recusa a resolver seus graves conflitos de interesse. Usa a máquina do governo para divulgar rematadas mentiras. Tentou impedir residentes permanentes de reingressar no país. Esbravejou contra os "assim chamados juízes". Chamou os jornalistas de "inimigos do povo americano". Ameaçou elevar os impostos dos donos de meios de comunicação que o criticam. Sabotou a tentativa de investigação de suas relações com a Rússia conspirando com legisladores leais, exonerando o diretor do FBI e ameaçando-o publicamente com gravações sigilosas.[43]

Considerando tudo, está claro que o homem que hoje ocupa o cargo mais alto da democracia mais poderosa do mundo mostra um desrespeito inconsequente, e até um menosprezo arrogante, pelas normas mais básicas da política democrática. Estamos apenas começando a compreender o que isso pode significar para a estabilidade do sistema.

A JUVENTUDE NÃO NOS SALVARÁ

O cidadão nunca esteve menos comprometido com a democracia, nem mais receptivo a alternativas autoritárias. O respeito pelas normas e regras democráticas caiu de forma vertiginosa. Não sendo mais a única opção, a democracia está se desconsolidando.

Essa conclusão é difícil de engolir, eu sei. Gostamos de pensar que o mundo melhora com o tempo e que a democracia liberal aprofunda suas raízes a cada ano que passa. Talvez seja por isso que, de todas as minhas afirmações, nenhuma outra desperta mais ceticismo do que a ideia de que os jovens são especialmente críticos da democracia.

Por um bom motivo, americanos e britânicos acham particularmente difícil acreditar que a insatisfação é maior entre os jovens. Afinal, eles mostraram forte inclinação por Hillary Clinton, a candidata da situação, nas últimas eleições americanas: entre os eleitores com menos de trinta anos, 55% apoiaram Clinton, ao passo que 37% apoiaram Trump. Com o Brexit foi muito parecido. Enquanto dois terços dos britânicos em idade de aposentadoria votaram pela saída da União Europeia, dois terços dos millennials votaram pela manutenção do statu quo.[44]

Não obstante, seria fácil concluir que a abertura para a mudança radical, bem menos do que para alternativas francas à democracia, é domínio exclusivo dos mais velhos — ou que a crise da democracia liberal irá se resolver por si só à medida que grupos mais jovens e liberais substituírem a geração antiga.

Pelo contrário, jovens em diversos países na verdade tendem mais a se identificar como radicais do que os mais velhos. E a atração que sentem pelos extremos políticos aumentou com o passar dos anos. Em países como a Alemanha, o Reino Unido e os Estados Unidos, por exemplo, o número de jovens que se identifica com a esquerda ou com a direita radicais praticamente dobrou ao longo das duas últimas décadas; na Suécia, mais do que triplicou.

Pesquisas encomendadas por partidos populistas revelam essa mesma tendência. Embora os jovens mostrassem menor tendência a votar em Trump ou no Brexit, são muito mais propensos a votar pelos partidos antissistema em vários países do mundo.

A constatação é mais verificável em países do sul da Europa e da América Latina, onde a ameaça populista vem sobretudo da esquerda. O Movimento Cinco Estrelas italiano, o Podemos, da Espanha, o Syriza, da Grécia, e o France Insoumise, liderado por Jean-Luc Mélenchon, gozam todos de extrema popularidade entre os jovens. Na Itália, por exemplo, 40% dos eleitores abaixo de quarenta anos apoiaram o M5S em fevereiro de 2016, comparados a apenas 15% dos eleitores acima de 65 anos.[45]

Não são apenas partidos de extrema esquerda que lucram com o desencanto juvenil em relação à democracia. Em muitos países, os jovens também têm maior tendência do que os mais velhos a apoiar os populistas da extrema direita. Marine Le Pen, por exemplo, conta com jovens entre seus partidários mais fervo-

## RADICALISMO POLÍTICO ENTRE OS JOVENS

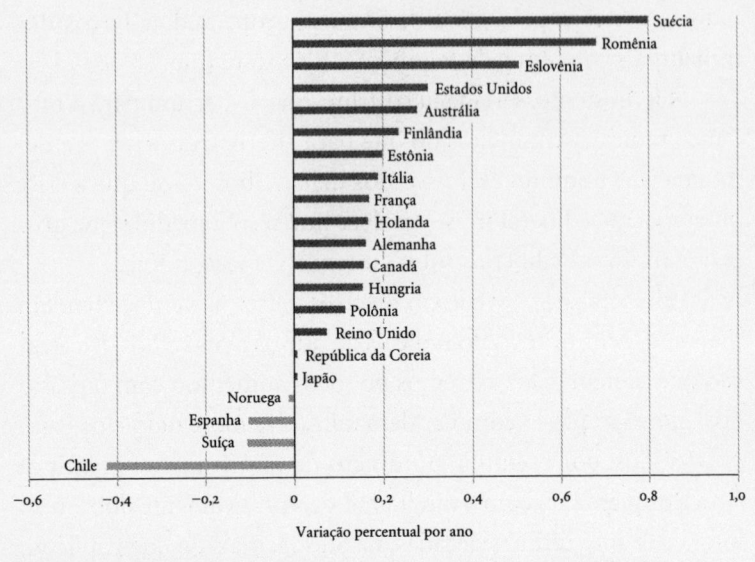

[Gráfico de barras horizontais — Variação percentual por ano, eixo de −0,6 a 1,0:

- Suécia
- Romênia
- Eslovênia
- Estados Unidos
- Austrália
- Finlândia
- Estônia
- Itália
- França
- Holanda
- Alemanha
- Canadá
- Hungria
- Polônia
- Reino Unido
- República da Coreia
- Japão
- Noruega
- Espanha
- Suíça
- Chile]

Variação percentual por ano

Variação percentual por ano entre millennials que se posicionam na extrema esquerda ou na extrema direita do espectro político.

rosos. No segundo turno da eleição presidencial de 2017, pesquisas de boca de urna sugeriram que apenas um de cada cinco eleitores mais velhos preferia Marine Le Pen; entre os mais jovens, a preferência foi de quase um para dois. (Houve também certa evidência conflitante, sugerindo que Le Pen superou sua votação geral entre os jovens por uma margem muito menor.)[46] Nisso, a França dificilmente constitui exceção. Pelo contrário, pesquisas revelaram resultados similares em países tão variados quanto a Áustria, a Suécia, a Grécia, a Finlândia e a Hungria.[47]

Mesmo no Reino Unido e nos Estados Unidos, o cenário é bem menos inequívoco do que normalmente retratado. Jeremy Corbyn, uma figura há muito vista como periférica, alçou-se à liderança do Partido Trabalhista e superou as expectativas na eleição geral de 2017 em parte devido a seu apoio fervoroso entre o eleitorado jovem.⁴⁸ Nos Estados Unidos, a juventude também é mais aberta ao apelo populista do que se pensava. E de fato, entre o eleitorado branco com menos de trinta anos, por exemplo, Donald Trump derrotou Hillary Clinton por margem de 48-43.⁴⁹

Uma possível explicação para o desencanto de tantos jovens com a democracia é que eles têm pouca noção de como seria viver num sistema político diferente. Indivíduos nascidos nas décadas de 1930 e 1940 conheceram a ameaça do fascismo quando eram crianças, ou foram criados por pessoas que o combateram ativamente. Seus anos de formação se deram durante a Guerra Fria, quando o medo do expansionismo soviético fez cair a ficha de que o comunismo era bem real. Quando alguém lhes pergunta se é importante viver numa democracia, eles têm alguma noção do que a alternativa pode significar.

Os millennials em lugares como a Grã-Bretanha ou os Estados Unidos, por outro lado, mal vivenciaram a Guerra Fria e talvez nem conheçam pessoas que tenham combatido o fascismo. Para eles, a questão da importância de viver numa democracia é bem mais abstrata. Isso não sugere que, se realmente enfrentarem uma ameaça a seu sistema, protestariam em sua defesa?

Não tenho tanta certeza. O mero fato de que jovens façam tão pouca ideia do que significaria viver em um sistema diferente os inclina a abraçar a experimentação política. Acostumados a ver e criticar as (inegáveis) injustiças e hipocrisias do sistema em que cresceram, muitos equivocadamente deixaram de valorizar seus aspectos positivos.

É tentador pensar que a relativa impopularidade de Trump entre os jovens indica que millennials abertamente críticos da democracia liberal virão em sua defesa num momento de perigo — e que a crise irá amainar quando o eleitorado mais jovem substituir o mais velho. Mas receio haver justificativa aqui para uma conclusão mais pessimista. Há uma reserva imensa de energia antissistema ainda por ser explorada. Embora o eleitorado jovem possa socorrer o sistema na próxima eleição, é igualmente provável que sua oposição ao statu quo possa ser posta a serviço de algum movimento populista ainda obscuro, insignificante ou inexistente.

## AS CONSEQUÊNCIAS PERIGOSAS DA DESCONSOLIDAÇÃO

As evidências são alarmantes: em muitos países no mundo todo, dos Estados Unidos ao Reino Unido, da Suécia à Austrália, a democracia não parece mais ser a única opção. Uma parcela crescente dos cidadãos tem visão negativa da democracia ou crê que ela não seja particularmente importante. Uma parcela menor, mas de crescimento mais acelerado, está aberta a alternativas inequivocamente autoritárias, com déspotas no poder ou ditaduras militares. Entrementes, populistas com pouco ou nenhum apreço pelas normas democráticas básicas estão conquistando imenso poder — e um desses políticos há pouco abocanhou o cargo mais poderoso do mundo.

Mas, embora não reste dúvida de que a democracia esteja se desconsolidando, ainda é difícil saber quais serão as consequências desse processo. Poderia a desconsolidação democrática ser um processo temporário, que logo despertará uma forte reação imunológica — acarretando uma década turbulenta, mas não muito além disso? Ou a desconsolidação democrática sinalizaria um perigo real para a sobrevivência de instituições políticas que antes pareciam excepcionalmente estáveis — aumentando a possibilidade de que o longo período de estabilidade democrática, que deu forma aos últimos três quartos de século, esteja próximo do fim?

Na teoria, a maneira de responder a essas questões prementes é olhar para casos passados em que democracias ricas e consolidadas começaram a rachar. O problema é que tais exemplos não existem. Até recentemente, o processo de consolidação democrática era, de fato, uma via de mão única. Há poucos casos no registro histórico para nos dar uma ideia do possível caos que resulta quando o tráfego de repente começa a fluir na contramão.

Mas, apesar de não haver precedente claro para a situação que hoje vivemos, alguns casos são mais próximos do que outros. Todo mundo achava que países como a Polônia e a Venezuela, por exemplo, estavam a caminho da consolidação democrática até que a eleição de populistas provocou um terrível estrago em seus sistemas políticos. Para descobrir se devemos nos preocupar com o fato de que a ascensão da democracia iliberal termine em ditadura, precisamos investigar se nesses países os mesmos processos precederam a deterioração de suas democracias.

Os cientistas políticos há muito tempo retratam a Polônia como o grande caso de sucesso da transição pós-comunista à democracia. Eles tinham fortes motivos para estar otimistas. Entre 1990 e 2005, o governo da Polônia trocou de mãos por meio de eleições livres e justas cinco vezes. O PIB nacional sextuplicou, ultrapassando com folga o limiar de 14 mil dólares per capita em que as democracias supostamente são consideradas estáveis. Havia outros sinais encorajadores. O país desenvolveu um grupo atipicamente ativo de instituições da sociedade civil. A vida de muitos poloneses estava bastante ligada a associações, dos clubes esportivos à Igreja católica. Surgiram ONGs para lutar por uma ampla variedade de questões sociais e políticas. Excelentes jornais monitoravam o governo, criticando livremente a má gestão política e investigando escândalos de corrupção. Escolas e universidades prosperaram.[50]

Em 2004, esse progresso assegurou à Polônia uma cobiçada vaga na União Europeia. Para ser admitido na UE, o país tem de provar que desenvolveu instituições estáveis "garantindo a democracia, a soberania da lei e os direitos humanos".[51] A Polônia atendia a esses critérios com louvor.

Não causa surpresa, assim, que muitos cientistas políticos tenham concluído que a Polônia já era "uma democracia consolidada".[52] Embora talvez fosse um exagero dizer que as instituições democráticas na Polônia estivessem tão firmemente enraizadas, ou seguras, quanto em países como o Canadá ou os Estados Unidos, a democracia liberal parecia ter chegado para ficar.

E, contudo, esse otimismo bem fundamentado se revelou prematuro.

As eleições de 2015 aconteceram num momento estranho. O governo da Plataforma Cívica, chefiado pelo primeiro-ministro Donald Tusk, podia se orgulhar de um histórico amplamente positivo: o partido conduzira o país com competência pela recessão mundial de 2008. Melhorara a relação da Polônia com os vizinhos. Fizera da primeira presidência polonesa da UE um sucesso. Em suma, o país estava se saindo muito bem.

Mas, após quase sete anos no poder, o governo começou a perder o elã. Os eleitores estavam prontos para a mudança. Assim, quando vieram a público gravações sigilosas de conversas privadas entre altos funcionários usando um linguajar grosseiro e realizando acordos econômicos escusos, a popularidade do governo despencou.[53]

Isso foi a brecha para o partido de extrema direita Lei e Justiça, que já controlara o país de 2005 a 2007 sob a liderança de Jarosław Kaczyński. Durante seu primeiro período no governo, o Lei e Justiça ficara rapidamente impopular devido a uma série de escândalos muito divulgados e às constantes desavenças entre os membros do governo. Muitos poloneses repudiavam o conservadorismo rígido do partido e sua retórica desagregadora. Mas dessa vez parecia que o Lei e Justiça moderara o discurso. Suas principais promessas eram voltar atrás em um plano de ampliação da idade de aposentadoria, cortar impostos e aumentar o auxílio-maternidade. Kaczyński, que deixara formalmente a liderança do partido mas continuava comandando dos bastidores, mal apareceu em público durante a campanha e prometeu que não exerceria nenhum papel importante no governo.[54]

O Lei e Justiça ganhou tanto a presidência como as eleições legislativas, proporcionando ao partido amplos poderes. Uma vez no comando, passou a subverter as regras básicas da democracia polonesa.

Num primeiro momento, o partido sabotou a neutralidade das instituições estatais independentes. Para controlar o Tribunal Constitucional, instância suprema do país, o governo aumentou seu número de juízes, apressando a nomeação de pessoas leais ao partido por intermédio do legislativo da noite para o dia, ao mesmo tempo que impediu três juízes nomeados pela oposição de votar. Quando o Tribunal determinou que os três tinham direito a voto, o legislativo retirou-lhe grande parte dos poderes e anulou a decisão.[55]

Em seguida, o Lei e Justiça usou dinheiro público para fazer propaganda e calar jornalistas. Embora governos poloneses anteriores também houvessem tentado influenciar a orientação política da Telewizja Polska (TVP), emissora estatal e principal rede de TV do país, a tomada de assalto por essa nova equipe foi de jaez diferente. Comentaristas que haviam aparecido com frequência nos programas da TVP por décadas sumiram das transmissões de uma hora para outra. Noticiários que podiam em um momento ou outro ter se inclinado a favor do governo da ocasião viraram difusores incessantes de propaganda descarada.[56]

Não satisfeito com o controle da mídia estatal, o governo começou a invadir redes e publicações privadas. Nos últimos anos, espoliou empresas privadas de contratos de publicidade e obrigou proprietários estrangeiros a vender grandes empresas de mídia a aliados domésticos. Como disse com orgulho um líder do Lei e Justiça, o partido pretendia "repolonizar" a mídia pública e privada do país.[57]

Em novo gesto de indiferença para com a democracia liberal, o partido Lei e Justiça passou a atacar o direito de exprimir opiniões impopulares, reclamar das políticas do governo ou simplesmente divulgá-las. Intolerante com críticas à nação polonesa, tentou revogar a medalha que um governo anterior concedera a Jan Gross, historiador de Princeton que mostrava o grau de cumplicidade polonesa nos crimes do Holocausto, e aprovou uma lei criminalizando o uso da frase "campos de extermínio poloneses".[58] Quando as manifestações contra o governo explodiram no verão de 2016, o Lei e Justiça restringiu o direito à liberdade de reunião. E quando milhares de cidadãos foram ao Parlamento para protestar, o primeiro-ministro expulsou as emissoras privadas do edifício.[59]

Investigando se a democracia liberal corria perigo na Polônia, a Comissão de Veneza — órgão consultivo do Conselho da Europa composto de acadêmicos importantes e especialistas em direito constitucional — chegou a uma conclusão atipicamente pouco diplomática: "Não é apenas a soberania da lei que corre perigo, mas também a democracia e os direitos humanos".[60] Guy Verhofstadt, que se envolvera de perto na negociação para integrar a Polônia à União Europeia, foi igualmente direto: "As medidas tomadas por Varsóvia são [...] antidemocráticas e contrárias aos princípios do Estado de direito assinados pela Polônia ao ser admitida na ue. Está claro que, se um processo de adesão fosse tentado hoje, fracassaria".[61] Jan-Werner Müller afirma com ainda mais clareza: "É difícil evitar o sentimento de que a Europa Central está vivendo 1989 às avessas. Naquele ano, as revoluções pacíficas em nome da democracia liberal se espalharam de um país comunista para outro. Hoje, presenciamos o surgimento de uma nova Internacional Autoritária".[62]

A maioria dos cientistas políticos tem quebrado a cabeça para entender como a Polônia se afastou tão rápido da democracia liberal. Por muito tempo tudo parecia bem. E, no entanto, o sistema político se deteriorou aceleradamente. O que poderia explicar uma mudança tão abrupta nos rumos do país? Ou seria isso apenas uma ocorrência bizarra — uma dessas estranhas e inesperadas reviravoltas da história que os cientistas políticos jamais sonham prever?

É tentador pensar assim. Mas, à luz de meu trabalho recente, o caso da Polônia de fato parece surpreendentemente inequívoco. Muito antes de ela começar a fraquejar, os poloneses já viam a democracia com péssimos olhos, dando sinais de uma assombrosa receptividade a alternativas autoritárias e votando em partidos que rompiam com normas democráticas fundamentais.

- Comparados a seus vizinhos, ou mesmo à média global, os poloneses desaprovam a democracia há muito tempo. Enquanto no mundo todo apenas cerca de um em cada dez entrevistados afirma que a democracia é um modo ruim ou muito ruim de governar o país, cerca de um em cada seis poloneses há muito tempo pensa desse modo. (Entre millennials americanos, cerca de um em cada quatro partilha dessa opinião desanimadora, segundo as pesquisas.)
- Muito antes que o atual governo assumisse, os poloneses

costumavam ser atipicamente abertos a alternativas autoritárias. Enquanto menos de um em dez cidadãos da União Europeia acreditava que um governo militar era um bom sistema de governo, no início da década de 2010 mais de um em cada cinco poloneses pensava o mesmo. (Entre millennials americanos, a proporção também é elevada.)[63]

- Por fim, partidos populistas poderosos há muito tempo sabotam as normas democráticas fundamentais. O Lei e Justiça aglutinou uma massa de seguidores, apesar de sua tendência (ou talvez justamente por isso) a difundir teorias da conspiração, alimentar o medo de governos estrangeiros e repudiar os partidos no poder como traidores da nação polonesa. Nisso, ele não estava sozinho. Andrzej Lepper, falecido líder do Samoobrona, um partido ruralista, aspirava a ser "um ditador de verdade", não raro se valendo de retórica antissemita e fazendo advertências sombrias sobre tramas clandestinas para derrubar o governo polonês. Enquanto isso, a Liga das Famílias Polonesas, um partido ultraconservador, advertia que a União Europeia era um agente comunista, empenhado em subverter o catolicismo do país.[64]

Em suma, todos os principais sinais de alerta que hoje piscam em boa parte da América do Norte e da Europa Ocidental estavam presentes na Polônia muito antes que o governo do partido Lei e Justiça iniciasse seu ataque coordenado às instituições democráticas. Se os cientistas políticos tivessem prestado mais atenção aos sinais da desconsolidação democrática — sinais que hoje reluzem com a mesma intensidade na América do Norte e na Europa Ocidental —, os preocupantes acontecimentos na Polônia não deveriam causar tamanha surpresa.

Os prenúncios da derrocada da democracia estavam ali para quem quisesse ver. Mas os cientistas políticos não se deram ao trabalho de olhar.

Defensores bem-intencionados da democracia liberal acreditam haver uma legitimidade inerente ao sistema político que abraçaram.

Seu elemento democrático, afirmam, assegura a igualdade dos cidadãos. Em uma monarquia, o rei se eleva acima dos súditos pelo acaso de sua origem nobre. Numa democracia, pelo contrário, todo cidadão tem direito ao voto, independentemente da cor da pele ou da posição social de seus ancestrais.

Seu elemento liberal, enquanto isso, garante a liberdade dos cidadãos. Em um regime totalitário, o governo pode controlar a vida de seus súditos nos mínimos detalhes e puni-los ao seu bel-prazer. Num sistema liberal, pelo contrário, o braço da lei é contido e os cidadãos estão protegidos contra interferências arbitrárias em suas vidas.

A genialidade peculiar da democracia liberal é que ela é capaz de observar os dois valores ao mesmo tempo.

Essa explicação sobre a legitimidade da democracia é um pouco leviana. Enquanto o dinheiro puder comprar poder com facilidade, é compreensível que muitos cidadãos sintam que a igualdade política continua sendo uma promessa vã. E, enquanto a necessidade econômica restringir radicalmente o tipo de escolhas que podem fazer, muitos cidadãos sintam que a liberdade que lhes foi prometida não se materializou. Para ficar à altura das afirmações mais exaltadas de seus partidários, a democracia liberal precisa estar entranhada em um contexto mais amplo de justiça socioeconômica — e fazer os cidadãos sentirem que de fato têm poder. E, contudo, parece-me que esse retrato grosseiro do que torna nosso sistema político especial está mais certo do que errado: entre os cidadãos profundamente comprometidos com a liberdade e a igualdade, o fascínio pela democracia liberal permanece insuperável.

Mas embora eu esteja convencido de que a democracia liberal é mais legítima do que outras formas de governo, não acredito que isso explique também o amplo apoio de que sempre gozou.

Pessoas que acreditam na legitimidade singular da democracia liberal tendem a presumir que esse aspecto foi o principal motivo de seu sucesso: ao assegurar que todo cidadão possa participar com dignidade da esfera pública e ao mesmo tempo continuar livre para desfrutar de sua vida privada, apenas a democracia liberal, assim se diz, consegue cumprir algumas das aspirações humanas mais profundas e universais. É por isso que ela gradualmente conquistou o mundo — e irá, assim se espera, dominar o futuro.

As evidências parecem sugerir, no entanto, que os cidadãos passaram a demonstrar lealdade por seu sistema político porque ele zelava pela paz e mantinha seus bolsos cheios, não por terem um comprometimento profundo com seus princípios mais fundamentais. A democracia liberal, conforme esse medo sugere, só tem sido tão dominante porque trouxe ótimos resultados.

Se isso for verdade, o apego popular à democracia liberal pode na verdade ser mais superficial e frágil do que seus mais bem-intencionados defensores tendem a acreditar. E isso ajudaria muito a explicar os atuais reveses que a democracia liberal enfrenta. Conforme se mostram menos aptas a atender às necessidades de seus cidadãos, as democracias liberais conhecem uma profunda "crise de desempenho". Os movimentos populistas em crescimento no mundo todo atualmente exploram essa crise para desmantelar elementos cruciais do sistema.

Há poucos precedentes históricos para nos dizer o que acontece com as instituições de uma democracia supostamente consolidada quando ela para de entregar o que promete ao cidadão. Pode ser que permaneçam estáveis mesmo com a estagnação da economia e o declínio de seu poder. Para evitar surpresas desagradáveis, temos de encarar a possibilidade de que talvez não o consigam — e investigar, antes de mais nada, por que o cidadão está tão desiludido com o desempenho da democracia liberal.

**PARTE DOIS**

**ORIGENS**

Observando a temperatura de ebulição da água em Nova York, anoto 100ºC em meu caderno. Se fizer outra medição em Boston, Miami, Seattle ou San Diego, continuarei a obter o mesmo resultado. Posso prosseguir infinitamente, mas vou apenas confirmar o que qualquer livro didático me diria: a água ferve a 100ºC.

Mas as coisas não são tão simples quanto parecem: pois se eu repetisse o experimento no topo do Mont Blanc, nos Alpes, a água ferveria a 85ºC. E se subisse com minha chaleira ao pico do Everest, a ebulição ocorreria antes, a cerca de 70ºC.[1]

Em outras palavras, a relação fixa entre temperatura e ponto de fervura da água é válida desde que a altitude onde faço o experimento — e, com isso, a pressão do ar em torno — não mude. Se realizar meu experimento apenas em cidades litorâneas, nunca perceberei que o resultado obtido depende de condições que desconheço. Alterado o contexto, a ligação entre causa e efeito também se altera.

Tudo isso é relevante se quisermos pensar seriamente no destino reservado à democracia. Desde o fim da Segunda Guerra

Mundial, as democracias têm se revelado incrivelmente estáveis em muitas partes do mundo. Caímos na armadilha de presumir que estivessem aqui para ficar. Mas hoje há um bom motivo para recear que o mundo tal como o conhecemos possa ser tão subordinado a determinadas condições quanto o ponto de ebulição da água (ou quanto a intenção do fazendeiro de alimentar as galinhas de Bertrand Russell).[2]

Se quisermos propor uma hipótese bem fundamentada sobre o futuro da democracia, temos de entender o que os cientistas políticos querem dizer com "condições de escopo":[3] teria a estabilidade pregressa da democracia sido ocasionada por condições que deixaram de existir? Nesse caso, como a deterioração dessas condições pode explicar o que tem acontecido nas últimas décadas — e nos ajudar a compreender como conseguiremos escapar do destino sangrento que aparentemente nos aguarda?

A meu ver, há pelo menos três condições de escopo:

- Primeiro, o predomínio dos meios de comunicação de massa limitava a distribuição de ideias extremistas, criava um conjunto de fatos e valores compartilhados e dificultava a disseminação de notícias falsas. Mas o surgimento da internet e das mídias sociais enfraqueceu os difusores tradicionais da informação, empoderando movimentos e políticos outrora à margem.
- Segundo, ao longo de todo o período de estabilidade democrática, a maioria dos cidadãos experimentou rápida melhoria no padrão de vida e alimentou grandes esperanças de um futuro ainda melhor. Em muitos lugares, as pessoas hoje sentem que pararam de progredir e temem sofrer dificuldades ainda piores no futuro.
- E, terceiro, quase todas as democracias estáveis foram fundadas ou como nações monoétnicas ou permitiram o

domínio de um grupo étnico. Hoje essa predominância enfrenta cada vez mais desafios.

Os capítulos seguintes são dedicados a explicar em detalhe cada uma dessas causas. Mas, embora seja importante investigar as grandes mudanças provavelmente relacionadas com a estabilidade da democracia, também precisamos evitar quatro equívocos comuns, presentes na maior parte do debate jornalístico recente — e acadêmico — sobre a ascensão do populismo.

Muitos analistas dão testemunho de seu contexto local, focando em fatores válidos apenas em seus países. Mas, como a ascensão do populismo é um fenômeno global, devemos procurar causas comuns à maioria dos países onde o populismo se espalhou nos últimos anos.

Muitos analistas supõem que eventos recentes explicam as rebeliões populistas, invocando a Grande Recessão como fonte de nossos males. Mas, como a ascensão do populismo teve início bem antes de 2008, devemos concentrar nossas explicações nas tendências de longo prazo.

Muitos analistas supõem que diferentes causas rivalizam entre si, discutindo com particular ferocidade se a crise política enfrentada hoje se explica por fatores econômicos *ou* culturais. Mas, como as apreensões econômicas e culturais se reforçam mutuamente, devemos evitar explicações "monocausais".

Por fim, muitos analistas supõem que os motores estruturais do sucesso populista se manifestariam de forma direta e óbvia — de modo que os pobres apoiariam populistas em maior número se as explanações econômicas desempenhassem um papel, assim como os moradores de áreas com concentração de imigrantes apoiariam populistas em maior número se os fatores culturais desempenhassem um papel. Mas, como as pessoas são movidas em igual medida pelo destino alheio e pelo próprio, e passam tanto tempo refletindo sobre seus medos do futuro quanto sobre suas circunstâncias presentes, precisamos considerar também formas mais sutis e indiretas pelas quais a apreensão econômica e a animosidade racial eventualmente se manifestam em nossa política.

# 4. As mídias sociais

Até o fim da Idade Média, era proibitivamente caro e trabalhoso difundir informação a muita gente. Para reproduzir um texto longo, um copista profissional ou um monge precisaria transcrever cada palavra do manuscrito original. Para fazer outra cópia, teria de começar tudo de novo.

Consequentemente, a informação escrita só era acessível a uma elite muito seleta. Compartilhar um texto com cinquenta ou cem pessoas era uma tarefa e tanto. Compartilhar um texto com milhares estava reservado exclusivamente aos reis ou ao alto clero. As limitações tecnológicas à disseminação da palavra escrita assim ajudaram a impor a ortodoxia política e religiosa: com a difusão de ideias nas mãos de religiosos e potentados, era comparativamente fácil debelar a dissensão política e a heresia religiosa.

Isso ajuda a explicar a enorme importância da invenção da prensa móvel. Quando Johannes Gutenberg descobriu um modo de criar para cada página uma matriz que pudesse ser copiada inúmeras vezes a um custo muito menor e a uma velocidade inacreditável, ele mudou de forma radical as condições estruturais

da comunicação. Em pouco tempo, a comunicação "um-para-
-muitos" estava ao alcance de um número significativo de pessoas
pela primeira vez na história da humanidade: tendo acesso à tecnologia e ao capital, um indivíduo podia agora transmitir suas
ideias a milhares de outros, simultaneamente.[1]

Os contemporâneos de Gutenberg não tardaram a perceber
as implicações revolucionárias da prensa móvel — e muitos deles
se encheram de esperança com as possíveis maravilhas que traria.
A comunicação facilitada difundiria ideias, aumentaria o conhecimento e promoveria o crescimento econômico.

Algumas dessas esperanças se confirmaram. As teses de Martinho Lutero, por exemplo, foram impressas cerca de 250 mil vezes no intervalo de poucos anos; é difícil imaginar que Lutero
exerceria um impacto tão transformador no mundo caso seus
seguidores não tivessem acesso à tecnologia de impressão. Sem a
menor dúvida, a prensa móvel desempenhou um papel fundamental no renascimento de ideias — e na rápida disseminação da
alfabetização — que se testemunhou nos séculos XVI e XVII.[2]

Mas, ainda que a prensa móvel seja justamente celebrada como uma das invenções mais transformadoras na história da humanidade, ela também fez centenas de milhares de vítimas. As
novas ideias religiosas se espalhavam pelo continente, e as discórdias religiosas iam a reboque. E, conforme vozes dissidentes ganhavam a capacidade de se comunicar com possíveis seguidores,
ganhavam também a capacidade de instigar revoltas políticas
violentas. Em suma, a prensa espalhou tanto a morte quanto a
alfabetização, e a instabilidade e o caos com a emancipação.

Nos últimos anos, diversos jornalistas e escritores compara-
ram a invenção da tecnologia digital — e sobretudo das mídias
sociais — à invenção da prensa tipográfica. Nas palavras de Clay

Shirky, "antes, a gente precisava ser dono de uma torre de rádio ou televisão ou de uma gráfica. Hoje, só precisamos ter acesso a um café com internet ou a uma biblioteca pública para divulgar o que pensamos".[3] Heather Brooke constatou a mesma coisa de forma ainda mais concisa: "Nossa prensa", escreveu, "é a internet. Nossos cafés são as redes sociais".[4]

É fácil rejeitar logo de cara essas afirmações grandiosas. Geração após geração, assim dizem seus críticos, pensadores importantes foram vítimas de "cronocentrismo", ou a convicção equivocada de que seu próprio momento no tempo é de algum modo central para a história da humanidade.[5] Será que a ideia muito aceita de que invenções recentes como Twitter ou Facebook representam uma mudança fundamental na história da humanidade não sofre do mesmo viés cognitivo?

Precaver-se contra o cronocentrismo é importante. Mas também é difícil negar que existem alguns paralelos legítimos entre a invenção da tecnologia digital e a invenção da prensa: como a prensa, a chegada da internet e das mídias sociais transformou fundamentalmente as condições estruturais da comunicação.

Nos quinhentos anos desde a invenção da prensa móvel, o custo e a velocidade da comunicação um-para-muitos caiu significativamente, quando seu conteúdo e alcance geográfico se expandiram de maneira radical. Em 1992, era possível mandar o som e as imagens de um evento para bilhões de telespectadores no mundo todo num instante.

Mas em dois aspectos o mundo da CNN ainda parecia o mundo de Martinho Lutero: havia um número limitado de veículos centralizados — redes de TV e estações de rádio, jornais e editoras — e grande quantidade de receptores. E os custos eram suficientemente significativos para impedir que a maior parte dos cidadãos se transformasse em veículo numa escala significativa; para virar um formador de opiniões, era preciso gastar muito dinheiro ou convencer os donos dos meios de distribuição a apresentá-lo em suas plataformas.

No quarto de século transcorrido desde 1992, ambas as condições desapareceram.

No começo, a web possibilitou que a maioria dos cidadãos dos países desenvolvidos transmitisse suas opiniões para o mundo inteiro: após a pessoa criar um site de baixo custo, seu conteúdo estava disponível para qualquer um com acesso à internet. A promessa inerente da comunicação um-para-muitos finalmente fora democratizada, mais de quinhentos anos depois.

Essa diferença de grau logo acarretou uma diferença de tipo. Embora os sites fossem acessíveis para qualquer pessoa conectada à rede, ainda compartilhavam importantes propriedades com plataformas de distribuição mais antigas. Na teoria, fulanodetal.com era tão fácil de acessar quanto nytimes.com; na prática, era muito difícil para Fulano de Tal fazer com que possíveis leitores no mundo todo chegassem ao seu site.

As mídias sociais atenuaram essa última limitação. No Facebook e no Twitter, o post criado por qualquer usuário pode ser rapidamente retransmitido por alguém com quem esse usuário está conectado. Se o conteúdo criado for suficientemente novo ou interessante, até mesmo alguém com poucos contatos é capaz de alcançar um público amplo em questão de minutos.

Ao criar uma rede de usuários difusa na qual todo mundo se comunica entre si, as mídias sociais alteraram a dinâmica de distribuição. Há um motivo para "meme" ou "viral" serem termos novos em nosso vocabulário cotidiano: eles só poderiam assumir a importância que têm hoje num mundo em que qualquer um consegue capturar a imaginação de um punhado de pessoas semelhantes, que então compartilham o que pensam com o público mais global.

Outro modo de argumentar seria dizer que, graças ao surgimento das mídias sociais, a comunicação um-para-muitos hoje passou a ser "comunicação muitos-para-muitos".⁶ E talvez a característica mais significativa da comunicação muitos-para-muitos seja que os maiores atores nesse jogo perderam grande parte de sua capacidade de controlar a disseminação de ideias ou mensagens que repercutem entre pessoas comuns.

Há 25 anos, as emissoras tradicionais podiam interromper a divulgação de vídeos que possivelmente seriam do interesse de milhões de pessoas — das estrepolias divertidas de um gato doméstico às decapitações brutais perpetradas por grupos terroristas — negando-se a levá-los ao ar. Hoje, as emissoras tradicionais ainda podem se recusar a transmitir determinado conteúdo, e às vezes o fazem. Mas sua função como difusores da informação praticamente evaporou: se o conteúdo viralizar o bastante, ele tende a se espalhar pelas redes sociais, tenham as emissoras tradicionais decidido transmiti-lo ou não.⁷

Tudo isso sugere que a invenção da tecnologia de comunicação digital realmente terá um efeito político grande. Mas a perda de influência dos difusores tradicionais de informação irá empoderar as pessoas comuns e impulsionar a democracia — ou já causou estrago ao dar aos populistas a plataforma de que precisavam para envenenar nossa política?

A ASCENSÃO DOS TECNO-OTIMISTAS

Há bem poucos anos, a maioria dos observadores estava muito otimista. Numa das primeiras análises do que chamou com sutileza de "Tecnologia da Libertação", por exemplo, Larry Diamond defendeu que as novas ferramentas digitais empoderam "os cidadãos para que transmitam notícias, denunciem delitos, exprimam opiniões, mobilizem protestos, monitorem eleições, vigiem o governo, aumentem a participação e expandam os horizontes da liberdade".[8] Na Malásia, mostrou ele, as ferramentas digitais haviam permitido a ativistas democráticos publicar matérias criticando o regime autoritário. Em países que vão do Usbequistão às Filipinas, da Venezuela à Nigéria, elas possibilitaram que o cidadão comum levasse o governo a prestar contas ao circular relatos diários dos abusos. Mesmo na China, onde o Partido Comunista instituíra uma "Grande Muralha" cibernética, os usuários driblavam com criatividade a pesada censura do regime: "Há simplesmente comunicação e redes demais para o Estado tudo monitorar e censurar",[9] observou Diamond.

O artigo de Diamond foi publicado no verão de 2010. Em um ano, suas previsões mais otimistas pareceram se concretizar. Multidões foram às ruas na Tunísia, no Egito, na Líbia e, finalmente, na Síria. Em todos esses países, os manifestantes haviam utilizado as mídias sociais para criticar o governo, denunciar as tentativas de repressão e coordenar hora e local dos protestos. O Twitter, escreveu Andrew Sullivan na *Atlantic*, se revelara uma "ferramenta crucial para a organização".[10] Nos conflitos do século XXI, afirmou igualmente Nicholas Kristof no *New York Times*, "os capangas do governo disparando balas" cada vez mais enfrentariam a resistência de "jovens manifestantes disparando tuítes".[11]

Os efeitos positivos da tecnologia digital também foram cada vez mais sentidos no país. Como afirmou Clay Shirky em *Lá vem todo mundo: O poder de organizar sem organizações*, mesmo em países como os Estados Unidos, a capacidade da comunicação muitos-para-muitos facilitou demais a coordenação dos ativistas.[12] Na esteira da crise financeira, essa facilidade pareceu se manifestar em infinitas maneiras. À direita, o Tea Party se inspirou num ataque virulento veiculado pela CNBC e fez amplo uso de ferramentas on-line, do meetup.org à mala-direta de e-mails. À esquerda, o Occupy Wall Street e o Black Lives Matter recorreram fartamente às mídias sociais para criar e coordenar uma rede informal de ativistas por todo o país. De ambos os lados do espectro político, um público reenergizado pareceu dar testemunho do potencial democratizante das mídias sociais.[13]

O potencial das mídias sociais para aprofundar e difundir a democracia parecia inquestionável — e seus defensores começaram a fazer alegações ainda mais ambiciosas sobre ele. Captando o senso comum de sua época com vivacidade característica, Thomas Friedman escreveu em maio de 2014 que o "pessoal das praças" mudaria a política mundial para melhor:

> Conforme a revolução da TI e a globalização são democratizadas e difundidas — conforme passamos de laptops para elites a celulares para todo mundo, de redes para uns poucos sortudos em Davos ao Facebook para todo mundo, de apenas os ricos terem voz nos corredores do poder a todo mundo sendo capaz de retrucar a seus líderes no Twitter —, surge uma nova força política global.
>
> São, na maioria, jovens, aspirando a um padrão de vida mais elevado e a mais liberdade, desejando a reforma ou a revolução (dependendo do governo do momento), conectados entre si mediante manifestações nas praças públicas ou nas praças virtuais, ou nas duas, e unidos menos por um programa comum do que por compartilhar os rumos que esperam que suas sociedades sigam.[14]

A VINGANÇA DOS TECNOPESSIMISTAS

Em 2014 ou 2015, o senso comum sobre as mídias sociais era predominantemente positivo. Desde então, essa percepção virou de cabeça para baixo.

Houve advertências desde o início, claro. Em "Tecnologia da Libertação", Diamond fez questão de salientar que as novas ferramentas digitais podiam ser utilizadas para o bem ou para o mal: "Assim como o rádio e a televisão podiam ser veículos de pluralismo e de um debate racional da informação, podiam igualmente ser comandados por regimes totalitários para a mobilização do fanatismo e o controle total do Estado", especulou.[15]

Nos anos seguintes, céticos que vão de Evgeny Morozov a Cass Sunstein examinaram a crítica de Diamond mais a fundo. Os grandes entusiastas do Twitter e do Facebook, afirmou Morozov, acreditavam que essas novas tecnologias dariam outro feitio ao contexto local, conectando velhos inimigos e vencendo ódios arraigados. Mas, na verdade, o inverso estaria mais próximo da realidade: diferentes contextos locais dariam nova forma ao uso de ferramentas como o Facebook, fazendo delas instrumento de emancipação em alguns contextos e fortalecendo o governo autocrático — e incitando o ódio racial — em outros.[16]

As forças centrífugas desencadeadas pela internet também ocupavam os pensamentos de Sunstein: como as mídias sociais permitiam às pessoas fazer a curadoria de suas próprias fontes de informação, sugeriu, elas ensejariam o surgimento de "câmaras de eco" em que os usuários se cercariam de outros com orientação política similar. Paradoxalmente, a facilidade cada vez maior de comunicação com qualquer pessoa no mundo pode desse modo levar a muito menos comunicação de parte a parte nas discórdias sociopolíticas mais pronunciadas.[17]

Quando comecei a ministrar um curso chamado "Democracia na era digital" na Universidade Harvard, na primavera de 2013, a maioria dos alunos achou essas advertências interessantes — mas também um pouco obscuras. No geral, continuavam abraçando uma visão otimista das mídias sociais e considerando de suma importância seu potencial libertador.

Daí veio Donald Trump.

Durante toda a improvável campanha de Trump, ficou estampado o papel decisivo das mídias sociais em contornar os difusores tradicionais da política americana. Numa época anterior, as redes de TV provavelmente teriam se recusado a levar ao ar suas mentiras descaradas ou as diatribes contra imigrantes, minorias religiosas e adversários políticos. Mas, graças ao Twitter, Donald Trump não precisava da infraestrutura dos veículos de mídia tradicionais. Em vez disso, podia tuitar mensagens diretamente para seus milhões de seguidores. Quando o fazia, as emissoras convencionais enfrentavam uma escolha amarga: ignorar o principal assunto da conversa e cair na irrelevância — ou discutir cada tuíte à exaustão, desse modo amplificando ainda mais a mensagem de Trump, conforme a dissecavam sob os olhos do público. Não surpreende que tenham se decidido pelo segundo curso de ação.[18]

O perfil de Trump no Twitter virou uma poderosa arma em suas mãos. Mas ela foi potencializada por uma rede difusa de soldados, uns agindo por ideologia, outros por motivos fundamentalmente financeiros. O mais proeminente deles foi o Breitbart, um veículo noticioso cujo rápido crescimento mostrou em que medida a comunicação de massa fora democratizada na era digital. Alguns anos depois de lançado, o site podia rivalizar com as tradicionais organizações de mídia em tamanho e influência. E, como não se sentia na obrigação de respeitar os limites impostos a elas, repetidamente publicava matérias que chamavam a atenção muito mais por seu caráter incendiário do que por serem verídicas.[19]

O Breitbart, por sua vez, nada mais era que a culminância de uma profusão de sites menores que espalhavam mentiras e boatos com ainda maior desfaçatez. Muitas histórias inventadas e difundidas em portais como Vdare, InfoWars e American Renaissance eram tão forçadas ou escabrosas que ficava difícil entender como alguém podia acreditar nelas. "Papa Francisco choca o mundo e declara apoio à candidatura de Donald Trump à presidência", alardeava certa manchete.[20] "Bomba: revelamos rede satanista de Hillary Clinton", anunciava outra.[21]

Mas uma parcela significativa da população acreditava. Segundo pesquisa realizada em agosto de 2016, 42% dos eleitores registrados passara a acreditar que Hillary Clinton era "do mal".[22] Em uma pesquisa ainda mais surpreendente feita na Carolina do Norte, dias após Trump ter se referido a Clinton como o "demônio", 41% de seus apoiadores afirmaram acreditar que isso era "literalmente verdade".[23]

Se ideias tão obscuras ganharam tamanha credibilidade, é porque as novas possibilidades da comunicação muitos-para-muitos estavam cruzando caminho com o surgimento de câmaras de eco cada vez mais estreitas. Em algumas esquinas da internet — isto é, nos feeds do Facebook e nas timelines do Twitter de parcela significativa da população americana —, nenhuma maledicência contra Hillary Clinton parecia tão absurda que não pudesse ser verdade.

Graças em boa parte à difamação constante contra sua adversária, Donald Trump obteve uma vitória apertada. Nos meses subsequentes, o senso comum virou a casaca. Se as mídias sociais haviam sido retratadas como a salvação da pátria alguns anos antes, agora só podiam ser o anjo da morte. Transformando precipitadas afirmações sobre o potencial libertador da nova tecnologia em precipitados prognósticos de um juízo final, as mídias sociais agora eram declaradas o inimigo mais perigoso da democracia liberal. "Está na hora", escreveu Farhad Manjoo, no *New York Times*, alguns dias após a eleição,

> de começar a reconhecer que as redes sociais estão na verdade se tornando as forças de sublevação que seus entusiastas há muito prometeram que seriam — e de ficarmos apreensivos, mais do que

extasiados, com as gigantescas mudanças sociais que podem desencadear. [...] De certa forma, vivemos hoje numa espécie de versão bizarra da utopia que algumas pessoas do universo da tecnologia um dia imaginaram que seria trazida pelas mídias sociais.[24]

## DIMINUINDO O ABISMO

Manjoo tem razão: o potencial negativo das mídias sociais é uma realidade concreta. Entretanto, é demasiado simplista dizer que as mídias sociais são "forças de sublevação" que resultarão fatalmente numa terrível distopia.

A verdade sobre as mídias sociais, a meu ver, não é que necessariamente sejam boas ou más para a democracia liberal. Tampouco que promovem ou minam a tolerância. Pelo contrário: diria que elas diminuem o abismo tecnológico entre os insiders e os outsiders políticos.

Até algumas décadas atrás, os governos e as grandes empresas de mídia desfrutavam de um oligopólio sobre os meios de comunicação de massa. Consequentemente, podiam estabelecer os padrões do discurso político aceitável. Numa democracia que funciona bem, isso pode significar a recusa em publicar conteúdo racista, teorias da conspiração ou mentiras deslavadas — desse modo estabilizando a democracia liberal. Em uma autocracia, isso pode significar a censura às críticas contra o ditador — desse modo defendendo-se da democracia liberal.

Com o surgimento das mídias sociais, essa vantagem tecnológica praticamente evaporou. Daí a oposição democrática nos países autoritários hoje ter mais ferramentas para derrubar um ditador plantado no poder. Mas por conta disso também os mercadores do ódio e da mendacidade encontram muito mais facilidade para solapar as democracias liberais.

Os mecanismos que movem a transformação estão explicitados em um estudo tão magnífico quanto deprimente sobre o crescimento da tecnologia digital: anos atrás, Jan Pierskalla e Florian Hollenbach examinaram o efeito que a introdução da telefonia celular causara em regiões africanas remotas onde a comunicação antes era extremamente difícil.

Economistas teriam esperado que os resultados fossem positivos: à medida que a comunicação se difundisse, as pessoas seriam capazes de obter informações médicas melhores. Seria mais fácil transportar produtos para regiões isoladas, desesperadamente carentes. A conexão mais fácil com o centro metropolitano talvez pudesse até aperfeiçoar o acesso à educação e melhorar os índices de alfabetização. Alguns desses efeitos positivos de fato se concretizaram. Mas, como Pierskalla e Hollenbach mostram, houve também um efeito negativo: em áreas onde a cobertura de celular foi introduzida, os níveis de violência política dispararam.[25]

Antes da chegada do celular, mostram Pierskalla e Hollenbach, as forças do governo detinham uma enorme vantagem tecnológica sobre os grupos rebeldes. Devido a seu acesso a aparelhos como o telefone comum e o rádio militar, eles podiam enfrentar dois desafios que para os insurgentes eram praticamente insuperáveis. Primeiro, havia o assim chamado problema da ação coletiva: até soldados do governo estacionados longe do quartel-general têm um incentivo para fugir do trabalho — mas seus comandantes possuíam um meio de averiguar suas atividades diárias, dando-lhes ordens diretas regularmente, e desse modo diminuindo o contingente de ociosos. Segundo, havia o problema da coordenação: ao travar uma batalha, é crucial para os soldados saber o que as demais tropas estão fazendo e serem capazes de compartilhar a localização de grupos inimigos em tempo real. Usando rádios militares, as forças do governo conseguiam fazer isso e incrementar sua agilidade tática.

Por sua vez, os grupos rebeldes não tinham acesso a dispositivos equivalentes e não raro se deparavam com problemas graves: soldados de infantaria, de olho no soldo pago pelos líderes rebeldes, mas com medo de arriscar a vida, fugiam do dever. Para piorar as coisas, na hora da batalha sofriam pesadas baixas, porque eram incapazes de agir em coordenação com seus companheiros. Assim, a maioria dos confrontos entre forças do governo e grupos rebeldes era desigual, ajudando a minar a rebelião e a reduzir a incidência geral de conflitos armados.

A introdução do celular mudou tudo de figura. Os líderes rebeldes usaram a nova tecnologia para dar ordens a seus subordinados regularmente e para coordenar suas ações durante as batalhas. De uma hora para outra, grupos rebeldes passaram a rivalizar com as tropas do governo em espírito de combate e agilidade tática. Com muitos conflitos agora equiparados, eles demoravam bem mais e se revelavam consideravelmente mais mortíferos.[26]

O verdadeiro motivo para o celular ter aumentado a incidência da violência em regiões africanas remotas, assim, não é que a tecnologia digital de algum modo ajuda mais os extremistas do que os moderados, ou mais o mal do que o bem. O problema, na verdade, é mais prosaico: ao diminuir o abismo entre os insiders e outsiders políticos, ela ajudou mais os rebeldes do que o statu quo, e mais as forças da instabilidade do que as forças da ordem.

Celulares capazes de fazer ligações e enviar mensagens de texto não se comparam a smartphones capazes de divulgar mensagens para milhões via Twitter ou Facebook. E regiões africanas remotas com capacidade estatal baixa não se comparam a democracias desenvolvidas onde as autoridades permanecem firmes no controle. E, no entanto, o estudo de Pierskalla e Hollenbach pode nos ajudar a compreender os mecanismos que permitiram à tecnologia digital remodelar a política em democracias como os

Estados Unidos ou a França: até bem recentemente, para ingressar na política a pessoa precisava ter acesso a vastos recursos e às organizações existentes para superar problemas de coordenação e ação coletiva cruciais. Hoje ela dispõe das ferramentas necessárias para alcançar potenciais colaboradores, motivá-los a serem ativos politicamente e coordenar suas ações. A vantagem tecnológica da elite política diminuiu de forma drástica em Michigan e Dakota do Sul, assim como no Quênia e na Nigéria.

Dessa perspectiva, podemos compreender tanto o Movimento Verde iraniano como o uso das mídias sociais pelo Estado Islâmico, tanto a Primavera Árabe como a eleição de Donald Trump. O que muitos observadores tomaram por um paradoxo — que as mídias sociais pudessem ter efeitos tão positivos em alguns contextos e efeitos tão negativos em outros — é resultado da mesma dinâmica subjacente: ao empoderar os outsiders, a tecnologia digital desestabiliza as elites governantes no mundo inteiro e acelera o ritmo da mudança. Os efeitos provavelmente permanecerão conosco por um longo tempo.

Pouco mais de uma década após a invenção da prensa móvel, a nova tecnologia ainda não fora além da cidade de Mainz. Apenas uma porção minúscula da população mundial segurara um livro impresso na mão. A maioria das coisas continuava intocada pela revolução iminente na comunicação e na política.[27]

Por outro lado, pouco mais de uma década após a invenção do Facebook, a nova tecnologia se espalhou pelos quatro cantos do mundo. Cerca de 2 bilhões de pessoas utilizam ativamente a plataforma. A revolução resultante nas comunicações já é um traço crucial da nossa realidade.[28]

Ainda é cedo demais para dizer, com o benefício de dezenas ou centenas de anos de visão retrospectiva, se isso acabará mudando o mundo para melhor ou para pior. Mas resta pouca dúvida de que, no curto prazo — ou seja, pelo resto de nossas vidas —, vai contribuir para um mundo mais caótico.

Em anos recentes, foram os populistas que exploraram melhor a nova tecnologia para solapar os elementos básicos da democracia liberal. Desimpedidos das coibições do antigo sistema midiático, eles estão preparados para fazer tudo que for necessário para serem eleitos — mentir, confundir e incitar o ódio contra os demais cidadãos.

Talvez sua retórica se revele irresistível. Como aquele legislador estadual comentou comigo, é difícil para um político racional vencer o debate com uma resposta aprofundada quando seu rival oferece uma explicação muito rasa, ainda mais quando ele é capaz de espalhar sua visão simplista por meio do Twitter e do Facebook.

Mas, assim como os ativistas pró-democracia que usaram as mídias sociais para derrubar ditadores subestimaram como seria difícil consolidar sua vitória, os populistas em ascensão talvez ainda venham a considerar o futuro tecnológico mais desafiador do que esperavam. "O vencedor no momento, seja quem for", escreveu George Orwell, "sempre vai parecer invencível."[29] Mas, depois que os populistas chegam ao poder e passam a quebrar as inúmeras promessas que fizeram, podem ser bruscamente lembrados do potencial das mídias sociais para empoderar os novos outsiders contra seu governo.

# 5. Estagnação econômica

Economicamente falando, os últimos trezentos anos são uma aberração.

Durante a maior parte da história, o crescimento econômico foi quase inexistente. Nos milhares de anos transcorridos entre a fundação de Atenas e a invenção da máquina a vapor, o crescimento anual médio permaneceu num modesto 0,1%. E grande parte dele se deveu ao aumento da população mundial, não dos padrões de vida da família média.[1]

Como o crescimento era muito lento, o progresso econômico raramente ocorria na escala de uma vida individual. Sempre houve períodos de fartura e períodos de escassez; com efeito, a maioria dos nossos ancestrais terão sentido o efeito das cheias ou secas em sua dieta em algum momento da vida. E é claro que sempre houve esse raro indivíduo que, contra todas as probabilidades, conseguiu transcender sua posição social, obtendo acesso a riquezas que nunca poderia ter imaginado em sua infância. Mas, para a maioria dos humanos ao longo da história, a economia foi em essência uma coisa estagnada na maior parte do tempo: embora suas chances pudessem mudar com o passar das estações, esperavam morrer quase tão ricos ou (muito mais provável) quase tão pobres quanto no dia em que vieram ao mundo.

Só no século XVIII o crescimento econômico de fato passou a ser uma realidade para inúmeras pessoas.

Se uma economia crescer 0,1% durante cinquenta anos, crescerá (devido aos juros compostos) cumulativamente cerca de 5,1%. Se crescer 1% ao ano, crescerá 64% no período de cinquenta anos. Se crescer 2,5%, crescerá 344%. Assim, quando a economia de países como a Inglaterra começou a crescer cerca de 1% ao ano no século XVIII e acelerou seu crescimento para cerca de 2,5% ao ano durante a maior parte do século XIX, isso consistiu em taxas cumulativas de uma ordem de magnitude superior a tudo que havia sido registrado na história da humanidade.[2] Pela primeira vez, milhões de pessoas viram a capacidade da economia — a habilidade básica de sua civilização em lhes prover alimento e abrigo e produzir roupas ou mesmo bens de luxo — fundamentalmente transformada no decorrer de suas vidas.

Havia apenas um problema: o grosso desses ganhos ia para os mais ricos — e as épocas de crescimento mais rápido muitas vezes coincidiam com as épocas de maior desigualdade. Entre 1827 e 1851, por exemplo, a economia inglesa cresceu cerca de 80%. Mas durante esse mesmo período o coeficiente de Gini, uma medida padrão da desigualdade de renda, aumentou na mesma velocidade. De fato, no intervalo de um quarto de século, a Inglaterra fora do nível de desigualdade de renda registrado na Islândia atual ao nível de desigualdade de renda registrado na Índia atual.[3]

Então outra grande aberração na história da humanidade surgiu: um período de igualdade econômica sem precedentes.

Em 1928, conforme mostra Thomas Piketty, o 1% mais rico abocanhava entre 15% e 20% da renda em países europeus como a França ou o Reino Unido e quase 25% da renda nos Estados Unidos. Em 1960, a distribuição de riqueza estagnara consideravelmente: na França e no Reino Unido, o 1% mais rico agora ficava com menos de 10% da renda. Nos Estados Unidos, não passava de 12%. Consequentemente, a maioria dos cidadãos conheceu uma imensa elevação em seu padrão de vida.[4]

Esses avanços não foram mera abstração. Muita gente vivendo atualmente cresceu sem geladeira, carro ou televisor. Hoje as pessoas têm geladeira, dois carros e um home theater gigante. O crescimento impressionante da economia das democracias desenvolvidas, combinado a um período inédito de relativa igualdade, transformou a vida cotidiana e se materializou em seus lares.

Isso ficou no passado.

Em décadas recentes, pelo contrário, o progresso econômico de economias desenvolvidas diminuiu radicalmente.

Embora a economia americana tenha crescido a um ritmo médio de 4% ao ano nas duas primeiras décadas do pós-guerra, cresceu apenas 2% ao ano ao longo das duas últimas décadas.[5] A diferença é ainda maior na Europa Ocidental: a economia francesa, por exemplo, cresceu uma média de 5% no pós-guerra. Nos últimos vinte anos, registrou crescimento anual de apenas 1,5%, aproximadamente. (Na Alemanha, a história é tão decepcionante quanto, e na Itália, muito pior.)[6]

Enquanto o crescimento econômico global despencou, a desigualdade aumentou. A começar pela década de 1980, a desigualdade aumentou rapidamente em ambos os lados do Atlântico. Hoje, a maioria das economias na América do Norte e na Europa Ocidental não são mais iguais do que haviam sido na década de 1930.[7]

O efeito combinado do crescimento reduzido e da aceleração da desigualdade foi a estagnação no padrão de vida de enormes setores da população. A taxa de crescimento ainda pode parecer boa quando medida contra o longo arco da história da humanidade. Medida contra as décadas de pico de estabilidade democrática, é uma queda desastrosa.

O caso é particularmente grave nos Estados Unidos: de 1935 a 1960, o padrão de vida da família americana média dobrou. De 1960 a 1985, voltou a dobrar. A partir de 1985, permaneceu essencialmente estagnado: a família americana média não está mais rica hoje do que há trinta anos.[8]

Essa transformação é dolorosa para pessoas mais velhas que de repente viram seu progresso financeiro paralisado na meia-idade. Mas é ainda mais preocupante para os mais jovens, criados na promessa de que o trabalho árduo se traduziria em uma melhora de suas perspectivas econômicas — e que, em vez disso, estão ficando para trás das conquistas facilmente obtidas por seus pais em idade equivalente.

Na verdade, o número de pessoas que não passam pela experiência pessoal de melhorar suas perspectivas econômicas, segundo uma extraordinária pesquisa feita por Raj Chetty e sua equipe, multiplicou em anos recentes. Quando perguntavam às pessoas sobre sua situação financeira, explicam os autores do estudo, elas "frequentemente comparam seu padrão de vida com o de seus pais".[9] Até há pouco, essa comparação — que eles chamam de "mobilidade de rendimento absoluta" — era encorajadora. Quando completavam trinta anos, mais de nove em cada dez americanos nascidos em 1940 ganhavam mais do que seus pais no mesmo estágio de suas vidas. Por outro lado, em um estágio de vida equivalente, apenas um em cada dois americanos nascidos em 1980 ganha mais do que seus pais ganharam.

Uma maneira de expressar essa descoberta surpreendente é

dizer que, para uma parcela em rápido crescimento da população norte-americana, a promessa de um futuro melhor, que é parte imprescindível do sonho americano, revelou-se uma quimera: antigamente, pouquíssimos jovens americanos viveriam sem conhecer uma melhora em seu padrão de vida. Hoje, metade deles enfrenta essa sina.[10]

Segundo extenso estudo empreendido pelo *Guardian*, a mesma tendência básica se verifica em grandes partes da Europa Ocidental, assim como na América do Norte: "Os millennials", mostra o artigo, "sofreram perdas salariais reais nos Estados Unidos, na Itália, na França, na Espanha, na Alemanha e no Canadá." E, embora a Grande Recessão tenha agravado essa tendência, "em alguns países isso já estava a caminho até mesmo antes da crise financeira de 2008".[11] Um número em rápido crescimento de jovens que não podem contar com seus pais para abrir uma poupança em seu nome ou lhes dar uma ajuda generosa para começarem a vida enfrenta a perspectiva de dificuldades financeiras muito maiores.

MOBILIDADE DE RENDA ABSOLUTA

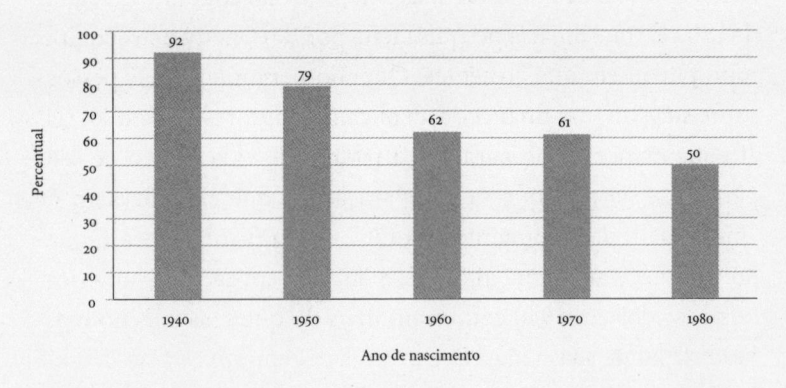

| Ano de nascimento | Percentual |
|---|---|
| 1940 | 92 |
| 1950 | 79 |
| 1960 | 62 |
| 1970 | 61 |
| 1980 | 50 |

Porcentagem de filhos cuja renda familiar aos trinta anos é maior do que a renda familiar de seus pais quando estavam com a mesma idade, por década de nascimento, nos Estados Unidos.

Praticamente a mesma história emerge quando observamos indicadores não econômicos fundamentais para a qualidade de vida. Tomemos o exemplo da expectativa de vida. No pós-guerra, a expectativa de vida cresceu rapidamente. Enquanto alguém nascido nos Estados Unidos em 1900 podia esperar viver até os 49 anos, por exemplo, alguém nascido em 1950 podia esperar viver até os 68 — quase duas décadas a mais. Mas à medida que o progresso médico desacelerou, esses números estagnaram. Alguém nascido em 2003 pode esperar viver até os 77, apenas nove anos a mais do que os membros da geração de seus avós. E, como Anne Case e Angus Deaton mostram, a expectativa de vida do branco americano hoje está caindo pela primeira vez na história: "De 1978 a 1998, a taxa de mortalidade entre brancos americanos entre 45 e 54 anos caiu 2% ao ano em média". Desde 1998, por outro lado, "a mortalidade cresceu 0,5% ao ano".[12]

A mensagem geral, desse modo, continua quase idêntica, mesmo se ampliarmos nosso foco para além dos dados econômicos mais restritos: desde o início da Revolução Industrial e da aurora da democracia moderna, os cidadãos conheceram imensas melhorias nas condições de vida de uma geração para a seguinte. No último quarto de século, na melhor das hipóteses, conheceram ganhos modestos.

Qual será o impacto da consequente frustração?

MEDO DO FUTURO

O tipo de progresso econômico rápido que foi o padrão no pós-guerra bastou para dar à democracia liberal um bocado de legitimidade. Não que os americanos algum dia tenham amado seus políticos ou tido Washington, DC como um bastião de virtude moral. Mas, contanto que o sistema funcionasse, a maioria se dispunha a acreditar que os governantes estavam, em última instância, do seu lado. "Não sei se confio nos políticos", talvez dissessem. "Mas sou duas vezes mais rico do que meu pai foi e meus filhos provavelmente vão ser duas vezes mais ricos do que eu. Então vamos lhes dar o benefício da dúvida…"

Hoje, por outro lado, esse motivo residual para dar aos políticos um voto de confiança desapareceu. Assim, não é de admirar que muitos eleitores não estejam mais dispostos a acreditar que o establishment político está do lado deles. "Dei duro a vida toda", talvez digam hoje, "e não tenho praticamente nada. Meus filhos deverão enfrentar situação ainda pior. Então vamos votar nesse outro aí e ver o que acontece…"

Isso não necessariamente implica que deva haver uma correlação direta entre as dificuldades financeiras da pessoa e sua inclinação a votar em candidatos populistas. Afinal, os que cresceram numa família de classe média baixa e sonhavam em ascender à classe média alta talvez estejam tão frustrados por sua falta de progresso econômico quanto os que nasceram pobres e como tal continuaram. De modo similar, cidadãos comparativamente ricos que acham sua condição econômica muito precária — porque temem pelo futuro dos filhos ou porque estão vendo um bairro próximo começar a se deteriorar — talvez tendam a votar em populistas tanto quanto os que mal chegam ao final do mês. O importante, em outras palavras, talvez seja menos a realidade econômica que a apreensão econômica.

Analisando dados de uma pesquisa Gallup na eleição de 2016 abrangendo 125 mil americanos adultos, Jonathan Rothwell e Pablo Diego-Rosell chegaram a conclusão similar. Os marcadores mais seguros de bem-estar econômico não permitem entrever se a pessoa votou em Trump ou em Clinton. Enquanto americanos que simpatizavam com Trump tinham uma renda familiar média de quase 82 mil dólares por ano, por exemplo, eleitores contrários a ele tinham renda familiar pouco superior a 77 mil dólares. De modo parecido, entre os apoiadores de Trump, "a tendência a estar desempregado e a tendência a estar empregado em regime parcial era menor" do que entre as demais pessoas na amostragem.[13] Em suma, a popular narrativa da mídia segundo a qual Trump caiu nas graças sobretudo da população pobre e humilde simplesmente não se sustenta.

Uma porção de analistas perspicazes extraiu uma conclusão bastante inequívoca dessa descoberta complicada: os economistas, afirmam, não ajudam em nada a explicar a ascensão do populismo. "Não, 'apreensão econômica' não explica Donald Trump", anunciou a *New Republic*.[14] "As 'apreensões econômicas' não explicam a vitória de Donald Trump", escreveu a MSNBC.[15] "Por que não acho que faz sentido atribuir o apoio a Trump à apreensão econômica", fez coro a *Vox*.[16]

Mas, quando paramos de olhar os atributos de eleitores particulares e prestamos atenção nos lugares onde vivem e na vida que provavelmente levam, fica claro que os fatores econômicos importam e muito. Em primeiro lugar, entre os simpatizantes de Trump, a probabilidade de ter curso superior ou formação profissional é bem menor — o que sugere que possuem motivos muito melhores para temer que suas perspectivas econômicas possam sofrer com a globalização e a automação.[17] Em segundo lugar, esses eleitores tendem a viver em "comunidades com piores serviços de saúde, mobilidade social menor, menos capital social [e] maior dependência do dinheiro da seguridade social" — o que sugere que têm motivos melhores para achar que sua pequena cidade ou região está se saindo mal.[18] Em resumo,

> embora os simpatizantes de Trump possam ser comparativamente ricos, eles provêm de lugares onde seus vizinhos enfrentam outros tipos de problemas. Em suas comunidades, os brancos estão mor-

rendo mais cedo, e está mais difícil para os jovens que cresceram na pobreza chegar a algum lugar [...] os simpatizantes de Trump talvez não estejam passando por grande aperto financeiro, mas vivem em lugares carentes de oportunidade econômica para a próxima geração.[19]

Uma série de outros estudos corrobora essa descoberta básica. Como mostra Jed Kolko, por exemplo, pessoas empregadas em trabalhos muito rotineiros, repetitivos — ou seja, trabalhos com maior probabilidade de serem feitos por robôs ou despachados para além-mar —, tinham probabilidade muito maior de votar em Trump.[20] Uma medida mais sutil, como a proporção em que determinados condados se bandearam para Trump em 2016, quando apoiaram Mitt Romney na eleição de 2012, conta mais ou menos a mesma história. A troca por Trump, mostra Kolko, foi muito mais acentuada "quando o desemprego era mais elevado, o crescimento do emprego era mais lento e os ganhos eram menores".

"A apreensão econômica", conclui ele, "tem a ver com o futuro, não apenas com o presente."[21]

Ben Delsman chega mais ou menos à mesma conclusão testando se as regiões em que uma alta porcentagem de empregos está sujeita à automação são mais suscetíveis a populistas. Sua descoberta é chocante: 21 dos 22 estados mais propensos à automação votaram em Donald Trump; enquanto isso, 15 dos 15 estados menos propensos votaram em Hillary Clinton. Em média, o aumento de um ponto percentual na vulnerabilidade de um estado à automação estava associado ao aumento de três pontos na votação em Trump.[22]

Tudo isso sugere que a relação entre desempenho econômico e estabilidade política é bem mais complicada do que em geral se crê. Não necessariamente os membros mais pobres da sociedade se voltam contra o sistema político; isso acontece em parte porque são mais dependentes dos benefícios oferecidos por ele. Tampouco são necessariamente as pessoas que enfrentaram em primeira mão a calamidade econômica. Antes, são os grupos nos quais o medo é maior: aqueles que ainda vivem com conforto material, mas deveras receosos do que o futuro possa lhes reservar.[23]

A empresa em que trabalham talvez ainda esteja indo bem — mas eles testemunharam uma porção de empresas similares ir à falência ou substituir boa parte de sua força de trabalho. Talvez estejam em dia com as parcelas da hipoteca — mas viram de perto como seus vizinhos foram forçados a deixar suas casas quando atrasaram as suas. E o bairro onde vivem talvez continue sendo um lugar agradável para morar — mas têm consciência de que, a aproximadamente um ou dois quilômetros dali, bairros um pouco mais pobres começaram a se deteriorar.

Como passei parte considerável do meu tempo falando com simpatizantes de partidos populistas na pesquisa para o livro, estou longe de me surpreender com esse resultado: "A economia está péssima", diziam-me eles. "Os políticos se importam mais com estrangeiros do que com a gente", diziam. "O país está indo pro buraco."

Depois de escutá-los com delicadeza, eu perguntava cautelosamente sobre sua situação pessoal. "Quem, eu?", respondiam, com um sorriso. "Ah, não posso reclamar. As coisas estão indo muito bem."


Países como os Estados Unidos, a Grã-Bretanha ou a Itália continuam incrivelmente afluentes. Nunca na história da humanidade as sociedades puderam proporcionar tamanha riqueza para tantos de seus membros. Em certo sentido, as pessoas que desfrutam desse privilégio deveriam estar agradecidas pelo que têm.

Mas esse é apenas um lado da moeda. O outro é que esses mesmos países não podem mais oferecer a seus cidadãos uma sensação real de estarem avançando. Embora continuem ricos, sua expectativa de progresso material foi destruída — e eles têm bons motivos para recear que o futuro possa trazer ainda mais más notícias.

Isso levanta algumas questões importantes e sem respostas sobre nossa era política: o que as democracias liberais precisam fazer para estender seu histórico notável de estabilidade pregressa? Possibilitar uma vida decente a seus cidadãos basta? Ou elas precisam ser capazes de tirar proveito da antiga promessa, implicitamente feita nas longas décadas de rápido crescimento da riqueza, de que cada geração estará muito melhor do que a anterior?

Para nossa frustração, não há respostas fáceis para essas perguntas.

A história da extraordinária estabilidade democrática ainda anima nossa imaginação política, convencendo-nos de que a democracia liberal provavelmente veio para ficar. Mas, em todo o período de estabilidade democrática, dois fatos foram verdade ao mesmo tempo: democracias estáveis eram muito afluentes e a maioria dos cidadãos gozava de mobilidade absoluta de renda. Assim como as galinhas de Russell não têm experiência para compreender as consequências de pesar dois quilos ou um quilo e meio, não dispomos de precedente histórico para nos ajudar a prever as consequências que a riqueza sem crescimento pode trazer à dinâmica política da democracia liberal.

# 6. Identidade

A democracia promete permitir ao povo governar. Mas isso leva de imediato a uma pergunta capciosamente simples: quem, exatamente, é o povo?

Durante a maior parte da história da democracia, a resposta sempre foi muito restritiva. Comenta-se frequentemente, por exemplo, que mulheres e escravos não eram considerados cidadãos plenos na antiga Atenas. Mas outra forma de exclusão — menos discutida — pode ser igualmente reveladora: imigrantes e seus descendentes tampouco eram considerados cidadãos atenienses.

Nas primeiras décadas da existência de Atenas, a plena participação na pólis era aberta apenas aos que "brotaram da terra", ou seja, aos que podiam determinar a linhagem paterna até o pequeno grupo de pessoas que habitara a cidade na época de sua fundação. Com o tempo, à medida que a cidade enriquecia, as artes floresciam e cada vez mais imigrantes afluíam à ágora, o conceito ateniense de povo se estreitou cada vez mais. E assim coube a Péricles, um dos mais célebres oradores da história da democracia, propor uma nova lei de cidadania: a partir de então, só quem tivesse pai e mãe atenienses teria acesso aos direitos e deveres de um cidadão. Algumas das figuras mais famosas na história ateniense não cumpriam esses requisitos para a cidadania, permanecendo como "metecos", ou estrangeiros residentes. Aristóteles ou Diógenes, por exemplo, não tinham permissão de participar do governo da cidade.[1]

A República Romana foi um pouco mais generosa do que Atenas. Escravos libertos podiam se tornar romanos. Os filhos de casamentos mistos tinham amplos direitos. Os habitantes de alguns Estados aliados recebiam uma forma de cidadania. Mas mesmo em Roma, mais permissiva, as leis da cidadania ainda serviam para criar uma hierarquia rígida, com pessoas da mesma etnia no topo e pessoas vistas como estrangeiras na parte mais baixa. Embora os habitantes de territórios etnicamente semelhantes dentro da Terra Latina se vissem alçados a uma forma nominal de cidadania, por exemplo, não tiveram o direito de votar ou concorrer ao governo durante a maior parte da história da República. Ao mesmo tempo, os habitantes de territórios fora da Terra Latina ficavam excluídos da cidadania por completo.[2]

Somente quando a República Romana deu lugar ao Império Romano — e o status da cidadania não comportava mais os direitos e as responsabilidades de se autogovernar — é que as regras para entrar para o clube ficaram mais inclusivas. Em 212 d.C., o Édito de Caracala concedeu a todos os homens livres, em qualquer parte do império, os mesmos direitos dos romanos.[3] Mas a essa altura esses direitos haviam perdido grande parte do sentido original.

Isso aponta para uma verdade incômoda: é comparativamente mais fácil para um rei ou imperador ser generoso em conceder aos súditos o status igual de cidadãos; afinal, em uma monarquia, a cidadania não confere nenhum poder real. É bem mais difícil para uma democracia ou uma república autogovernada ser generosa em suas regras de inclusão; afinal, em um sistema que permite às pessoas governar, qualquer um que obtenha a cidadania ganha o direito de influenciar o futuro de todos os seus compatriotas. Assim, poderia o fato de o Império Romano ter adotado regras de inclusão mais generosas do que a República Romana sugerir a existência de algum tipo de ligação entre democracia e um conceito exclusivo de cidadania? Ou, para pôr a questão em termos ainda mais claros, será que o ideal do autogoverno dificulta que os membros de um conjunto diverso de cidadãos convivam como iguais?

Dois mil anos de história europeia emprestam considerável sustentação a essa hipótese.

Os períodos mais célebres pela coexistência pacífica de diferentes grupos étnicos e religiosos muitas vezes tiveram lugar sob o olhar vigilante de um monarca poderoso. Tanto o Império Habsburgo como o Império Otomano, por exemplo, prosperaram em parte porque se aproveitaram do labor e da criatividade de súditos de diversas religiões e línguas.[4] Por outro lado, o fervor nacionalista que começou nos séculos XVIII e XIX quase sempre assumiu a forma de um anseio tanto pela pureza étnica como pela democracia.

Isso ficou mais evidente em nações que forjaram sua identidade política em revoltas contra impérios multiétnicos. Tchecos, eslovacos e húngaros, por exemplo, ressentiam-se de ser governados por imperadores que falavam outra língua e não levavam em suficiente consideração os costumes e assuntos locais. O desejo pelo autogoverno coletivo e por uma vida coletiva que permitiria a suas respectivas culturas florescer iam, assim, de mãos dadas.[5]

Embora em muitos aspectos fosse admirável, esse nacionalismo cultural logo de saída acarretou um elemento exclusivista. Na incisiva formulação de Leon Wieseltier, a maioria das nações europeias aspirava a "uma união perfeita entre etnicidade, território e Estado".[6] Se os húngaros fossem governar a si mesmos, somente verdadeiros húngaros teriam permissão de participar da vida política nacional. A consumação da democracia húngara desse modo necessitava que austríacos, tchecos, eslovacos e romenos fossem excluídos.[7]

O mesmo instinto ainda animou os nacionalistas liberais da Itália e da Alemanha. Os princípios abraçados por eles eram, em mais de um aspecto, muito nobres: eles buscavam fundar nações autogovernadas que garantissem a livre expressão aos cidadãos e acatassem a dissidência religiosa. Mas fazer a distinção entre os que eles consideravam "verdadeiros" alemães ou italianos (e almejavam incluir nos Estados que estavam criando) e os que consideravam membros de outras nações (e almejavam excluir) era parte integrante da empreitada.[8]

Esses instintos excludentes apenas foram reforçados com o crescimento do fervor nacionalista. No fim do século XIX, nações novas como a Alemanha e a Itália adotavam políticas autoritárias para criar uma cultura mais homogênea e reprimir as minorias linguísticas.[9] Nas décadas de 1920 e 1930, à medida que a democracia tentava a custo se enraizar em países como a Polônia, a Alemanha e a Espanha, seus inimigos exploravam a raiva contra as minorias étnicas e religiosas em toda oportunidade.[10] Finalmente, depois que os fascistas tomaram o poder em grande parte da Europa, seu modo de vida "coétnico" do outro lado da fronteira serviu como uma desculpa pronta para a guerra: a anexação dos Sudetos pelo Terceiro Reich, por exemplo, foi justificada pelos supostos maus-tratos infligidos aos alemães étnicos vivendo na Tchecoslováquia.[11]

Na altura em que os horrores da Segunda Guerra Mundial haviam sido desencadeados e se exaurido, grande parte do continente passara por uma limpeza étnica. Pela primeira vez na história da Europa, a maioria dos Estados podia se vangloriar da perfeita "união entre etnicidade, território e Estado" à qual tão longamente havia aspirado. E é só nesse ponto que a democracia triunfava na maior parte do continente.

Há muitos motivos para a democracia em países como a Itália ou a Alemanha ter fracassado nas décadas de 1920 e 1930 e começado a se radicar nas de 1950 e 1960. Mas não parece ser coincidência que esses países fossem razoavelmente heterogêneos quando os fascistas repeliram as instituições parlamentares em nome do povo — e razoavelmente homogêneos quando ampla parcela da população estava pronta para abraçar as normas e práticas da democracia liberal.

A homogeneidade étnica fez mais do que apenas contribuir para o sucesso dessas novas democracias; também moldou a forma como vieram a se definir. Em nítido contraste com os impérios multinacionais que haviam dominado a política europeia nos séculos precedentes, elas eram monoétnicas por inteiro. Ser alemão ou italiano — ou, aliás, sueco ou holandês — significava ser descendente de uma linhagem étnica particular.

Desse modo, sempre houve um bom motivo para pensar que a imigração em massa pudesse resultar em fortes tensões: ao longo de toda a história das sociedades democráticas, os cidadãos sempre foram cautelosos em permitir que gente de fora diluísse sua voz. Mas na Europa contemporânea, que há muito se define por sua homogeneidade e está no momento presenciando níveis cada vez mais elevados de apreensão econômica, há um motivo particularmente bom para pensar que a transformação demográfica não será serena. A questão hoje é determinar até que ponto essas tensões são fundamentais — e se podem ser superadas.

## A REVOLTA CONTRA O PLURALISMO

Da perspectiva histórica, a velocidade com que nações altamente homogêneas passaram a heterogêneas desde o fim da Segunda Guerra Mundial é impressionante. Na Grã-Bretanha, por exemplo, "a quantidade de cidadãos de minoria étnica [era de] algumas dezenas de milhares na década de 1950".[12] Hoje, são mais de 8 milhões.[13] A história é parecida em grande parte da Europa Ocidental. Na Alemanha, o governo tentou impulsionar seu milagre econômico do pós-guerra abrindo vagas para trabalhadores não qualificados da Grécia, da Itália e da Turquia, recebendo seu milionésimo "trabalhador convidado" no país em 1964.[14] Em 1968, a quantidade de cidadãos estrangeiros era de aproximadamente 2 milhões. Hoje, cerca de 17 milhões de imigrantes e seus descendentes vivem na Alemanha.[15] Na Itália, o salto é mais recente, mas está sendo igualmente rápido. Em 2002, o país tinha pouco mais de 1 milhão de estrangeiros residentes. Em 2011, pouco mais de 4 milhões.[16]

Quando teve início a imigração em massa para sociedades que se definiam por uma cultura e uma etnicidade compartilhadas, a tensão entre a teoria e a prática ficou cada vez mais explosiva. Assim, não deve surpreender que as forças políticas que se opunham com estridência à imigração tenham ganhado apoio rapidamente nas últimas décadas.

A imigração ocupa hoje o topo das preocupações entre os eleitores europeus. Em 2016, por exemplo, 71% dos dinamarqueses, 67% dos húngaros e 57% dos alemães escolheram a imigração como questão política mais urgente; em apenas um dos 27 Estados-membros da UE os eleitores não mencionaram a imigração como uma das duas principais preocupações.[17] (Nos Estados Unidos, por sua vez, 70% dos eleitores apontaram a imigração como muito importante para seu voto na eleição de 2016, bem mais do que os 41% de 2012.)[18]

Tampouco pode haver dúvida alguma sobre o quanto os partidos populistas fizeram do medo da imigração o ponto principal de sua plataforma. Na Áustria, o líder do Partido da Liberdade prometeu que "Viena não vai virar Istambul".[19] Na Alemanha, a AfD se aproveitou de temores parecidos ao clamar por "mais filhos para as famílias alemãs".[20] Finalmente, na Dinamarca, o sentimento anti-imigração do Partido Popular era tão flagrante que o seu slogan de campanha dizia, simplesmente, "*Du ved, havad vi står for*" — "Você sabe pelo que lutamos".[21]

Além do mais, existe um elo eleitoral muito próximo entre medo da imigração e sucesso populista.[22] Segundo uma série de estudos, fica claro que a postura em relação à imigração é uma das melhores formas de prever as intenções de voto do indivíduo: opiniões negativas sobre imigrantes e minorias étnicas estão estreitamente relacionadas com o apoio a tudo que vai de Brexit a Marine Le Pen.[23]

À primeira vista, os Estados Unidos não parecem se encaixar no molde europeu de democracias fundadas numa base monoétnica. Ex-colônia, desde sua fundação o país sempre pensara em si mesmo como uma terra de imigrantes. Como consequência, a ideia de que a cidadania era definida pela prontidão em jurar fidelidade "à bandeira e à república que ela representa" sempre esteve profundamente entranhada desde o início. Muito mais do que na Europa, parece verdadeiro — até mesmo óbvio — para a maioria dos americanos que alguém nascido nos Estados Unidos é, pura e simplesmente, americano.[24]

O passado como país de imigrantes preparara os Estados Unidos melhor para a promessa da democracia multiétnica. Mas, embora os americanos estejam acostumados desde o começo com a imigração — e na verdade possuam uma opinião muito mais positiva sobre imigrantes do que os cidadãos das nações europeias —, os níveis de imigração que presenciam atualmente são em geral elevados, até mesmo para os padrões de sua própria história.[25]

No fim da década de 1960, apenas cerca de uma em vinte pessoas vivendo nos Estados Unidos nascera no exterior; hoje, uma em sete. Na última vez em que essa parcela foi tão elevada, no início do século XX, o sentimento nativista rapidamente se espalhou, levando à adoção de leis muito restritivas sobre imigração.[26]

O crescimento das populações latina e muçulmana — principais alvos da ira de Donald Trump — tem sido especialmente rápido. A população latina nascida fora do país, por exemplo, quadruplicou entre 1980 e 2008.[27] E, embora os estudiosos tenham chegado a conclusões divergentes sobre a quantidade total de muçulmanos no país, quase todos concordam que seu número também tem crescido rapidamente nas últimas décadas e preveem que dobrará outra vez em 2050.[28]

Como na Europa, os populistas de extrema direita não demoraram a explorar o aumento da população nascida no estrangeiro. Na década de 1990, a candidatura presidencial de Pat Buchanan foi impulsionada por sua afirmação de que a América vai

POPULAÇÃO NASCIDA NO ESTRANGEIRO VIVENDO
NOS ESTADOS UNIDOS

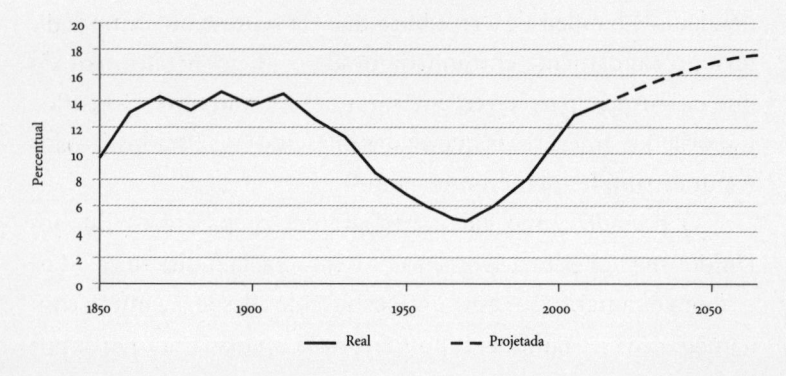

"virar um país do Terceiro Mundo [...] se não construirmos um quebra-mar contra as ondas de imigração que estouram em nossas praias".[29] E, em 2016, Donald Trump chegou à Casa Branca elevando essa mesma retórica em alguns tons, ao dizer que o México costumava "mandar" para os Estados Unidos os "estupradores e criminosos".[30]

Como na Europa, os grupos crescentes de imigrantes — e sobretudo sua visibilidade cultural e política cada vez maior — têm possivelmente polarizado o sistema político junto com as atitudes em relação à imigração.[31] Pessoas que acreditavam que imigrantes sem documentos deveriam receber uma oportunidade de legalizar sua situação, por exemplo, votaram em Hillary Clinton por uma margem de 60% a 34%. Pessoas que achavam que deveriam ser deportados, por outro lado, votaram em Donald Trump por uma margem de 84% a 14%.[32] Um padrão similarmente claro fica evidente em níveis mais amplos de ressentimento racial: segundo grande número de pesquisas, respostas para questões como se Barack Obama tinha nascido nos Estados Unidos indicavam claramente a intenção de voto em Donald Trump. Segundo uma pesquisa, realizada em dezembro de 2016, 82% dos apoiadores de Clinton, mas apenas 53% dos apoiadores de Trump, não acreditavam que Obama nascera no Quênia.[33]

Para falar a verdade, há de fato uma grande diferença entre a Europa e a América: ao contrário de seus primos do outro lado do Atlântico, os americanos jamais nutriram a fantasia histórica de que todos os seus ancestrais um dia habitaram as mesmas florestas. E, contudo, durante a maior parte de sua história, o grosso dos cidadãos com direitos plenos de fato partilhava de ligações étnicas em um sentido mais amplo: descendiam da Europa e eram quase todos cristãos.

De modo similar, é verdade que sempre houve habitantes não brancos no continente — incluindo a população nativa, os escravos africanos, os latino-americanos ao longo da fronteira com o México e, por fim, um número significativo de asiáticos-americanos. Mas, embora a diversidade étnica sempre tenha sido uma característica da experiência americana, a igualdade étnica nunca foi: durante a maior parte da história do país, muitos grupos étnicos minoritários foram abertamente reprimidos ou até escravizados.

Em outras palavras, a história da Europa — e de outras democracias desenvolvidas fora da América do Norte — pareceu predestinar democracias como a Alemanha ou a Suécia a uma revolta contra a democracia multiétnica. A história dos Estados Unidos, por outro lado, pareceu predestiná-la a algo sutilmente diferente: a uma revolta contra uma democracia multiétnica que reconhece todos os indivíduos como verdadeiramente iguais.

## A GEOGRAFIA DO RESSENTIMENTO

Até aqui, apresentamos o panorama amplo. Mas, assim como a narrativa geral pareceu ficar mais nebulosa quando começamos a observar em detalhe os padrões de votação no caso da economia, ela parece igualmente mais complicada à medida que conferimos mais de perto a questão da imigração.

Eis o (aparente) problema: se a reação contra a imigração — e talvez contra a mera ideia de sociedade multiétnica — é tão central ao apelo dos populistas, eles devem ser mais bem-sucedidos entre o eleitorado não imigrante em áreas de imigração elevada. Em outras palavras, Donald Trump deve ter a preferência dos eleitores em Chicago, Los Angeles e Nova York. De modo similar, Marine Le Pen deve se sair particularmente bem nas áreas menos diversificadas de Paris e Marselha. Por último, a AfD deve encontrar seu apoio mais forte em regiões de Berlim ou Nordrhein-Westfalen.

Mas não é o que está acontecendo. Longe disso.

Na verdade, Donald Trump recebeu 13% dos votos em Chicago, 17% em Nova York e 22% em Los Angeles. Por outro lado, saiu-se extremamente bem em condados rurais com poucos moradores nascidos no estrangeiro: no condado de Trinity, Califórnia (população de origem estrangeira: 3,4%), Trump recebeu 48,6% dos votos; no condado de Lewis, Nova York (1,7%), recebeu 65%; e, no condado de Gallatin, Illinois (0,3%), abocanhou 72% do eleitorado.[34]

A mesma história vale para a maior parte da Europa Ocidental. Na Alemanha, por exemplo, a AfD celebrou sua maior vitória até o momento quando, nas eleições federais de setembro de 2017, derrotou todos os demais partidos políticos na Saxônia — ainda que, com menos de 4%, o estado tenha uma das menores populações nascidas no estrangeiro do país.[35] Igualmente, na região francesa de Nord-Pas-de-Calais-Picardie, Marine Le Pen recebeu 42% dos votos no segundo turno em dezembro de 2015, embora apenas 5% da população local seja nascida no exterior.[36]

Países fora da América do Norte e da Europa Ocidental complicam ainda mais o quadro. Afinal, os populistas são particularmente fortes em países da Europa Central como a Polônia e a Hungria. E, no entanto, esses países conheceram níveis muito baixos de imigração nas últimas décadas — permanecendo hoje muito mais homogêneos do que seus vizinhos a oeste.

Duas tendências igualmente claras assim parecem afetar a questão. Por um lado, os níveis gerais de imigração aumentaram rapidamente, as mensagens anti-imigrantes estão no coração da retórica populista e eleitores com alto nível de ressentimento racial tendem a votar em partidos populistas em número muito maior. Por outro, os partidos populistas se saem melhor em regiões com poucos imigrantes — e tiveram sucesso mesmo em alguns países, como a Polônia ou a Hungria, onde os níveis gerais de imigração são muito baixos. Como interpretar essa aparente contradição? Se a imigração em massa é um dos principais impulsos por trás do sucesso dos populistas, por que eles são tão mais bem-sucedidos em áreas com imigração relativamente baixa do que nas de imigração relativamente alta?

A ideia de que há um grande enigma aqui repousa numa suposição de ilusória simplicidade: se altos níveis de imigração ajudam a explicar a ascensão do populismo, então o apoio a populistas deve ser especialmente forte entre os eleitores não imigrantes em áreas de imigração elevada. Mas supor isso seria precipitado. Afinal, há muitos motivos para os eleitores não imigrantes em áreas de imigração elevada serem particularmente tolerantes.

Para começar, áreas de imigração intensa tendem a se concentrar nas grandes cidades, que atraem muitos moradores jovens com bom nível de instrução e apreço pela diversidade: como pessoas com opiniões liberais sobre imigração tendem a se mudar muito mais para Nova York do que para o interior de Iowa, não surpreende que os moradores de Nova York tenham uma visão mais liberal sobre a imigração do que as pessoas do interior de Iowa.[37]

Além do mais, muitos estudos sugerem que o contato regular com grupos minoritários pode diminuir o preconceito contra eles. Como mostrou uma longa linhagem de estudiosos, de Gordon Allport a Thomas Pettigrew, a interação frequente de diferentes grupos étnicos pode, sob as condições certas, gerar confiança e diminuir a hostilidade. Entretanto, quando sociedades altamente homogêneas encontram gente de fora pela primeira vez, o contato também pode exacerbar o conflito — ainda mais se os políticos tentam provocar uma escalada das tensões, visando seus próprios fins.[38]

Isso sugere que a transição mais fundamental na vida da maioria dos cidadãos se dá quando começam a precisar lidar regularmente com imigrantes, não quando aumenta o número de imigrantes com quem interagem regularmente. Pessoas que vivem em áreas de imigração acentuada já estão acostumadas ao fato de que sua comunidade não é "pura" e desenvolveram jogo de cintura para conviver com os que não compartilham de sua língua, cultura ou etnicidade. Ainda que alguns possam se incomodar com o crescimento da população nascida no estrangeiro ou até se mostrar menos dispostos a apoiar um Estado de bem-estar social com distribuição de renda, esse aumento não altera fundamentalmente seu mundo: o fato de interagirem cotidianamente com dois ou quatro imigrantes é, em última instância, uma diferença mais de grau do que de tipo.[39]

Mas, mesmo quando os níveis migratórios se elevaram em todo o território nacional ao longo do pós-guerra, essa descrição não se enquadrava na experiência de muitas outras pessoas em áreas rurais e remotas. Em muitas comunidades na Europa Ocidental, e até na América do Norte, o nível de imigração permaneceu tão baixo há trinta ou quarenta anos que a maioria de seus membros raramente deitou os olhos em um recém-chegado. Como consequência, seus habitantes não desenvolveram o mesmo jogo de cintura para lidar com imigrantes e permaneceram mais imbuídos de um sentimento monoétnico em relação à sua própria nação.

Hoje em dia, essas mesmas áreas talvez continuem registrando níveis acentuadamente mais baixos de imigração que outras partes do país. Mas, comparadas a seu próprio passado, transformaram-se de forma radical — e passaram por um limiar crucial: conforme os imigrantes começam a se mudar em quantidade perceptível para elas, seu antigo caráter é desafiado. A necessidade de lidar com gente de diferentes origens tornou-se uma característica da vida diária. Em suma, o mundo social de quem vive nelas está sendo reinventado, mesmo que os níveis gerais de imigração continuem comparativamente baixos.

Nos últimos anos, uma nova leva de estudos dá considerável sustentação a essa explicação de por que o voto populista se agrupa antes em áreas como a região não urbana de Michigan do que no Queens ou no centro de Los Angeles.

Embora pesquisadores nos Estados Unidos há muito considerem as cidades costeiras como os principais destinos de imigração, é em condados mais remotos e de menor densidade demográfica que ocorreu a revolução mais surpreendente nas últimas décadas. Em 1980, por exemplo, cerca de dois terços de todas as comunidades americanas eram altamente homogêneas, com brancos compondo mais de 90% da população total. Após a aceleração da imigração nas três décadas seguintes, diversos desses lugares rapidamente se tornaram mais heterogêneos. Em 2010, apenas cerca de um terço das comunidades americanas eram 90% brancas.[40]

A fartura de evidências tanto acadêmicas como anedóticas deixa claro que essa transformação provocou muito ressentimento. "Fomos atingidos como um tsunami", afirmou a um repórter um diretor de escola primária em Arcadia, um condado em Wisconsin que passou por transformação demográfica particularmente rápida. "Se você visse como as coisas mudaram nesta cidade", confirmou outro morador local, "diria: 'Alguma coisa precisa ser feita a esse respeito.'"[41]

Essa "alguma coisa" na maioria das vezes se revelou ser Donald Trump.

Muitas análises da eleição sugerem que o principal motivo para a vitória de Trump foi que um grande número de eleitores brancos de classe trabalhadora que por tradição votavam nos democratas transferiu seu apoio a ele.[42] Assim, é muito significativo que um monte desses eleitores se situasse em regiões do Meio-Oeste que haviam passado de altamente homogêneas a razoavelmente heterogêneas nas últimas décadas. Como uma análise no *Wall Street Journal* mostrou, "um agrupamento distinto de estados do Meio-Oeste — Iowa, Indiana, Wisconsin, Illinois e Minnesota — presenciou influxos mais acelerados de residentes não brancos do que qualquer outro lugar nos Estados Unidos entre 2000 e 2015. Centenas de cidades por longo tempo dominadas por residentes brancos presenciaram uma explosão de imigrantes latinos oriundos da América Central ou desarraigados da Califórnia e do Texas". O impacto que esse desvio demográfico exerceu nos padrões eleitorais foi evidente. Nas primárias, por exemplo, Trump ganhou 71% dos condados em todos os Estados Unidos. Mas ganhou 73% dos condados cujo "índice de diversidade" dobrara de 2000 a 2015, e 80% dos condados cujo índice de diversidade subira em 150%.[43]

## APREENSÃO DEMOGRÁFICA

Há outro aspecto nisso tudo: boa parte da ira contra a imigração é provocada antes pelo medo de um futuro imaginado do que pelo descontentamento com a realidade vivida. Quando os níveis de imigração aumentam, não é apenas a experiência da vida cotidiana que muda; igualmente importante, o imaginário social do que o futuro do país pode nos reservar também é transformado. Por conseguinte, a crença de que pessoas do grupo majoritário um dia acabarão sendo minoria tem desempenhado um papel cada vez mais importante na imaginação política da extrema direita, tanto na Europa Ocidental como na América do Norte.[44]

Nos Estados Unidos, por exemplo, Steve King, congressista republicano por Iowa, tuitou recentemente que "a demografia [é] nosso destino. Não podemos reconstruir nossa civilização com os bebês dos outros".[45] (Não por coincidência, King representa um distrito que passou exatamente por esse tipo de mudança demográfica que acabo de descrever, testemunhando um aumento de 24% no número de residentes nascidos no estrangeiro só entre 2009 e 2015.)[46] Michael Anton, atual assessor sênior de política exterior na Casa Branca, justificou Donald Trump em termos ainda mais diretos num ensaio que publicou sob pseudônimo durante a corrida presidencial de 2016. Preocupado com a "importação incessante de estrangeiros do Terceiro Mundo" e aludindo a um dos aviões sequestrados pelos terroristas da Al-Qaeda no Onze de Setembro, ele afirmava que

> 2016 é o Voo 93 em forma de eleição: ou você arromba a cabine do piloto ou morre. Você provavelmente já vai morrer, de qualquer jeito. Pode ser que você — ou o líder do seu partido — chegue à cabine e não saiba pilotar o avião nem aterrissar. Nada está garantido. Só uma coisa: se você não tentar, a morte é certa.[47]

Esses medos não são simplesmente algo que figura no discurso da elite; também determinam como vota o cidadão comum. Segundo uma pesquisa do Pew Research Center feita em abril de 2016, no meio da batalha das primárias desse ano, por exemplo, cerca de um terço dos republicanos achava que seria "ruim para o país" se a América se tornasse majoritariamente não branca. Entre os que partilhavam desses temores demográficos, o apoio a Donald Trump era esmagador: 63% afirmavam simpatizar com ele, comparado a 26% que se diziam indiferentes. Entre pessoas que não partilhavam do mesmo medo demográfico, por outro lado, Trump era visto bem menos positivamente: 46% afirmavam gostar dele e 40% diziam não gostar.[48]

Políticos na Europa Ocidental estão igualmente preocupados com a transição demográfica iminente — e são igualmente hábeis em explorar os medos que ela traz. O livro *A Alemanha está se autodestruindo*, publicado em 2010 e um dos mais vendidos no país desde o pós-guerra, por exemplo, inspira-se no temor de que os alemães étnicos um dia deixarão de ser maioria em seu próprio país. (O problema é particularmente grave, pondera Thilo Sarrazin, autor da obra, porque os alemães são geneticamente predispostos a serem mais inteligentes do que os turcos.)[49] Mas foi alguns anos depois, quando a guerra civil na Síria levou milhões de refugiados à Europa Ocidental, que esses temores demográficos passaram a ocupar o centro do discurso político por lá.

Surpreendentemente, o medo de que populações nativas possam deixar de ser maioria é forte até em países onde, à primeira vista, parece haver pouca razão objetiva para achar que isso possa acontecer num futuro próximo. Em grande parte da Europa Central e do Leste, por exemplo, a parcela da população nascida fora do continente é muito pequena. E, contudo, os temores de uma "invasão" iminente de minorias étnicas e religiosas são um elemento predominante da paisagem política. Na Polônia, Jarosław Kaczyński tem advertido repetidas vezes que os imigrantes poderiam trazer "parasitas [...] e doenças" para o país — e afirmou que os refugiados muçulmanos iriam "ameaçar a segurança da Polônia".[50] Indo além da mera retórica, o governo polonês também aprovou legislação sancionando a prisão de cidadãos estrangeiros sem autorização da justiça e fechando o Conselho contra Discriminação Racial, Xenofobia e Intolerância.[51] Enquanto isso, na Hungria, Viktor Orbán está construindo uma cerca gigantesca e contratou 3 mil "caçadores de fronteira".[52]

A predominância dos temores com a migração na Estônia é ainda mais inesperada. Como observa Turkuler Isiksel, a migração de não europeus na Estônia responde por 1,1% da população total. Segundo uma fonte, o número total de africanos computados no censo de 2011 na Estônia (que bizarramente incluía afro-americanos) foi de 31. O crescimento populacional da Estônia é negativo há muito tempo: a taxa de natalidade é inferior à reposição e a emigração supera a imigração. E mesmo assim, numa pesquisa feita em maio de 2016 pelo Eurobarômetro, 73% dos estonianos mencionaram a imigração como um dos dois problemas mais importantes enfrentados pela União Europeia. O outro, segundo 46% dos estonianos consultados, era o terrorismo.[53]

Parte do que explica essa disjunção é pura e simplesmente uma superestimação sistemática da parcela da população minoritária — sobretudo muçulmana. Isso acontece em quase todas as democracias liberais atuais. Nos Estados Unidos, as pessoas acham que 17% da população é muçulmana; segundo as melhores estimativas disponíveis, é algo em torno de 1%. Na França, as pessoas acreditam que 31% da população é muçulmana; a proporção correta é 8%.[54]

Mas, segundo Ivan Krastev, ainda que os temores demográficos sejam amplamente exagerados, podem não ser tão absurdos quanto parecem à primeira vista. Notando que "as nações e os Estados têm o costume de desaparecer na história recente da Europa Central e do Leste", Krastev observa que os moradores de países da Europa Central e do Leste — e de áreas rurais da Europa Ocidental também — têm plena consciência de que sua população está em rápido encolhimento; que a imigração em massa é com frequência defendida como a única solução possível para o problema; e que as migrações já transformaram outras partes de seu continente. "Nos últimos 25 anos", comenta,

> cerca de 10% dos búlgaros deixou o país para viver e trabalhar no exterior. Segundo projeções das Nações Unidas, estima-se que a

população da Bulgária encolherá em 27% até 2050. O alarme com o "desaparecimento étnico" pode ser sentido em muitas das pequenas nações do Leste Europeu. Para elas, a chegada de pessoas em migração anuncia sua saída da história, e o argumento popular de que uma Europa em envelhecimento precisa da migração apenas reforça a sensação crescente de melancolia existencial.[55]

Há uma maneira negativa de interpretar esses resultados: talvez regiões há muito tempo monoétnicas careçam das condições locais para acomodar a imigração. Como têm pouca experiência em acolher forasteiros e capacidade limitada para enfrentar a questão da alteridade, seus moradores reagem muito mais negativamente aos aumentos no nível geral da imigração do que os de áreas com longo histórico de imigração. Nesse caso, parece haver uma correlação quase direta entre o crescimento da população nascida no estrangeiro e a votação dos partidos populistas. Como sugere um artigo, com a peculiar confiança de pesquisadores que já passaram tempo demais olhando para suas planilhas, "enquanto a porcentagem de imigrantes se aproxima dos 22%, a porcentagem de eleitores populistas [de direita] excede os 50%".[56]

Mas podemos fazer também uma leitura mais esperançosa: talvez os efeitos das primeiras ondas de imigração em uma área particular sejam bem mais negativos do que os das posteriores. Conforme determinadas regiões vão se acostumando à realidade de uma sociedade multiétnica, eventualmente percebem que seus medos não se materializam — e ficam menos apreensivas quanto a um processo persistente de mudança.

A experiência da Califórnia parece sugerir que essa interpretação mais otimista é a realidade em alguns lugares: de 1980 a 1990, sua parcela geral de população nascida no estrangeiro passou de 15% para 22%. Uma grande onda de apreensão varreu o estado. Muitos naturais da Califórnia ficaram desorientados com o ritmo acelerado da mudança e cada vez mais furiosos com a disposição dos políticos em acomodar as culturas e as línguas dos imigrantes. A reação logo assumiu forma política. Os californianos deram uma grande vitória a um governador que na campanha de reeleição apostou suas fichas numa estridente retórica anti-imigração. Valendo-se da Constituição altamente democrática do estado, que prevê a realização de plebiscitos sobre uma ampla gama de questões, eles em seguida excluíram imigrantes sem documentação do direito de receber benefícios públicos; proibiram universidades públicas de praticar a ação afirmativa; e acabaram com o ensino bilíngue nas escolas.[57]

Na época, os observadores ficaram compreensivelmente preocupados com o futuro das relações raciais na Califórnia. Mas, nas décadas de 2000 e 2010, o furor arrefeceu. Cada vez mais a maioria dos californianos se sentia à vontade com o fato de que altos níveis de imigração eram parte da experiência local e que seu estado se tornara uma "minoria majoritária". Como consequência, o estado é hoje conhecido como um dos mais tolerantes do país. Nos últimos anos, com forte apoio entre o eleitorado branco, os californianos revogaram inúmeras leis draconianas que haviam aprovado em plebiscitos duas décadas antes. E, com seus líderes políticos criticando abertamente a política imigratória do presidente Trump, o estado acelerou a aprovação de uma série de leis pró-imigração desde que ele foi eleito.[58]

## DESCENDO A HIERARQUIA

Segundo Abraham Maslow, os seres humanos operam segundo uma hierarquia de necessidades. Em seu nível mais básico e urgente, desejam os bens que são essenciais à sua sobrevivência, como alimento, abrigo e segurança contra ameaças físicas. Quando essas necessidades são atendidas, os seres humanos pouco a pouco passam a se ocupar de desejos mais rarefeitos: buscam amor e pertencimento social. Querem ser estimados. E procuram maneiras pelas quais atingir o que Maslow chamou de "autorrealização".[59]

Cientistas sociais influentes como Ronald Inglehart derivam uma visão muito otimista dessa estrutura conceitual básica. Nos tempos em que a maioria das sociedades sofria de escassez intensa e os conflitos violentos eram uma ameaça constante, afirmou Inglehart na década de 1970, as principais clivagens políticas eram determinadas pelos degraus inferiores da hierarquia de Maslow. A necessidade de procurar alimento e abrigo significava que a política era largamente organizada em função da classe, com os eleitores mais pobres tendendo a apoiar partidos que defendiam o Estado de bem-estar social e a distribuição da riqueza e o eleitorado mais afluente inclinado a apoiar partidos que protegessem sua riqueza. Enquanto isso, a proeminência dos temores pela segurança significou que as fronteiras morais, étnicas e nacionais eram observadas com muita rigidez: a maioria dos eleitores foi de uma lealdade feroz aos membros de seu grupo e adotou atitudes rígidas contra "desviantes", minorias étnicas e religiosas e membros de outras nações.

Mas, conforme as sociedades democráticas ficassem mais ricas e pacíficas, uma parcela muito maior de seres humanos poderia deixar de dar o devido valor à satisfação de suas necessidades fisiológicas e de segurança básicas — e passar a olhar cada vez mais para os degraus superiores da hierarquia de Maslow. Isso, segundo previu Inglehart, exerceria um grande impacto no comportamento social e político do cidadão. Desembaraçadas de pensar na subsistência, as pessoas poderiam se concentrar em questões sociais como preservação do meio ambiente, liberdade de expressão ou pobreza mundial. E sem enfrentar ameaças à segurança, adotariam atitudes muito mais tolerantes em relação às minorias étnicas, religiosas e sexuais.[60]

Os insights de Inglehart ajudaram a prever importantes transformações políticas, prefigurando a ascensão dos partidos socialmente liberais e explicando um aumento geral na tolerância cultural. Mas, assim como a maioria dos acadêmicos que estuda a democracia liberal se apressou em supor que a consolidação democrática se revelaria uma via de mão única, Inglehart também se precipitou na conclusão de que a tendência dos valores pós-materialistas prosseguiria indefinidamente. Por isso ele não previu que a imigração em crescimento, aliada a uma estagnação profunda e persistente dos padrões de vida, podia ser o bastante para reverter a "virada pós-materialista".

Quando o crescimento econômico é acelerado, todo mundo pode ser um vencedor. Os ricos e os pobres talvez tenham interesses conflitantes. Mas o conflito distributivo é por um vasto excedente econômico. A questão não é se alguém pode perder alguma coisa; é apenas quanto vai ganhar.

Quando o crescimento econômico é lento, por outro lado, a competição por recursos se torna muito mais implacável. Para que a prosperidade do rico continue a aumentar, ele tem de tirar alguma coisa do pobre. "É um jogo de soma zero", explicou Angus Deaton, vencedor do prêmio Nobel de economia, numa entrevista recente. "Se você tem dois ou três por cento de crescimento ao ano, não tem muita coisa boa de que possa abrir mão sem matar o boi de alguém."[61]

A transformação resultante é tanto psicológica como econômica. À medida que o crescimento cessa, a desigualdade cresce e a apreensão aumenta, uma ampla parcela da população se concentra na autorrealização. Na verdade, a atenção do eleitorado mais uma vez se concentra nos degraus inferiores da escada de necessidades de Maslow. Preocupados com seu sustento, os brancos cada vez mais se ressentem dos imigrantes e das minorias étnicas que reivindicam o direito a seus recursos coletivos. Ameaçados pelas forças aparentemente incontroláveis da globalização e do terrorismo, revertem a atitudes menos tolerantes para com as minorias étnicas e religiosas.

Algumas décadas atrás, Inglehart previu que a ascensão dos valores pós-materialistas prefigurava uma nova política: eleitores almejando a realização individual, teorizou ele, podiam votar por partidos verdes que se preocupavam com o meio ambiente e a ajuda ao desenvolvimento, e não nos partidos social-democratas que prometiam aumentar os salários. Em veia similar, hoje existe um bom motivo para pensar que a volta dos valores materialistas exercerá impacto igualmente grande em nossa política: eleitores preocupados com segurança e sustento podem estar bem mais abertos ao apelo de populistas que oferecem soluções econômicas fáceis e culpam pessoas de fora por todos os seus problemas. Se o populismo tem sido tão bem-sucedido ultimamente, grande parte do motivo parece ser que as tendências sociais e econômicas existentes há muito tempo se combinaram para promover a ascensão dos eleitores pós-pós-materialistas.[62]

Existem, como afirmei, três maneiras principais pelas quais o mundo politicamente instável de hoje difere do mundo politicamente estável de outras eras. Houve épocas em que as democracias liberais conseguiram assegurar a seus cidadãos um crescimento muito rápido no padrão de vida. Hoje, isso não é mais possível. Houve épocas em que as elites políticas controlavam os meios de comunicação mais importantes e conseguiam de fato excluir as opiniões radicais da esfera pública. Hoje, outsiders políticos sentem-se livres para espalhar ódio e mentiras. E houve épocas em que a homogeneidade de seus cidadãos — ou pelo menos uma hierarquia racial íngreme — em boa medida explicava o que unia as democracias liberais. Hoje, os cidadãos têm de aprender a viver em uma democracia muito mais igual e diversa.

Cada um desses problemas indica o caminho para um desafio urgente e intimidador. Enfrentar esses desafios um a um vai ser extremamente difícil. Abordar os três ao mesmo tempo pode se revelar impossível. E, contudo, temos de tentar, pois o destino da democracia liberal talvez dependa disso.

## PARTE TRÊS

## REMÉDIOS

Quando a "Rainha das Eleições" ascendeu ao cargo mais alto do país, muitos de seus compatriotas ficaram preocupados com a possibilidade de que representasse uma ameaça à democracia da Coreia do Sul.

Park Geun-hye sempre foi uma figura controversa. Filha de um general que governou o país por uma dúzia de anos como chefe da junta militar, ela tinha pendor para a retórica populista e defendia uma postura rigorosa na lei e ordem. Por muito tempo, seus compatriotas — que tinham lutado muito para derrubar o governo militar e estabelecer uma das democracias mais estáveis da Ásia — desconfiaram de suas intenções. Mas Park foi hábil em sua campanha e provou ser uma oradora notável. Sua promessa de enfraquecer o poder das grandes empresas do país, as chamadas *chaebols*, garantiu-lhe a popularidade. Depois de anos na selva política, ela mostrou a que veio em uma série de triunfos surpreendentes e aos poucos organizou uma tomada hostil do poder pelo maior partido de direita do país.

Em 2012, já havia atingido seu objetivo: uma vitória esmagadora a empossou na Casa Azul, a residência presidencial da Coreia. Seus aliados formavam uma maioria confortável no Parlamento. Enfim poderia mudar o país.

Mas, no final das contas, não foi o temido instinto autoritário de Park que motivou a enorme revolta contra sua presidência: foi sua proximidade — tão grande quanto a dos antecessores — com as elites empresariais do país. Alguns anos após o início de seu reinado, começaram a surgir acusações de que a presidente havia usado a influência de seu cargo para conceder benesses a Choi Soon-il, sua amiga, assessora mais próxima e conselheira espiritual. Usando seu acesso a Park, Choi teria conseguido milhões de dólares em doações das *chaebols* para as obras de caridade que administrava. Choi fizera com que a Samsung desse à sua filha, uma aspirante a amazona, um cavalo caro. E, o pior pecado de todos em um país com sistema educacional extremamente competitivo: Choi usou suas conexões para que a filha fosse aceita em uma universidade de elite.

Assim que o escândalo veio à tona, o plano evidente da Rainha das Eleições era esperar, na Casa Azul, o processo acabar. Seus aliados no Parlamento prometeram lhe dar apoio político. Assim como muitos presidentes corruptos que a antecederam, tudo indicava que Park sobreviveria à tempestade.

Então começaram os protestos. No começo de novembro de 2016, aproximadamente 100 mil pessoas foram às ruas de Seul para pedir sua renúncia. Em meados daquele mês, cerca de 1 milhão já demandavam que ela deixasse o cargo. No final do mês, a multidão inchou, formando o maior protesto na história da Coreia do Sul: quase 2 milhões de pessoas se reuniram na praça central de Seul para exigir seu impeachment.

Mais destemida do que nunca, Park se negou a renunciar. Mas seus aliados, confrontados com seus percentuais de aprovação em queda brusca e meses de manifestações em massa, aos poucos foram se afastando dela. Com o apoio de 62 membros de seu próprio partido, o Parlamento aprovou um pedido de impeachment. Quando confirmado pela Corte Constitucional, Park enfim foi removida do cargo e acusada de crimes que iam de suborno a abuso de poder.[1]

A iniciativa bem-sucedida para tirar Park da presidência pode servir de inspiração para os defensores da democracia liberal mundo afora: para impedir governos corruptos ou populistas de se entrincheirarem no poder, os cidadãos têm que descobrir violações de regras e normas democráticas. Têm que sair às ruas para mostrar que os populistas não falam em nome de todo o povo. E, por mais justo que seja seu desdém pelos aliados e bajuladores dos déspotas autoritários, precisam fazer o possível para afastar rapidamente alguns membros do regime dominante.

Porém, para evitar que populistas reconquistem o poder no futuro e salvar o sistema a longo prazo, seus defensores também precisam fazer algo mais ambicioso: devem garantir que a democracia liberal volte a corresponder às expectativas dos cidadãos.

Ao longo dos últimos anos, o governo turco prendeu tantos jornalistas, demitiu tantos funcionários públicos e aboliu tantas salvaguardas institucionais que o país está rapidamente se transformando em uma inequívoca ditadura. Desde que tomou posse em 2015, o governo polonês solapou a independência do judiciário, cooptou a mídia estatal e colonizou a burocracia a tal ponto que o jogo eleitoral está cada vez mais enviesado contra a oposição. Mesmo nos Estados Unidos, onde a existência de inúmeros atores com direito a veto nos âmbitos estatal e federal desacelerou a erosão de instituições liberais, o poder executivo fez avanços significativos na subversão do Estado de direito.[2]

Em países como esses, em que líderes autoritários já ganharam o poder e estão começando a mudar sistematicamente as regras mais básicas do jogo, a democracia liberal enfrenta uma iminente ameaça à sua sobrevivência. O que seus pretensos defensores podem fazer para impedir que populistas obtenham ainda mais poder?

É bastante raro que a oposição consiga restringir com facilidade as ações de determinado governo. Mas, quando este consiste em populistas autoritários que desdenham dos limites tradicionais ao seu poder e ficam desesperados para dobrar o sistema às suas vontades, resistir é muito mais difícil: assim como na Coreia do Sul, envolve tomar as ruas em protestos contra leis e ordens executivas perigosas. Envolve ligar para legisladores hostis a fim de exprimir oposição às causas que eles apoiam. Envolve inúmeras reuniões, logísticas complicadas, incontáveis arrecadações de fundos e diversas tarefas enfadonhas que podem parecer curiosamente desvinculadas do nobre objetivo a que em teoria servem.

"A liberdade", conforme sugere o título de um livro de autoria de Francesca Polletta, "é uma reunião interminável." A preservação da liberdade, como se pode perceber em momentos de grande risco político, exige uma série interminável de reuniões intermináveis.[3]

Mas, embora o trabalho de resistência seja sem dúvida incômodo, a maioria dos cientistas políticos acredita que ele dificulta a vida dos governos populistas: o trabalho meticuloso de oposição pode chamar a atenção para políticas impopulares; retardar o avanço de projetos de lei; incentivar juízes a derrubar leis inconstitucionais; dar apoio a órgãos de imprensa sob ataque; mudar a proporção de moderados dentro do regime; e forçar governos e organizações internacionais a pressionar o aspirante a ditador.[4]

Muitos casos recentes demonstram tais sucessos: na Polônia, manifestações em massa podem ter ajudado a forçar o presidente do país a vetar uma proposta de reforma legislativa que teria dado ao partido de Kaczyński um domínio ainda maior sobre o judiciário.[5] Na Hungria, manifestações podem ter ajudado a convencer Orbán a permitir que a Universidade Centro-Europeia continuasse funcionando mesmo depois de ele ter aprovado uma lei para fechá-la.[6] E, nos Estados Unidos, grandes protestos podem ter ajudado a incentivar juízes que se opunham à decisão do governo de restringir a entrada de cidadãos de um grupo de países de maioria muçulmana.[7]

A primeira parte da solução à ameaça do populismo é, portanto, tão objetiva quanto incômoda: mesmo quando se deparam com adversários poderosos, e mesmo quando parece perda de tempo, os defensores da democracia liberal devem lutar pela preservação das regras e normas básicas do sistema político existente. Sempre que um governante populista ultrapassa os limites da autoridade que é sua por direito, eles precisam tomar as ruas — ruidosamente e aos montes.

Mesmo quando as razões para protestos proliferam e os atos de oposição parecem tão ineficazes que nos desanimam, é muito importante que os defensores da democracia liberal resistam a déspotas autoritários com coragem e determinação. Já que refrear os populistas depois que os déspotas tomam posse é uma batalha árdua, faz-se ainda mais necessário vencê-los nas eleições.

Isso é uma constatação óbvia em países onde populistas ainda não chegaram ao poder. Na Suécia ou na França, na Áustria ou na Espanha, os cidadãos têm a força de assegurar que candidatos com evidente desdém pelas regras do jogo democrático não tenham a chance de pôr suas predileções em prática. É fundamental que o usem. Mas até mesmo em países onde populistas já assumiram o governo as eleições continuam a ser cruciais. Como geralmente os ditadores levam anos para consolidar seu poder, muito depende da astúcia eleitoral da oposição.

Cinco anos depois da posse de Recep Erdoğan, Vladimir Putin e Hugo Chávez, muitos observadores externos ainda acreditavam que eles estavam fortalecendo as instituições democráticas de seus países. Os três muito alardearam o valor da abertura política e a importância de romper com o passado autoritário. E, apesar de todos eles já terem alterado as regras do jogo a seu próprio favor na primeira vez que tentaram a reeleição, a oposição ainda tinha chances reais de vencer. Só quando esses três tiranos obtiveram uma segunda ou terceira vitória nas urnas foi que consumaram a queda de seus países rumo a uma franca ditadura.[8]

Isso demonstra como será crítico o momento em que populistas autoritários como Jarosław Kaczyński, Narendra Modi e Donald Trump concorrerem à reeleição daqui a poucos anos. Caso sofram uma derrota acachapante, a democracia liberal — pelo menos a curto prazo — provavelmente conseguirá se restabelecer na Polônia, na Índia e nos Estados Unidos. Caso consigam outro mandato, tudo é possível; com tempo e poder suficientes, é muito provável que todos esses líderes causem estragos violentos e duradouros à democracia.

A única proteção democrática contra o ataque de governantes autoritários, portanto, é persuadir o povo a votar contra eles. Mas os membros mais ativos da resistência não raro têm um surpreendente desinteresse em ajudar partidos de oposição a vencer. Na Polônia, por exemplo, o influente Comitê pela Proteção da Democracia evita explicitamente qualquer envolvimento na política eleitoral. De modo semelhante, nos Estados Unidos, muitos membros do #TheResistance são tão hostis ao Partido Democrata que não consideram uma prioridade ajudar a oposição a recuperar o Congresso em 2018 ou a assumir a Casa Branca em 2020.

Mesmo em circunstâncias em que os partidos de oposição têm enormes defeitos, essa é uma postura errada. No fim, a única defesa segura contra populistas é mantê-los longe dos corredores do poder. Embora fazer campanha para um partido tradicional esteja fora de moda entre os ativistas, participar de um movimento político que tenha esperanças genuínas de sucesso nas urnas continua a ser uma das melhores formas de defender a democracia.

Partidos de oposição precisam desesperadamente da infusão de energia e entusiasmo que os ativistas poderiam lhes dar. Mas também precisam de uma estratégia para o futuro que os ajude a vencer a próxima eleição — e os prepare para implementar melhorias significativas quando formarem o governo. Então o que exatamente é necessário para vencer um populista nas urnas?
Sistemas eleitorais e clivagens partidárias, estilos políticos e valores pessoais diferem de país para país, e mesmo de região para região. Seria um absurdo sair à procura de uma única receita para a vitória. No entanto, há casos suficientes de defensores das normas democráticas enfrentando populistas autoritários para que tiremos algumas conclusões objetivas.
A primeira lição é a enorme importância da união. Em praticamente todos os casos em que populistas assumiram o poder ou foram reeleitos, divisões profundas nas fileiras dos oponentes tiveram papel relevante.
Na Polônia, por exemplo, o sistema eleitoral exige que coalizões ganhem pelo menos 8% e partidos ganhem pelo menos 5% dos votos nacionais para ingressarem no Parlamento. Esse fato tornou especialmente importante que vários grupos de esquerda chegassem a um consenso antes das eleições de 2015. Como não conseguiram, a Coalizão Unida de Esquerda recebeu 7,5% dos votos, e o Partido Juntos, 3,6%. Enquanto isso, um partido libertário, o KORWIN, obteve 4,8%. Os votos dos três foram descontados. E assim, apesar de ganhar apenas 38% dos votos, o Partido Lei e Justiça, de Kaczyński, conquistou mais da metade das cadeiras do Parlamento.[9]

A Polônia não é o único caso em que a oposição deu um tiro no pé. Nos últimos anos, uma oposição fragmentada também ajudou populistas a ganhar ou manter o poder na Hungria e na Turquia, na Índia e nos Estados Unidos.[10]

A segunda lição é a enorme importância de falar a língua da gente comum e se conectar com as preocupações dos eleitores. Durante a campanha eleitoral de 2016, uma amiga minha ficou eufórica ao ouvir que Donald Trump tinha assumido que "amava as pessoas sem instrução". "Até que enfim", ela me disse, "vamos ter dois partidos políticos nos Estados Unidos: um para quem fez faculdade e outro para todo o resto".[11] Deixando de lado a natureza distópica de tal divisão por um instante, tive a cautela de ressaltar que somente um terço dos americanos têm diploma universitário; se "o lado bom" só representa quem é, segundo a definição dela, instruído, ele vai perder sempre.

Na Venezuela, a oposição comete o mesmo erro há tempos. "A gente não parava de frisar como o chavismo era absurdo", adverte o economista Andrés Miguel Rondón. "'Sério mesmo que vocês vão votar nesse cara? Estão loucos? Só pode!', dizíamos. O subtexto era claro: olhem, seus idiotas — ele vai destruir o país." Segundo Rondón, a oposição demorou uma década para mudar de conduta. Sua sorte só começou a melhorar quando foram "às favelas e ao interior. Não para fazer discurso ou comício, mas para jogar dominó ou dançar salsa — para mostrar que também somos venezuelanos, que não somos apenas uns ranzinzas teimosos e que sabemos rebater uma bola, que sabemos fazer uma piada que preste".[12]

As arapucas dessa postura são óbvias: seria fácil usar a necessidade de falar a língua das pessoas comuns — ou contar uma boa piada — como desculpa para imitar a retórica desagregadora dos populistas. Mas existe enorme diferença entre evitar o linguajar preferido das elites com estudo superior, por um lado, e abandonar os valores principais da democracia liberal, por outro. Conforme enfatiza Rondón, a disposição para formular uma mensagem íntegra em linguagem palpável "não é fazer populismo por outros meios. É a única maneira de firmar sua posição. É decidir não viver em uma câmara de eco".[13]

A terceira lição é a enorme importância de passar uma mensagem positiva em vez de ficar enumerando obsessivamente os defeitos dos populistas. Conforme advertiu o economista italiano Luigi Zingales aos leitores americanos poucos dias depois das eleições nos Estados Unidos, o enorme sucesso de Berlusconi na Itália se devia em parte ao fato de que a oposição "nutria uma obsessão tão raivosa pela personalidade dele que o debate político substancial desapareceu; ela se concentrava apenas em ataques pessoais, que resultavam no aumento da popularidade do sr. Berlusconi".[14]

É compreensível que muitos candidatos considerem difícil seguir o conselho de Zingales. Diante da destruição absoluta que os populistas provocam (ou ameaçam provocar), qualquer político honrado pode cair na tentação de dar asas à sua raiva justificada. Quando isso é feito com moderação, pode servir a um bom propósito: um veemente repúdio aos populistas pode ser percebido como autêntico, arregimentar os inimigos de primeira hora dos populistas e começar a reconstruir a defesa das normas democráticas. Entretanto, também é importante lembrar que muitos eleitores podem achar sedutoras as promessas feitas pelos populistas, e talvez até acreditar em suas bravatas. Para rivalizar com a narrativa segundo a qual somente eles são capazes de resolver os problemas da nação, os defensores da democracia liberal precisam apresentar suas próprias promessas realistas.

Isso remete à última e talvez mais importante das lições: os defensores da democracia liberal não vão derrotar os populistas enquanto derem a impressão de estar comprometidos com o statu quo. Quando Donald Trump concorreu com Hillary Clinton em 2016, os campos políticos estavam claríssimos. De um lado, havia um candidato radical que queria mudanças: falando de uma "carnificina americana", Trump lamentou "fábricas enferrujadas espalhadas como lápides pela paisagem da nossa nação... e o crime e as gangues e as drogas que roubaram vidas demais e roubaram de nosso país tanto potencial não realizado".[15] A solução, Trump deixou claro, era uma sacudida radical. "Eu lhes peço o seguinte", berrou em um comício de campanha em Akron, Ohio, perante uma plateia majoritariamente branca, "aos afro-americanos... aos hispânicos, pessoas maravilhosas: que diabos vocês têm a perder? Me deem uma chance. Vou arrumar as coisas. Vou arrumar as coisas. O que vocês têm a perder?"[16]

Do outro lado, havia uma candidata moderada que parecia querer preservar o statu quo. Nós somos, Clinton respondeu a Trump com a brandura característica, "Mais Fortes Juntos".[17] "A América", tanto ela como Barack Obama insistiram reiteradamente, "já é grande."[18]

Meu argumento não é que Clinton deveria ter saciado a inclinação populista por posturas radicais ou soluções simplistas: embora tanto a extrema esquerda quanto a extrema direita se sentissem encorajadas naquele momento, grande parte dos eleitores da América do Norte e da Europa Ocidental ainda tem opiniões moderadas sobre a maioria das questões. Clinton precisava mesmo era convencer os eleitores de que tinha uma vontade fervorosa de mudar o statu quo: no geral, os eleitores estão profundamente insatisfeitos com o rumo das coisas. De acordo com uma pesquisa recente, por exemplo, cerca de metade do eleitorado da França, da Alemanha e da Grã-Bretanha gostaria que seus governos se deslocassem para o centro político. Mas muitos mais — cerca de dois terços na Alemanha e no Reino Unido, e cerca de nove em cada dez eleitores da França — dizem preferir uma política de mudança a uma política de continuidade.[19]

A conclusão é clara: para evitar o erro que Clinton cometeu em 2016, os defensores da democracia liberal precisam demonstrar que levam a sério os problemas enfrentados pelos eleitores e procurar promover mudanças genuínas. Embora não precisem copiar as soluções simplistas ou ceder aos piores princípios dos populistas, devem urgentemente elaborar um plano audacioso para um futuro melhor.

Existem razões graves para os populistas terem celebrado êxitos tão imensos na América do Norte, na Europa Ocidental e além no decorrer das últimas décadas. Embora os especialistas às vezes prefiram chamar a atenção para fatores locais, seus triunfos não são fundamentalmente explicados pelas peculiaridades de países específicos, ou até mesmo pela (falta de) sagacidade política de determinados candidatos. Na verdade, uma série de transformações estruturais enfraqueceu o compromisso dos cidadãos para com as normas políticas de longa data: em muitos países, o padrão de vida da gente comum estagnou. A transição da democracia monoétnica à multiétnica se mostrou mais difícil do que se esperava. A ascensão das mídias sociais deu mais poder a outsiders políticos.

Essas mudanças ainda não transformaram nossas sociedades de forma tão radical a ponto de políticos sensatos serem incapazes de ganhar a confiança de seus cidadãos caso a caso. A curto prazo, candidatos carismáticos atentos às lições eleitorais básicas dos últimos anos ainda podem conquistar vitórias retumbantes.[20]

No entanto, agora está claro que, em um leque escandalosamente amplo de países, as mudanças das últimas décadas puseram os populistas muito próximos do poder. A longo prazo, será necessário mais que uma campanha bem administrada para pôr a democracia liberal em uma posição segura. Se não queremos que cada declínio no ciclo econômico ou cada erro de um candidato popular represente uma ameaça existencial à democracia liberal, temos que lidar com as causas estruturais do apoio populista.

Para salvar a democracia, precisamos, em outras palavras, unir cidadãos em torno de uma visão comum de suas nações; dar-lhes esperança verdadeira quanto a seu futuro econômico; e torná-los mais resistentes às mentiras e ao ódio com que se deparam nas mídias sociais diariamente. São esses desafios imensos que definirão nossa luta contra o populismo, e por uma sociedade melhor, nas décadas que estão por vir.[21]

# 7. Domesticar o nacionalismo

Não existe nada de natural no conceito de nação. Durante grande parte da história de que se tem registro, os seres humanos se organizaram em famílias, tribos, cidades, principados ou comunidades religiosas. Mesmo na esteira das revoluções americana e francesa, quando se tornou um potente condutor da história, a nação permaneceu em grande medida um projeto das elites. No auge do fervor nacionalista que culminou na unificação do país, por exemplo, o escritor Maxime du Camp observava hordas de pessoas gritando "Vida longa à Itália!" nas ruas de Nápoles. Um instante depois, algumas se aproximavam do cavalheiro com jeito de erudito para "lhe perguntar o que era a Itália e o que ela significava".[1]

Minha família conhece a arbitrariedade das nações — e a força destrutiva do nacionalismo — melhor do que muitas. Meu avô Leon nasceu em um pequeno *shtetl* perto de Lviv em 1913, então parte do Império Habsburgo. No século seguinte, a povoação pertenceu à Polônia, à União Soviética e à Ucrânia.

A jornada do meu avô ao longo do século xx não foi menos

complicada do que a de sua cidade natal. Ele sobreviveu ao Holocausto na Sibéria, viveu seu apogeu na Polônia e por fim encontrou refúgio na (veja só) Alemanha. Hoje, está enterrado em uma cidadezinha no sul da Suécia.[2]

Não causa muita surpresa, portanto, que eu tenha acalentado por tanto tempo a ideia de deixar as forças do nacionalismo lá no século xx, o qual elas moldaram de forma tão cruel. Quando abandonei minha Alemanha natal para cursar a faculdade na Inglaterra, na virada do milênio, achei que o caminho para superar a guerra e a destruição, o ódio étnico e a intolerância religiosa era unir as pessoas em torno de outras formas de identidade — ou talvez prescindir totalmente da necessidade de uma forma coletiva de pertencimento.

As pessoas podem se definir como artistas ou jogadores de futebol, como pensadores ou fazedores. Podem se identificar como residentes de suas cidades, como cidadãos da Europa, como herdeiros da Terra. O mais simples seria que pudessem simplesmente ser elas mesmas. Como as diferenças culturais entre a Alemanha e a Inglaterra, e entre a Itália e a França, eram muito pequenas — uma mera questão da língua que falavam, ou dos pratos que comiam —, essa transformação não parecia muito difícil de conceber.

Minha biografia sem dúvida me predispôs a essas esperanças utópicas. Mas minhas aspirações também eram parte de uma tendência política e intelectual bem mais ampla.

Agora é fácil esquecer que a União Europeia era, até recentemente, aclamada como o modelo de uma nova forma de organização política. Em um mundo de acelerada globalização, que enfrenta desafios estratégicos cada vez mais complexos, as nações relativamente pequenas da Europa Ocidental tinham um bom motivo para juntar seus recursos. E, já que os líderes políticos que dominavam a conversa continente afora estavam em grande medida unidos no desejo de uma Europa mais integrada, era natural acreditar que seus eleitores acabariam por seguir o exemplo.[3]

Países na periferia da União Europeia, outrora nacionalistas fervorosos, pareciam interessados em participar do clube. Nesse ínterim, países da África, da América Latina e além formavam seus próprios blocos.[4] Vários pensadores influentes começaram a argumentar que a UE talvez representasse o futuro da política mundial.[5]

A preocupação bem fundamentada acerca do passado ultranacionalista da Europa se encaixou perfeitamente no desejo idealista de um futuro supranacional. Muitos cientistas políticos acreditavam que o nacionalismo "está fadado, à medida que o desenvolvimento avança, a superar sua utilidade e se tornar marginal ou até... desaparecer por completo".[6] Conforme aponta o escritor georgiano Ghia Nodia, essa suposição era extremamente reconfortante: a previsão de que o nacionalismo estava fadado a sumir contribuía "para a feliz congruência entre visões normativas e teóricas".[7]

Depois de alguns meses morando na Inglaterra, comecei a perceber que as diferenças entre a cultura britânica e a alemã eram muito mais profundas do que eu imaginara. Também eram mais abrangentes. Longe de se restringirem à culinária ou à língua, abarcavam o humor e o temperamento, a mentalidade pessoal e os valores coletivos.

Após terminar a faculdade, quando passei mais tempo na Itália e depois na França, cheguei de novo à mesma conclusão. Os habitantes de diversos países europeus eram muito mais apegados à cultura nacional — e muito mais resistentes a se considerar europeus acima de tudo — do que eu gostaria de acreditar.

Minhas próprias experiências, assim como as rápidas transformações políticas das últimas décadas, aos poucos me tornavam mais cético quanto à viabilidade de um futuro pós-nacional:

mundo afora, o nacionalismo ressurge. Ideais supranacionais parecem estar recuando.

No decorrer da era pós-guerra, os Estados-membros da União Europeia deram mais poder a Bruxelas, sendo que a maioria de seus governos raramente ou nunca consultava a própria população acerca dessa decisão.[8] Portanto, quando no começo da década de 2000 os cidadãos de uma série de países europeus tiveram a oportunidade de votar sobre o alcance da integração europeia, o grau de oposição espantou a classe política. Em rápida sucessão, franceses, holandeses e irlandeses votaram contra propostas de uma integração ainda maior.[9]

Pouco depois, essa crise da opinião pública foi exacerbada por uma crise profunda das instituições europeias. No rastro da crise financeira de 2008, países do Sul da Europa ficaram à beira da falência. Porém, como eram membros da zona do euro, jamais poderiam desvalorizar suas moedas nem dar calote nas dívidas. A economia se contraiu durante boa parte da década. Os índices de desemprego subiram acentuadamente.[10] Ficava cada vez mais nítido que algumas das instituições mais importantes da UE não eram sustentáveis sob o formato corrente. Para evitar a reprise da crise do euro quando a próxima recessão acontecer, o continente precisa ou desmantelar a moeda única ou dar um passo enorme, impopular, rumo a uma maior integração política.[11] Nenhuma das alternativas parece muito palatável. Mesmo antes de o eleitorado britânico optar por sair por conta própria, a União Europeia já enfrentava a maior crise desde sua fundação.

Se a UE tentar reformas ambiciosas, talvez resolva alguns de seus problemas. É provável que prognósticos sobre sua ruína certa sejam exagerados. Mas a antiga esperança de que blocos regionais como a UE talvez um dia ofusquem a primazia política, cultural ou emocional da nação agora parece estranhamente anacrônica.

Até no continente que parecia mais aberto aos sonhos de um futuro pós-nacional a primazia do Estado-nação voltou fazendo estrondo.

O ressurgimento do nacionalismo tem sido ainda mais acentuado fora da União Europeia. Na Europa Central e no Leste Europeu, governos populistas tiveram êxito em mobilizar um nacionalismo invejoso, desconfiado e xenofóbico contra a democracia liberal. A Turquia rapidamente degenera em uma flagrante ditadura encabeçada por um líder autoritário que fundiu nacionalismo a islamismo. Até países como a Índia e a China — que vão ajudar a determinar o futuro da ordem mundial e de que se podia supor que flertassem com arranjos pós-nacionais devido a suas dimensões imensas — estão vivendo um renascimento do nacionalismo.[12]

Em 2000, um pouco de imaginação bastava para sonhar com um futuro pós-nacional. Parecia lógico tanto desejar que o nacionalismo abandonasse o palco da história quanto acreditar que, docilmente, ele o faria. À luz das últimas décadas, essa "suposição de harmonia feliz", conforme Nodia a chama, parece cada vez menos sustentável.[13] Talvez a esperança de um futuro pós-nacional retorne em 2036 ou 2054. Mas enquanto escrevo estas linhas tal futuro parece totalmente implausível.

Para o bem ou (é bem possível) para o mal, o nacionalismo parece estar destinado a ser no século XXI o que foi nos séculos XIX e XX: a força política mais decisiva de sua época.[14] Assim, muito depende da forma que o nacionalismo assumirá. Será que os atores políticos vão reprimir as minorias étnicas e religiosas, ventilar sentimentos chauvinistas para suprimir as instituições livres e instigar populações de vários países a se voltar umas contra as outras? Ou será que o nacionalismo do século XXI conseguirá abrir espaço para a diversidade étnica e religiosa e sustentar democracias vibrantes?

## O RESSURGIMENTO DO NACIONALISMO EXCLUDENTE

Ao contrário da maioria das nações europeias, os Estados Unidos não tiveram uma história, etnia ou denominação religiosa em comum que servissem de alicerce na fundação do país. A ideia de América sempre foi uma ideia política. Conforme a invocação mais característica "Nós, o Povo" afirma, as metas originais da república americana eram "formar uma União mais perfeita, estabelecer a Justiça, assegurar a tranquilidade interna, prover a defesa comum, promover o bem-estar geral, e garantir para nós e para os nossos descendentes os benefícios da liberdade".[15] Qualquer um que obtenha a cidadania americana e esteja disposto a jurar lealdade a esses objetivos compartilhados supostamente consegue ser acolhido nesse "nós" coletivo. É essa interpretação aberta de pertencimento — não o mero fato de que muitos recém-chegados afluíram aos Estados Unidos ao longo dos anos — que fez dos Estados Unidos um país de imigrantes.

Sem dúvida, esses princípios têm sido honrados tanto pela violação quanto pela observância. Escravos e seus descendentes foram excluídos da promessa de liberdade americana por séculos. Católicos e judeus, asiáticos e latinos, até mesmo italianos e irlandeses enfrentaram formas extremas de discriminação. Na prática, o idealismo universalista da Constituição sempre foi traído por um apego persistente a uma nação protestante descendente de linhagem britânica.

Mas, assim como a realidade amarga da discriminação sempre foi parte da experiência americana, também o foi o avanço errático rumo a uma união mais perfeita. No decorrer de décadas e séculos de conflito, a escravidão e a segregação foram abolidas. O preconceito contra católicos e judeus foi aplacado. Os italianos e os irlandeses passaram a ser considerados americanos comuns. Latinos e asiáticos pareciam rapidamente seguir seus passos. Dezenas de milhões de americanos votaram livremente para mandar um homem negro à Casa Branca. Embora o racismo permanecesse uma força social dominante e políticos de direita volta e meia usassem uma linguagem cifrada para incitar o ódio contra minorias étnicas e religiosas, a realidade cotidiana da nação americana aos poucos parecia chegar à implementação de seu projeto magnânimo: o dia em que nenhuma raça ou credo impediria alguém de afirmar-se como verdadeiro americano parecia mais próximo que nunca.

Então veio Donald Trump.

Ao longo de sua campanha, Trump pregou a proibição da imigração muçulmana, insinuando que os adeptos de uma religião mundial tinham de ser excluídos do direito de fazer parte da nação. Fez repetidas investidas contra imigrantes mexicanos e questionou a imparcialidade de um juiz de ascendência mexicana, sugerindo que algumas etnias são menos americanas do que outras. Vistas juntas, essas posturas implicavam uma visão do nacionalismo americano em termos étnicos e religiosos, uma visão que ecoava uma época em que a participação no "Nós, o Povo" era, na prática, extremamente dependente de raça e credo.

Se Trump demonstra a rapidez com que uma definição inclusiva da nação pode retroceder a uma definição excludente, ele mostra também que ferramenta poderosa ela é para os aspirantes a autoritários que pretendem atacar normas democráticas básicas. Já que o cerne do encanto populista está na pretensão a um "monopólio moral da representação",[16] todos os oponentes dos líderes populistas são, por natureza, antipatrióticos. Esse é o sentido mais profundo de dizer que a imprensa é "inimiga do povo americano" ou de alegar que o presidente Obama nasceu no Quênia. E é, claro, o sentido mais profundo do slogan "América Primeiro".[17]

Para os observadores europeus da política americana, o nacionalismo excludente de Trump parece estranhamente familiar.

Muitos europeus há muito definem o pertencimento de alguém na nação segundo a descendência de ancestrais em comum. Como resultado, vêm tratando os recém-chegados como hóspedes bem-vindos na melhor das hipóteses e como intrusos malquistos na pior das hipóteses.

Nas décadas do pós-guerra, essas posturas limitaram as oportunidades dos imigrantes, dando respaldo a formas difusas de discriminação e moldando as leis de cidadania de inúmeros países. Na época das eleições, partidos conservadores às vezes vituperavam contra a imigração para instigar sua base. Mas, embora o nacionalismo excludente tenha impossibilitado que muitos residentes participassem totalmente da promessa da democracia liberal, ele raras vezes foi usado como arma contra o próprio sistema.

Isso tem mudado aos poucos nas últimas décadas: uma nova cepa de populistas uniu o forte compromisso com o nacionalismo excludente a um ataque iliberal contra instituições existentes. Assim como Trump, políticos como Wilders e Le Pen empunham o nacionalismo como uma arma que, assim esperam, talvez seja capaz de minar a democracia liberal. Em ambos os lados do Atlântico, o nacionalismo e a democracia parecem estar em conflito. Se os defensores do nacionalismo agressivo, excludente, levarem a melhor, o ideal de uma democracia liberal, multiétnica, vai sucumbir lentamente. E isso vale tanto para a Espanha, a Alemanha e a Hungria quanto para os Estados Unidos.[18]

## A TENTAÇÃO DE ABANDONAR O NACIONALISMO

No tocante à raça, as promessas e os princípios nobres da Constituição dos Estados Unidos foram violados inúmeras vezes. Durante o primeiro século de existência da república, afro-americanos eram escravizados ou tratados como (no melhor dos casos) cidadãos de segunda classe. No segundo século, eram excluídos de grande parte da vida pública e abertamente discriminados. Mesmo quando o terceiro século da república já ia avançado, a proteção igualitária nos termos da lei lhes era lamentavelmente negada com frequência.

Hoje em dia, essas realidades são mais empíricas do que jurídicas: se afro-americanos enfrentam discriminação no mercado de trabalho, se recebem sentenças de prisão maiores pelos mesmos crimes, ou até se sofrem mais risco de levar um tiro da polícia, o motivo não é alguma diferença de status legal. Na verdade, é porque os princípios neutros da lei são, na prática, aplicados de forma discriminatória.[19]

É por isso que a reação típica dos conservadores ao problema da injustiça racial nos Estados Unidos é tão insatisfatória. Pessoas que vão de John Roberts, o presidente da Suprema Corte, a Tomi Lahren, a comentarista conservadora, gostam de ressaltar como são nobres e neutros os princípios do país — para então negar que haja sérias injustiças raciais a serem remediadas. Conforme escreveu o ministro Roberts em *Parents Involved*, um caso da Suprema Corte sobre dessegregação escolar, "para acabar com a discriminação racial é preciso parar de fazer discriminação racial".[20]

Trata-se de uma meia verdade: se agentes do setor privado — de corretores de imóveis a gerentes de RH — continuarem a praticar a discriminação racial, um estado que finge que a raça não existe não pode remediar efetivamente as injustiças resultantes.[21] Para piorar ainda mais a situação, pessoas de cor não têm, na prática, a oportunidade de não ver cores. "Na maioria das interações sociais", explica a socióloga Adia Harvey Wingfield, "os brancos são vistos como indivíduos. Minorias raciais, por outro lado, adquirem cedo a consciência de que muitas vezes serão julgadas como membros de seus grupos, e tratadas de acordo com os estereótipos (geralmente negativos) imputados a esse grupo."[22]

A insistência em que os princípios nobres da cegueira racial vão consertar tudo ou é ingênua ou é insincera. Reconhecendo isso, partes da esquerda começaram a alegar que só existe um caminho para enfrentar a injustiça racial: rejeitar completamente alguns dos princípios mais básicos que servem de alicerce para a república americana.

Se grande parte da cultura popular ignora ou rebaixa minorias étnicas e religiosas, afirmam, retratos insensíveis de pessoas de cor, ou amostras do que se passou a chamar de apropriação cultural, devem ser submetidos a constrangimento público. Se a liberdade de expressão é invocada como razão para defender um debate público repleto de formas manifestas de racismo e microagressões, esse princípio consagrado precisa ser sacrificado em prol da justiça racial.[23] Se leis que se pretendem neutras em relação à raça podem discriminar pessoas de cor de modo tão consistente, raça e identidade devem ser colocadas no cerne do sistema jurídico. E, se apelos à cidadania comum são tipicamente insinceros, as alegorias e pompas da identidade americana deveriam ser rechaçadas.

Existe algo genuinamente virtuoso na raiva que motiva essas ideias. Elas derivam do reconhecimento do grau de injustiça persistente e da compreensível impaciência perante a defesa conservadora do statu quo. E, no entanto, acabam não separando o joio do trigo. Longe de simplesmente se excederem ou serem imprudentes em termos de estratégia — como críticos que lhes são simpáticos gostam de declarar —, eles adotam princípios que no fim destruiriam a própria possibilidade de uma democracia verdadeiramente aberta e multiétnica.

O debate sobre apropriação cultural é um exemplo elucidativo. Como empregada atualmente, a ideia de apropriação cultural declara ser inaceitável que membros de um grupo majoritário adotem práticas culturais de minorias étnicas e religiosas. Nos Estados Unidos, por exemplo, considera-se errado que brancos usem dreads ou até mesmo que façam sushi.[24]

É compreensível que membros de grupos que sofreram injustiças históricas e continuam a ser vítimas de discriminação às vezes se sintam incomodados quando estranhos imitam aspectos de suas culturas. Além disso, há casos específicos de apropriação cultural que são mesmo moralmente censuráveis — não porque membros de um grupo majoritário se inspiram na cultura de um grupo minoritário, per se, mas porque usam seletivamente seus símbolos ou tradições para zombar deles e denegri-los. Um pouquinho de sensibilidade cultural ajuda muito.

E, no entanto, os princípios insinuados pela rejeição total da apropriação cultural acabam entrando em conflito direto com os ideais de uma democracia realmente liberal e diversa.

A acusação mais óbvia contra a apropriação cultural é que ela promove absurdos históricos. Como dreads foram retratados já na Grécia antiga e no Egito antigo, por exemplo, pode-se argumentar que os próprios afro-americanos estariam praticando uma forma de apropriação cultural quando usam esse penteado.[25]

A necessidade de recorrer ao absurdo histórico só revela um problema maior. Como é do conhecimento de qualquer historiador, culturas sempre foram profundamente maleáveis. De fato, defensores das sociedades multiétnicas têm a tradição de ressaltar a mistura de culturas em cidades diversificadas, da Bagdá do século XII à Viena do século XIX, passando pela Nova York do século XXI, como uma das características que as torna tão vibrantes e bem-sucedidas.[26] Mas, longe de celebrar o modo como diferentes culturas podem se inspirar umas nas outras, os opositores da apropriação cultural pressupõem implicitamente que as culturas são puras; que são propriedade eterna de grupos específicos; e que deveria haver limites rígidos sobre o grau de influência que exercem mutuamente. Em outras palavras, no fundo, sua forma de pensar a cultura de grupos identitários específicos é bem parecida com a postura dos xenofóbicos de direita, sempre prevenidos contra influências estrangeiras sobre a cultura nacional.[27]

É por isso que a aceitação cega dos medos quanto à apropriação cultural seria tão nociva ao ideal de sociedade cujos cidadãos partilham experiências comuns que cruzam fronteiras raciais e culturais: ou aceitamos a influência mútua de culturas diferentes como elemento indispensável (e ademais desejável) de qualquer sociedade diversa — ou vamos nos defender dela erguendo redomas separadas para cada grupo cultural e étnico.


A crescente rejeição ao princípio da liberdade de expressão é igualmente confusa.

Também neste caso, o ímpeto básico é compreensível, sem dúvida. Com a xenofobia aparentemente em ascensão tanto na América do Norte quanto na Europa Ocidental, e o discurso de ódio crescendo com a proeminência da internet, a maioria das pessoas bem-intencionadas vai, em algum nível, partilhar do desejo de calar as vozes mais incendiárias. Talvez não surpreenda que esse instinto seja forte sobretudo em países em que a história do fascismo ainda é dolorosamente recente, como a Alemanha. E, no entanto, assim como no caso da apropriação cultural, a rejeição à liberdade de expressão acabaria por minar precisamente os alicerces da democracia liberal.

Algumas declarações realmente são desprovidas de valor.[28] O mundo seria melhor se jamais fossem proferidas, e talvez até se pudessem ser erradicadas de vez. Mas, conforme os defensores da liberdade de expressão argumentam há séculos, o problema é que não se pode confiar a nenhuma autoridade o poder de proibir todas as declarações perniciosas: seja por engano seja por interesse próprio, qualquer instituição com o direito de censurar mais cedo ou mais tarde proibiria declarações que têm valor genuíno.

O grau de miopia estratégica de muitos defensores de restrições à liberdade de expressão é mais óbvio no contexto americano. Muito do alvoroço em torno da ideia de que a liberdade de expressão deveria ser subserviente à justiça social se origina nos campi de universidades de elite ou nas áreas mais progressistas das cidades mais progressistas do país. Para os ativistas, portanto, é fácil ignorar o que aconteceria se o reitor da Southern Baptist University, o prefeito de Hereford, Texas, ou até o presidente dos Estados Unidos, que lança afrontas contra a imprensa, ganhassem o direito de censurar declarações que lhes desagradassem.[29]

Porém a objeção fundamental a ataques à liberdade de expressão, no seu nível mais básico, se sustentaria mesmo se preocupações estratégicas fossem atenuadas. Sociedades livres são construídas sobre o princípio de que nenhum agente público pode determinar quais visões de mundo são corretas e quais são erradas. Ao conceder a autoridades o direito de decidir quais declarações são tão destituídas de valor que podem ser proibidas sem perigo nenhum, os cidadãos comprometeriam um princípio básico da democracia liberal.[30]


Debates sobre liberdade de expressão e apropriação cultural muitas vezes são inflamados por controvérsias secundárias do mundo acadêmico ou editorial — e interessam mais a escritores e editores imersos nessas comunidades do que à maioria de seus leitores. É crucial manter a perspectiva. Mas, embora a relevância de controvérsias específicas seja às vezes exagerada, questões latentes sobre o tipo de sociedade que os defensores das democracias diversificadas desejam erigir continuam inexploradas.

Fingir que a realidade atual é racialmente neutra é ser politicamente covarde e intelectualmente desonesto. Conforme argumenta Wingfield, hoje em dia os membros de minorias raciais não têm o privilégio de serem vistos ou tratados como indivíduos.[31] Mas tirar a conclusão precipitada de que uma sociedade mais justa seria estruturada em torno de direitos e obrigações de grupos é desistir de retificar essa profunda injustiça. Pois em uma sociedade dessas o grupo ao qual se pertence seria ainda mais definidor — das canções que a pessoa pode cantar às refeições que pode cozinhar. Longe de garantir que negros, latinos e asiático-americanos nos Estados Unidos — ou até os descendentes de turcos, sírios e marroquinos na Europa — possam finalmente ser considerados indivíduos, garantiria que todos os membros da sociedade fossem para sempre definidos pela cor da pele ou pela proveniência de seus ancestrais.

O problema, em suma, não é que os princípios da democracia liberal — ou a Constituição dos Estados Unidos e a *Grundgesetz* alemã — sejam inerentemente defeituosos ou hipócritas. É que ainda não foram postos em prática. A solução, portanto, não é descartar as promessas universais da democracia liberal em prol dos direitos e deveres enraizados em comunidades étnicas ou religiosas específicas, mas lutar para que enfim sejam colocadas em prática.

Ninguém tinha mais consciência dessa constatação básica do que os líderes do movimento pelos direitos civis. Longe de rejeitar os pressupostos essenciais da democracia liberal, eles usaram a reverência dos americanos a esses princípios para apelar ao senso moral de seus contemporâneos. Como John Lewis, citando outro líder do movimento, A. Philip Randolph, disse pouco depois que Donald Trump foi eleito: "Talvez os nossos antepassados tenham chegado a esta grande terra em navios diferentes, mas agora estamos todos no mesmo barco". Lewis, em suma, reconhece que a melhor chance de curvar o arco da história à justiça é usar com sagacidade o simbolismo da república americana, não rejeitar completamente o patriotismo.

A energia da esquerda atual, em contrapartida, é cada vez mais dirigida à rejeição radical da nação e de todos os seus símbolos: essa é a esquerda que se delicia com editoriais no Dia da Independência intitulados "A criação de um apatriota".[32] É a esquerda que entoa "Trump não, muro não, nada de EUA!".[33] E também é a esquerda que, insatisfeita com a admissão dos abundantes fracassos dos Pais Fundadores, se recusa a reconhecer que eles possam ser definidos por algo além de suas falhas morais. Como Shaun King ressaltou em um editorial que viralizou rapidamente, Thomas Jefferson "era um monstro... Aceito que [ele] tenha exercido uma função vital na fundação moderna do que veio a ser conhecido como os Estados Unidos da América, mas ele não deveria ser celebrado de forma alguma".[34]

Nesse sentido, a esquerda americana aos poucos segue os passos da esquerda europeia. Nos Estados Unidos, as gerações mais antigas da esquerda em grande medida reconheciam que as tradições universalistas do país possibilitaram a defesa de um patriotismo que seria mais compatível com o ideal de uma sociedade liberal e multiétnica. Na Europa, por outro lado, a esquerda há muito reconhece que o conceito dominante de nação é étnico e religioso. Consequentemente, faz tempo que emprega a mesma estratégia que partes da esquerda americana estão adotando agora: ela abandonou o patriotismo democrata em prol de uma crítica radical das instituições herdadas.[35]

O resultado não foi o desejado. Convencida de que seria incapaz de reconduzir o patriotismo em direção a seus próprios fins, a esquerda esvaziou totalmente o espaço do nacionalismo — e permitiu que a direita o ocupasse segundo seus próprios termos.

## PATRIOTISMO INCLUSIVO

Diante de parte da direita que quer negar às minorias o direito ao pertencimento à nação e de parte da esquerda que enfatiza as diferenças entre cidadãos de raças e religiões distintas a ponto de os laços entre eles parecerem se dissolver, precisamos forjar uma nova linguagem de patriotismo inclusivo.

Esse patriotismo inclusivo não deve ser cego às persistentes injustiças. Tampouco pode privilegiar a nação a ponto de oprimir as minorias dentro do país ou promover conflitos com outros países. Ao contrário, deve ampliar a tradição da democracia multiétnica para mostrar que os elos que nos unem vão muito além da etnia e da religião.

Em certa medida é uma questão de retórica, o que torna ainda mais estimulante que muitos dos líderes tenham argumentado a favor desse tipo de patriotismo nos últimos anos. Discursando no quinquagésimo aniversário de um famoso protesto pelos direitos civis, por exemplo, Barack Obama ressaltou com que intensidade americanos de todas as classes sociais juntaram suas forças para derrotar a segregação: "Quando as trombetas soaram para que mais pessoas se juntassem", ele disse, "elas vieram — negros e brancos, jovens e idosos, cristãos e judeus, brandindo a bandeira americana e cantando os mesmos hinos cheios de fé e esperança".[36]

Em seguida, Obama também enfatizou como a luta pelos direitos civis apelava aos princípios básicos da Constituição dos Estados Unidos. "Que fé imensa esses homens e mulheres tinham", admirou-se ao se ver no mesmo lugar de onde os manifestantes iniciaram a marcha de Selma a Montgomery em março de 1965.

> Fé em Deus — mas também fé na América... Existe maior expressão de fé na experiência americana, existe forma maior de patrio-

tismo do que a crença de que a América ainda não está acabada, de que somos fortes o suficiente para sermos autocríticos, de que cada geração sucessiva pode ponderar nossas imperfeições e decidir que cabe a nós recriarmos esta nação para que se alinhe mais a nossos ideais sublimes?

É por isso que Selma não é um acontecimento atípico na experiência americana. É por isso que não é um museu ou um monumento estático para ser visto de longe. É sim a manifestação de um credo escrito nos documentos de nossa fundação:

"Nós, o povo… a fim de formar uma União mais perfeita."

"Consideramos estas verdades autoevidentes, que todos os homens são criados iguais."[37]

Alguns meses antes das eleições presidenciais de 2017, Emmanuel Macron retomou o patriotismo de um modo ainda mais explícito. Diante do apoio crescente à Frente Nacional e seu conceito assumidamente excludente de cidadania, ele foi à cidade de Marselha, célebre pela diversidade.[38] Dirigindo-se a uma plateia formada por apoiadores, ele estipulou um conceito orgulhoso da nação francesa que põe a diferença em seu cerne:

> Quando olho para Marselha, vejo uma cidade francesa, moldada por 2 mil anos de história, de imigração, de Europa… Vejo armênios, italianos, argelinos, marroquinos, tunisianos. Vejo gente do Mali, do Senegal, da Costa do Marfim. Vejo tantos outros que não mencionei.
>
> Mas o que vejo? Vejo o povo de Marselha! O que vejo? Vejo o povo da França!
>
> O povo da França. Olhem para eles. Estão aqui. Têm orgulho. Orgulho de serem franceses. Olhem bem para eles, senhoras e senhores da Frente Nacional: é este o orgulho de ser francês.[39]

A retórica importa: como a nação é, na famosa descrição de Benedict Anderson, uma "comunidade imaginada", a forma como falamos dela tem o poder de afetar sua natureza.[40] Líderes políticos que descrevem em termos inclusivos uma nação que tem um longo histórico de ser excludente podem dar uma contribuição verdadeira para a domesticação do nacionalismo.

Mas a retórica tem limites. Se um número crescente de nações está se voltando para uma forma agressiva de nacionalismo, há razões políticas e históricas complexas: o número de pessoas nascidas em outros países é recorde em boa parte da América do Norte e da Europa Ocidental. Em nações historicamente monoétnicas, grande parte da população continua achando inaceitável que imigrantes ou seus descendentes possam um dia se tornar seus verdadeiros compatriotas. Ao mesmo tempo, uma porção significativa de imigrantes luta para se adaptar à cultura local, com habilidade linguística e nível de instrução inferiores aos dos nativos, mesmo na terceira geração.[41]

Tudo isso exige uma reação que seja íntegra sem ser ingênua, e capaz de conquistar o apoio popular sem ser populista: para vencer a batalha por uma forma inclusiva de patriotismo, os países terão que fazer muito mais do que promover um clima genuíno de comunidade entre seus cidadãos e aplacar medos persistentes sobre a migração futura.

A primeira parte dessa batalha é garantir que princípios liberais sejam aplicados com igual vigor em todas as esferas.

Embora democracias liberais aleguem tratar todos os cidadãos com equidade, a frequência com que não conseguem cumprir essa promessa é desanimadora. Em todos os países, da Suécia ao Canadá, alguma forma relevante de discriminação subsiste. Se a discriminação emana do Estado ou do setor privado, de associações particulares ou de indivíduos isolados, ela solapa significativamente o grau de cidadania igualitária usufruído pelas minorias.

Felizmente, medidas simples podem reduzir casos de discriminação. Muitos estados e países ainda precisam aprovar leis abrangentes que proíbam empregadores e senhorios de discriminar minorias, por exemplo. Mudanças em convenções antigas também podem ajudar a fazer diferença: países europeus, por exemplo, fariam bem em proibir que candidatos a empregos incluam fotos no currículo, uma prática muito comum. Já as empresas poderiam mitigar vieses involuntários tirando o nome e a raça do candidato dos materiais examinados nas primeiras etapas dos processos seletivos.

Barreiras estruturais continuam sendo um obstáculo ainda maior ao sucesso de minorias raciais e étnicas.[42] A educação é um caso especialmente gritante. Em países como a Alemanha, um sistema educacional de múltiplos níveis determina quem pode avançar à universidade no final do quarto ano — dando uma enorme vantagem a filhos de pais que sabem navegar o sistema e têm bom nível educacional.[43] Em países como a França, um sistema educacional que na superfície é igualitário despeja muitos recursos em poucas escolas nobres enquanto negligencia o desempenho desastroso dos alunos dos bairros com maior concentração de imigrantes do país.[44]

Já nos Estados Unidos, escolas públicas continuam notavelmente segregadas. Sessenta anos após *Brown v. Board of Education*, o marco da decisão judicial que determinava que escolas "separadas mas iguais" violavam a Constituição, o Congresso pediu ao Government Accountability Office, uma espécie de Controladoria Geral da União, que investigasse até que ponto a integração racial havia avançado. Os resultados foram desanimadores: uma porcentagem deprimente de crianças ainda frequenta escolas em que predominam estudantes de sua própria raça. Na verdade, o número de escolas com altíssima concentração de alunos de minorias havia dobrado entre 2000 e 2013.[45]

Qualquer compromisso verdadeiro com a ideia de dar a estudantes de minorias a mesma chance de ter uma boa vida deve abarcar a reversão dessas tendências desalentadoras. O primeiro passo na direção de uma nação em que pessoas de trajetórias diferentes se enxergam como verdadeiros compatriotas é educá-las juntas. Em quase todos os países, o verdadeiro avanço rumo a essa meta incluiria uma reforma radical que mal figura nos programas de governo. Na Alemanha, significaria repensar o sistema educacional em três níveis para que promova maior pluralidade étnica e torne bem mais fácil para filhos de imigrantes frequentar a universidade. Nos Estados Unidos, exigiria um foco renovado na dessegregação das escolas.

Uma política de integração liberal genuína partiria da decisão revigorada de garantir que membros de grupos minoritários não sejam discriminados ou vejam suas perspectivas de vida turvadas por obstáculos estruturais. Ao mesmo tempo, também se oporia a quem — seja por medo de ser falsamente acusado de discriminação seja por um compromisso explícito com o relativismo cultural — isenta as minorias de direitos básicos e deveres de uma sociedade liberal.

Os exemplos são surpreendentemente comuns. Da Suécia aos Estados Unidos, um número chocante de meninas lida com casamentos forçados ou sofre com a prática da mutilação genital feminina.[46] Tanto na Bélgica como no Reino Unido, investigações policiais de crimes graves cometidos por membros de minorias foram dificultadas por receios quanto à sensibilidade cultural.[47] Por fim, em um número crescente de casos, agentes do Estado abrem exceções para atos perniciosos porque supostamente decorrem da cultura de origem da pessoa: na Alemanha, por exemplo, um juiz se recusou a conceder a uma mulher que foi espancada pelo marido de origem marroquina um divórcio rápido seguindo a lógica de que, "na cultura dele, não é atípico que o marido exerça a punição física contra a esposa". A mulher, declarou o juiz, devia "esperar esse tipo de conduta" quando se casou com ele.[48]

Embora esse estilo de abordagem se faça de tolerante, ele subestima as minorias. Desculpar a violência doméstica por provavelmente ser uma parte normal da cultura de um imigrante perpetua o racismo das baixas expectativas. Virar a cara enquanto meninas sofrem mutilação genital é impor o preço da suposta tolerância do Estado aos membros mais vulneráveis das minorias. Longe de ser um exercício de discriminação, a decisão do Estado de avaliar todos os seus habitantes segundo o mesmo padrão, independentemente da religião ou da cor da pele, é a única forma de assegurar que não se isentará dos deveres mais essenciais a que está obrigado.[49]

O ideal de nacionalismo inclusivo exige que o Estado proteja os direitos de todos os indivíduos, contra seus próprios parentes bem como contra seus vizinhos. Se nosso desejo é preservar a democracia liberal, não podemos eximir minorias de suas demandas. Mas o mesmo ideal propicia uma orientação menos clara em um tópico que é ainda mais carregado de emoções: a natureza e amplitude da imigração.

Uma coisa é evidente: defensores da democracia liberal não devem ceder ao sentimento populista. Para corresponder a seus princípios, devem proteger imigrantes de abusos. E, como temores demográficos têm uma ligação íntima com a apreensão econômica, também precisam reconhecer que no fundo seria contraproducente ceder a um monte de medidas contra a imigração propostas por candidatos populistas de ambos os lados do Atlântico: restrições radicais que prejudicam muito a economia dificilmente enfraqueceriam, a longo prazo, o apoio a populistas.

Por outro lado, defensores da democracia liberal simplesmente atiçam as chamas do populismo quando desconsideram os medos em relação à ineficácia dos controles de fronteiras ou desdenham da raiva da população com os níveis atuais de imigração. Portanto, algum afastamento de suas políticas preferidas talvez seja necessário se desejam enfrentar as principais causas do desencanto com o sistema político.

Não existe solução fácil. E, no entanto, um meio-termo de princípios é possível: os defensores do nacionalismo inclusivo deveriam proteger os direitos das pessoas que já estão no país e advogar para que a porta permaneça aberta a parentes próximos de residentes e a imigrantes muito qualificados. Mas, ao mesmo tempo, devem levar a sério as preocupações com o ritmo acelerado da migração e reconhecer que a nação é uma comunidade delimitada geograficamente que só pode perdurar se for capaz de controlar suas fronteiras.[50]

Na prática, isso significa que precisamos insistir que todos os residentes legalizados de um país sejam tratados da mesma forma, independente da cor e do credo. Temos que nos opor a tentativas, como o banimento de muçulmanos proposto por Trump, de excluir pessoas por causa de sua religião (ou por causa de outros atributos, como raça). E também precisamos denunciar o sofrimento causado por deportações de imigrantes ilegais que foram levados ao país quando crianças ou que lá moram há muito tempo.

Mas, da mesma forma, temos que reconhecer que o direito de os países aprimorarem a capacidade de rastrear e controlar quem ganha acesso ao seu território não é uma violação aos princípios da democracia liberal. Pelo contrário, fronteiras seguras podem conquistar o apoio popular a políticas de imigração mais generosas. Além disso, um processo eficiente de identificação e remoção de imigrantes que representam ameaça à segurança ajuda a aplacar, em vez de atiçar, tensões étnicas.

Pode-se chegar a um meio-termo parecido a respeito do índice geral de imigração. Há inúmeros bons motivos para continuarmos a acolher muitos recém-chegados nos nossos países. Mas, ao mesmo tempo, é perfeitamente compatível com os princípios da democracia liberal que uma nação se proponha a honrar as preferências populares diminuindo o número total de imigrantes. As normas que regulamentam quantas pessoas são aceitas no país deveriam, em suma, estar abertas à contestação democrática.

As escolhas que enfrentamos no tocante à imigração são muito mais nuançadas do que a retórica exaltada sobre o assunto sugere. Há muitas formas de respeitarmos os princípios da democracia liberal atenuando os medos populares acerca da imigração. O Canadá, por exemplo, mostra que é possível um país ser muito receptivo, prático e sensato ao mesmo tempo: ao abrir suas portas para um grande número de imigrantes com a exigência de que a maioria seja altamente qualificada, o país se tornou um modelo de tolerância.[51]

O nacionalismo é como um animal meio selvagem e meio domesticado. Contanto que permaneça sob nosso controle, pode ser de enorme serventia — e enriquecer de verdade nossas vidas. Mas está sempre ameaçando se livrar dos freios que lhe colocamos. Quando isso acontece, pode ser fatal.

Continuo idealista o bastante para ser atraído a uma visão de mundo para além do nacionalismo — um mundo em que as pessoas não precisem insistir em suas diferenças étnicas e culturais e possam se definir por serem todas parte da raça humana. Mas também sou pessimista o suficiente para admitir que a fera nacionalista está mais do que viva.

Podemos, é claro, ignorar o nacionalismo ou desejar que ele suma com um passe de mágica. Mas se o abandonarmos, sem dúvida outras pessoas tomarão as suas rédeas, cutucando e instigando a besta a mostrar seu lado mais feroz. Apesar de todos os receios bem fundamentados acerca do nacionalismo, não nos resta muita alternativa senão domesticá-lo o melhor possível.

# 8. Consertar a economia

Há um núcleo nostálgico em grande parte da retórica populista. Nos Estados Unidos, é famosa a promessa de Donald Trump de "Fazer a América Grande Novamente".[1] No Reino Unido, o slogan central da campanha pela saída da União Europeia era o compromisso de "Retomar o Controle".[2]

Um dos motivos para esses slogans simples serem tão poderosos é o fato de possibilitar que cada eleitor projete neles sua própria forma de nostalgia. Alguns eleitores anseiam por uma época em que o país era dominado por uma só etnia, enquanto outros sentem falta do tempo em que normas sociais conservadoras reinavam soberanas. Alguns identificam a importância passada do país com as aventuras imperiais do século XIX, ao passo que outros lembram com carinho das vitórias militares do século XX. Mas, apesar de todos os matizes de sentido que esses slogans simples evocam, está claro que a saudade de uma era de ouro econômica em que as pessoas eram afluentes e os empregos eram garantidos é um elemento central de seu apelo.

Muito da apreensão dos eleitores tem a ver com dinheiro.

Em inúmeros países da América do Norte e da Europa Ocidental, o padrão de vida da família média não melhora há décadas. Os jovens não estão se saindo tão bem quanto os mais velhos. A desigualdade está aumentando. À luz das decepções que sofreram nos últimos anos, não é irracional que a maioria das famílias tema que o futuro traga dificuldades materiais verdadeiras.

Entretanto, a nostalgia do passado econômico não tem a ver só com dinheiro: também diz respeito ao rebaixamento das expectativas.

A maioria das pessoas nos Estados Unidos e no Reino Unido, na Suécia e na Itália é muito mais abastada do que eram seus avós quando tinham a mesma idade. Mas os avós tinham motivos para ser otimistas: depois de crescer na pobreza, levavam uma vida de relativa fartura e esperavam que seus filhos se dessem ainda melhor. Hoje em dia, em contrapartida, a experiência da estagnação econômica deixa a maioria dos cidadãos apreensiva quanto ao futuro. As pessoas observam com enorme preocupação as forças da globalização tornarem cada vez mais difícil que os Estados fiscalizem suas fronteiras ou implementem suas políticas econômicas. E, assim como suas nações parecem não ser mais capazes de tomar as próprias decisões, elas também se sentem joguetes das transformações econômicas que fogem ao seu controle. Enquanto os empregos que outrora pareciam estáveis são despachados para o exterior ou se tornam supérfluos por conta da tecnologia — e fábricas célebres fecham as portas ao passo que sindicatos perdem seu poder de influência —, o trabalho já não proporciona mais uma posição segura na sociedade.

Portanto, quando clamam por "Fazer a América Grande Novamente" ou "Retomar o Controle", as pessoas querem mais que um contracheque mais polpudo. Longe de serem motivadas por mero consumismo, elas anseiam por um senso de otimismo que lhes garanta a posição que ocupam em um mundo em rápida transformação.[3]

Para estancar a ascensão do populismo, temos que aplacar esses medos complexos e imaginar um futuro melhor. As pessoas procuram se assegurar de que seus empregos ainda merecerão respeito daqui a dez, vinte ou trinta anos. Querem saber que são donas do próprio destino a ponto de conseguirem viver com conforto material. Querem ter a certeza de que seus filhos terão a chance de se sair melhor que elas. Querem que sua nação possa tomar as próprias decisões e zelar pelos cidadãos mais vulneráveis apesar das mudanças geradas pela globalização. A não ser que consiga fazer algum progresso em todas essas frentes, a nostalgia de um passado mais simples se traduzirá sempre em votos nos populistas que prometem recriá-lo.

Em meio à sensação geral de desesperança econômica, é fácil esquecer que o tamanho total das economias ocidentais continuou crescendo ao longo das últimas décadas. Desde 1986, o produto interno bruto per capita dos Estados Unidos cresceu 59%. O patrimônio líquido do país cresceu 90%. O lucro empresarial aumentou 283%.[4]

Porém esses números agregados escondem a distribuição dos ganhos. Só 1% do crescimento total da riqueza de 1986 a 2012 foi para as famílias que compõem 90% da base da pirâmide social. Em contrapartida, 42% foi para o 0,1% do topo.[5]

O mais impressionante nesses dados econômicos é o quanto os políticos americanos conspiraram para acelerar, em vez de desacelerar, a diferença entre o destino dos riquíssimos e o dos cidadãos comuns. Em 1981, Ronald Reagan baixou a alíquota máxima de imposto para a população de alta renda de 70% para 50%, e em 1986 baixou de novo, dessa vez para 38,5%. George W. Bush reduziu a alíquota máxima para 35% e a alíquota sobre ganhos de capital — quase exclusivamente paga pelos ricos — de 20% para 15% em 2003.[6]

Ao mesmo tempo que os políticos mudavam as regras para permitir que os ricos ficassem com uma fatia maior de suas rendas, eles esvaziavam muitas das iniciativas de que os membros mais vulneráveis da sociedade havia muito tempo dependiam para continuarem solventes.

Reagan cortou pela metade o financiamento de subsídios a aluguéis e habitações sociais e tirou 1 milhão de pessoas do auxílio-alimentação. Bill Clinton substituiu o Auxílio a Famílias com Filhos Dependentes (um programa federal sem limite de duração) pela Assistência Temporária para Famílias Carentes (um programa administrado pelos estados e que proíbe os beneficiários de receber assistência por mais de dois anos consecutivos, ou cinco anos ao todo). Os estados, por sua vez, corroeram ainda mais o sistema de amparo social ao realocar os auxílios que recebem do governo federal: em vez de suprir os pobres com auxílio em dinheiro ou assistência à infância, agora muitos usam essas subvenções para preencher as lacunas de seus orçamentos.[7]

O impacto total dessas mudanças foi imenso: duas décadas atrás, 68% das famílias pobres com filhos recebiam auxílio financeiro via assistência social; hoje, a cifra é de 26%.[8]

Fora dos Estados Unidos, a história não é tão extrema. Na maior parte da Europa, por exemplo, alíquotas de imposto para os riquíssimos não foram reduzidas na mesma proporção. Mas lá, também, uma década de austeridade teve um enorme impacto no sistema de proteção das pessoas contra grandes riscos da vida e deteriorou os serviços públicos que têm à disposição. Principalmente no sul do continente, a tributação de pessoas comuns foi elevada ao mesmo tempo que os auxílios a desempregados foram cortados, as pensões foram diminuídas e os serviços públicos — da educação gratuita às linhas de ônibus rurais — foram degradados.[9]

Apesar de ter sido provocada pelos fracassos no topo do mercado financeiro, a Grande Recessão gerou um rápido aprofundamento da diferença econômica entre ricos e pobres, tanto na Europa quanto nos Estados Unidos.

A desesperança econômica das últimas décadas não raro é descrita como se fosse causada por forças naturais, sobre as quais os políticos não têm controle. O avanço tecnológico e a automação, dizem, substituíram milhões de empregos.[10] A ascensão de concorrentes na China e em Bangladesh diminuiu salários e reduziu a oferta de empregos para trabalhadores pouco qualificados.[11] Talvez os cidadãos de democracias da América do Norte e da Europa Ocidental tenham simplesmente que enfrentar o fato de que sua época de fartura incomparável chegou ao fim.[12]

Existe um grande fundo de verdade nessa história. Seria extremamente difícil para um governo nacional interromper o avanço tecnológico ou impedir o comércio internacional. E, mesmo se fosse possível, não seria desejável. Afinal, essas transformações arrancaram da miséria bilhões de pessoas mundo afora — e poderiam, um dia, conceder aos cidadãos de países afluentes uma inédita liberdade do trabalho pesado e da escassez.[13]

Mas, embora as tendências subjacentes de fato escapem ao controle de governos nacionais, os efeitos corrosivos que tiveram no bolso e na postura de cidadãos comuns são resultados do fracasso da política. Sim, a tecnologia está afetando muitas profissões tradicionais, porém o Estado poderia fazer muito mais para garantir que as pessoas mais atingidas por essas mudanças tenham uma vida material digna. E, sim, a supremacia econômica das democracias ocidentais está se enfraquecendo rapidamente — mas as frustrações materiais sofridas por seus cidadãos são causadas tanto por uma distribuição injusta dos lucros da globalização quanto pela estagnação econômica.

Alguns países ocidentais fizeram um serviço bem melhor

que outros apesar de desafios externos semelhantes: a diferença está nas políticas públicas. A questão, portanto, não é se podemos interromper as megatendências econômicas das últimas décadas, mas como utilizá-las de forma mais justa.[14]

TRIBUTAÇÃO

Uma das formas óbvias de reverter as tendências preocupantes das últimas décadas é reverter as políticas que as exacerbaram. Isto é, aumentar as alíquotas reais de imposto para quem ganha mais e para as empresas mais lucrativas.[15] Trata-se de restaurar os elementos básicos do Estado de bem-estar social.[16] Trata-se de investir em áreas — como infraestrutura, pesquisa e educação — em que o gasto público assegura um retorno positivo a longo prazo em vez de cortar despesas em todas as áreas do orçamento.[17] E é claro que isso significa propiciar a todos os cidadãos um sistema de saúde satisfatório.[18]

Mas, se quisermos levar a sério a garantia de que todos os cidadãos partilhem dos lucros da globalização, precisamos adotar uma agenda econômica que vá muito além da mera restauração das políticas do passado recente. Tanto o sistema de tributação quanto o Estado de bem-estar social existentes foram estabelecidos em uma época em que (ao contrário de hoje) a maioria das atividades econômicas se dava dentro dos limites do Estado-nação; as pessoas geralmente passavam grande parte da vida trabalhando; e a maioria dos empregos era extremamente estável. Embora os objetivos da ordem econômica pós-guerra — honrar tanto a importância da igualdade econômica quanto o poder produtivo do livre mercado — continuem nobres e relevantes como sempre, as melhores ferramentas para atingi-los mudaram.

A necessidade de achar caminhos novos para cumprir velhas metas é óbvia sobretudo no caso da tributação.

Com 39,1%, a alíquota mais alta para empresas americanas foi quase um recorde mundial em 2012. Mas, naquele mesmo ano, o percentual de fato pago por empresas foi o mais baixo em quatro décadas, de apenas 12,1%.[19]

Uma grande razão para esse imenso diferencial é o emaranhado de brechas absurdas criado pelo legislativo com pleno conhecimento de que assim ainda mais dinheiro seria canalizado para os riquíssimos: para dar só um exemplo, o tratamento favorável a aviões particulares os torna incrivelmente baratos para empresas.[20] Outra grande razão é que empresas se esquivaram do intuito original de muitas leis tributárias mudando sua sede para o exterior, ou criando uma intricada rede de entidades legais que canalizam os lucros para lugares onde mal são taxados. Segundo a Oxfam, por exemplo, as cinquenta maiores empresas americanas, por meios inteiramente legais, transferiram mais de 1 trilhão de dólares para paraísos fiscais offshore, custando ao governo americano cerca de 111 bilhões de dólares em arrecadação fiscal perdida.[21]

Indivíduos ricos são tributados de modo similarmente complacente. Um dos motivos para os bilionários pagarem uma alíquota de imposto efetiva mais baixa do que suas secretárias, como no famoso lamento de Warren Buffett, é que os políticos continuam lhes outorgando enormes benesses: a dedução de juros, por exemplo, possibilita que gestores de fundos de investimentos reduzam à metade o imposto que de hábito pagariam sobre o lucro total.[22] Mas outra razão é que indivíduos ricos são tão exímios na hora de escapar do leão quanto as empresas: como demonstrou o vazamento dos Panama Papers, todo ano grandes fortunas são enviadas a offshores; embora boa parte dessa atividade seja ilegal, ela raramente acaba em processos.[23]

A fim de garantir que tanto indivíduos quanto empresas paguem seu justo quinhão de impostos, devíamos nos propor a conceber como seria o sistema tributário se fosse reinventado do zero. Como os Estados-nações podem recuperar sua capacidade de taxar rendas e lucros apesar da imensa mobilidade do capital no mundo globalizado?

A resposta é, em certa medida, mais simples e mais óbvia do que pode parecer. Historicamente, o maior trunfo de um Estado-nação foi seu território. Na verdade, a própria definição de Estado moderno tradicionalmente se fiava na sua capacidade de impor um conjunto de regras a uma área geográfica específica.[24] O problema que enfrentamos agora resulta do fato de que a relevância econômica desse trunfo caiu nas últimas décadas: enquanto grande parte da economia se baseava na agricultura, muito do capital não podia atravessar fronteiras nacionais. Quanto mais a atividade econômica se deslocava para a manufatura, para serviços em geral e para a indústria financeira em específico, mais fácil se tornava a fuga de capital. Não admira que o regime tributário concebido em uma época de capital cativo seja inadequado para enfrentar essa nova realidade.[25]

No entanto, a impotência do Estado-nação foi (para abastardar um já infame abastardamento vocabular) *malsuperestimada*.[26] Isso é óbvio principalmente no caso da tributação individual. A maioria das pessoas — mesmo as muito abastadas — tem um elo profundo com o próprio país. Embora dispostas a passar 183 dias por ano nas Bahamas em troca de uma fatura tributária bem menor, poucas optariam por se privar totalmente do acesso à própria pátria. Isso dá aos Estados-nações uma óbvia vantagem sobre seus cidadãos: para continuar tendo acesso a seu território, têm que pagar imposto no país.

Os Estados Unidos são o único país desenvolvido no mundo

que já age assim. Qualquer cidadão americano ou residente permanente tem que pagar imposto nos Estados Unidos.[27] Outros países deviam seguir o exemplo e parar de dar tratamento especial a cidadãos que moram parte do ano em paraísos fiscais a fim de escapar da obrigação de pagar a soma que lhes cabe.[28] Até nos Estados Unidos o mesmo princípio poderia ser aplicado com mais vigor e expandido a fatores além da cidadania: por exemplo, talvez faça sentido exigir que todos que possuam imóvel residencial em um país paguem impostos nele.[29]

Embora essa regra possa ser muito útil para resolver o papel nocivo exercido pelos paraísos fiscais, ela não ajudaria a solucionar o problema dos paraísos fiscais ilegais. Mas aqui, também, o Estado-nação tem mais cartas na manga do que os fatalistas supõem.

Nas raras ocasiões em que países importantes se uniram para pressionar paraísos fiscais, tiveram um sucesso surpreendente, conforme demonstra a série de acordos recentes entre a Suíça e países que incluem o Reino Unido e os Estados Unidos.[30] Além disso, Estados-nações podem fazer verdadeiros progressos mesmo na ausência de acordos de cooperação internacional. Os governos podem, por exemplo, mudar o comportamento dos riquíssimos aumentando as penas por evasão fiscal de grande monta, investindo mais dinheiro na investigação de fraudes e se dispondo mais a pagar por dados financeiros vazados que possam levar a condenações: se o aventureirismo financeiro pusesse indivíduos ricos em risco real de acabar na cadeia, seriam muito menos propensos a embarcar nele.[31]

O caso do imposto corporativo é mais delicado, já que é mais difícil aplicar o princípio da territorialidade a multinacionais com cadeias de produção e distribuição extremamente complexas. No entanto, essa frente também abriga muito espaço para reformas. Pois assim como indivíduos relutam em abrir mão do acesso ao território de um Estado, as empresas precisam obter acesso a ele para vender seus produtos e oferecer seus serviços.

Hoje em dia, a soma de impostos que a Apple e a Starbucks têm que pagar depende em grande medida do fato de suas sedes ficarem em Dublin ou em Düsseldorf, em Luxemburgo ou em Londres, em Wilmington ou em Washington.[32] Para remediar o impacto corrosivo que alguns territórios pequenos com impostos corporativos excepcionalmente baixos podem ter sobre o quinhão geral, outros estados e países deviam exigir que as empresas pagassem impostos sobre uma parcela razoável de seu imposto integral em cada um dos territórios onde fazem negócios.[33] Pois apesar de a Apple estar disposta a montar sua sede europeia na Irlanda a fim de reduzir sua conta fiscal, ela ainda vai precisar pôr o iPhone à venda na Grã-Bretanha — e devia ser obrigada a pagar um imposto justo sobre o lucro que ganha com essas vendas. Nesse quesito, os passos firmes que os governos alemão e francês recentemente deram nesse sentido, para garantir que gigantes da tecnologia paguem "impostos de verdade" nesses países, podem ser um prenúncio de um futuro muito mais justo.[34]

## HABITAÇÃO

Nenhum político que se candidate a um cargo público na Noruega ou nos Estados Unidos, na Grécia ou no Canadá, seria eleito com a promessa de aumentar o preço do pão e da manteiga. Mas, no que diz respeito a outro artigo de que os cidadãos precisam para ter uma vida digna, a habitação, a promessa de manter seu preço em níveis exorbitantes não parece muito estranha. Na verdade, apesar de haver variações significativas de país para país, os governos nas democracias do mundo inteiro tentaram, de forma explícita, empurrar para cima os preços de moradia. Infelizmente, essa é uma das poucas áreas em que tiveram êxito, de modo geral.

Sobretudo nas maiores cidades do mundo, a explosão dos preços dos imóveis é desconcertante. Em Nova York, por exemplo, o aluguel médio de um apartamento na década de 1960 era de 200 dólares por mês, e o pé quadrado de imóvel residencial custava 25 dólares. Na década de 2010, o aluguel médio havia subido para 3,5 mil dólares e um pé quadrado era vendido a 1,07 mil. Também em Londres, o preço de uma casa média subiu de 55 mil libras, em 1986, para 492 mil, em 2014.[35]

Esse aumento no preço dos imóveis tem um enorme impacto sobre o padrão de vida das pessoas dessas cidades, principalmente as mais jovens. Os inquilinos de Londres, por exemplo, hoje gastam espantosos 72% da renda em aluguel, o que torna o preço exorbitante dos imóveis o principal motivo para seu padrão de vida não melhorar há décadas.[36]

O preço atordoante dos imóveis em centros metropolitanos também gera um impacto pernicioso sobre quem não consegue pagar esses aluguéis abusivos. À medida que o processo de gentrificação avança, muitas pessoas criadas em áreas urbanas são postas para fora — e acabam sendo isoladas tanto de suas redes de apoio como das oportunidades econômicas propiciadas pelas grandes cidades.[37] Muitas pessoas que cresceram em zonas rurais menos afluentes, enquanto isso, continuam permanentemente excluídas das regiões mais produtivas do país, tornando ainda mais difícil melhorar de vida.

Em suma, o preço exorbitante da habitação é agora uma das razões mais importantes para a estagnação do padrão de vida na América do Norte e na Europa Ocidental. Se a derrota do populismo depende em certa medida de deixar os cidadãos mais otimistas quanto ao futuro, a reorientação radical das políticas de habitação é uma necessidade urgente.[38]

\* \* \*

Um modo relevante de abordar a crise habitacional é simplesmente aumentar a provisão de unidades disponíveis.

O processo de licenciamento deveria ser facilitado, e disputas sobre elas deviam ser solucionadas rapidamente.[39] Cidades e vilarejos deviam ter menos poder de veto sobre obras de incorporadoras sob sua jurisdição.[40] Estados deviam fazer mais para ajudar na construção de novos apartamentos, seja diretamente, pela construção de unidades novas de habitação popular, ou indiretamente, por meio de auxílio financeiro a governos locais.[41] Por fim, a introdução do imposto único sobre o valor da terra — que cobra o mesmo valor sobre um terreno independentemente de seu dono deixá-lo improdutivo ou resolver construir um prédio — seria um grande incentivo para a construção de novos lares.[42]

Um sistema tributário diferente também poderia melhorar a distribuição de moradias. Impostos mais altos sobre um segundo imóvel e propriedades vazias poderiam aumentar os índices de ocupação.[43] Os incentivos existentes para que ricos comprem casas maiores ou adquiram outras propriedades — como a dedução de imposto sobre juros de hipotecas nos Estados Unidos ou a facilidade de se conseguir hipotecas para comprar imóveis para locação no Reino Unido — poderiam ser abolidos.[44]

Nenhuma dessas medidas é de fácil aprovação: uma vez que o patrimônio imobiliário é a principal fonte de riqueza de muitas pessoas da classe média, é forte o incentivo para que sejam a favor do aumento do preço dos imóveis.[45] E, já que uma queda brusca nos preços de moradia pode, como o mundo aprendeu a duras penas em 2008, provocar um enorme impacto a curto prazo, é compreensível que os políticos se preocupem com medidas que possam estourar a bolha especulativa.[46]

Mas, se levarmos a sério o papel da habitação como freio artificial à nossa afluência — e portanto um perigo para nossas democracias —, há maneiras de compensar os derrotados pela queda do valor dos imóveis e tornar os possíveis benefícios mais evidentes aos olhos dos vencedores. (Os Estados poderiam, por exemplo, leiloar os direitos de incorporação, dando a cada cidadão um cheque com uma parcela dos lucros.)[47]

Dos muitos desafios econômicos que enfrentaremos nas próximas décadas, o preço exorbitante da habitação é o mais fácil de resolver; basta agir da forma certa. Desistir de adotar essas medidas por serem difíceis do ponto de vista político é rebaixar as expectativas.

PRODUTIVIDADE

No decorrer dos últimos anos, os debates públicos sobre economia se concentraram na desigualdade.[48] Isso é bom por vários motivos: a desigualdade desenfreada corrompe o processo político, permite que a classe média alta se aproprie das melhores oportunidades educacionais e profissionais, e enfraquece os laços sociais de solidariedade entre os cidadãos.[49] Mas, embora a contenção da desigualdade de renda seja por si só importante, o papel do aumento da desigualdade na estagnação do padrão de vida é às vezes exagerado.

Segundo o Informe Econômico ao Presidente de 2015, por exemplo, a renda de uma família americana média seria bem mais alta hoje se a desigualdade não tivesse aumentado drasticamente: se a parcela de renda que vai para a maioria da população não tivesse encolhido desde a década de 1970, a família americana média teria agora 9 mil dólares a mais por ano à sua disposição. Essa quantia faria muita diferença. E, no entanto, o mesmo estudo também mostra que existe uma causa muito mais importante da estagnação do padrão de vida: a desaceleração da produtividade. Na verdade, se a produtividade tivesse crescido nas últimas décadas no mesmo ritmo com que crescia na época do pós-guerra, a família americana média agora seria capaz de gastar 30 mil dólares a mais por ano.[50]

Aumentar o nível de produtividade (o volume de produção que os trabalhadores conseguem obter em determinado tempo) deveria ser, portanto, uma prioridade para quem se importa com a estagnação dos padrões de vida. Por isso nos causa ainda mais infelicidade saber que é muito mais provável que cheguemos a uma solução para construir uma grande quantidade de moradias baratas do que para aumentar a produtividade do trabalho. Mas, embora os economistas concordem que não exista solução mágica, a maioria também acredita que há alguns caminhos mal aproveitados — e que quase todos eles apontam para a pesquisa e a educação.

Apesar de a pesquisa ser um dos grandes propulsores a longo prazo da produtividade, a porção do PIB total que os governos de todos os níveis gastam nela está em queda constante em muitos países. No contexto americano, esse fato é impressionante sobretudo nos estados: um dado infame mostra, por exemplo, que a Califórnia atualmente gasta bem mais em seus presídios do que em suas universidades de padrão internacional.[51]

A situação é ainda pior fora dos Estados Unidos. A Alemanha, por exemplo, se orgulha de seu sistema educacional e tem um sistema de financiamento da pesquisa de ponta muito alardeado. No entanto, o financiamento total à *Exzellenzinitiative* do país é menor do que o orçamento anual da Universidade Harvard.[52]

A falta de investimento da parte de vários governos é agravada pelos níveis decrescentes de pesquisa e desenvolvimento financiado por empresas. Embora os economistas tenham dificuldade em mensurar a quantia exata que as empresas gastam em tais atividades, um artigo recente conclui que houve um significativo "abandono da pesquisa científica por grandes empresas entre os anos 1980 e 2007".[53]

Portanto, muito poderia ser feito se os governos se comprometessem de novo com o financiamento de pesquisas de longo prazo e dessem incentivos mais robustos para que empresas privadas fizessem o mesmo. Mas, para continuar aumentando os níveis de produtividade dos cidadãos, precisam também repensar radicalmente o sistema educacional. No pós-guerra, a alfabetização universal, a grande expansão do ensino médio e o número crescente de universitários prepararam a mão de obra em economias avançadas para a transição da manufatura para o setor de serviços. Agora, uma série igualmente ambiciosa de reformas educacionais é necessária para preparar os cidadãos da era digital para o mercado de trabalho que vão encontrar.

Essas mudanças deveriam incluir uma reformulação do modo como a educação é organizada do jardim de infância à faculdade. A invenção de ferramentas digitais capazes de adequar a instrução às necessidades, aptidões e estilos de aprendizagem de cada estudante deve transformar radicalmente a forma predominante de ensino. Em vez de lecionar para os alunos da frente da sala de aula, por exemplo, os professores passariam mais tempo em orientações individuais, condução de debates em grupos pequenos e mediação de trabalhos colaborativos.[54]

Por fim, está claro que, em uma economia que muda rapidamente, os trabalhadores devem continuar atualizando seus conhecimentos muito depois de saírem do ensino médio — ou da pós-graduação. Atualmente, os governos pensam na educação continuada como algo para quem perdeu o emprego. Na verdade, deviam possibilitar a todos os adultos em idade produtiva tirar períodos sabáticos regulares a fim de aprimorar suas habilidades. Para tornar essa ideia viável do ponto de vista financeiro, a política de financiamento do ensino superior devia ser repensada do zero.[55]

Em boa parte dos debates econômicos recentes, a necessidade de aumentar a produtividade e a necessidade de diminuir a desigualdade são tratadas implicitamente como dois objetivos conflitantes. Na verdade, seria mais proveitoso considerá-los complementares. Afinal, a baixa produtividade e a alta desigualdade tendem a se reforçar mutuamente: trabalhadores com pouca qualificação não têm muito poder de barganha. Esse fator, por sua vez, deprime os salários e aumenta a probabilidade de que os filhos dos trabalhadores também não consigam obter habilidades suficientes para serem bem-sucedidos.

Além disso, muitas das políticas elaboradas para enfrentar a desigualdade também ajudam a aumentar a produtividade. Qualquer sucesso na eliminação de grandes disparidades econômicas e raciais no tocante à qualidade das escolas públicas, por exemplo, reduziria tanto a desigualdade de renda quanto o desperdício de talentos. Ao mesmo tempo, a melhoria do poder de barganha de trabalhadores comuns aumentaria os salários dos menos prósperos e tornaria mais fácil que aprimorassem suas habilidades.[56]

A longo prazo, políticas educacionais e industriais devem ter como objetivo passarmos de um círculo vicioso a um círculo virtuoso: a meta é chegarmos a um mundo onde a mão de obra seja mais qualificada e tenha o poder de negociar salários mais altos.[57]

UM ESTADO DE BEM-ESTAR SOCIAL MODERNO

Um sistema tributário modernizado pode arrecadar o recurso de que os Estados precisam para cumprir suas obrigações e manter o controle de suas prioridades orçamentárias. Um sistema habitacional renovado pode reduzir os custos habitacionais e contribuir para a manutenção do acesso a oportunidades para todos os cidadãos. O investimento revigorado em produtividade pode ajudar a aumentar os salários e auxiliar os trabalhadores do futuro a serem competitivos. Mas, para serem inclusivas bem como pulsantes, as economias desenvolvidas também têm que preservar uma de suas maiores conquistas históricas: a capacidade de proteger os cidadãos mais vulneráveis dos grandes riscos da vida, da doença à miséria.

A tarefa é complicada pelo fato de que Estados de bem-estar social há muito tempo não conseguem se adaptar às grandes mudanças estruturais que as economias desenvolvidas sofreram nas últimas décadas. Criado na época do pós-guerra, era baseado na suposição de que a maioria dos cidadãos era relativamente jovem e trabalhava em horário integral. Como resultado, estruturaram tanto as contribuições quanto os benefícios em torno do emprego. Assim são razoavelmente generosos com quem se aposenta após décadas trabalhando em período integral, e mesmo com quem passa por um breve período de licença médica ou de desemprego antes de voltar a um emprego tradicional. Mas não raro dão cobertura inadequada à classe crescente de "outsiders do mercado de trabalho", inclusive trabalhadores autônomos, temporários ou de meio período, e de trabalhadores desempregados há muito tempo.[58]

A ligação entre trabalho e Estado de bem-estar social gerou iniciativas ruins, tanto políticas quanto econômicas. Como as contribuições sociais estão vinculadas ao emprego de período integral, o custo do trabalho é inflado artificialmente — criando desincentivos para a contratação de funcionários novos pelas empresas. E, visto que os principais benefícios têm uma ligação muito estreita com o emprego de período integral, quem está dentro do mercado de trabalho busca proteger o próprio emprego a qualquer custo — o que os transforma em grandes defensores de mercados de trabalho rigorosos mesmo em países onde tais regras se mostraram um enorme obstáculo ao crescimento econômico, como a Itália e a Grécia.[59]

Os custos são outro grande problema. Diante de uma população que envelhece rapidamente, Estados de bem-estar social tradicionais enfrentam dificuldades para manter as aposentadorias, financiar seus sistemas de saúde e oferecer cuidados adequados aos idosos. O modo mais comum de lidar com essas dificuldades financeiras tem sido reduzir a generosidade do Estado de bem-estar. Embora poucos programas tenham sido cortados por inteiro, os governos diminuíram o tamanho das aposentadorias, incluíram novas condições para o recebimento de auxílio-desemprego e deixaram de conceder proteções contra novas formas de riscos sociais. Como consequência, o nível total de amparo caiu drasticamente em ambos os lados do Atlântico. Se outrora o Estado de bem-estar social oferecia uma rede de segurança social que amparava os necessitados, independentemente da razão, agora permite cada vez mais que quem é considerado imprevidente ou irresponsável se espatife no chão.[60]

Em suma, no formato atual, Estados de bem-estar social tolhem o crescimento econômico apesar de proporcionarem um nível de benefícios em franca deterioração. Para resolver esses problemas profundos, os Estados precisam de coragem para reestruturar radicalmente os Estados de bem-estar.

O objetivo mais importante de um Estado de bem-estar social reformulado deve ser dissociar benefícios sociais do emprego tradicional.

Isso faz muito sentido no tocante à arrecadação do dinheiro

necessário para sustentar o Estado de bem-estar social: apesar de ser vital que empresas ajudem a carregar o fardo das provisões sociais mais relevantes, não faz muito sentido pedir às empresas que geram muitos empregos uma contribuição proporcionalmente maior do que empresas que geram pouquíssimos empregos. O mesmo pode ser dito de indivíduos: com o número crescente de pessoas que vivem do acúmulo de riquezas, faz cada vez menos sentido jogar o fardo do financiamento do Estado de bem-estar principalmente sobre os assalariados.

Ao mesmo tempo, a dissociação entre o Estado de bem-estar social e o emprego tradicional também faz sentido no que diz respeito à proteção de cidadãos contra fatalidades — ou mesmo capacitá-los a correr riscos. Ao dar portabilidade plena a seguros de saúde e pensões, por exemplo, o Estado de bem-estar social moderno pode reduzir significativamente as barreiras à mobilidade do trabalho, aumentando a produtividade tanto de firmas como de indivíduos. Estudos recentes, aliás, dão bons indícios de que um Estado de bem-estar generoso, que combina mercado de trabalho flexível com benefícios portáteis, pode até estimular o espírito empreendedor: uma vez que os jovens suecos não se preocupam em sofrer privações ou perder o seguro de saúde caso larguem seus empregos, por exemplo, são mais propensos a fundar empresas do que seus semelhantes americanos.[61]

Muitos debates sobre o Estado de bem-estar social continuam empacados em maniqueísmos que não captam o verdadeiro desafio que enfrentamos. A questão principal não é tornar os Estados de bem-estar social mais ou menos generosos, ou sequer torná-los mais ou menos complacentes em relação a comportamentos supostamente irresponsáveis. A questão, na verdade, é como criar um Estado de bem-estar social que proteja quem está fora do mercado de trabalho assim como quem se encontra dentro dele; que incentive empresas a contratar em vez de demitir; e que dê aos cidadãos a rede de apoio de que precisam para correr riscos economicamente benéficos para todos.

TRABALHO COM PROPÓSITO

"Se algumas décadas atrás você perguntasse a um dos meus eleitores quem ele era, ele responderia: 'Sou supervisor de fábrica'", um político veterano me disse recentemente. "Mas então os empregos na indústria desapareceram aos montes. As pessoas sofreram um baque econômico. E junto perderam certa noção da própria identidade. Se hoje você lhes pergunta quem são, eles respondem: 'Sou branco. E não gosto desse bando de imigrantes entrando no país'".[62]

O argumento desse político era tão espantoso quanto simples: embora estejamos sempre discutindo os impactos econômicos das transformações que vemos dos dois lados do Atlântico, só agora começamos a entender o alcance de suas consequências culturais. Quando as pessoas perdem empregos bem remunerados e sindicalizados, não perdem somente sua posição na classe média: também podem perder todo um conjunto de vínculos sociais que estruturam suas vidas e lhes dão sentido. Já que a identidade "conquistada" lhes escapa por entre os dedos, é provável que recorram a uma identidade "atribuída" — tornando sua etnia, religião e nacionalidade mais centrais à sua visão de mundo.[63]

Essa transformação cultural ajuda a explicar o alargamento da desconexão entre os que estão em decadência ou já são pobres, por um lado, e os que estão em ascensão ou já são abastados, por outro. Pessoas que têm, ou almejam ter, o tipo de emprego que lhes possibilite sustentar uma identidade conquistada são induzidas a considerar imateriais as suas identidades atribuídas. Isso lhes permite transpor as barreiras culturais e étnicas, achando denominadores comuns com pessoas com as quais partilham status profissional ou gostos pessoais. E isso também as tenta a desdenhar de quem insiste em "se apegar", nas palavras que talvez usem, à relevância de marcadores sociais como raça ou religião.[64]

Entretanto, as pessoas que já não extraem de seus empregos uma sensação de identidade conquistada não raro nutrem um rancor crescente: talvez não seja surpresa que se sintam insultadas por aqueles que levam vidas bem mais confortáveis do que elas e ainda têm a insolência de as criticar. E também têm cada vez mais ressentimento de quem se acha em uma situação econômica parecida, mas não vem do mesmo grupo racial ou religioso.

Os populistas são muito hábeis em transformar esses tipos de rancor em armas: sua retórica procura, ao mesmo tempo, voltar contra a elite dominante a indignação crescente com as pessoas abastadas e contra os imigrantes e minorias étnicas e religiosas o foco crescente na identidade atribuída.

Para combater as causas econômicas do populismo, portanto, não basta garantir que o bolo continue crescendo, ou mesmo que a maioria dos cidadãos ganhe uma fatia de tamanho justo. Seria melhor pensarmos também em como estruturar o mundo do trabalho de forma a garantir que as pessoas obtenham de seus empregos um senso de identidade e pertencimento — e lembrar aos vencedores da globalização os vínculos que têm com seus compatriotas menos afortunados.

Quase não existe, até agora, reflexão sobre esse tema, importante sobretudo por estar relacionado aos milhões de novos empregos que já estão sendo criados na economia de compartilhamento. Vejamos o exemplo do Uber. Parece ser relativamente claro que os governos não devem nem proibir o serviço, conforme alguns países europeus propõem, nem permitir que ele evada os direitos de seus trabalhadores, como na maior parte dos Estados Unidos. Deveriam, sim, buscar um meio-termo inovador — celebrando o grande aumento da conveniência e eficiência oferecidas pela carona remunerada e aprovando novas regras que garantam aos motoristas um salário digno.[65]

Porém, mesmo que os legisladores consigam a combinação ideal, é improvável que os motoristas de Uber um dia extraiam de seu trabalho o senso de identidade e sentido que os operários tinham antigamente. A razão para isso não é nem que o trabalho necessariamente será menos bem pago nem que o serviço oferecido seja menos relevante. É que jamais estará mergulhado na cultura compartilhada das formas mais antigas de trabalho.

Milhares de operários convergiam aos portões das fábricas no mesmo horário todos os dias para começar o expediente. Escritórios tradicionais viabilizavam interações sociais reiteradas em equipes e em reuniões, na sala do cafezinho e diante do bebedouro. Até os taxistas encontram seus colegas ao pegar seus carros na garagem, e passam o dia inteiro interagindo com o mesmo despachante.

Motoristas de Uber, por sua vez, não adquirem do trabalho uma comunidade: embora o sistema de avaliação do aplicativo estimule uma série de interações únicas agradáveis, não há ligação duradoura com outros seres humanos. Como os velhos hábitos que integravam os trabalhadores em comunidade e ajudavam a dar sentido às suas funções estão sendo logo eliminados, precisa-se desesperadamente de uma nova sensação de orgulho em um tipo bem diferente de emprego em massa.

Se a nova economia digital ameaça dissolver o sentido do trabalho, a globalização também ameaça dissolver o sentido de nação.

A nostalgia dos populistas promete ao povo uma época em que o país voltará a ser grandioso. No âmago dessa nostalgia há um duplo desejo de controle: os cidadãos querem que a nação consiga tomar as próprias decisões, livre das restrições da economia global. E querem que uma nação poderosa as ajude a tomar as rédeas de suas vidas, dando-lhes recursos e oportunidades para que melhorem sua sorte apesar da insegurança crescente.

Voltar no tempo não é uma opção realista: os populistas se iludem se pensam que podem nos devolver ao mundo que imaginam ter existido trinta, cinquenta ou cem anos atrás. Mas, embora seja ingenuidade aspirar à restauração de um passado idealizado, não há dúvida de que seja possível achar formas verdadeiras de reagir à sensação crescente de frustração econômica — e cumprir a velha promessa de duplo controle.

Os cidadãos da América do Norte e da Europa Ocidental têm ótimos motivos para quererem sentir que suas nações ainda possuem algum espaço de manobra econômico no cenário internacional e que seus governos os ajudarão a controlar seus próprios destinos. Apesar de Estados-nações não poderem corresponder a essas expectativas com as mesmas ferramentas que usaram no pós-guerra, podem fazê-lo empregando seus recursos de formas novas e criativas. Já que indivíduos e empresas querem ter acesso a seus territórios, governos nacionais podem assegurar que os ricos continuem a pagar uma proporção justa de impostos. E já que os governos mantêm o controle sobre habitação e infraestrutura, educação e Estado de bem-estar social, eles podem aumentar a produtividade dos cidadãos e garantir uma distribuição melhor dos ganhos com o crescimento econômico.

Grandes mudanças na economia mundial estão pressionando o contrato social que tornou as democracias liberais tão estáveis na época do pós-guerra. Não é uma surpresa que tantos cidadãos estejam furiosos e desorientados — ou que a consequente nostalgia sirva de incubadora de populistas autoritários. Mas, se as democracias liberais ousarem adotar estratégias ousadas perante os maiores desafios econômicos da nossa época, continuarão sendo capazes de provocar melhorias genuínas no padrão de vida dos cidadãos. Usando seus recursos de modo mais proativo do que usaram até o momento, elas mantêm o poder de criar um futuro em que a abertura ao mundo não precisa ser sinônimo de perda de controle.

# 9. Renovar a fé cívica

A ascensão da tecnologia digital impulsionou o crescimento econômico e facilitou a conexão das pessoas através das fronteiras. Também favoreceu a propagação de discursos de ódio e de teorias da conspiração.

Isso se dá porque o avanço da internet e das mídias sociais transformou substancialmente as condições estruturais da comunicação: a promessa de longa data da comunicação um-para-muitos foi democratizada. A ascensão da comunicação muitos-para-muitos facilitou que informações virais corressem o mundo. Em consequência, os guardiões tradicionais perderam boa parte de seu poder. Pessoas comuns com talento para produzir conteúdos cativantes podem atingir milhões de pessoas regularmente. Políticos com muitos seguidores nas mídias sociais podem controlar a pauta política ainda que suas alegações não resistam a uma checagem de fatos básica. É impossível entender a política atual sem entender a natureza transformadora da internet.

Como boa parte da razão para o aumento do populismo é tecnológica, é tentador pensar que a solução também o seja. Portanto, não surpreende que empresas de tecnologia tenham sido submetidas a uma crescente pressão social e política nos últimos anos. Já que a grande expectativa quanto ao impacto benéfico do Facebook e do Twitter deu lugar a sérias preocupações com sua influência corrosiva, uma ampla coalizão de ativistas exigiu que empresas de tecnologia mudassem — ou que os governos adotassem uma postura mais incisiva para forçá-las a mudar.

Nos Estados Unidos, ativistas se concentraram sobretudo em fazer com que plataformas de mídias sociais promovessem reformas voluntariamente. Na Europa, os políticos andam debatendo (e promulgando cada vez mais) leis que impõem vultosas multas a empresas que infringem as regras. Mas a natureza do paliativo é surpreendentemente similar em ambos os casos: plataformas de mídias sociais, conforme argumentam ativistas dos dois lados do Atlântico, devem aplicar uma proibição abrangente contra discursos de ódio e fake news.[1]

As demandas incisivas dos defensores da regulamentação enfrentam as refutações igualmente contundentes de seus opositores. Executivos de empresas de tecnologia argumentam que está além da competência dos algoritmos identificar fake news com eficácia, ou demarcar os limites do discurso de ódio. Para impedir a difusão de ideias nocivas, teriam que contratar uma pequena tropa de moderadores — que não só representariam um custo alto como teriam uma incômoda similaridade com os censores à moda antiga.[2] Essa objeção é convincente sobretudo contra a perspectiva de intervenção formal por parte do governo. De início, os governos podem, por motivos realmente abnegados, almejar o poder de censurar discursos políticos corrosivos. Porém defensores da liberdade de expressão questionam, e com razão, se os cidadãos devem confiar em que os políticos não acabarão abusando de seus amplos poderes para moldar o debate público e restringir críticas.[3]

\* \* \*

Como um abismo enorme separa os lados desse debate, é tentador pensar que estamos diante de duas alternativas igualmente desagradáveis: de um lado a regulamentação intrusiva ou a censura pura e simples, de outro inércia e fatalismo. Mas na verdade existem algumas alternativas pragmáticas e plausíveis a esses extremos.

A primeira é imitar o modelo de autorregulamentação que historicamente evitou a necessidade de formas mais coercivas de interferência governamental nas indústrias de cinema e televisão. Se empresas de mídia social começarem a levar o problema a sério, é provável que os governos lhes deem maior liberdade de ação.[4]

A segunda é reconhecer que plataformas como Facebook e Twitter podem fazer muito para impedir a difusão de fake news ou de discursos de ódio sem chegar até o ponto da censura total. Aliás, essas plataformas já começaram a selecionar quais postagens os usuários veem por razões comerciais: o Facebook joga vídeos ao vivo para o alto de seus feeds de notícias a fim de incentivar seu uso pelos usuários.[5] O Twitter introduziu há pouco tempo uma curadoria de tweets de destaque marcados com "Caso você tenha perdido".[6] Na mesma linha, plataformas de mídia social podem estimular postagens de cidadãos transmitindo informações dignas de confiança, penalizar postagens odiosas que espalhem mentiras — e por fim se recusar a aceitar propagandas de grupos de ódio.[7]

A terceira é distinguir entre discurso nocivo de seres humanos e discurso nocivo de robôs. Estudos mostram que uma porcentagem relevante de informações falsas e de ódio espalhadas em plataformas como Twitter vem dos chamados bots. Eles permitem que uns poucos usuários mal-intencionados usem seus alter egos cibernéticos para atrair vozes mais moderadas e distorcer a natureza da conversa.[8] As ciladas morais do expurgo de tais bots são, portanto, menos sérias do que da censura de discursos de pessoas reais. Nas palavras de Tom Malinowski, subsecretário de Democracia, Direitos Humanos e Trabalho do governo Obama, "quando eu estava no cargo, lutei intensamente para defender a liberdade de expressão individual na internet. Mas não acredito que bots que espalham ódio devam desfrutar das mesmas liberdades".[9]

## RECONSTRUINDO A CONFIANÇA NA POLÍTICA

Medidas que atendam ao senso comum podem atrapalhar o uso de plataformas de mídia social como instrumento de propaganda por inimigos da democracia. Mas não podemos ser ingênuos acerca do que podem conseguir. Sem o tipo de censura plena que a sociedade liberal por boas razões rejeita, nem o Facebook nem o Twitter se tornarão uma utopia de civilidade e moderação. Então, há algo mais que possamos fazer para enfrentar a facilidade com que ideias antidemocráticas se enraízam na era digital?

Para responder a essa pergunta, vale a pena lembrar que fake news e discursos de ódio não são fenômenos novos. Antes do Twitter e do Facebook, uma minoria expressiva de americanos acreditava que o Onze de Setembro era uma farsa. Antes da internet, muitas pessoas mundo afora acreditavam que Stanley Kubrick havia encenado a chegada do homem à Lua. Antes da televisão e do rádio, os Protocolos dos Sábios de Sião disseminavam antissemitismo das estepes geladas da Sibéria às areias quentes do deserto do Sinai.[10]

Em suma, teorias da conspiração há muito são uma realidade contumaz da política. No entanto, o papel delas era mais marginal na maioria das democracias liberais. As razões para isso vão muito além da ascensão das mídias sociais: a difusão de teorias da conspiração era refreada, em certa medida, porque o governo era muito mais transparente e a maioria dos cidadãos tinha muito mais confiança nos políticos.[11]

Em uma democracia liberal operante, há inúmeras salvaguardas para impedir que políticos conspirem entre si e para estimular os cidadãos a acompanhar o que está acontecendo. Autoridades são encarregadas não só de evitar a corrupção, mas também de evitar a impressão de que há corrupção.[12] Setores diferentes do governo ciosamente vigiam uns aos outros. Políticos de oposição têm incentivos para revelar casos flagrantes de conduta imprópria. Em consequência, os cidadãos podem achar explicações racionais para a maioria dos acontecimentos. Teorias da conspiração persistem como refúgio dos excêntricos. Embora nunca sumam por completo, a imprensa lhes dá pouca atenção e a maioria dos cidadãos as rejeitam de imediato.

A força com que teorias da conspiração passaram a ocupar o cerne da política em muitos países da América do Norte e da Europa Ocidental ao longo dos últimos anos demonstra o grau de erosão sofrido pela democracia liberal nesses países. Nenhum país mostra essa tendência de forma mais clara do que os Estados Unidos.

Em suas primeiras incursões na política, Donald Trump surfou na onda da teoria da conspiração, "investigando" se Barack Obama tinha forjado sua certidão de nascimento. Durante sua campanha à presidência, teorias bizarras sobre Hillary Clinton ganharam um destaque sem precedentes no Twitter, no Facebook e nos programas de rádio. Como presidente, Trump continuou usando sua grande visibilidade para espalhar uma série de falsidades premeditadas — da alegação sempre repetida de que 3 milhões de americanos votaram de forma ilegal às declarações infundadas de que o governo Obama o grampeou secretamente.[13]

Enquanto Trump difundia teorias da conspiração a partir da Casa Branca, seus oponentes recorriam cada vez mais às suas próprias acusações infundadas. Alguns dos artigos mais virais propagados pelo #TheResistance displicentemente subordinavam a verdade factual a uma busca da (suposta) verdade política: websites como Addicting Info e Occupy-Democrats, além de perfis importantes do Twitter como o da ex-parlamentar britânica Louise Mensh, disseminaram histórias fictícias alegando que uma *sex tape* de Donald Trump seria divulgada em breve e que centenas de jornalistas americanos da grande mídia eram agentes secretos russos.[14]

Essas acusações exageradas foram de uma irresponsabilidade gigantesca. Mas certa especulação era inevitável: com Trump relutando em se desfazer de seu império comercial e com mais e mais detalhes sobre suas relações com a Rússia vindo à tona em seus primeiros meses na presidência, até os observadores mais escrupulosos foram obrigados a dar palpites sobre o que poderia estar acontecendo de fato.[15]

Um meio eficaz contra a propagação de teorias da conspiração, portanto, é restabelecer formas tradicionais de boa governança. Para reconquistar a confiança da população depois que Trump sair do cargo, os políticos terão de se ater à verdade em suas campanhas; evitar a percepção de conflito de interesses; e ser transparentes quanto à relação que têm com lobistas no próprio país e funcionários dos governos de outros países. Políticos e jornalistas de países onde as normas de boa governança ainda não ruíram em algum grau devem, nesse ínterim, dobrar a aposta nelas com um zelo renovado: como mostra o caso americano, essas normas podem se deteriorar com uma rapidez assustadora — e com consequências tenebrosas.

Depois que Trump venceu as eleições de 2016, Barack e Michelle Obama foram zombados por certos setores por terem insistido durante a campanha que, "quando eles jogam baixo, nós levantamos a cabeça".[16] Claro que é fácil ridicularizar uma equipe que continua seguindo as regras mesmo quando o time rival aparece acompanhado de valentões com porretes nas mãos. Mas, para quem quer continuar jogando, não está claro qual é a alternativa: se ambos os lados pegarem em armas, sua natureza muda de forma irrevogável.

Por mais improvável que pareça neste momento, a única solução realista para a crise de imputabilidade governamental (e, mais provável, da crise maior, das normas democráticas) é um acordo negociado, em que os dois lados concordam em se desarmar. Assim como o lema preferido dos Obama, essa ideia talvez soe muitíssimo ingênua. Mas, conforme constatam sistematicamente os cientistas políticos, a sobrevivência de democracias estáveis sempre dependeu da boa vontade dos principais atores políticos em agir segundo as regras básicas do jogo.

Dada a severidade das degradações éticas promovidas por Trump e sua equipe, a retomada das regras que a maioria dos políticos seguiu nas últimas décadas já seria um grande passo. Mas para reconquistar a confiança da população — que tanto na América do Norte como na Europa Ocidental já tinha começado a se desgastar muito antes de Trump tomar posse — é preciso muito mais.

Faz tempo que pessoas comuns sentem que os políticos não lhes dão ouvidos ao tomarem decisões. O ceticismo tem motivo: os ricos e poderosos de fato exerceram um grau preocupante de influência sobre as políticas públicas durante muito tempo. A porta giratória entre lobistas e legisladores, o papel descomunal do capital privado no financiamento de campanhas, os altos cachês por palestras de ex-autoridades e o forte vínculo entre política e indústria realmente minaram a participação da vontade popular na formulação das políticas públicas.[17]

Alguns elementos do liberalismo antidemocrático são difíceis de evitar. Se quisermos lidar com a mudança climática, precisamos da cooperação internacional. E, se quisermos garantir que não haja substâncias químicas perigosas na nossa comida, precisamos dar um poder considerável a cientistas e burocratas. Uma corrida indiscriminada para devolver o poder ao povo expurgando agências reguladoras e abolindo organizações internacionais seria pouco efetiva.

Mas, ao mesmo tempo, a vontade popular está sendo subvertida de várias formas, sem bons motivos. Em específico, Estados-nações poderiam tomar medidas bem mais robustas para reformar o sistema político e diminuir a influência do dinheiro nele.

A fim de empurrar as teorias da conspiração de volta para a marginalidade, os políticos precisam sacudir os hábitos cômodos que há muito tempo prevalecem em Washington e Bruxelas, em Berlim e Atenas. Ao limitar a influência do capital privado sobre as políticas públicas — e o lucro de legisladores com suas conexões depois de deixar o cargo —, os sistemas políticos mundo afora começarão a reconstruir a confiança que perderam nas últimas décadas.[18]

Em diversos países europeus, existe um apoio grande a algumas dessas reformas. Os eleitores ficariam felizes em impor mais limites a doações de campanha ou até instituir restrições bem mais amplas às confortáveis sinecuras que os políticos podem aceitar após deixar o cargo. Também há um apoio expressivo à reforma da União Europeia: embora a maioria dos europeus seja veementemente favorável à preservação da UE, uma grande maioria quer torná-la mais democrática.[19]

Mas, para arrumar o sistema, os governos europeus também precisam estar dispostos a fazer mudanças menos populares. Uma das maneiras mais eficientes de limitar a influência pessoal na política seria, por exemplo, aumentar a capacidade dos parlamentos: se ganhassem funcionários suficientes para fazer suas próprias pesquisas e redigir as próprias leis, não teriam que se fiar nas informações dos lobistas.[20] Outra forma eficaz seria aumentar os salários dos políticos para que fiquem menos suscetíveis a incentivos externos.[21]

Como uma série de casos recentes da Suprema Corte decretou que limites rigorosos a contribuições de campanha violam a Primeira Emenda, será mais complicado corrigir o sistema nos Estados Unidos. Os juízes precisam reconhecer urgentemente que o sistema atual ameaça o funcionamento da democracia norte-americana — e repensar a proteção ao discurso político por parte de grandes empresas. Mas, até que essa peça do quebra-cabeça se encaixe, há outras reformas que não enfrentam esses mesmos obstáculos: assim como na Europa, os legisladores deveriam facilitar a retenção de funcionários talentosos melhorando o financiamento insuficiente do Congresso. É necessário aprovar um conjunto mais sólido de leis contra propinas para garantir que atividades perniciosas que por um triz não representam uma troca de favores corrupta possam ao menos ser processadas. E deviam, por fim, renunciar a práticas ostensivamente antidemocráticas como o *gerrymandering* [redesenho dos distritos eleitorais] e a restrição do direito ao voto.

Nas décadas do pós-guerra, muitas das mesmas mentiras e calúnias que agora proliferam nas mídias sociais já estavam em circulação. Muitos cidadãos já se preocupavam com a possibilidade de que seus políticos fossem corruptos. Mas, na época, a ameaça do fascismo estava fresca na memória. A ameaça do comunismo persistia como uma realidade concreta. A educação cívica era parte integral do sistema de educação, das creches do país inteiro até as salas dos professores nas universidades mais prestigiosas da nação. O resultado é que a maioria dos cidadãos entendia melhor e tinha um compromisso mais forte com os princípios e práticas da democracia liberal — tornando-os menos propensos a dar crédito a teorias da conspiração baseadas em mentiras ou desinformação.

Isso aponta para outra medida importante que podemos adotar: incapazes de restringir a quantidade de ataques contra os princípios básicos da democracia liberal por meio da censura pura e simples, temos todos ainda mais razão para diminuir a demanda por eles. Embora não possamos recriar a ameaça do comunismo ou do fascismo, podemos lembrar que a educação cívica é um bastião essencial contra tentações autoritárias. Portanto, a melhor maneira de defender a democracia liberal continua sendo a de sempre: levar a sério a tarefa de transformar as crianças em cidadãos.

CRIANDO CIDADÃOS

Desde que os filósofos começaram a pensar no conceito de autonomia, eles deram grande ênfase à educação cívica. De Platão a Cícero, e de Maquiavel a Rousseau, todos eram obcecados com a questão de como incutir virtude política nos jovens.

Não surpreende, portanto, que o pequeno grupo de patriotas que ousou estabelecer uma nova república em uma época em que a autonomia havia quase desaparecido da Terra também pensou bastante em como passar seus valores às gerações futuras. O que, George Washington indagou em seu oitavo Discurso Anual, poderia ser mais importante do que transmitir valores cívicos aos "futuros guardiões das liberdades do país"? Dando a resposta ortodoxa, ele argumentou que "a educação da nossa juventude sobre a ciência do governo" deveria ser um "propósito primordial" das creches, escolas e universidades americanas.[22]

"Pessoas que têm a intenção de governar a si mesmas", reiterou James Madison poucos anos depois, "devem munir-se do poder que o conhecimento oferece." Seus temores acerca do que aconteceria com os Estados Unidos caso o país negligenciasse essa tarefa essencial soam bizarramente pertinentes hoje em dia: "Um governo popular, sem informação popular ou meios para obtê-la, é apenas o prólogo de uma farsa ou uma tragédia; ou, talvez, de ambos".[23]

Durante os primeiros séculos de existência da república, essa ênfase na educação cívica moldou o país. Os pais buscavam criar os cidadãos de amanhã competindo entre si para ver qual criança de quatro anos conseguia citar mais presidentes. Escolas pelo país afora dedicavam bastante tempo a ensinar aos alunos "Como um projeto de lei se torna lei".[24] Os chamados "programas de grandes obras-primas" procuravam dar aos estudantes de humanidades um apreço mais profundo pela tradição intelectual que serve de alicerce à república americana.[25] Um senso aguçado de dever cívico inspirava organizações tão diferentes quanto a Associação Cristã de Moços ("A democracia deve ser aprendida por cada geração")[26] e a escola-modelo fundada por Horace Mann ("Uma forma republicana de governo, sem o conhecimento do povo, deve ser, em grande escala, o que um hospício, sem superintendentes ou inspetores, seria em pequena escala").[27] A Suprema Corte praticamente elevou a importância da educação cívica ao status de princípio constitucional: "A educação pública", defenderam os juízes no caso *Bethel School District N. 403 v. Fraser*, que garantiu a liberdade de expressão e o direito ao devido processo para alunos, "deve preparar os alunos para a cidadania na república".[28]

A educação cívica em todas as suas formas estava no cerne do projeto americano. Depois, em uma época de paz e prosperidade inéditas, a ideia de que o apoio à autonomia precisava ser reconquistado a cada geração começou a se dissipar. Hoje está praticamente extinta.

Quando cheguei à Universidade Harvard para fazer o doutorado em ciência política, estava preparado para mergulhar na história e nas teorias, em questões complexas acerca de como o mundo é e como ele deveria ser. Mas não estava preparado para o grau de desincentivo que o programa de pós-graduação me daria para que eu empregasse meu conhecimento sobre essas questões abstratas para fins pedagógicos ou públicos mais concretos. Como eu e a maioria dos meus colegas de classe percebemos nas semanas seguintes à nossa chegada ao campus, hoje em dia as universidades mais destacadas dos Estados Unidos medem o desempenho de seus alunos de pós-graduação de acordo com sua capacidade de publicar nos principais periódicos acadêmicos — praticamente excluindo todo o resto.

Nessa visão de mundo estreita, escrever sobre política para um público mais amplo é, na melhor das hipóteses, uma distração. Dar aula para alunos de graduação é uma tarefa que deve ser executada com cuidado, sim, mas também com a maior rapidez possível. O único objetivo de vida de que os estudantes de pós-graduação podem falar sem colocar sua reputação em risco é o de arrumar um emprego em uma universidade de pesquisa de primeiro escalão.

A formação limitada dos docentes americanos, além dos incentivos perversos que enfrentam desde o momento que ingressam em seus programas de doutorado até o dia em que se aposentam, ajuda a explicar a natureza cada vez mais superficial da graduação. Em muitas das melhores faculdades do país, os alunos e os docentes fizeram um pacto tácito de não agressão: contanto que os alunos não tomem muito de seu tempo, os professores facilitarão que a grande maioria de seus alunos obtenha o diploma sem pensar demais. E muitos universitários adotam a mesma postura perante as matérias que seus professores ministram ao lecioná-las: eles aceitam o dever de produzir artigos, ou de resolver séries de problemas, como parte inevitável do que precisam fazer para progredir no mundo — e tentar sair do meio do caminho da forma mais rápida e mais indolor possível.[29]

Os defeitos pedagógicos das universidades de elite talvez não interessassem tanto se não fossem o auge de uma série similar de fracassos que os alunos devem enfrentar desde o instante em que pisam na escola pública. Assim como a educação universitária se tornou cada vez mais utilitária, o propósito da educação pública passou por um estreitamento perigoso: nas últimas décadas, o número de horas que um aluno do ensino médio gasta com a educação cívica caiu de forma brusca.[30]

O resultado: gerações de americanos perigosamente desinformados sobre política. Em uma pesquisa feita em 2009, em que os participantes respondiam a perguntas sobre fatos simples, como em qual século a Revolução Americana aconteceu, 89% declararam-se confiantes de que haviam passado no teste; somente 17% haviam passado. Em outro estudo, mais recente, alunos das 55 faculdades com melhor classificação nos rankings tiveram de responder a perguntas básicas de educação cívica. Apenas 50% foram capazes de responder sobre a duração dos mandatos de senadores e deputados; 80% teriam sido reprovados se fosse uma prova de educação cívica da escola.[31]

Antigamente, muitos pais faziam os filhos decorarem as capitais dos cinquenta estados americanos. "Qual é a capital de Vermont?", perguntavam à filha de quatro anos. "Montpelier", ela respondia com orgulho. Temos muitas razões para duvidar do valor desses rituais. Quem sabe ler e escrever pode fazer uma pesquisa rápida. O sucesso profissional na economia do futuro dependerá da aquisição de habilidades que ainda não foram dominadas, não da regurgitação de fatos já sabidos. E, visto que o aprendizado baseado em decoreba não é nem de longe a melhor forma de transmitir valores políticos, sempre foi uma ingenuidade pensar que a adorável exibição de conhecimentos cívicos poderia de algum modo transformar os bebês de hoje em valentes defensores da democracia no futuro.

No entanto, é revelador que tais rituais tenham sido deixados de lado nas últimas décadas. Assim como as escolas passaram a negligenciar a missão de incutir espírito público nos alunos, muitos responsáveis parecem ter perdido o interesse em infundir nos filhos um senso de dever cívico.[32]

Seria injusto alegar que o sistema educacional americano carece totalmente de zelo político. Afinal, quase todos os campi universitários ainda abrigam uns poucos feudos heroicos que adotam uma missão extremamente ideológica. Sobretudo nos cursos de humanidades e nas áreas mais politizadas das ciências sociais, muitos professores esperam causar uma verdadeira mudança de postura nos alunos. Mas, longe de buscar preservar os aspectos mais valiosos do nosso sistema político, o objetivo que predomina é, com muita frequência, ajudar os estudantes a reconhecer suas múltiplas injustiças e hipocrisias.

Essa reflexão básica adquire formas diferentes em disciplinas diferentes. Em muitos departamentos de língua inglesa, a ideia é desconstruir os valores do Iluminismo, tanto melhor se for para expô-los como racistas, colonialistas ou heteronormativos. Em muitos departamentos de história, a ideia é mostrar a falsidade de histórias de progresso político, demonstrando que as democracias liberais sempre produziram imensas injustiças. Em muitos departamentos de sociologia, a ideia é trazer à luz os bolsões de pobreza e desvantagens do país, apresentando as inúmeras formas com que os Estados Unidos de hoje continuam discriminatórios.

Cada uma dessas abordagens sinaliza algumas descobertas importantes. No entanto, seu efeito combinado é deixar muitos estudantes com a sensação de que o desdém pelas instituições políticas que herdamos é um símbolo de sofisticação intelectual. Como uma estudante de língua inglesa extraordinariamente inteligente e questionadora me explicou, ela tinha sentimentos muito conflituosos: por um lado, sabia que a democracia era criação do Iluminismo e só poderia funcionar quando amparada pela aceitação geral desses princípios. Por outro lado, sabia que o Iluminismo fora bastante cruel, e que seus princípios eram bastante equivocados. Isso significava que deveria se permitir um maior apreço pelo Iluminismo do que haviam lhe ensinado, ou que deveria jogar fora o compromisso impensado com a democracia que fez parte de sua criação?

Concordei prontamente que o conflito dela era genuíno: tinha toda a razão em dizer que temos que escolher entre acreditar na democracia ou no Iluminismo, ou não acreditar nem na democracia nem no Iluminismo. Minha esperança, claro, era de que ela acabasse reconhecendo o valor que há na tradição intelectual que deu origem à democracia liberal. Mas, à medida que o semestre avançava, minha impressão era de que ela havia mordido a outra isca — e decidido repensar sua crença na democracia em vez de sua hostilidade ao Iluminismo.

O tipo de postura que minha estudante tinha absorvido em Harvard exerce hoje um grau de influência pedagógica muito exagerada se comparada com sua proeminência nas salas dos professores do país, em certa medida por ter moldado fortemente a missão pedagógica dos programas de pós-graduação em educação pelo país afora. Esses programas, por sua vez, assumiram um papel bem mais relevante na formação dos educadores americanos depois que diplomas de pós-graduação em pedagogia se tornaram uma qualificação quase obrigatória para cargos de alto escalão da área. Como resultado, departamentos de educação desempenham agora uma função importantíssima na formação dos princípios políticos que alunos de todas as faixas etárias aprendem nas escolas dos Estados Unidos.[33]

Em muitos lugares, a consequência foi a transformação da educação cívica em uma iniciativa anticívica. Tendo absorvido relatos sociológicos sobre as injustiças generalizadas que caracterizam a sociedade moderna e aprendido a desconstruir os valores "problemáticos" do Iluminismo, professores e diretores se tornaram bem menos propensos a lecionar educação cívica de modo a incentivar os alunos a virarem defensores orgulhosos da democracia liberal.[34]

Diversos pensadores conservadores sugeriram um remédio simples para esses males complexos. Como David Brooks argumentou em uma coluna recente, a história da civilização ocidental deveria ser ensinada de uma maneira "confiantemente progressista": "Existiram certos figurões, como Sócrates, Erasmo, Montesquieu e Rousseau, que de modo intermitente ajudaram a impelir as nações a patamares mais altos do ideal humanista".[35]

Brooks tem razão em enfatizar a relevância da educação cívica. Porém ele erra ao sugerir que o futuro da educação cívica deve consistir em um relato tão hagiográfico do passado. Apesar de todos os defeitos, existe, afinal, uma pitada importante de verdade nas críticas que parte da esquerda acadêmica levanta contra a democracia liberal. Embora almejassem a universalidade, muitos filósofos do Iluminismo acabaram excluindo numerosos grupos de suas considerações morais. Apesar de serem responsáveis por importantes conquistas, muitos dos "grandes homens" da história cometeram crimes horríveis. E, embora seja muito válido defender o ideal da democracia liberal, sua prática atual continua tolerante a certas injustiças vergonhosas.

Tanto a história do Iluminismo quanto a realidade da democracia liberal são complexas. Qualquer tentativa de apresentá-las em termos acríticos estará fadada a ir contra o valor da veracidade, básico para o Iluminismo, e minar o princípio democrático básico da luta pela igualdade política. É o reconhecimento desses fatos — bem como a compreensível raiva diante do repúdio displicente por boa parte da direita — que torna tão tentador aos jornalistas e acadêmicos atuais acomodar-se em uma postura de crítica pura e persistente.

Mas o foco exclusivo nas injustiças de hoje não é mais intelectualmente honesto do que a exortação impensada da magnificência da civilização ocidental. Para ser fiel aos próprios ideais, a educação cívica precisa apresentar tanto as verdadeiras injustiças quanto as grandes conquistas da democracia liberal — e se esforçar para que os estudantes se tornem tão decididos a retificar as primeiras quanto a defender as últimas.

Uma parte integral dessa educação deveria ser a exposição dos motivos pelos quais os princípios da democracia liberal mantêm um encanto especial. Professores de vários níveis de ensino deviam passar muito mais tempo destacando que as alternativas ideológicas à democracia liberal, do fascismo ao comunismo, e da autocracia à teocracia, continuam a ser tão repugnantes hoje quanto eram no passado. E deviam também ser muito mais francos quanto ao fato de que a resposta certa à hipocrisia não é desprezar os princípios nobres que tantas vezes são invocados desonestamente — mas sim se empenhar ainda mais para que enfim sejam postos em prática.

\* \* \*

Ao longo das últimas décadas, nossos hábitos mentais foram moldados pelas circunstâncias favoráveis em que vivíamos.

A marcha contínua da história parecia uma certeza. As oportunidades eram muitas e os inimigos eram poucos. E assim a crença milenar de que a liberdade política tem que ser defendida de novo por cada geração foi parecendo mais e mais enigmática. Apesar de nunca termos exatamente negado essa ideia, ela nunca deixou de nos guiar em considerável medida.

Como os novos tempos chegaram rápido: Donald Trump está na Casa Branca. Populistas autoritários estão em ascensão em boa parte da Europa Ocidental. A veloz corrosão da liberdade política na Polônia e na Hungria demonstra que, mesmo no século XXI, o processo de consolidação democrática ainda é uma via de mão dupla. O arco da história, ao que parece, não precisa se dobrar à democracia, no final das contas.

Se o futuro não for predeterminado, a missão dos Pais Fundadores dada aos ocupantes do alto cargo de cidadão é mais oportuna do que nunca: todos temos o dever solene de preservar e promover as instituições democráticas. Uma parte importante desse dever é persuadir aqueles que nos cercam — e preparar quem virá depois de nós — a agir da mesma forma.

Os seres humanos são assombrosamente versáteis. Nossos avós teriam achado inconcebível que a educação cívica se atrofiasse a esse ponto. De modo inverso, agora parece inconcebível que sejamos capazes de reconstruir um país em que escritores tenham como objetivo difundir os valores da democracia liberal; em que a educação cívica esteja no cerne do currículo; em que professores de todos os níveis não poupem esforços para transmitir uma compreensão profunda da Constituição e suas amarras aos alunos; e em que a maioria dos cidadãos admitam que, se quiserem sobreviver, precisarão travar a batalha ideológica por seu sistema político sempre que a oportunidade surgir.

Mas uma coisa é evidente: as mídias sociais só tiveram um impacto tão corrosivo na democracia liberal porque as bases morais do nosso sistema político são muito mais frágeis do que imaginávamos. Portanto, quem quiser contribuir para a revitalização da democracia liberal terá de ajudar a reconstruí-la sobre alicerces ideológicos mais estáveis.

## Conclusão
# Lutar por nossas convicções

Quando um sistema político perdura por décadas ou séculos, é fácil, para quem nunca conheceu outro sistema, presumir que ele seja imutável. A história, ao que lhes parece, enfim estacou. A estabilidade reinará para todo o sempre.

Mas, embora as crônicas da humanidade contenham inúmeros regimes que desfrutaram de notável longevidade, todos têm algo em comum: uma hora ou outra, eles ruíram. A democracia ateniense durou cerca de dois séculos. Os romanos governaram por quase cinco. A República de Veneza permaneceu serena por mais de um milênio. Qualquer um que previsse a morte desses sistemas de governo em seus últimos anos poderia facilmente ser alvo de zombarias. Por que, talvez seus contemporâneos lhe perguntassem, um sistema que sobreviveu centenas de anos desabaria nos próximos cinquenta? No entanto, houve um momento em que a democracia ateniense, o governo autônomo de Roma e até a República de Veneza deixaram o palco da história.[1]

Seria bom que levássemos essa lição a sério.

As sete décadas desde o fim da Segunda Guerra Mundial possibilitaram às populações da América do Norte e da Europa Ocidental paz e prosperidade inéditas. Ao contrário da maioria dos nossos ancestrais, muitos de nós nunca precisamos enfrentar guerras ou revoluções, fome ou discórdia civil. A ideia de que a democracia pode de repente ceder — que o despontar de uma nova época pode trazer mortes ou fome em vez de tolerância e afluência — vai contra todas as horas e todos os dias de nossa experiência de vida.

Mas a história é repleta de pessoas que não imaginavam que a paz e a estabilidade com que haviam se acostumado ao longo de suas breves vidas poderia, de alguma forma, terminar. Ela é cheia de sacerdotes pagãos e aristocratas franceses, de camponeses russos e judeus alemães. Se não quisermos ter o mesmo fim que o deles, temos que ser mais vigilantes — e começar a lutar pelos valores a que nos apegamos mais fervorosamente.

Durante boa parte do século, a democracia liberal foi o sistema político dominante em quase todo o mundo. Essa época pode estar chegando ao fim.

Nas últimas décadas, países da América do Norte e da Europa Ocidental se tornaram menos democráticos. Nosso sistema político promete deixar o povo mandar. Porém, na prática, é desanimadora a frequência com que ele ignora a vontade popular. Sem que a maioria dos cientistas políticos percebesse, um sistema de direitos sem democracia se impôs.

Mais recentemente, novatos na política tiveram grande sucesso ao prometer que devolveriam o poder ao povo. Mas onde conseguiram formar um governo, tornaram a sociedade bem menos liberal — e logo começaram a ignorar as verdadeiras preferências da população. Na Hungria e nas Filipinas, na Polônia e nos Estados Unidos, direitos individuais e o primado da lei estão agora sob o ataque coordenado de ditadores populistas. O rival mais sério do sistema de direitos sem democracia acabou sendo um sistema de democracia sem direitos.

Será que a crise atual terminará em uma conversão drástica do liberalismo antidemocrático à democracia iliberal, seguida por uma queda gradual rumo à ditadura total? Ou será que os defensores da democracia liberal são capazes de suportar o ataque populista — e renovar um sistema político que, apesar de todos os defeitos, fomentou paz e prosperidade sem precedentes?

É tentador presumir que os populistas que agora estão em ascensão em muitos lugares do mundo não conseguirão cumprir suas promessas e em breve cairão em desgraça.

Sem dúvida, houve casos em que líderes autoritários foram expulsos do poder após um mandato breve e desastroso. O primeiro governo do Partido Lei e Justiça na Polônia, por exemplo, perdeu sua maioria parlamentar quando um aliado importante desertou em 2007 e sofreu uma derrota estrondosa nas eleições seguintes. Já na Coreia do Sul, milhões de cidadãos foram às ruas em 2016 para protestar contra uma presidente corrupta com predileções autoritárias; Park Geun-hye acabou sofrendo impeachment e agora está reclusa na penitenciária de Seul.[2]

Uma vitória isolada de um ditador populista não precisa significar o fim da democracia liberal. Quando seus defensores se unem contra os populistas, usam manifestações em massa para resistir à sua tomada de poder e os expulsam do cargo na primeira oportunidade, têm uma boa chance de salvar o sistema.

Porém, para cada história de derrota do populismo, há duas ou três de triunfo populista. Em muitos países mundo afora, autoritários subestimados consolidaram seu domínio do poder e tornaram impossível que a oposição os desbancasse em eleições livres e justas.

Na Turquia e na Venezuela, por exemplo, governos populistas promoveram melhoras econômicas reais no primeiro mandato e foram reeleitos com folga. Mas, pouco depois, suas medidas imediatistas passaram a sair pela culatra e a repressão à oposição se tornou cada vez mais cerrada. Quando a popularidade desses governos caiu, esses populistas haviam efetivamente desmantelado os mecanismos de controle independentes. Os defensores da democracia liberal estavam, apesar do empenho, incapacitados de impedir que seus países degringolassem rumo à ditadura.[3]

Assim se estabelece um precedente preocupante para países que acabaram de eleger déspotas ao cargo mais importante do país. Na Índia, na Polônia e nas Filipinas, populistas autoritários assumiram o poder ao longo da última década. Ainda é difícil antevermos até que ponto irão suas investidas contra a democracia liberal ou a eficácia que terá a resistência crescente a eles. Mas o que é certo é que seguiram o mesmo caminho que seus companheiros ideológicos em países que já não podem ser considerados democracias.[4]

Os três primeiros passos dados por Narendra Modi na Índia e Jarosław Kaczyński na Polônia têm uma semelhança impressionante com os três primeiros passos, por exemplo, dados por Recep Erdoğan na Turquia. Isso indica que vão acabar dando também os passos cinco, oito e dez?

Só saberemos com certeza daqui a alguns anos. Existe uma grande possibilidade de que esses países invertam seus rumos. Mas o caminho mais provável agora parece desembocar no mesmo abismo.


A Índia é a democracia mais populosa do mundo. A Polônia há muito é aclamada como o caso mais bem-sucedido de transição pós-comunista. Se autoritários conseguirem consolidar seu domínio sobre um desses países, será um grande golpe para a liberdade e a autonomia no mundo. Mas as consequências de uma derrocada em direção à ditadura para o destino da democracia liberal em suas terras tradicionais não são tão claras.

Na maior parte da América do Norte e da Europa Ocidental, a democracia existe há muito mais tempo do que em países como a Hungria, a Turquia, a Polônia ou a Índia. A cultura política da região é mais arraigada. Suas instituições são mais consolidadas. Seus cidadãos são mais abastados e instruídos. Assim, como saber se a ascensão dos populistas autoritários será tão desastrosa aqui como em outros lugares?

Nenhum precedente claro pode nos ajudar a responder a essa pergunta. Os cidadãos de democracias supostamente consolidadas jamais foram tão críticos ao seu sistema político. Jamais foram tão abertos a alternativas autoritárias. E jamais haviam votado em déspotas populistas que desdenham tão explicitamente das regras e normas básicas da democracia liberal. Mas, embora seja cedo para fazermos uma previsão segura — que dirá uma conclusão precisa —, os últimos tempos nos ofereceram um teste crucial: a eleição de Donald J. Trump.

Preocupados com a possibilidade de um demagogo conquistar a presidência, os Pais Fundadores confiaram ao legislativo e ao judiciário as ferramentas de que precisariam para fazer frente a um executivo sem rumo: a Suprema Corte pode determinar que uma ordem dada pelo presidente fere a Constituição. E, caso infrinja a lei ou ignore a Justiça, o Congresso pode retirá-lo do cargo.

Mas essas instituições, no fundo, são compostas por nada mais que políticos e burocratas de carne e osso. Se por conivência ou covardia eles não utilizam as ferramentas que os Pais Fundadores lhes confiaram, a letra da lei acaba tendo pouca relevância.

Então o que, na prática, seria preciso para que o Congresso e a Justiça desafiassem o presidente?

Não faz muito tempo, a maioria dos cientistas políticos previa que um homem com os pontos de vista e a personalidade de Donald Trump jamais seria eleito presidente dos Estados Unidos. Mesmo depois de sua eleição, continuaram insistindo em que havia alguns limites que um presidente nunca poderia cruzar sem provocar uma rebelião imediata. Caso um presidente exigisse promessas de lealdade pessoal do diretor do FBI ou caso seus assessores mais próximos colaborassem com uma potência hostil, caso sempre se recusasse a condenar supremacistas brancos ou defendesse a prisão de sua adversária, a reação seria rápida e vigorosa.

A realidade, no fim das contas, é muito mais ambígua.

Em seus primeiros meses no cargo, Trump cruzou todos esses supostos limites.[5] Mas, assim que os olhamos pelo espelho retrovisor, começam a nos parecer cada vez menos graves.

Enquanto escrevo esta conclusão, a maioria dos congressistas republicanos ainda não denunciou os seguidos ataques de Trump contra a democracia americana. Ele ainda conta com o apoio fervoroso de uma minoria substancial de eleitores, inclusive uma grande maioria de autodenominados republicanos. Como ele mesmo gosta de ostentar, não está claro o que precisaria fazer para que isso mudasse.[6]

As coisas podem facilmente piorar. Nos próximos meses e anos, Trump poderia ignorar uma decisão judicial ou demitir ainda outras autoridades que estejam investigando seus supostos desmandos. Poderia fechar um jornal ou se negar a aceitar o resultado de uma eleição.

Se o Congresso e a Justiça agirem com coragem e determinação sob tais circunstâncias, terão grandes chances de conter seus instintos autoritários. Mas a Constituição é incapaz de se defender sozinha. Enquanto os aliados e cúmplices de Trump não se mostrarem dispostos a pôr o país acima do partido, o risco iminente à República Americana não estará afastado.

Esse é o cenário pessimista. Sem dúvida, há diversos sinais de que talvez democracias liberais sejam mais suscetíveis a uma ocupação populista do que os especialistas costumavam acreditar. Mas também temos algumas boas razões para sermos otimistas quanto à capacidade dos Estados Unidos de renovar sua democracia depois que Trump sair do cargo.

Desde a posse, milhões de americanos exprimiram a oposição a seus atos e políticas mais chocantes. Grupos de oposição de base têm sido muito eficientes em demonstrar que o presidente não fala em nome de todos os americanos. Se seus oponentes conseguirem manter parte de sua energia nos próximos anos, serão um obstáculo formidável a qualquer grande tomada de poder.

As instituições independentes não se opuseram a Trump com a rapidez ou a força que os cientistas políticos talvez previssem há poucos anos. No entanto, estão finalmente começando a dar passos importantes na direção certa. A nomeação de Robert Mueller como procurador especial ajudou a preservar a independência das forças de segurança do país. Alguns republicanos estão até mesmo se dispondo aos poucos a confrontar o presidente no Congresso.[7]

A opinião pública também está começando a mudar. Na verdade, as pesquisas não são um desastre completo para Trump, como seus oponentes gostariam de acreditar ou os estudos que espalham nas mídias sociais, escolhidos a dedo, dão a entender. Mas a popularidade de Trump realmente caiu em seus primeiros nove meses de presidência, deixando-o com menos apoio do que qualquer um de seus antecessores na mesma altura do mandato.[8]

Ainda é totalmente incerto o que o resto da presidência de

Trump pode trazer. Mas, a esta altura, os próximos anos provavelmente serão um campo minado para seu governo. Portanto, quando você estiver lendo isto, a popularidade de Trump talvez tenha atingido níveis ainda mais baixos. Talvez os congressistas republicanos tenham enfim encontrado coragem em suas convicções. Talvez alguns de seus assessores mais próximos tenham sido indiciados. Não é impossível que ele mesmo esteja enfrentando um processo de impeachment — ou já tenha renunciado. E, ainda que nada tão drástico aconteça, é mais provável que perca do que ganhe a tentativa de reeleição.[9]

É tentador levar o enredo otimista um passo além: se Trump for um fracasso retumbante, sua breve presidência terá ajudado a imunizar os Estados Unidos contra a democracia iliberal. Se ao longo dos anos os cidadãos foram adotando uma visão cada vez mais turva de seu sistema político, a perspectiva da queda iminente no autoritarismo parece ter reavivado o apego de alguns cidadãos à Constituição. Se Trump deixar o cargo em desgraça, seu fim poderá forjar um novo espírito de união. Decididos a nunca mais repetir a experiência lúgubre de sua presidência, talvez os americanos se reúnam em torno da bandeira e embarquem em uma fase de renovação cívica. E lutando contra a infecção atual talvez acabem criando os anticorpos necessários para continuarem imunes a novos surtos da doença populista pelas próximas décadas.

Tanto o cenário totalmente pessimista quanto o totalmente otimista acabam soando implausíveis.

É provável que Trump ache complicado recuperar-se do tumulto que criou no primeiro ano de mandato. Com seus índices de aprovação em queda e seus projetos de lei paralisados no Congresso, com uma grande investigação de sua campanha em andamento e legisladores republicanos afastando-se aos poucos do presidente, é possível que careça de apoio para concentrar o poder nas próprias mãos.

Porém os otimistas devem lembrar que Trump poderia causar enorme estrago nas instituições americanas (ou provocar uma guerra desnecessária) mesmo se continuar relativamente isolado e razoavelmente impopular. Ele pode, nos próximos anos, gerar uma crise constitucional. Mesmo se o presidente se vir forçado a recuar de qualquer tomada de poder, é provável que o dano às normas constitucionais dos Estados Unidos seja imenso. O grave risco que Trump representa às regras do jogo democrático está longe de acabar.

Ao mesmo tempo, é concebível que o fracasso do governo Trump seja de algum modo capaz de unir os americanos em torno de um compromisso renovado com a democracia liberal. Mas o mais provável é que aprofunde a já perniciosa divisão partidária do país. Uma minoria relevante de americanos que hoje vê em Trump um herói veria nele um mártir, enfurecendo-se ainda mais contra o establishment político. E até alguns dos apoiadores antigos que se voltarem contra ele talvez cheguem à conclusão de que é preciso depositar sua confiança em uma plataforma ainda mais radical e intransigente se quiserem drenar o pântano da política de Washington.

Como insurgentes populistas no mundo inteiro, Trump é tanto um sintoma da crise atual quanto uma de suas causas. Para começar, só pôde chegar à Casa Branca porque muitos cidadãos estavam profundamente desencantados com a democracia. Por outro lado, esses cidadãos só se desencantaram tão profundamente com a democracia devido a tendências sociais e econômicas de longa data.

Portanto, quando Donald Trump deixar o cargo, é bem possível que seja sucedido por uma figura surpreendentemente convencional. Durante alguns ciclos eleitorais, as rédeas do governo devem ficar de novo nas mãos de um político habilidoso que respeite as normas básicas da democracia liberal. Mas, a não ser que políticos de ambos os lados se unam para enfrentar as tendências que causam o desencanto dos cidadãos perante o statu quo, uma nova cepa de populistas surgirá. E quando o próximo aspirante a ditador assumir a Casa Branca, daqui a quinze ou trinta anos, temo que os Estados Unidos estejam ainda mais vulneráveis a seu apelo. Se a corrosão atual das normas democráticas continuar em marcha, e a profunda divisão partidária continuar inflamada, o sistema imunológico americano estará ainda mais comprometido. O vírus do autoritarismo poderá destruir o corpo político sem enfrentar muita resistência.

O mais provável é que a presidência de Trump não seja mais que a inauguração de uma luta bem mais longa — que irá muito além de sua aposentadoria e se estenderá muito além dos Estados Unidos. Portanto, o exemplo histórico que mais me assombra quando penso no futuro provável da França ou da Espanha, da Suécia ou dos Estados Unidos, não é nem a Hungria nem a Turquia: é a República Romana.

No século II a.C., rápidas mudanças sociais e conflitos econômicos de longa data haviam se fundido em uma mistura tóxica de raiva e rancor. Prometendo acabar com as angústias dos pobres romanos com a redistribuição de terras, Tibério Graco foi eleito tribuno da plebe em 133 a.C. As velhas elites patrícias ficaram horrorizadas e tentaram impedir as reformas mais radicais. Quando tentou derrubar o veto, e a consequente crise constitucional não dava sinais de que se aplacaria, o conflito se tornou violento. Em uma cena caótica alimentada pela apreensão mútua, Tibério Graco e seus trezentos seguidores foram mortos a golpes de porrete. Foi o primeiro surto de distúrbios civis em grande escala na história da República Romana.

Na esteira do assassinato de Tibério, a relativa calmaria voltou a Roma. Porém, uma década depois, seu irmão, Caio Graco, o sucedeu como tribuno. Tentando instituir reformas ainda mais radicais, e provocando uma crise constitucional ainda mais severa, também foi morto por seus oponentes políticos. Dessa vez, 3 mil seguidores seus foram executados.[10]

No decorrer das décadas seguintes, esse padrão se repetiu vezes sem conta. A administração tumultuada do tribuno de um povo orgulhoso gerava conflitos violentos com patrícios obstinados. A normalidade era restaurada por algum tempo. As paixões arrefeciam. A paz voltava. Mas os problemas latentes da república não haviam sido resolvidos, e a raiva que provocavam permanecia à espreita.

Como resultado, o estilo político disseminado pelos Graco e perpetuado por seus oponentes moldou a República Romana até muito depois de saírem de cena. A cada dez anos, mais ou menos, um novo seguidor deles conseguia chegar ao poder. As normas e regras da República Romana eram cada vez menos capazes de conter a investida.

Não houve um ponto de ruptura ou momento claro em que os contemporâneos se deram conta de que suas instituições políticas haviam se tornado obsoletas. No entanto, ao longo de um século turbulento, a República Romana aos poucos definhou. À medida que as antigas normas de contenção desmoronavam, a violência saía do controle. Quando os romanos comuns perceberam que tinham perdido a liberdade de autogoverno, já fazia tempo que a república havia se perdido.[11]

No auge de seu reinado cruel, Nero passou a humilhar os rivais e matar seus parentes. Assassinou a mãe e o meio-irmão.

Executou uma longa sucessão de políticos experientes. Em seguida, voltou sua atenção para um influente senador de uma célebre família romana. Floro, ele ordenou, deveria dançar em seus jogos, passando vexame diante de uma plateia zombeteira.

Floro não sabia o que fazer. Caso obedecesse à ordem, validaria o governo de Nero e causaria a humilhação de sua família. Caso se recusasse, provavelmente Nero mandaria matá-lo. Em uma busca desesperada por conselho, Floro recorreu a Agripino, o famoso filósofo estoico.

Os estoicos eram conhecidos por afirmar que pessoas com formação filosófica correta eram capazes de superar as circunstâncias. Ninguém, segundo a lógica deles, pode fazer sua cabeça. Contanto que aprenda a ser indiferente a tudo o mais — abrindo mão do apego aos bens materiais e até a outras pessoas —, seu bem-estar estará sob controle. Um verdadeiro filósofo, concluíam, pode ser feliz mesmo sob tortura.

Assim, ao recorrer a Agripino, Floro não estava tomando uma decisão neutra. Dado o que provavelmente sabia sobre a filosofia estoica, ele devia esperar que o conselho seria inequívoco: "Encare o tirano. Não se preocupe com o que lhe acontecerá depois de fazer a coisa certa".

Mas não foi isso o que Agripino disse a Floro. Na verdade, ele lhe disse que sua decisão já não fazia diferença: "Vá participar dos jogos!".

Floro ficou desconcertado: "Então por que você mesmo não participa?", indagou.

"Porque nem sequer cogitei essa possibilidade", explicou Agripino. "Quem se rebaixa a considerar esse tipo de coisa já está em vias de perder o caráter. Será a vida preferível à morte? Sim. Será o prazer preferível à dor? Claro que sim. 'Se eu não participar do trágico espetáculo', você me diz, 'ele vai cortar a minha cabeça!' Vá, então, e participe dos jogos. Mas eu não vou."[12]

\* \* \*

Tenho pensado muito nos estoicos nos últimos meses. A sua visão de mundo é de uma austeridade desanimadora. Conforme eles mesmos reconheciam, a única forma de ganhar total controle do destino é se tornar indiferente a tudo que nos rodeia. Se você ama alguém, não consegue ser feliz se coisas terríveis estiverem acontecendo com esse alguém. Se gosta de seus compatriotas, não consegue ficar contente caso estejam passando por dificuldades financeiras ou sofrendo discriminação racial. E, se se importa com valores como liberdade ou igualdade, será incapaz de manter a serenidade quando o destino da democracia liberal está em jogo.

Por todos esses motivos, não me considero um estoico. Longe de ficar indiferente a coisas que fogem ao meu controle, eu as valorizo tanto que me disponho — com gosto, até — a entrelaçar o bem-estar delas com o meu. Estar contente enquanto tudo ao meu redor desaba não me parece ser a vida de um filósofo evoluído, mas sim a de um cínico ou de um sociopata.

No entanto, existe uma fonte de sabedoria profunda nos ensinamentos dos estoicos. Pois eles reconhecem com razão que nunca faremos a coisa certa se sempre calcularmos o resultado provável dos nossos atos. Quando nos deparamos com perigos reais, os incentivos sempre nos levarão à inércia ou à aquiescência:

"Eu devia protestar. Mas que diferença vai fazer?"

"Eu devia denunciá-los. Mas como é que vou sustentar minha família se eu perder o emprego?"

"Eu devia enfrentar o governo. Mas o que eu vou fazer se seus partidários vierem atrás de mim?"

Agripino, portanto, tinha toda a razão em um ponto importante: se eu esperar o perigo iminente para entender quais riscos estou disposto a correr, é provável que me perca no momento decisivo. Já que espero fazer a coisa certa quando a coragem for mais necessária — e quando for mais difícil tê-la —, estou tentando aceitar seu conselho. Muito antes de realmente esbarrar com uma decisão arriscada, estou construindo a determinação de fazer a coisa certa.

Um dos grandes privilégios da vida em uma democracia estável é não termos que enfrentar esse tipo de questão com muita frequência.

Até pouco tempo atrás, a maioria de nós vivia em uma época normal. Apostávamos na política. Mas raramente precisávamos de muita coragem para defender nossos valores mais estimados. Fazer a coisa certa não exigia grandes sacrifícios. Se perdêssemos uma batalha importante, sabíamos que haveria outra chance de vencer a guerra.

Agora, em comparação, estamos ingressando em uma época extraordinária. A aposta na política se tornou uma questão de vida ou morte. Nos próximos anos, precisaremos de cada vez mais coragem para defender os valores que prezamos. Se é para fazer a coisa certa no momento decisivo, temos que estar dispostos a fazer sacrifícios. Pois se perdermos as próximas batalhas para os populistas, a guerra talvez acabe cedo demais.

Felizmente, há muito que nós, desejosos de que a democracia liberal sobreviva à alvorada do populismo, podemos fazer: podemos ir às ruas enfrentar os populistas. Podemos lembrar a nossos compatriotas as virtudes da liberdade e da autonomia. Podemos estimular partidos tradicionais a abraçarem um programa ambicioso, capaz de revigorar a promessa da democracia liberal de um futuro melhor para todos. E se conseguirmos vencer — como torço muito para que aconteça — podemos reunir o decoro e a determinação necessários para trazer nossos adversários de volta para o lado da democracia.

Por ora, é impossível prever qual será o destino final do nosso sistema político. Talvez a ascensão dos populistas acabe sendo uma fase passageira, relembrada com uma mistura de perplexidade e curiosidade daqui a cem anos. Ou talvez seja uma mudança monumental, o prenúncio de uma ordem mundial em que os direitos individuais serão constantemente violados e o verdadeiro autogoverno sumirá da face da terra. Ninguém pode nos prometer um final feliz. Mas aqueles que de fato apreciam nossos valores e instituições estão decididos a lutar por suas convicções sem se importar com as consequências. Embora os frutos do nosso trabalho sejam incertos, faremos o que for possível para salvar a democracia liberal.

# Notas

INTRODUÇÃO [pp. 15-37]

1. Margaret Talev e Sahil Kapur, "Trump Vows Election-Day Suspense without Seeking Voters He Needs to Win", Bloomberg, 20 out. 2016, https://www.bloomberg.com/news/articles/2016-10-20/trump-vows-election-day-suspense-without-seeking-voters-he-needs-to-win; Associated Press, "Trump to Clinton: 'You'd Be in Jail'", site do New York Times, vídeo, 10 out. 2016, https://www.nytimes.com/video/us/politics/100000004701741/trump-to-clinton-youd-be-in-jail.html; Yochi Dreazen, "Trump's Love for Brutal Leaders Like the Philippines' Rodrigo Duterte, Explained", Vox, 1 maio 2017, https://www.vox.com/world/2017/5/1/15502610/trump-philippines-rodrigo-duterte-obama-putin-erdogan-dictators.

2. Francis Fukuyama, "The End of History?", National Interest, n. 16, verão de 1989, pp. 3-18, citação sobre p. 4; Francis Fukuyama, The End of History and the Last Man (Nova York: Free Press, 1992).

3. Para uma variedade das primeiras respostas a Fukuyama, ver, por exemplo, os ensaios de Harvey Mansfield, E. O. Wilson, Gertrude Himmelfarb, Robin Fox, Robert J. Samuelson e Joseph S. Nye, "Responses to Fukuyama", National Interest, n. 56, verão de 1989, pp. 34-44.

4. Adam Przeworski e Fernando Papaterra Limongi, "Modernization: Theories and Facts", World Politics, v. 49, n. 2, 1997, pp. 155-83, p. 165. (Os números fornecidos por Przeworski e Papaterra Limongi são 6.055 dólares PPC [com pa-

ridade de poder de compra] em 1985. Ajustando para uma taxa de inflação média de 2,62%, dá cerca de 13 503 dólares em 2016.)

5. Przeworski e Papaterra Limongi, "Modernization", art. cit., pp. 170-1.

6. Ver Andreas Schedler, "What Is Democratic Consolidation?", *Journal of Democracy*, v. 9, n. 2, 1989, pp. 91-107; Larry Jay Diamond, "Toward Democratic Consolidation", *Journal of Democracy*, v. 5, n. 3, 1994, pp. 4-17; e Scott Mainwaring, "Transitions to Democracy and Democratic Consolidation: Theoretical and Comparative Issues", Working Paper n. 130, The Helen Kellogg Institute for International Studies, Universidade de Notre Dame, nov. 1989.

7. Juan Linz e Alfred Stepan, "Toward Consolidated Democracies", *Journal of Democracy*, v. 7, n. 2, 1996, pp. 14-33.

8. Roberto Stefan Foa e Yascha Mounk, "The Democratic Disconnect", *Journal of Democracy*, v. 27, n. 3, 2016, pp. 5-17; Roberto Stefan Foa e Yascha Mounk, "The Signs of Deconsolidation", *Journal of Democracy*, v. 28, n. 1, 2017, pp. 5-15.

9. Foa e Mounk, "The Democratic Disconnect", art. cit.

10. Ver por exemplo "Trump Attacks China in Twitter Outburst", BBC News, 5 dez. 2016, http://www.bbc.co.uk/news/world-asia-china-38167022; Katie Reilly, "Here Are All the Times Donald Trump Insulted Mexico", *Time*, 31 ago. 2016, http://time.com/4473972/donald-trump-mexico-meeting-insult/; Adam Liptak e Peter Baker, "Trump Promotes Original 'Travel Ban,' Eroding His Legal Case", *New York Times*, 5 jun. 2017, https://www.nytimes.com/2017/06/05/us/politics/trump-travel-ban.html.

11. Sobre a Polônia, ver Joanna Fomina e Jacek Kucharczyk, "Populism and Protest in Poland", *Journal of Democracy*, v. 27, n. 4, 2016, pp. 58-68; Jacques Rupnik, "Surging Illiberalism in the East", *Journal of Democracy*, v. 27, n. 4, 2016, pp. 77-87; ver também Bojan Bugaric e Tom Ginsburg, "The Assault on Postcommunist Courts", *Journal of Democracy*, v. 27, n. 3, 2016, pp. 69-82. Sobre a Turquia, ver Berk Esen e Sebnem Gumuscu, "Turkey: How the Coup Failed", *Journal of Democracy*, v. 28, n. 1, 2017, pp. 59-73; Dexter Filkins, "Erdogan's March to Dictatorship in Turkey", *New Yorker*, 31 mar. 2016; e Soner Cagaptay, *The New Sultan: Erdogan and the Crisis of Modern Turkey* (Londres: I. B. Tauris, 2017).

12. Andrew Bennett, "Case Study Methods: Design, Use, and Comparative Advantages", em Detlef F. Sprinz e Yael Wolinsky-Nahmias (Orgs.), *Models, Numbers, and Cases: Methods for Studying International Relations*, Ann Arbor: University of Michigan Press, 2004, p. 29.

13. Como György Lengyel e Gabriella Ilonszki escreveram em 2010, "a maioria dos observadores políticos locais e estrangeiros, por muitos anos, encararam a Hungria como o exemplo supremo de uma transição suave do socialismo de Estado para a democracia, a democracia mais consolidada da Europa

Central e do Leste". György Lengyel e Gabriella Ilonszki, "Hungary: Between Consolidated and Simulated Democracy", em Heinrich Best e John Higley (Orgs.), *Democratic Elitism: New Theoretical and Comparative Perspectives*, (Leiden: Brill, 2010), p. 150. Ver também Attila Ágh, "Early Democratic Consolidation in Hungary and the Europeanisation of the Hungarian Polity", em Geoffrey Pridham e Attila Ágh (Orgs.), *Prospects for Democratic Consolidation in East-Central Europe* (Manchester: Manchester University Press, 2001), p. 167; e Miklós Sükösd, "Democratic Transformation and the Mass Media in Hungary: From Stalinism to Democratic Consolidation", em Richard Gunther e Anthony Mughan (Orgs.), *Democracy and the Media: A Comparative Perspective*, pp. 122-64 (Cambridge: Cambridge University Press, 2000).

14. Marton Dunai e Krisztina Than, "Hungary's Fidesz Wins Historic Two-Thirds Mandate", Reuters, 25 abr. 2010. Ver também Attila Ágh, "Early Consolidation and Performance Crisis: The Majoritarian-consensus Democracy Debate in Hungary", *West European Politics*, v. 24, n. 3, 2001, pp. 89-112.

15. Ver János Kornai, "Hungary's U-turn: Retreating from Democracy", *Journal of Democracy*, v. 26, n. 3, 2015, pp. 34-48; e Miklós Bánkuti, Gábor Halmai e Kim Lane Scheppele, "Disabling the Constitution", *Journal of Democracy*, v. 23, n. 3, 2012, pp. 138-46. Jan Puhl, "A Whiff of Corruption in Orbán's Hungary", *Spiegel Online*, 17 jan. 2017; Keno Verseck, "Amendment Alarms Opposition: Orbán Cements His Power with New Voting Law", *Spiegel Online*, 30 out. 2012; Lili Bayer, "Hungarian Law Targets Soros, Foreign-Backed NGOs", Politico, 9 mar. 2017. Andrew MacDowall, "U.S.-Linked Top University Fears New Rules Will Force It Out of Hungary", *Guardian*, 29 mar. 2017.

16. Csaba Toth, "Full Text of Viktor Orbán's Speech at Băile Tușnad (Tusnádfürdő) of 26 July 2014", *Budapest Beacon*, 29 jul. 2014, http://budapestbeacon.com/public-policy/full-text-of-viktor-orbans-speech-at-baile-tusnad-tusnadfurdo-of-26-july-2014/10592.

17. "In the Final Hour, a Plea for Economic Sanity and Humanity", carta ao editor, assinada por Joseph Stiglitz, Thomas Piketty, Massimo D'Alema et al., *Financial Times*, 4 jun. 2015. "Europe Will Benefit from Greece Being Given a Fresh Start", carta ao editor, assinada por Joseph Stiglitz et al., *Financial Times*, 22 jan. 2015. Ver também J. Gordon et al., "Greece: Ex-Post Evaluation of Exceptional Access under the 2010 Stand-By Arrangement", IMF Country Report n. 13/156, Fundo Monetário Internacional, Washington, DC, jun. 2013, https://www.imf.org/external/pubs/ft/scr/2013/cr13156.pdf.

18. Lucy Rodgers e Nassos Stylianou, "How Bad Are Things for the People of Greece?", BBC News, 16 jul. 2015.

19. Liz Alderman, "Tsipras Declares Creditors' Debt Proposal for Greece 'Ab-

surd'", *New York Times*, 5 jun. 2015. Ver também "In the Final Hours", carta de Stiglitz et al., e Gordon, IMF Country Report, "Greece: Ex-Post Evaluation".

20. Helen Nianias, "Alexis Tsipras of Syriza Is Far from Greek Orthodox: The Communist 'Harry Potter' Who Could Implode the Eurozone", *Independent*, 21 jan. 2015; C. J. Polychroniou, "Syriza's Lies and Empty Promises", *Al Jazeera*, 6 jul., 2015; Andreas Rinke, "Tsipras Has Caused a Disaster, Says German Conservative Lawmaker", Reuters, 5 jul. 2015; "Bumbling toward Disaster: Greece's Leaders Look a Poor Match to the Challenges Facing the Country", *Economist*, 19 mar. 2015.

21. Renee Maltezou e Lefteris Papadimas, "Greeks Defy Europe with Overwhelming Referendum 'No'", Reuters, 5 jul. 2015.

22. Peter Spiegel, "A Comparison of Greece's Reform List and Creditors' Proposals", *Financial Times*, 10 jul. 2015.

23. Suzanne Daley e Liz Alderman, "Premier of Greece, Alexis Tsipras, Accepts Creditors' Austerity Deal", *New York Times*, 13 jul. 2015.

24. Entretanto, como descrito no fim do capítulo 2, a realidade era um pouco mais complicada do que sugerido no breve sumário. Grande parte do motivo para outros líderes europeus relutarem em oferecer um acordo melhor para a Grécia é que se preocupavam com a forte oposição de seus cidadãos a um pacote de resgate financeiro mais generoso. Ao impor sua vontade ao povo grego, estavam, em outras palavras, seguindo amplamente a vontade de seu povo.

25. Ver T. C. W. Blanning, "Frederick the Great and Enlightened Absolutism", em H. M. Scott (Org.), *Enlightened Absolutism: Reform and Reformers in Late Eighteenth Century Europe* (Londres: Macmillan, 1990); Jonathan I. Israel, "Libertas Philosophandi in the Eighteenth Century: Radical Enlightenment versus Moderate Enlightenment (1750-1776)", em, Elizabeth Powers (Org.), *Freedom of Speech* (Lewisburg, PA: Bucknell University Press, 2011).

26. O ensaio clássico sobre os limites estritos da liberdade individual na antiguidade continua sendo Benjamin Constant, "The Liberty of the Ancients Compared with That of the Moderns", em Biancamaria Fontana (Org.), *Political Writings*, pp. 309-28 (Nova York: Cambridge University Press, 1988).

27. Bertrand Russell, *The Problems of Philosophy* (Oxford: Oxford University Press, 1912), p. 63.

28. US Department of Labor, Bureau of Labor Statistics [Divisão de Estatísticas Trabalhistas do Departamento do Trabalho dos Estados Unidos], "100 Years of U. S. Consumer Spending: Data for the Nation, New York City, and Boston", Report 991, maio 2006 (Washington, DC: BLS, 2006), https://www.bls.gov/opub/uscs/report991.pdf; US Census Bureau, "Income and Poverty in the United States: 2015", Table A-1: Households by Total Money Income, Race, and

Hispanic Origin of Householder [domicílios por renda familiar, raça e origem hispânica do chefe da casa]: 1967 a 2015, https://www.census.gov/data/tables/2016/demo/income-poverty/p60-256.html Acesso em: 12 jul. 2017.

29. Para um relato detalhado das causas econômicas do populismo, ver capítulo 5.

30. Para um relato detalhado das causas culturais do populismo, ver capítulo 6.

31. Para um relato detalhado das causas tecnológicas do populismo, ver capítulo 4.

32. Para um relato detalhado de como combater as causas econômicas do populismo, ver capítulo 8.

33. Para um relato detalhado de como criar um patriotismo inclusivo, ver capítulo 7.

34. Para um relato detalhado de como reagir à chegada das mídias sociais e revigorar a formação do cidadão, ver capítulo 9.

35. Yascha Mounk, *The Age of Responsibility: Luck, Choice, and the Welfare State*. Cambridge, MA: Harvard University Press, 2017.

PARTE UM: A CRISE DA DEMOCRACIA LIBERAL [pp. 41-5]

1. Tony Judt, *The Memory Chalet*. Londres: Penguin, 2010.

2. Essa formulação particular é tirada de Steven Levitsky e Lucan Way, *Competitive Authoritarianism* (Nova York: Cambridge University Press, 2010), pp. 5-6.

3. Esse problema, que deriva de uma ênfase excessiva no *mecanismo* das eleições, mais do que no *resultado* de um governo popular que esse mecanismo supostamente assegura, também vale em definições ainda mais minimalistas. Joseph Schumpeter, por exemplo, definia democracia como qualquer sistema político em que os cargos políticos mais poderosos são preenchidos "mediante uma luta competitiva pelo voto do povo". Joseph Alois Schumpeter, *Capitalism, Socialism, and Democracy* (1942; Londres: Routledge, 2004), p. 269.

4. A democracia, neste sentido (e na verdade em qualquer sentido objetivo), é uma escala. Um conjunto de instituições com poder de lei é democrático *contanto que* de fato sirva para traduzir o pensamento popular em políticas públicas. Note-se também que, embora eu não mencione explicitamente a necessidade de eleições "livres e justas" nesta definição, está subentendido: qualquer sistema que traduza efetiva e significativamente a opinião popular em políticas públicas deve em termos realistas incluir eleições razoavelmente livres e justas.

## 1. DEMOCRACIA SEM DIREITOS [pp. 47-73]

1. Anthony Oberschall, "Opportunities and Framing in the Eastern European Revolts of 1989", em Doug McAdam, John D. McCarthy e Mayer N. Zald (Orgs.), *Comparative Perspectives on Social Movements: Political Opportunities, Mobilizing Structures, and Cultural Framings*, (Nova York: Cambridge University Press, 1996), p. 93; Andreas Hadjar, "Non-violent Political Protest in East Germany in the 1980s: Protestant Church, Opposition Groups and the People", *German Politics*, v. 12, n. 3, 2003, pp. 107-28; Andrew Curry, "'We Are the People': A Peaceful Revolution in Leipzig", *Spiegel Online*, 9 out. 2009.

2. H. Vorländer, M. Herold e S. Schäller, *PEGIDA: Entwicklung, Zusammensetzung und Deutung einer Empörungsbewegung* (Wiesbaden: Springer-Verlag, 2015); J. M. Dostal, "The Pegida Movement and German Political Culture: Is Right-Wing Populism Here to Stay?", *Political Quarterly*, v. 86, n. 4, 2015, pp. 523-31; Naomi Conrad, "Leipzig, a City Divided by Anti-Islamist Group PEGIDA", *Deutsche Welle*, 11 jan. 2016.

3. Comunicação pessoal.

4. Comunicação pessoal.

5. Para um relato mais detalhado de minha reportagem sobre a crise dos refugiados, ver Yascha Mounk, "Echt Deutsch: How the Refugee Crisis Is Changing a Nation's Identity", *Harper's*, abr. 2017.

6. Sobre a definição de populismo, e o importante papel desempenhado por sua alegação de falar em nome do povo, ver Cas Mudde, "The Populist Zeitgeist", *Government and Opposition*, v. 39, n. 4, 2004, pp. 541-63; Cas Mudde, *Populist Radical Right Parties in Europe* (Cambridge: Cambridge University Press, 2007); Jan-Werner Müller, *What Is Populism?* (Filadélfia: University of Pennsylvania Press, 2016), John B. Judis, *The Populist Explosion: How the Great Recession Transformed American and European Politics* (Nova York: Columbia Global Reports, 2016); além de Yascha Mounk, "Pitchfork Politics: The Populist Threat to Liberal Democracy", *Foreign Affairs*, v. 93, 2014, pp. 27-36; e id., "European Disunion: What the Rise of Populist Movements Means for Democracy", *New Republic*, v. 248, n. 8-9, 2017, pp. 58-63.

7. Seymour Martin Lipset e Stein Rokkan, "Cleavage Structures, Party Systems, and Voter Alignments: An Introduction", em *Party Systems and Voter Alignments: Cross-National Perspectives*. Nova York: Free Press, 1967, pp. 1-64.

8. Peter Mair, *Party System Change: Approaches and Interpretations*. Oxford: Oxford University Press, 1997.

9. J. E. Lane e P. Pennings (Orgs.), *Comparing Party System Change*. Londres: Routledge, 2003; e R. J. Dalton and M. P. Wattenberg, (Orgs.), *Parties without*

*Partisans: Political Change in Advanced Industrial Democracies*. Oxford: Oxford University Press, 2002.

10. Sobre a ascensão e o governo de Silvio Berlusconi, ver Alexander Stille, *The Sack of Rome: Media + Money + Celebrity = Power = Silvio Berlusconi* (Nova York: Penguin, 2006). Sobre o colapso do sistema partidário no pós-guerra, ver L. Morlino, "Crisis of Parties and Change of Party System in Italy", *Party Politics*, v. 2, n. 1, 1996, pp. 5-30; e L. Bardi, "Anti-party Sentiment and Party System Change in Italy", *European Journal of Political Research*, v. 29, n. 3, 1996, pp. 345-63.

11. O Syriza de Tsipras ficou com 26,3% dos votos e conseguiu formar um governo com a ajuda de um partido populista de extrema direita, os Gregos Independentes (ANEL). Ver Yascha Mounk, "The Trouble with Europe's Grand Coalitions", *New Yorker*, 27 dez. 2014, http://www.newyorker.com/news/news-desk/trouble-europes-grand-coalitions. Ver também Yannis Stavrakakis e Giorgos Katsambekis, "Left-Wing Populism in the European Periphery: The Case of SYRIZA", *Journal of Political Ideologies*, v. 19, n. 2, 2014, pp. 119-42; e Paris Aslanidis e Cristóbal Rovira Kaltwasser, "Dealing with Populists in Government: The SYRIZA-ANEL Coalition in Greece", *Democratization*, v. 23, n. 6, 2016, pp. 1077-91.

12. Sam Jones, "Spanish Election: Conservatives Win but Fall Short of Majority — As It Happened", *Guardian*, 20 dez. 2015; Giles Tremlett, "The Podemos Revolution: How a Small Group of Radical Academics Changed European Politics", *Guardian*, 31 mar. 2015.

13. Jacopo Barigazzi, "Beppe Grillo's 5 Star Movement Hits Record High: Poll", Politico, 21 mar. 2017. Para a última pesquisa na Itália, ver https://en.wikipedia.org/wiki/Opinion_polling_for_the_next_Italian_general_election. Acesso em: 1 out. 2017. Sobre a natureza do Movimento Cinco Estrelas, ver Gianluca Passarelli e Dario Tuorto, "The Five Star Movement: Purely a Matter of Protest? The Rise of a New Party between Political Discontent and Reasoned Voting", *Party Politics*, 2016.

14. Jon Sharman, "Anti-immigrant Party Takes First Place in Sweden, Poll Shows: Its Support Is at Nearly Double the Level during 2014 General Election", *Independent*, 25 mar. 2017. Sobre a natureza dos Democratas Suecos e os motivos de sua ascensão, ver Jens Rydgren e Sara van der Meiden, "Sweden, Now a Country Like All the Others? The Radical Right and the End of Swedish Exceptionalism", Working Paper 25, Departmento de Sociologia, Universidade de Estocolmo, jun. 2016.

15. Gregor Aisch, Matthew Bloch, K. K. Rebecca Lai e Benoît Morenne, "How France Voted", *New York Times*, 7 maio 2017. Sobre a natureza da Frente Nacional sob a liderança de Marine Le Pen, ver Daniel Stockemer e Mauro Ba-

risione, "The 'New' Discourse of the Front National under Marine Le Pen: A Slight Change with a Big Impact", *European Journal of Communication*, v. 32, n. 2, 2017, pp. 100-15; e Francesca Scrinzi, "A 'New' National Front? Gender, Religion, Secularism and the French Populist Radical Right", em M. Köttig, R. Bitzan e A. Petö (Orgs.), *Gender and Far Right Politics in Europe*, Cham, Suíça: Springer International Publishing, 2017, pp. 127-40.

16. Para um índice diferente que mostra um crescimento ainda mais significativo da votação antiestablishment nos últimos cinquenta anos do que o número mostrado aqui, ver Pippa Norris e Ronald Inglehart, "Trump, Brexit, and the Rise of Populism: Economic Have-Nots and Cultural Backlash", HKS Working Paper n. RWP16-026, Harvard Kennedy School, 29 jul. 2016, figura 4, https://papers.ssrn.com/sol3/papers.cfm?abstract_id= 2818659.

17. Astra Taylor, "The Anti-democratic Urge", *New Republic*, 18 ago. 2016, https://newrepublic.com/article/135757/anti-democratic-urge.

18. Frank Furedi, "Populism: A Defence", Spiked Review, nov. 2016, http://www.spiked-online.com/spiked-review/article/populism-a-defence/19042#.WN8JlaOZP-Y.

19. Ivan Krastev, texto de quarta capa de Müller, *What Is Populism?*

20. O economista Max Roser fez excelente trabalho em mostrar melhorias gerais significativas numa ampla variedade de parâmetros. Ver Max Roser, "The Short History of Global Living Conditions and Why It Matters That We Know It", site OurWorldinData, https://ourworldindata.org/a-history-of-global-living-conditions-in-5-charts/. Ver também Christopher Fariss, "Respect for Human Rights Has Improved over Time: Modeling the Changing Standard of Accountability", *American Political Science Review*, v. 108, n. 2, 2013, pp. 297-318.

21. Ver Thomas Piketty e Gabriel Zucman, "Capital Is Back: Wealth-Income Ratios in Rich Countries 1700-2010", *Quarterly Journal of Economics*, v. 129, n. 3, 2014, pp. 1255-310; Emmanuel Saez e Gabriel Zucman, "Wealth Inequality in the United States since 1913: Evidence from Capitalized Income Tax Data", *Quarterly Journal of Economics*, v. 131, n. 2, 2016, pp. 519-78; Branko Milanovic, *Global Inequality: A New Approach for the Age of Globalization* (Cambridge, MA: Harvard University Press, 2016); e Lawrence H. Summers, "US Economic Prospects: Secular Stagnation, Hysteresis, and the Zero Lower Bound", *Business Economics*, v. 49, n. 2 , 2014, pp. 65-73.

22. Eliana Dockterman, "NYC Mayor to Skip Hillary Clinton Launch Event", *Time*, 10 jun. 2015, http://time.com/3916983/bill-de-blasio-hillary-clinton-campaign-launch-nyc/.

23. Kevin Williamson, "What Does Hillary Want?" *National Review*, 21 jul. 2016, http://www.nationalreview.com/article/438170/hillary-clinton-what-does-she-want.

24. Ver Hillary Clinton, "Hillary's Vision for America", site do gabinete de Hillary Rodham Clinton, https://www.hillaryclinton.com/issues/.

25. Sobre a Universidade Trump, ver Steve Eder, "Donald Trump Agrees to Pay $25 Million in Trump University Settlement", *New York Times*, 18 nov. 2016; sobre trabalhadores não remunerados, ver Harper Neidig, "Report: Trump Has Refused to Pay Hundreds of Workers", *Hill*, 9 jun. 2016; também Alexandra Berzon, "Donald Trump's Business Plan Left a Trail of Unpaid Bills", *Wall Street Journal*, 9 jun. 2016.

26. Sobre o muro na fronteira, ver Donald Kerwin e Robert Warren, "The 2,000 Mile Wall in Search of a Purpose: Since 2007 Visa Overstays Have Outnumbered Undocumented Border Crossers by a Half Million", Center for Migration Studies, 2017, http://cmsny.org/publications/jmhs-visa-overstays-border-wall/; sobre empregos perdidos, ver Federica Cocco, "Most US Manufacturing Jobs Lost to Technology, Not Trade", *Financial Times*, 2 dez. 2016.

27. Mounk, "Pitchfork Politics", art. cit.

28. Carlos de la Torre, *Populist Seduction in Latin America*, 2. ed. Atenas: Ohio University Press, 2010.

29. Tim Hains, "Trump: Hillary Clinton Can Be Understood with One Simple Phrase — 'Follow the Money'", Real Clear Politics, 28 set. 2016, https://www.realclearpolitics.com/video/2016/09/28/trump_hillary_clinton_can_be_understood_with_one_simple_phrase_--_follow_the_money.html.

30. James Traub, "The Party That Wants to Make Poland Great Again", *New York Times*, 2 nov. 2016, https://www.nytimes.com/2016/11/06/magazine/the-party-that-wants-to-make-poland-great-again.html.

31. "French Far-Right's Marine Le Pen Lauds Greek Vote as Win over 'EU Oligarchy'", Reuters, 5 jul. 2015, http://www.reuters.com/article/eurozone-greece-france-lepen-idUSL8N0ZL0TX20150705.

32. Alastair Smart, "Beppe Grillo Interview", *Telegraph*, 4 mar. 2011, http://www.telegraph.co.uk/culture/comedy/8362260/Beppe-Grillo-interview.html.

33. Luis Giménez San Miguel e Pablo Iglesias, "Mañana Sequirá Gobernando la Casta", *Público*, 26 maio 2014, http://www.publico.es/actualidad/pablo-iglesias-manana-seguira-gobernando.html. Carolina Bescansa, sua antiga analista política principal, apresentou argumento similar: "Não montamos o Podemos para acabar como o PSOE ou o PP — partidos históricos para nossos filhos e netos ingressarem como herdeiros dos fundadores". James Badcock, "Spain's Anti-Corruption Parties Shake Up Old Politics", BBC, 14 mar. 2015, http://www.bbc.com/news/world-europe-31852713.

34. Avi Asher-Schapiro, "Donald Trump Said Goldman Sachs Had 'Total Control' over Hillary Clinton — Then Stacked His Team with Goldman In-

siders", *International Business Times*, 16 nov. 2016, http://www.ibtimes.com/political-capital/donald-trump-said-goldman-sachs-had-total-control-over-hillary-clinton-then.

35. Sam Koppelman, "A Timeline of Donald Trump's Birther Conspiracy Theory about President Obama", Hillaryclinton.com, 25 out. 2016, https://www.hillaryclinton.com/feed/a-timeline-of-donald-trumps-president-obama-birther-conspiracy-theory/.

36. Nick Corasaniti, "Donald Trump Calls Obama 'Founder of ISIS' and Says It Honors Him", *New York Times*, 10 ago. 2016, https://www.nytimes.com/2016/08/11/us/politics/trump-rally.html; Del Quentin Wilber, "Call to 'Lock Her Up' Puts Trump in a Bind over His Threat to Prosecute Hillary Clinton", *Los Angeles Times*, 11 nov. 2016.

37. Aditya Chakrabortty, "For Years Britain Shunned Narendra Modi. So Why Roll Out the Red Carpet Now?" *Guardian*, 10 nov. 2015, https://www.theguardian.com/commentisfree/2015/nov/10/britain-shunned-narendra-modi-india-hindu-extremist-lynch-mobs.

38. Ercan Gurses e Orhan Coskun, "Erdogan Risks Losing Turkish Swing Voters with Harsh Referendum Rhetoric", *Star*, 17 fev. 2017, http://www.thestar.com.my/news/world/2017/02/17/erdogan-risks-losing-turkish-swing-voters-with-harsh-referendum-rhetoric/; e Roy Gutman, "As a Constitutional Referendum Looms, Some in Turkey Say Erdogan Is Steering the Country toward Autocracy", *Los Angeles Times*, 12 fev. 2017, http://www.latimes.com/world/middleeast/la-fg-turkey-referendum-20170212-story.html.

39. Ver Jared Malsin, "Turkey Rounds Up Erdogan's Political Opponents as Crackdown Widens", *Time*, 4 nov. 2016; Rod Nordland, "Turkey's Free Press Withers as Erdogan Jails 120 Journalists", *New York Times*, 17 nov. 2016; Jordan Bhatt, "Erdogan Accused of Genocide against Kurds by Swedish MPS", *International Business Times*, 11 jul. 2017; Alon Ben-Meir, "The Kurds under Erdogan's Tyrannical Governance", *Huffington Post*, 5 jul. 2017; Aykan Erdemir e Merve Tahiroglu, "Erdogan's Further Consolidation of Power Would Cement Turkey's Demise", *Huffington Post*, 26 jan. 2017; Kara Fox, com Dilay Yalcin, "'They Turn Their Backs': In Turkey, Violent Homophobia Festers in Erdogan's Shadow", CNN, 23 jun. 2017.

40. Mary Riddell, "Exclusive Interview with France's Youngest and Most Controversial MP: Marion Maréchal-Le Pen on Brexit, the Nice Attack, Gay Marriage and Her Aunt Marine", *Telegraph*, 23 jul. 2016, http://www.telegraph.co.uk/women/politics/exclusive-interview-with-frances-youngest-and-most-controversial/.

41. David Smith, "Trump's Republican Convention Speech: What He Said

and What He Meant", *Guardian*, 22 jul. 2016, https://www.theguardian.com/us-news/ng-interactive/2016/jul/22/donald-trump-republicanconvention-speech-transcript-annotated.

42. Ibid.

43. Ibid.

44. Hofer e Erdoğan citados em Jan-Werner Müller, "Trump, Erdoğan, Farage: The Attractions of Populism for Politicians, the Dangers for Democracy", *Guardian*, 2 set. 2016, https://www.theguardian.com/books/2016/sep/02/trump-erdogan-farage-the-attractions-of-populism-for-politicians-the-dangers-for-democracy. Ver também Marine Le Pen, "Remettre la France en Ordre", site Marine President, https://www.marine2017.fr/au-nom-du-peuple/.

45. Jan-Werner Müller, "Capitalism in One Family", *London Review of Books* 38, n. 23, 2016: 10-4.

46. Lucy Maulsby, *Fascism, Architecture, and the Claiming of Modern Milan, 1922-1943* (Toronto: University of Toronto Press, 2014), p. 136. Sobre Mussolini, ver Richard Collier, *Duce! A Biography of Benito Mussolini* (Nova York: Viking, 1971). Sobre Robespierre, ver Patrice L. R. Higonnet, *Goodness beyond Virtue: Jacobins during the French Revolution* (Cambridge, MA: Harvard University Press, 1998).

47. Mark Leibovich, "Palin Visits a 'Pro-America' Kind of Town", *New York Times*, 17 out. 2008, https://thecaucus.blogs.nytimes.com/2008/10/17/palin-visits-a-pro-america-kind-of-town/.

48. Glenn Beck, *The Real America: Messages from the Heart and Heartland*. Nova York: Pocket Books, 2003.

49. Jan-Werner Müller, "Donald Trump's Use of the Term 'the People' Is a Warning Sign", *Guardian*, 24 jan. 2017, https://www.theguardian.com/commentisfree/2017/jan/24/donald-trumps-warning-sign-populism-authoritarianism-inauguration.

50. Robert Reich, "Donald Trump's Plan to Neuter the White House Press Corps Could Neuter Our Democracy", *Salon*, 16 jan. 2017, http://www.salon.com/2017/01/16/robert-reich-donald-trumps-plan-to-neuter-the-white-house-press-corps-could-neuter-our-democracy_partner/.

51. John Cassidy, "Trump's Attack on the Press Shows Why Protests Are Necessary", *New Yorker*, 22 jan. 2017, http://www.newyorker.com/news/john-cassidy/trumps-attack-on-the-press-shows-why-protests-are-necessary.

52. Michael Grynbaum, "Trump Calls the News Media the 'Enemy of the American People'", *New York Times*, 17 fev. 2017, https://www.nytimes.com/2017/02/17/business/trump-calls-the-news-media-the-enemy-of-the-people.html.

53. Sonam Sheth, "One of Trump's Most Vocal Supporters Left CNN to Make a Pro-Trump News Video That's Been Compared to State TV", *Business Insider*, 6 ago. 2017, http://www.businessinsider.com/kayleigh-mcenany-left-cnn-to-host-pro-trump-news-videos-2017-8.

54. Ver Anne Applebaum, "It's Now Clear: The Most Dangerous Threats to the West Are Not External", *Washington Post*, 16 jul. 2017; e "Poland: Draft Law Threatens Supreme Court", site do Human Rights Watch, 20 jul. 2017, https://www.hrw.org/news/2017/07/20/poland-draft-law-threatens-supreme-court.

55. Niki Kitsantonis, "In Greece, a Fierce Battle over TV Licenses", *New York Times*, 29 ago. 2016, https://www.nytimes.com/2016/08/30/world/europe/greece-cracks-down-on-triangle-of-corruption-in-tv.html; Kerin Hope, "Minister's Court Win Intensifies Fears for Rule of Law in Greece", *Financial Times*, 8 ago. 2017, https://www.ft.com/content/b1e23838-779a-11e7-90c0-90a9d1bc9691. Vale lembrar que a *Athens Review of Books* quebrou porque foi sentenciada a pagar uma indenização inédita de perdas e danos por um tribunal que refletia a vontade do governo, e não por ordem direta do governo.

56. Tom Mueller, "What Beppe Grillo Wants", *New Yorker*, 6 mar. 2013, http://www.newyorker.com/news/news-desk/what-beppe-grillo-wants.

57. Em países sem uma cultura democrática profunda, partidos políticos estabelecidos também tentam preencher cargos com seus membros para recompensar lealdades ou assegurar uma cobertura mais positiva na televisão estatal. Mas somente os populistas "empreendem essa colonização abertamente e com o apoio de sua aspiração fundamental a representação moral do povo" (Müller, *What Is Populism?*, p. 45). Só eles, em outras palavras, realizam essas ações com o objetivo de silenciar por completo a oposição.

58. Simon Kennedy, "Pro-Brexit Press Rages at 'Enemies of the People' on Court", *Bloomberg*, 4 nov. 2016, https://www.bloomberg.com/news/articles/2016-11-04/pro-brexit-press-rages-at-enemies-of-the-people-on-court.

59. Peter Exinger, "Streit ums Minarett", *Blick*, 11 fev. 2006; Thomi De Rocchi, "Minarette stören den Blick auf die Alpen", *Blick*, 18 jul. 2008; René Steege Ter, "Zwitsers ruziën over verbod op minaretten", *Het Parool*, 26 nov. 2009; Janine Gloor, "Turm des Schweigens: 'An den Anblick des Minaretts hat man sich gewöhnt'", *Solothurnerzeitung*, 8 jan. 2017; Simone Bretscher, "(K)eins aufs Dach?" Lizentiatsarbeit, Historisches Seminar, Universität Basel, 5 nov. 2008, pp. 76-91, http://www.bmk-online.ch/files/Eins-aufs-Dach.pdf; Lorenz Langer, "Panacea or Pathetic Fallacy? The Swiss Ban on Minarets", *Vanderbilt Journal of Transnational Law*, v. 43, n. 4, 2010, pp. 865-70; David Miller, "Majorities and Minarets: Religious Freedom and Public Space", Working Paper Series in Politics, Nuffield College, University of Oxford, pp. 8-10; https://www.nuffield.ox.ac.uk/

Politics/Papers/2013/WP-2013-03.pdf; Supremo Tribunal Federal da Suíça, Determinação 1P. 26/2007, 4 jul. 2007, http://www.polyreg.ch/bgeunpub/Jahr_2007/Entscheide_1P_2007/1P. 26__2007.html.

60. Exinger, "Streit ums Minarett".

61. Nick Cumming-Bruce e Steven Erlanger, "Swiss Ban Building of Minarets on Mosques", *New York Times*, 29 nov. 2009, http://www.nytimes.com/2009/11/30/world/europe/30swiss.html.

62. "Federal Constitution of the Swiss Confederation", Portal do Governo Suíço, 2016, Artigos 15 e 72, https://www.admin.ch/opc/en/classified-compilation/19995395/201601010000/101.pdf.

63. Ver "The Swiss Ban Minarets, ctd.", *Atlantic*, 30 nov. 2009, https://www.theatlantic.com/daily-dish/archive/2009/11/the-swiss-ban-minarets-ctd/193550/; Ian Traynor, "Swiss Ban on Minarets Draws Widespread Condemnation", *Guardian*, 30 nov. 2009, https://www.theguardian.com/world/2009/nov/30/switzerland-ban-minarets-reaction-islam; e Charlemagne, "The Swiss Minaret Ban", *Economist*, 30 nov. 2009, http://www.economist.com/blogs/charlemagne/2009/11/_normal_0_false_false_6.

64. Ver Benjamin Shingler, "Ban on New Places of Worship Upheld in Montreal's Outremont Borough", CBC News, 20 nov. 2016, http://www.cbc.ca/news/canada/montreal/outremont-places-of-worship-ban-hasidic-1.3859620.

65. "Alternative for Germany Slams Church over Refugees", *The Local*, 18 fev. 2016, https://www.thelocal.de/20160218/alternative-for-germany-slams-dishonest-church-over-refugees.

66. Charlotte Beale, "German Police Should Shoot Refugees, Says Leader of AfD Party Frauke Petry", *Independent*, 31 jan. 2016.

67. Alguns aspectos de minha descrição do comício de Petry, bem como da marcha do PEGIDA descrita um pouco antes neste capítulo, são extraídos de Mounk, "Echt Deutsch", art. cit.

68. Reportagem do autor.

69. "Preliminary Election Program PVV 2017-2021", Geert Wilders Weblog, 26 ago. 2016, https://www.geertwilders.nl/94-english/2007-preliminary-election-program-pvv-2017-2021.

70. Angelique Chrisafis, "Jean-Marie Le Pen Fined Again for Dismissing Holocaust as 'Detail'", *Guardian*, 6 abr. 2016, https://www.theguardian.com/world/2016/apr/06/jean-marie-le-pen-fined-again-dismissing-holocaust-detail.

71. "NPD Leader Charged with Inciting Race Hate", *Spiegel*, 24 ago. 51-56 2007, http://www.spiegel.de/international/germany/after-nominating-rudolf-hess-for-nobel-peace-prize-npd-leader-charged-with-inciting-race-hate-a-501910.html.

72. "French National Front Expels Founder Jean-Marie Le Pen", BBC, 20 ago. 2015, http://www.bbc.com/news/world-europe-34009901.

73. Björn Höcke, "Gemutszustand eines total besiegten Volkes", *Der Tagesspiegel*, 1 jan. 2015, http://www.tagesspiegel.de/politik/hoecke-rede-im-wortlaut--gemuetszustand-eines-total-besiegten-volkes/19273518.html; AfD Berlim: "Weil wir für #EUCH sind, sind sie gegen uns", tuíte, 21 ago. 2016, https://twitter.com/afdberlin/status/767225661920542720?lang=en; "Bundesvorstand beantragt Parteiausschluss von Höcke", *Zeit Online*, 31 mar. 2017, http://www.zeit.de/politik/deutschland/2017-03/afd-bundesvorstand-bjoern-hoecke-parteiausschlussverfahren.

74. Gergely Szakacs, "U.S. Vote Marks End of 'Liberal Non-democracy': Hungary PM", Reuters, 10 nov. 2016, http://www.reuters.com/article/us-usa--election-hungary-orban-idUSKBN13510D.

75. Jan-Werner Müller, "The Problem with 'Illiberal Democracy'", *Social Europe*, 27 jan. 2016, https://www.socialeurope.eu/2016/01/the-problem-with-illiberal-democracy/.

## 2. DIREITOS SEM DEMOCRACIA [pp. 74-124]

1. Christian Graf von Krockow, *Warnung vor Preußen*. Berlim: Severin und Siedler, 1982, p. 99.

2. Barrington Moore, *Social Origins of Dictatorship and Democracy: Lord and Peasant in the Making of the Modern World*. Boston: Beacon Press, 1993; Robert Alan Dahl, *Polyarchy: Participation and Opposition*. New Haven: Yale University Press, 1973; Charles Tilly, *Popular Contention in Great Britain, 1758-1834*. Nova York: Routledge, 2015 [1995]; Daniel Ziblatt, *Conservative Parties and the Birth of Democracy*. Cambridge: Cambridge University Press, 2017, pp. 24-171.

3. James Madison, "The Federalist N. 10", em Alexander Hamilton, James Madison e John Jay, *The Federalist Papers*. Org. de Ian Shapiro. New Haven: Yale University Press, 2009 [1787], p. 51.

4. Ibid.

5. Ibid., p. 322.

6. Garry Wills, *Lincoln at Gettysburg: The Words that Remade America*. Nova York: Simon & Schuster, 1992, p. 145; Abraham Lincoln, *The Gettysburg Address*. Londres: Penguin, Great Ideas, 2009; George P. Fletcher, *Our Secret Constitution: How Lincoln Redefined American Democracy*. Nova York: Oxford University Press, 2003, p. 53.

7. Constituição, Emendas 11-27, Archives.gov. Emenda XV; https://www.ar-

chives.gov/founding-docs/amendments-11-27#toc-amendment-xv; Acesso em: 1 abr. 2017, Michael Perman, *Struggle for Mastery: Disfranchisement in the South, 1888-1908*. Chapel Hill: University of North Carolina Press, 2001; Jerrold M. Packard, *American Nightmare: The History of Jim Crow*. Nova York: St. Martin's Press, 2002.

8. Constituição, Emenda xvii.

9. Constituição, Emenda xix.

10. Benjamin Constant, "The Liberty of the Ancients Compared with That of the Moderns", em Biancamaria Fontana (Org.). *Political Writings* (Nova York: Cambridge University Press, 1988, pp. 309-28.

11. John Adams, "A Defence of the Constitution", em George Carey (Org.). *The Political Writings of John Adams*. Washington, DC: Regnery Publishing, 2000, p. 27.

12. *The Bible: Authorized King James Version*. Org. Robert Carroll e Stephen Pricket. Nova York: Oxford University Press, 2008; Lucas 5,37.

13. Podemos assistir ao diálogo em toda a sua televisionada glória aqui: *Yes Minister*. A Question of Loyalty. Television. Criado por Antony Jay e Jonathan Lynn (BBC, 1981), https://www.youtube.com/watch?v= dIto5mwDLxo.

14. "Speech (and sketch) for BBC1 *Yes, Prime Minister*", Margaret Thatcher Foundation, 20 jan. 1984, http://www.margaretthatcher.org/document/105519.

15. Shaun Ley, "Yes, Prime Minister: Still True to Life after 30 Years?", BBC, 9 jan. 2016, http://www.bbc.com/news/uk-politics-35264042.

16. Ver "Max Weber on Bureaucracy", site do New Learning, suplemento a Mary Kalantzis e Bill Cope, *New Learning*, 2. ed. Cambridge: Cambridge University Press, 2012, http://newlearningonline.com/new-learning/chapter-9/max--weber-on-bureaucracy.

17. Max Weber, *Economy and Society: An Outline of Interpretative Sociology*. Trad. E. Fischoff. Nova York: Bedminster Press, 1968, v. 3, p. 979.

18. Para o tratamento mais brilhante e abrangente dos múltiplos papéis desempenhados pelos burocratas, e a criatividade normativa que isso exige, ver Bernardo Zacka, *When the State Meets the Street: Public Service and Moral Agency* (Cambridge, MA: Harvard University Press, 2017).

19. "Workforce", Institute for Government, Londres, 2017; https://www.instituteforgovernment.org.uk/publication/whitehall-monitor-2017/workforce. A parcela de servidores públicos entre todos os trabalhadores é ainda mais elevada em outros países europeus, como Dinamarca (32%), França (24%), Finlândia (23%), Polônia (22%), Holanda (21%) e Grécia (21%) liderando a lista europeia. Statista, "Anteil der Staatsbediensteten an der Gesamtzahl der Beschäftigten in ausgewählten Ländern weltweit", https://de.statista.com/statistik/daten/

studie/218347/umfrage/anteil-der-staatsbediensteten-in-ausgewaehlten-laendern/. O caso é um pouco mais complicado nos Estados Unidos, onde um forte imperativo político para limitar a quantidade de funcionários federais tem levado a uma queda considerável na proporção entre a população geral e a quantidade de servidores públicos. Entretanto, os números destacados mascaram o rápido aumento de burocratas nos níveis estadual e local, assim como da quantidade de pessoas trabalhando para organizações privadas ou sem fins lucrativos que realizam funções quase governamentais. Ver John J. DiIulio, *Bring Back the Bureaucrats: Why More Federal Workers Will Lead to Better (and Smaller!) Government* (West Conshohocken, PA: Templeton Foundation Press, 2014). Ver também fenômeno similar na França: Philippe Bezes e Gilles Jeannot, "The Development and Current Features of the French Civil Service System", em Frits van der Meer (Org.), *Civil Service Systems in Western Europe* (Cheltenham: Edward Elgar, 2011, pp. 185-215), p. 272, https://hal-enpc.archives-ouvertes.fr/hal--01257027/document.

20. No caso da Grã-Bretanha, por exemplo, Edward Page revela que os políticos tendem a delinear os contornos amplos das principais reformas. Edward Page, "The Civil Servant as Legislator: Law Making in British Administration", *Public Administration*, v. 81, n. 4, 2003, pp. 651-79. Mas a natureza última das leis parlamentares é fortemente delineada pelos burocratas com amplo poder de decisão sobre o texto da legislação. Em áreas variadas como direito criminal ou do trabalho, eles foram assim capazes de aproveitar um vago impulso político na direção de sua preferência. Edward Page, *Policy without Politicians: Bureaucratic Influence in Comparative Perspective* (Oxford: Oxford University Press, 2012). Sobretudo na "elaboração diária de políticas", a influência da burocracia por isso acaba sendo mais onipresente do que muitos cidadãos se dão conta. Edward Page, *Governing by Numbers: Delegated Legislation and Everyday Policy Making* (Oxford: Hart Publishing, 2001). Mas pode ir além disso também: em um número surpreendente de casos, o efetivo ímpeto por nova legislação veio de funcionários públicos não eleitos, mais do que de políticos ou do público em geral. Page, "The Civil Servant as Legislator", art. cit.

21. Cornelius M. Kerwin e Scott R. Furlong, *Rulemaking: How Government Agencies Write Law and Make Policy*. Washington, DC: CQ Press, 1994.

22. Marshall J. Breger e Gary J. Edles, "Established by Practice: The Theory and Operation of Independent Federal Agencies", *Administrative Law Review*, v. 52, n. 4, 2000, pp. 1111-294, p. 1112.

23. Communications Act of 1934. Pub. L. 73-416. 48 Stat. 1064, 19 jun. 1934, Government Publishing Office, https://www.gpo.gov/fdsys/pkg/USCODE-2009--title47/html/USCODE-2009-title47-chap5.htm.

24. Securities Exchange Act of 1934, Pub. L. 73-291. 48 Stat. 881, 6 jun. 1934, Government Publishing Office; https://www.gpo.gov/fdsys/granule/USCODE--2011-title15/USCODE-2011-title15-chap2B-sec78a.

25. Reorganization Plans N. 3 and 4 of 1970, Mensagem do presidente dos Estados Unidos à Câmara dos Representantes, Environmental Protection Agency, https://archive.epa.gov/ocir/leglibrary/pdf/created.pdf. Acesso em: 2 abr. 2017.

26. Dodd-Frank Wall Street Reform e Consumer Protection Act, Pub. L. 111-203. 124 Stat. 1376, 21 jul. 2010, Government Publishing Office, https://www.gpo.gov/fdsys/granule/STATUTE-124/STATUTE-124-Pg1376/content-detail.html.

27. "Obscene, Indecent, and Profane Broadcasts", Federal Communications Commission, 2016, https://www.fcc.gov/consumers/guides/obscene-indecent--and-profane-broadcasts.

28. "Open Internet", Federal Communications Commission, 2016, https://www.fcc.gov/general/open-internet.

29. "DDT — A Brief History and Status", Environmental Protection Agency, https://www.epa.gov/ingredients-used-pesticide-products/ddt-brief-history--and-status; "EPA History: Clean Water Act", Environmental Protection Agency, https://www.epa.gov/history/epa-history-clean-water-act; ambos acessados em 2 abr. 2017.

30. "Carbon Pollution Standards for New, Modified and Reconstructed Power Plants", Environmental Protection Agency, https://www.epa.gov/cleanpowerplan/carbon-pollution-standards-new-modified-andreconstructed-power-plants. Acesso em: 2 abr. 2017.

31. Yuka Hayashi e Anna Prior, "U.S. Unveils Retirement-Savings Revamp, with a Few Concessions to Industry", *Wall Street Journal*, 6 abr. 2016, https://www.wsj.com/articles/u-s-unveils-retirement-savings-revamp-but-with-a-few--concessions-to-industry-1459936802. Sobre regra relativa a crédito consignado, que ainda não foi adotada, ver Yuka Hayashi, Rachel Witkowski e Gabriel T. Rubin, "Dueling Payday-Lending Campaigns Deluge CFPB with Comments", *Wall Street Journal*, 10 out. 2016, https://www.wsj.com/articles/dueling-payday--lending-campaigns-deluge-cfpb-with-comments-1476131725. Para uma avaliação geral da CFPB, ver Ian Salisbury, "The CFPB Turns 5 Today. Here's What It's Done (and What It Hasn't)", *Time*, 21 jul. 2016, http://time.com/money/4412754/cfpb-5-year-anniversary-accomplishments/.

32. Jonathan Turley, "The Rise of the Fourth Branch of Government", *Washington Post*, 24 maio 2013.

33. Como decidiu a Suprema Corte no distante ano de 1935, quando as agências independentes ainda estavam em sua infância, seriam "independentes

da autoridade executiva, exceto nas seleções delas, e livres para exercer seu julgamento sem impedimento de qualquer outro funcionário ou departamento do governo". *Humphrey's Executor v. United States*, 295 U.S. 602 (1935). Ao longo dos anos, a Suprema Corte apenas acresceu às prerrogativas das agências independentes. *Chevron USA v. Natural Resources Defense Council, Inc.* 467 U.S. 837 (1984) determinou que elas têm direito a forte deferência em suas interpretações das leis. *Arlington v. FCC* (2013) concedeu a cada agência deferência para determinar suas próprias jurisdições. *City of Arlington*, TX v. FCC, 569 U.S. (2013).

34. Polly Curtis, "Government Scraps 192 Quangos", *Guardian*, 14 out. 2010, https://www.theguardian.com/politics/2010/oct/14/government-to-reveal--which-quangos-will-be-scrapped.

35. Para uma investigação inicial de QUANGOS, ver por exemplo Brian W. Hogwood, "The Growth of Quangos: Evidence and Explanations", *Parliamentary Affairs*, v. 48, n. 2, 1995, pp. 207-25.

36. Curtis, "Government Scraps 192 Quangos"; "Quango List Shows 192 to Be Axed", BBC News, 14 out. 2010; http://www.bbc.com/news/uk-politics--11538534.

37. Kate Dommett, "Finally Recognising the Value of Quangos? The Coalition Government and a Move beyond the 'Bonfire of the Quangos'", *Democratic Audit* UK, 14 jan. 2015, http://www.democraticaudit.com/2015/01/14/finally--recognising-the-value-of-quangos-the-coalition-government-and-a-move--beyond-the-bonfire-of-the-quangos/.

38. Sobre o papel da Comissão Europeia, ver Miriam Hartlapp, Julia Metz e Christian Rauh, *Which Policy for Europe? Power and Conflict inside the European Commission* (Oxford: Oxford University Press, 2014). Observe-se também que a União Europeia cada vez mais tem desenvolvido uma rede de agências independentes que se assemelham às QUANGOS britânicas e a instituições americanas como a EPA, incluindo órgãos tão variados como a European Environment Agency, a European Agency for Safety and Health at Work, a European Food Safety Agency e a European Banking Authority. Ver Arndt Wonka e Berthold Rittberger, "Credibility, Complexity and Uncertainty: Explaining the Institutional Independence of 29 EU Agencies", *West European Politics*, v. 33, n. 4, 2010, pp. 730-52.

39. Ver Theo Balderston, *Economics and Politics in the Weimar Republic* (Cambridge: Cambridge University Press, 2002).

40. "The Road to Central Bank Independence", Deutsche Bank, 29 out. 2013, https://www.bundesbank.de/Redaktion/EN/Topics/2013/2013_10_29_bank_independence.html.

41. Citado em Christopher Alessi, "Germany's Central Bank and the Eurozone", *Council on Foreign Relations*, 7 fev. 2013, http://www.cfr.org/world/germanys-central-bank-eurozone/p29934. Sobre o papel da hiperinflação na memória histórica alemã, ver Toni Pierenkemper, "Die Angst der Deutschen vor der Inflation oder: Kann man aus der Geschichte lernen?", *Jahrbuch für Wirtschaftsgeschichte/Economic History Yearbook*, v. 39, n. 1, 1998, pp. 59-84; e Alexander Ebner, "The Intellectual Foundations of the Social Market Economy: Theory, Policy, and Implications for European Integration", *Journal of Economic Studies*, v. 33, n. 3, 2006, pp. 206-23.

42. Alessi, "Germany's Central Bank", art. cit. Porém, como observa Wade Jacoby, enquanto o Bundesbank foi criado com o objetivo primordial de se concentrar na estabilidade de preços, o tratado que fundou o Banco Central Europeu também previa que ele perseguisse muitas outras metas, incluindo a "paz social" (comunicação pessoal).

43. O motivo técnico para isso é bem mais complicado e inclui a antecipação do mercado de uma provável futura inflação. Ver R. J. Barro e D. B. Gordon, "Rules, Discretion and Reputation in a Model of Monetary Policy", *Journal of Monetary Economics*, v. 12, n. 1, 1983, pp. 101-21.

44. Simone Polillo e Mauro Guillén, "Globalization Pressures and the State: The Worldwide Spread of Central Bank Independence", *American Journal of Sociology*, v. 110, n. 6, 2005, pp. 1764-802, p. 1770.

45. Ibid., p. 1767.

46. Nos anos subsequentes à crise financeira de 2008, os bancos centrais começaram a exercer um papel político ainda mais importante. Na década de 1990 e no início dos anos 2000, o FED norte-americano, o Banco da Inglaterra e o Banco Central Europeu haviam simplesmente pegado carona no ciclo de inflação baixa e crescimento extraordinário. A falha deles em prever que uma desregulamentação generalizada desestabilizaria o setor financeiro ajudou a precipitar um dos declínios econômicos mais catastróficos da história moderna. Mas, em vez de perder seu poder após a crise financeira, muitos bancos centrais na verdade se tornaram mais poderosos — e menos responsáveis. Enquanto o governo americano ficava paralisado pelo extremo partidarismo no Congresso e o governo europeu tentava conciliar os interesses divergentes de países europeus do Norte e do Sul, os bancos centrais gastaram trilhões em ativos para impulsionar as economias no mundo todo e se mobilizaram para apoiar regulamentações bancárias e comerciais que haviam deixado operar ao bel-prazer nos anos precedentes. Consequentemente, os bancos centrais desempenharam um papel mais ativo e controverso a partir de 2008 do que haviam desempenhado antes.

47. Ver Jack Greenberg, *Crusaders in the Courts: How a Dedicated Band of Lawyers Fought for the Civil Rights Revolution* (Nova York: Basic Books, 1995);

Michael J. Klarman, *From Jim Crow to Civil Rights: Supreme Court and the Struggle for Racial Equality* (Oxford: Oxford University Press, 2004); e Risa L. Goluboff, "The Thirteenth Amendment and the Lost Origins of Civil Rights", *Duke Law Journal*, v. 50, n. 6, 2000, pp. 1609-85.

48. Ver Thomas M. Keck, *The Most Activist Supreme Court in History: The Road to Modern Judicial Conservatism* (Chicago: University of Chicago Press, 2010); Richard A. Posner, "The Rise and Fall of Judicial Self-restraint", *California Law Review*, v. 100, n. 3, 2012, pp. 519-56; Jack M. Balkin e Sanford Levinson, "Understanding the Constitutional Revolution", *Virginia Law Review*, v. 87, n. 6, 2001, pp. 1045-109. Uma das coisas surpreendentes sobre esse momento é que estudiosos proeminentes dos dois lados acusam o outro lado de se envolver em formas sem precedentes de ativismo judicial. Ver Cass Sunstein, "Tilting the Scales Rightward", *New York Times*, 26 abr. 2001. Mas ver também a crítica da ideia de ativismo judicial em Kermit Roosevelt, *The Myth of Judicial Activism: Making Sense of Supreme Court Decisions* (New Haven: Yale University Press, 2006).

49. *Brown v. Board of Education of Topeka*, 349 U.S. 294 (1955).

50. *Furman v. Georgia*, 408 U.S. 238 (1972) determinou que a pena de morte era inconstitucional. *Gregg v. Georgia*, 428 U.S. 153 (1976) reverteu a decisão.

51. *Roe v. Wade*, 410 U.S. 113 (1973).

52. FCC *v. Pacifica Foundation*, 438 U.S. 726 (1978).

53. *Lawrence v. Texas*, 539 U.S. 558 (2003) legalizou a relação homossexual. *Obergefell v. Hodges*, 576 U.S. (2015) legalizou o casamento entre pessoas de mesmo sexo.

54. Para exemplos, ver *Buckley v. Valeo*, 424 U.S. 1 (1976); e *Citizens United v. FEC*, 558 U.S. (2010).

55. Em *King v. Burwell*, 576 U.S. (2015), a Suprema Corte manteve disposições centrais da norma que garante o acesso a serviços de saúde, o Affordable Care Act.

56. Em *United States v. Texas* 579 U.S. (2016), a Suprema Corte deixou inalterada uma sentença do tribunal de apelações, opondo-se ao programa de Ação Diferida para Pais de Americanos e Residentes Permanentes Legais (DAPA), que teria impedido milhões de imigrantes sem documentação de serem deportados. *United State v. Texas*, 507 U.S. 529 (1993).

57. Ver Jonathan Chait, "Conservative Judicial Activists Run Amok", *New York Magazine*, 28 mar. 2012; Adam Cohen, "Psst... Justice Scalia, You Know, You're an Activist Judge, Too", *New York Times*, 19 abr. 2005, http://www.nytimes.com/2005/04/19/opinion/psst-justice-scalia-you-know-youre-an-activist-judge-too.html; Seth Rosenthal, "The Jury Snub", *Slate*, 18 dez. 2006, http://www.slate.com/articles/news_and_politics/jurisprudence/2006/12/the_jury_

snub.html; William P. Marshall, "Conservatism and the Seven Sins of Judicial Activism", *University of Colorado Law Review*, v. 73, 2002, pp. 1217-401; and Geoffrey R. Stone, "*Citizens United* and Conservative Judicial Activism", *University of Illinois Law Review*, n. 2, 2012, pp. 485-500.

58. Medir se tudo isso constitui ou não uma ampliação do papel do tribunal na vida americana é difícil. Não resolve simplesmente contar o número de vezes que a Suprema Corte derrubou leis do Congresso, ignorou a lei estadual ou passou por cima das normas estabelecidas pelas agências reguladoras, por exemplo. Afinal, faz muita diferença a importância de uma determinada legislação — e essa questão necessariamente envolve juízos de valor sobre os quais pessoas sensatas podem discordar. Para mais sobre essa questão sutil, ver A. E. Dick Howard, "The Supreme Court Then and Now", History Now, The Gilder Lehrman Institute of American History, 2017, https://www.gilderlehrman.org/history-by-era/government-and-civics/essays/supreme-court-then-and-now; Larry D. Kramer, "Judicial Supremacy and the End of Judicial Restraint", *California Law Review*, v. 100, n. 3, 2012, pp. 621-34; e Christopher Wolfe, *The Rise of Modern Judicial Review: From Constitutional Interpretation to Judge-Made Law* (Lanham, MD: Rowman and Littlefield, 1994).

59. Baseado no conjunto de dados do Polity IV de 2014, 22 países obtiveram pontuação suficiente no indicador DEMOC para serem classificados como democracia para os presentes propósitos: Austrália, Áustria, Bélgica, Canadá, Costa Rica, Dinamarca, Finlândia, França, Alemanha, Grécia, Irlanda, Itália, Japão, Luxemburgo, Holanda, Nova Zelândia, Noruega, Suécia, Suíça, África do Sul, Reino Unido e Estados Unidos. Desses países, somente Áustria, Dinamarca, Luxemburgo, Nova Zelândia, Noruega, Suécia, Suíça e Estados Unidos tiveram controle de constitucionalidade na época. Hoje, todos os países, com exceção da Holanda, têm formalmente controle de constitucionalidade; a Holanda, embora considerada como não tendo controle de constitucionalidade para fins desse número, na prática tem também uma forma suave de controle de constitucionalidade. Agradecimentos especiais a Daniel Kenny por sua assistência na pesquisa desse tema.

60. Tom Ginsburg e Mila Versteeg, "Why Do Countries Adopt Constitutional Review?", *Journal of Law, Economics, and Organization*, v. 30, n. 3, 2014, pp. 587-622, p. 587. Segundo um antigo estudo, 158 de 191 sistemas constitucionais no mundo todo "explicitamente autorizam um ou mais órgãos judiciários a [...] proteger suas cláusulas e princípios constitucionais contra infrações, notavelmente vindas do Parlamento". Maartje De Visser, *Constitutional Review in Europe: A Comparative Analysis* (Oxford: Hart Publishing, 2014), p. 53.

61. A Câmara dos Lordes serviu como último recurso do tribunal em casos

particulares e às vezes esclarecia como leis particulares deveriam ser interpretadas. Mas o que ela não pôde fazer foi decretar inconstitucional uma lei do Parlamento. Sobre a posição britânica mais ampla ao controle de constitucionalidade, ver Jeremy Waldron, "The Core of the Case against Judicial Review", *Yale Law Journal*, v. 115, n. 6, 2006, pp. 1346-406.

62. Quando os britânicos entraram, a União Europeia ainda era conhecida como Comunidade Europeia.

63. Ver Karen J. Alter, *Establishing the Supremacy of European Law: The Making of an International Rule of Law in Europe* (Oxford: Oxford University Press, 2001); e Mark Elliott, *The Constitutional Foundations of Judicial Review* (Oxford: Hart Publishing, 2001).

64. Os tribunais do Reino Unido agora estavam autorizados a verificar o acatamento dos direitos humanos europeus em toda a legislação britânica e a anulá-la, se necessário. Ver A. Kavanagh, *Constitutional Review under the UK Human Rights Act* (Cambridge: Cambridge University Press, 2009); A. Z. Drzemczewski, *European Human Rights Convention in Domestic Law: A Comparative Study* (Nova York: Oxford University Press, 1985); e B. A. Simmons, *Mobilizing for Human Rights: International Law in Domestic Politics* (Cambridge: Cambridge University Press, 2009); "Human Rights Act 1998", Legislation.gov.uk, http://www.legislation.gov.uk/ukpga/1998/42/crossheading/introduction. Acesso em: 2 abr. 2017.

65. "Constitutional Reform Act 2005", Legislation.gov.uk, http://www.legislation.gov.uk/ukpga/2005/4/contents. Acesso em: 2 abr. 2017.

66. "Canadian Charter of Rights and Freedoms", Parlamento do Canadá, http://www.lop.parl.gc.ca/About/Parliament/Education/ourcountryourparliament/html_booklet/canadian-charter-rights-and-freedoms-e.html. Acesso em: 2 abr. 2017. Ver também J. B. Kelly, *Governing with the Charter: Legislative and Judicial Activism and Framers' Intent* (Vancouver: University of British Columbia Press, 2014); D. R. Songer e S. W. Johnson, "Judicial Decision Making in the Supreme Court of Canada: Updating the Personal Attribute Model", *Canadian Journal of Political Science/Revue Canadienne de Science Politique*, v. 40, n. 4, 2007, pp. 911-34.

67. "Judging", Conseil d'État, http://english.conseil-etat.fr/Judging. Acesso em: 2 abr. 2017. Ver também F. Fabbrini, "Kelsen in Paris: France's Constitutional Reform and the Introduction of A Posteriori Constitutional Review of Legislation", *German Law Journal*, v. 9, n. 10, 2008, pp. 1297-312.

68. "The Constitution of the Kingdom of the Netherlands", Rechtspraak.nl, 2002, https://www.rechtspraak.nl/SiteCollectionDocuments/Constitution-NL.pdf; M. Adams e G. van der Schyff, "Constitutional Review by the Judiciary in

the Netherlands", *Zeitschrift für ausländisches öffentliches Recht und Völkerrecht*, v. 66, 2006, pp. 399-413.

69. Waldron, "Core of the Case", art. cit. Ver também J. Waldron, "Judicial Review and the Conditions of Democracy", *Journal of Political Philosophy*, v. 6, n. 4, 1998, pp. 335-55.

70. Waldron, "Judicial Review", art. cit., p.339.

71. Ver Hans Kelsen, "La Garantie juridictionelle de la Constitution (La Justice constitutionelle)", *Revue de Droit Publique et de la Science Politique en France et à L'Étranger*, v. 35, 1928, pp. 197-259; Hans Kelsen, *General Theory of Law and State*. Trad. Anders Wedberg (Cambridge, MA: Harvard University Press, 1945); Ronald Dworkin, *Law's Empire* (Cambridge, MA: Harvard University Press, 1988); Ronald Dworkin, *Taking Rights Seriously* (Cambridge, MA: Harvard University Press, 1978). Ver também Daniel F. Kelemen, "Judicialisation, Democracy and European Integration", *Representation*, v. 49, n. 3, 2013, pp. 295-308; e Aharon Barak, *The Judge in a Democracy* (Princeton: Princeton University Press, 2006).

72. Na verdade, dizer que o controle de constitucionalidade remove as decisões da contestação política não significa que os próprios juristas estejam livres de considerações políticas. Pelo contrário, a natureza altamente politizada das decisões judiciais, sobretudo nos Estados Unidos, é um dos argumentos mais fortes contra o controle. Como defendeu Ezra Klein, "as pessoas que servem como juízes na Suprema Corte são averiguadas pelos partidos políticos, muitas vezes trabalharam para os partidos políticos, frequentemente são leais às pessoas nos partidos políticos que as ajudaram em sua carreira e passam a maior parte do tempo em Washington, onde se separam em grupos sociais que acham adequados. Em outras palavras, não são menos políticos do que a maioria dos americanos". Ezra Klein, "Of Course the Supreme Court Is Political", *Washington Post*, 21 jun. 2012. Ver também a extensa literatura acadêmica sobre o tópico, incluindo Jeffrey A. Segal e Albert D. Cover, "Ideological Values and the Votes of U.S. Supreme Court Justices", *American Political Science Review*, v. 83, n. 2, 2014, pp. 557-65; e William Mishler e Reginald S. Sheehan, "The Supreme Court as a Countermajoritarian Institution? The Impact of Public Opinion on Supreme Court Decisions", *American Political Science Review*, v. 87, n. 1, 2013, pp. 87-101.

73. Os números sobre o comércio transnacional e o investimento estrangeiro direto são extraídos de Shujiro Urata, "Globalization and the Growth in Free Trade Agreements", *Asia-Pacific Review*, v. 9, n. 1, 2002, pp. 20-32.

74. Sobre o aço americano, ver Douglas Irwin, "Historical Aspects of U.S. Trade Policy", NBER Reporter: Research Summary, National Bureau of Economic Research, verão de 2006, http://www.nber.org/reporter/summer06/irwin.html. Sobre carros e eletrônicos, ver Robert Feenstra, "How Costly Is Protectionism?",

*Journal of Economic Perspectives*, v. 6, n. 3, 1992, pp. 159-292; e Ashoka Moda, "Institutions and Dynamic Comparative Advantage: The Electronics Industry in South Korea and Taiwan", *Cambridge Journal of Economics*, v. 14, 1990, pp. 291-314, p. 296.

75. Sobre essa tensão, ver Dani Rodrik, "Can Integration into the World Economy Substitute for a Development Strategy?", em *World Bank ABCDE Europe Conference Proceedings*, 2000; Kenneth C. Shadlen, "Exchanging Development for Market Access? Deep Integration and Industrial Policy under Multilateral and Regional-Bilateral Trade Agreements", *Review of International Political Economy*, v. 12, n. 5, 2005, pp. 750-75; e Bijit Bora, Peter J. Lloyd, e Mari Pangestu, "Industrial Policy and the WTO", *World Economy*, v. 23, n. 4, 2000, pp. 543-59.

76. North American Free Trade Agreement, Nafta, 2014, https://www.nafta-sec-alena.org/Home/Texts-of-the-Agreement/North-American-Free-Trade-Agreement?mvid=2.

77. Ver Cory Adkins e David Singh Grewal, "Democracy and Legitimacy in Investor-State Relations", *Yale Law Journal Forum*, v. 65, 2016; bem como James Surowiecki, "Trade-Agreement Troubles", *New Yorker*, 22 jun. 2015, http://www.newyorker.com/magazine/2015/06/22/trade-agreement-troubles.

78. Ver Kenneth A. Armstrong e Simon Bulmer, *The Governance of the Single European Market* (Manchester: Manchester University Press, 1998); Gerda Falkner, *Complying with Europe: EU Harmonisation and Soft Law in the Member States* (Cambridge: Cambridge University Press, 2005); e Frans Vanistendael, "The ECJ at the Crossroads: Balancing Tax Sovereignty against the Imperatives of the Single Market", *European Taxation*, v. 46, n. 9, 2006, pp. 413-20.

79. Dermot Cahill, Vincent Power e Niamh Connery, *European Law*. Nova York: Oxford University Press, 2011, pp. 65-6.

80. Ver Burkard Eberlein e Edgar Grande, "Beyond Delegation: Transnational Regulatory Regimes and the EU Regulatory State", *Journal of European Public Policy*, v. 12, n. 1, 2005, pp. 89-112; and Olivier Borraz, "Governing Standards: The Rise of Standardization Processes in France and in the EU", *Governance*, v. 20, n. 1, 2007, pp. 57-84.

81. Esse traço não é tão exclusivo da União Europeia como poderia parecer. Na verdade, os novos regulamentos sobre compra, investimento e serviços do governo que são parte integrante da maioria dos acordos de livre-comércio muitas vezes limitam a soberania de governos subnacionais, incluindo estados individuais nos Estados Unidos. Em muitos casos, os governos subnacionais são forçados a emendar medidas existentes relativas a políticas de desenvolvimento econômico, incluindo leis que impeçam os empregos de serem transferidos para fora do país, políticas de "comprar o produto local" e regulamentações ambientais relativas a reciclagem e energia renovável.

82. O crescimento dos tratados e organizações internacionais não só tirou poder do Estado-nação; dentro dos Estados-nação, mudou o poder das mãos da legislatura para órgãos que estão sujeitos a menos prestação de contas democrática, como os tribunais e a burocracia.

Essa transformação começa com os órgãos que estão negociando tratados de comércio e acordos internacionais, em primeiro lugar. Como a complexidade desses tratados cresce, e o número de seus signatários se multiplica, está cada vez mais difícil chegar a um acordo e dar às legislaturas uma voz real no processo. Como resultado, a autoridade sobre as negociações pouco a pouco mudou do poder legislativo para o executivo, com o papel dos legisladores restrito a conceder seu assentimento relutante a tratados que já estão mais do que decididos no momento de sua votação.

Em muitos países, essa transformação ocorreu na prática sem ser explicitamente admitida. Nos Estados Unidos, foi na verdade codificada na lei. Segundo a Constituição, os tratados internacionais podem ser negociados pelo presidente, mas precisam ganhar o consentimento de dois terços dos senadores a fim de vigorar — uma exigência onerosa que tem frustrado as ambições de muitos presidentes. (Na esteira da Primeira Guerra Mundial, por exemplo, Woodrow Wilson deixou de ganhar os votos de que precisava para que os Estados Unidos integrassem a instituição que ele idealizara, a Liga das Nações, antecessora das Nações Unidas.) Para facilitar a aprovação de acordos de livre-comércio, a Lei de Comércio de 1974 assim estabeleceu a "autorização agilizada" [*fast-track authority*], que permite à Câmara e ao Senado aprovar acordos de livre-comércio negociados pelo presidente com maioria simples.

Embora esses arranjos tecnicamente aumentem o poder de um presidente ou primeiro-ministro democraticamente eleito, na verdade dão muito poder às agências burocráticas encarregadas de negociar acordos comerciais. Isso é particularmente verdade em países como os Estados Unidos, onde essas agências servem a uma única finalidade: como negociar acordos de livre-comércio é a tarefa primordial do Escritório do Representante de Comércio dos Estados Unidos, dificilmente surpreende que seus funcionários criem cada vez mais deles.

Sobre a autorização agilizada, ver Trade Act de 1974, Pub. L. 93-618. 88 Stat. 1978-2. 3 jan. 1975; Government Publishing Office Communications Act de 1934, Pub. L. 73-416. 48 Stat. 1064, 19 jun. 1934; Government Publishing Office, https://www.gpo.gov/fdsys/pkg/uscode-2009-title47/html/uscode-2009-title-47-chap5.htm. Além do mais, observe que a autorização agilizada tirou do Congresso o poder de emendar ou obstruir acordos de livre-comércio. A autorização agilizada vigorou entre 1975 e 1994, depois foi renovada de 2002 a 2007, e novamente renovada em 2015. Carolyn Smith, "Fast-Track Negotiating Authority for Trade Agreements and Trade Promotion Authority: Chronology of Major Votes", Congressional Research Services, 18 dez. 2001, https://digital.library.unt.edu/ark:/67531/metacrs2031/m1/1/high_res_d/RS21004_2001Dec18.pdf; "'Fast Track' Trade Legislation", *Wall Street Journal*, 28 abr. 2015, http://blogs.wsj.com/briefly/2015/04/28/fast-track-trade-legislation-at-a-glance/; Paul Lewis, "Barack Obama Given 'Fast-Track' Authority over Trade Deal Negotiations", *Guardian*, 24 jun. 2015, https://www.theguardian.com/us-news/2015/jun/24/barack-obama-fast-track-trade-deal-tpp-senate.

Sobre a Liga das Nações, ver Stephen Wertheim, "The League That Wasn't: American Designs for a Legalist-Sanctionist League of Nations and the Intellectual Origins of International Organization, 1914-1920", *Journal of the Society for Historians of American Foreign Relations: Diplomatic History*, v. 35, n. 5, 2011, pp. 797-836, pp. 802, 832; Martyn Housden, *The League of Nations and the Organization of Peace* (Nova York: Routledge, 2014), pxvii.

83. Tratados em Vigor, Departamento de Estado americano, https://www.state.gov/documents/organization/267489.pdf. Acesso em; 2 abr. 2017.

84. Martin Gilens e Benjamin Page, "Testing Theories of American Politics: Elites, Interest Groups, and Average Citizens", *Perspectives on Politics*, v. 12, n. 3, 2014, pp. 564-81.

85. Ibid., p. 575. Para um estudo anterior com resultado similar, ver Frank R. Baumgartner, Jeffrey M. Berry, Marie Hojnacki, David C. Kimball e Beth L. Leech, *Lobbying and Policy Change: Who Wins, Who Loses, and Why* (Chicago: University of Chicago Press, 2009).

86. Gilens e Page, "Testing Theories", art. cit., p. 576. Para falar a verdade, o medo básico de que, a despeito das aparências, uma pequena elite determina as decisões mais importantes numa democracia está presente há bem mais tempo. Ver, por exemplo, C. Wright Mills, *The Power Elite* (Nova York: Oxford University Press, 1956).

87. Kevin Dixon, "Torquay's Past MPs: Rupert Allason — Always Tip the Waiter!" *We Are South Devon*, 6 maio 2015; http://wearesouthdevon.com/torquays-past-mps-rupert-allason-always-tip-waiter/. Como é inevitável nesses tipos de anedota, não existem, é claro, evidências conclusivas de que a garçonete de fato exerceu um impacto forte em seus colegas de trabalho ou que esses votos realmente foram suficientes para virar a eleição.

88. Andrew Eggers e Jens Hainmueller, "MPs for Sale? Returns to Office in Postwar British Politics", *American Political Science Review*, v. 103, n. 4, 2009, pp. 513-33.

89. Ibid., p. 514. Devo acrescentar que Eggers e Hainmueller não estudaram especificamente os efeitos financeiros de vencer ou perder a *ree*leição para o Par-

lamento. Assim é possível que a derrota de Allason simplesmente tenha aumentado o número de anos nos quais, livre das restrições sobre atividades assalariadas enquanto ocupava o cargo, ele pôde capitalizar com suas ligações políticas.

90. Ibid., p. 514. Para o número de ex-parlamentares atuando em diretorias de empresa, ver ibid., p. 528.

91. Suzanne Goldenberg, "Want to Be Senator? Governor Tried to Auction Obama's Old Seat, Says FBI", *Guardian*, 9 dez. 2008, https://www.theguardian.com/world/2008/dec/10/illinois-governor-rod-blagojevich-bribes.

92. Peter Leeson e Russell Sobel, "Weathering Corruption", *Journal of Law and Economics*, v. 51, n. 4, 2008, pp. 667-81.

93. Sobre os Estados Unidos, ver Daniel Tokaji e Renata Strause, *The New Soft Money* (Columbus: Ohio State University Michael E. Moritz College of Law, 2014), p. 32. Sobre o Burundi, ver "The World Bank in Burundi", The World Bank, http://www.worldbank.org/en/country/burundi, acessado em 2016.

94. Bipartisan Campaign Reform Act, Pub. L. 107-155. 116 Stat. 81 a Stat. 116, 6 nov. 2002, Government Publishing Office, https://www.gpo.gov/fdsys/pkg/PLAW-107publ155/html/PLAW-107publ155.htm. Note, no entanto, que os críticos argumentaram que o efeito da reforma McCain-Feingold teria sido muito limitado: grandes doadores de campanha, previram eles, simplesmente redirecionariam seu dinheiro para diferentes tipos de entidades legais.

95. *Citizens United v. FEC*, 558 U.S. (2010). Tecnicamente, o *Citizens United* apenas estabeleceu esse princípio para empresas sem fins lucrativos, mas ele foi rapidamente aplicado a organizações com fins lucrativos, bem como a entidades como sindicatos trabalhistas, em decisões subsequentes como *Speechnow.org v. FEC*, 599 F.3d 686 (D.C. Cir. 2010). Ver Lyle Denniston, "Widening Impact of Citizens United", Scotusblog, 26 mar. 2010, http://www.scotusblog.com/2010/03/widening-impact-of-citizens-united/.

96. Para duas avaliações fortes sobre a influência corrosiva das contribuições de campanha na política americana, ver Heather K. Gerken, "The Real Problem with Citizens United: Campaign Finance, Dark Money, and Shadow Parties", *Marquette Law Review*, v. 97, n. 4, 2014, pp. 903-23; e Jane Mayer, *Dark Money: The Hidden History of the Billionaires behind the Rise of the Radical Right* (Nova York: Doubleday, 2016). Mais amplamente, há bons motivos para temer que qualquer aumento no número de possíveis vetos num sistema político facilita para os lobistas exercer sua influência. Sobre isso, ver Ian Shapiro, *Politics against Domination* (Cambridge, MA: Harvard University Press, 2016).

97. Zephyr Teachout, *Corruption in America: From Benjamin Franklin's Snuff Box to Citizens United*. Cambridge, MA: Harvard University Press, 2014, citação em 1.

98. Id., "The Forgotten Law of Lobbying", *Election Law Journal*, v. 13, n. 1, 2014, pp. 4-26, p. 22. Porém, os críticos argumentam que Teachout pode estar exagerando em que medida o lobismo foi visto negativamente no século XIX e que a corrupção não é a lente mais útil para efetuar uma reforma significativa. Ver o diálogo entre Lee Drutman e Zephyr Teachout em Lee Drutman, "Bring Back Corruption!", resenha de Teachout, Corrupção na América, *Democracy*, n. 35, 2015, http://democracyjournal.org/magazine/35/bring-backcorruption/?page=all; e Zephyr Teachout, "Quid Pro Con", resposta a Drutman, *Democracy*, n. 36, 2015, http://democracyjournal.org/magazine/36/quid-pro-con/.

99. William Luneburg e Thomas Susman, *The Lobbying Manual: A Complete Guide to Federal Law Governing Lawyers and Lobbyists*. Chicago: ABA Section of Administrative Law and Regulatory Practice, 2005.

100. "Lobbying as a Felony", *Sacramento Daily Union*, 6 nov. 1879, https://cdnc.ucr.edu/cgi-bin/cdnc?a=d&d=SDU18791106.2.8.

101. Lee Drutman, *Business of America Is Lobbying* (Nova York: Oxford University Press, 2015), p. 57. Ver também o insight das passagens das pp. 49-56, 71, 79 e 218.

102. Lee Drutman, "How Corporate Lobbyists Conquered American Democracy", *Atlantic*, 20 abr. 2015, https://www.theatlantic.com/business/archive/2015/04/how-corporate-lobbyists-conquered-american-democracy/390822/.

103. Ibid.

104. Lobbying Database, Center for Responsive Politics, https://www.opensecrets.org/lobby/. Acesso em: 31 mar. 2017.

105. Drutman, "How Corporate Lobbyists Conquered American Democracy". Figueiredo chega igualmente à conclusão de que grupos de negócios são responsáveis pela maior parte dos gastos com lobby: mais de 84% dos gastos totais com lobismo de grupos de interesse no nível federal americano e 86% dos gastos totais com lobby no nível estadual. Ver J. M. de Figueiredo, "The Timing, Intensity, and Composition of Interest Group Lobbying: An Analysis of Structural Policy Windows in the States", NBER Working Paper 10 588, National Bureau of Economic Research, jun. 2004.

106. Ian Traynor, "30,000 Lobbyists and Counting: Is Brussels under Corporate Sway?". *Guardian*, 8 maio 2014.

107. Jesse Byrnes, "Hillary 'Thought It'd Be Fun' to Attend Trump's Wedding", *Hill*, 10 ago. 2015, http://thehill.com/blogs/ballot-box/presidential-races/250773-hillary-thought-itd-be-fun-to-attend-trumps-wedding.

108. Michael Kruse, "Hillary and Donald's Wild Palm Beach Weekend", *Po-

*litico*, 28 jul. 2015, http://www.politico.com/magazine/story/2015/07/hillary-and-donald-trump-were-once-friends-wedding-120610.

109. *Citizens United v. FEC*, 558, U.S. 310 (2010).

110. Lawrence Lessig, *Republic, Lost*. Nova York: Hachette Book Group, 2011, pp. 107-24.

111. Essa síntese inteligente do pensamento de Lessig é de Yasmin Dawood. Ver Yasmin Dawood, "Campaign Finance and American Democracy", *Annual Review of Political Science*, v. 18, 2015, pp. 329-48, p. 336.

112. A imensa influência dos pares no comportamento individual tem sido documentada numa ampla variedade de contextos em campos que incluem a medicina, a psicologia e a política. Ver, por exemplo, Solomon E. Asch, "Opinions and Social Pressure", *Scientific American*, v. 193, n. 5, 1955, p. 31; Solomon E. Asch, "Effects of Group Pressure upon the Modification and Distortion of Judgments", em H. Guetzkow (Org.), *Groups, Leadership, and Men: Research in Human Relations*, pp. 177-90 (Pittsburgh: Carnegie Press, 1951); Susan T. Ennett e Karl E. Bauman, "The Contribution of Influence and Selection to Adolescent Peer Group Homogeneity: The Case of Adolescent Cigarette Smoking", *Journal of Personality and Social Psychology*, v. 67, n. 4, 1994, pp. 653-63; e Cass R. Sunstein, David Schkade, Lisa M. Ellman e Andres Sawicki, *Are Judges Political? An Empirical Analysis of the Federal Judiciary* (Washington, DC: Brookings Institution Press, 2007); Herbert Hyman, *Political Socialization* (Nova York: Free Press, 1959).

113. Ezra Klein, "The Most Depressing Graphic for Members of Congress", *Washington Post*, 14 jan. 2013, https://www.washingtonpost.com/news/wonk/wp/2013/01/14/the-most-depressing-graphic-for-members-of-congress/?utm_term=.420bbfa0a5f6; and Tim Roemer, "Why Do Congressmen Spend Only Half Their Time Serving Us?" *Newsweek*, 29 jul. 2015, http://www.newsweek.com/why-do-congressmen-spend-only-half-their-time-serving-us-357995.

114. Brendan Doherty, *The Rise of the President's Permanent Campaign* Lawrence: University Press of Kansas, 2012, pp. 16-7.

115. Credit Suisse, "Global Wealth Databook", 2013, p. 101, https://publications.credit-suisse.com/tasks/render/file/?fileID=1949208D-E59A-F2D9-6D0361266E44A2F8.

116. Russ Choma, "Millionaires' Club: For First Time, Most Lawmakers Are Worth $1 Million-Plus", Opensecrets.org, 9 jan. 2014.

117. Só o histórico educacional é impressionante: pelo menos 36 membros do 11º Congresso fizeram faculdade em Stanford, Harvard ou Yale. (Muitos outros fizeram a pós numa dessas instituições.) Ver Michael Morella, "The Top Ten Colleges for Members of Congress", *US News and World Report*, 10 ago. 2010,

https://www.usnews.com/news/slideshows/the-top-10-colleges-for-members-of-congress. Similarmente, um quinto dos senadores no 14º Congresso obteve a graduação em uma de quatro universidades: Harvard, Yale, Stanford ou Dartmouth. Ver Aaron Blake, "Where the Senate Went to College — In One Map", *Washington Post*, 30 jan. 2015, https://www.washingtonpost.com/news/the-fix/wp/2015/01/30/where-the-senate-went-to-college-in-one-map/?utm_term=.c88fa8c67482. Para informação biográfica completa sobre congressistas e senadores atuais e passados, ver Biographical Directory of the United States Congress, http://bioguide.congress.gov/biosearch/biosearch.asp. A literatura acadêmica sobre esse assunto é surpreendentemente escassa. Mas para um estudo anterior, ver N. Polsby, "The Social Composition of Congress", em Uwe Thayson, Roger H. Davidson e Robert Gerald Livingston (Orgs.), *The US Congress and the German Bundestag: Comparisons of Democratic Processes*, (Boulder, CO: Westview Press, 1990).

118. Arthur B. Gunlicks (Org.), *Campaign and Party Finance in North America and Western Europe* (Boulder, CO: Westview Press, 1993). Para uma comparação com o Canadá, ver Daniel P. Tokaji, "The Obliteration of Equality in American Campaign Finance Law: A Trans-Border Comparison", Ohio State Public Law Working Paper n. 140, http://dx.doi.org/10.2139/ssrn.1746868.

119. Nick Thompson, "International Campaign Finance: How Do Countries Compare?". CNN, 5 mar. 2012, http://www.cnn.com/2012/01/24/world/global-campaign-finance/.

120. Clay Clemens, "A Legacy Reassessed: Helmut Kohl and the German Party Finance Affair", *German Politics*, v. 9, n. 2, 2000, pp. 25-50; Erwin K. Scheuch e Ute Scheuch, *Die Spendenkrise-Parteien außer Kontrolle*. Rowohlt Verlag GmbH, 2017.

121. John R. Heilbrunn, "Oil and Water? Elite Politicians and Corruption in France", *Comparative Politics*, v. 37, n. 3, 2005, pp. 277-96; Jocelyn A. J. Evans, "Political Corruption in France", em Martin J. Bull e James L. Newell (Orgs.), *Corruption in Contemporary Politics*, pp. 79-92 (Basingstoke, UK: Palgrave Macmillan, 2003). Ver também Aurelien Breeden, "Francois Fillon, French Presidential Candidate, Is Charged with Embezzlement", *New York Times*, 14 mar. 2017; Rory Mulholland, "Nicolas Sarkozy Charged with Corruption", *Daily Telegraph*, 2 jul. 2014; Jennifer Thompson, "Chirac Found Guilty of Corruption", *Financial Times*, 15 dez. 2011; e Ullrich Fichtner: "A Crisis of Democracy Rocks the Fifth Republic", *Spiegel Online*, 8 abr. 2013.

122. A última vez em que o *Sun* apoiou um candidato derrotado foi em fevereiro de 1974, quando Harold Wilson obteve catorze cadeiras a mais do que Edward Heath, apesar de ter perdido o voto popular por margem estreita. James Thomas, *Popular Newspapers, the Labour Party and British Politics* (Londres:

Routledge, 2005), p. 73. Embora Theresa May, a candidata apoiada pelo *Sun* em 2017, não tenha obtido maioria absoluta, pôde permanecer no governo graças a uma coalizão com o Partido Unionista Democrático.

123. Essa é provavelmente uma explicação muito ampla — e normalmente ignorada — para o modo como a complicada coalizão entre operários e professores de escola, e entre mineiros de carvão e artistas, sobre a qual os social-democratas sempre se apoiaram para obter maioria, pôde se manter por tanto tempo.

124. W. B. Gallie, "Essentially Contested Concepts", *Proceedings of the Aristotelian Society*, v. 56, 1955-56, pp. 167-98.

125. Steven Levitsky e Lucan Way, *Competitive Authoritarianism: Hybrid Regimes after the Cold War*. Nova York: Cambridge University Press, 2010, p. 12.

126. Parte das melhores descrições empíricas e normativas do que eu chamaria de liberalismo antidemocrático inclui Colin Crouch, *Post-democracy* (Cambridge: Polity, 2004); e id., *Coping with Post-democracy*, Fabian Pamphlets (Londres: Fabian Society, 2000); Christopher Bickerton e Carlo Invernizzi Accetti, "Populism and Technocracy: Opposites or Complements?", *Critical Review of International Social and Political Philosophy*, v. 20, n. 2, 2017, pp. 186-206; Christopher Bickerton, "Europe's Neo-Madisonians: Rethinking the Legitimacy of Limited Power in a Multi-level Polity", *Political Studies*, v. 59, n. 3, 2011, pp. 659-73.

127. Ver Daniel W. Drezner, *The Ideas Industry: How Pessimists, Partisans, and Plutocrats Are Transforming the Marketplace of Ideas* (Nova York: Oxford University Press, 2017).

128. Ver "Mehrheit der Deutschen gegen neue Griechen-Milliarden", *Spiegel Online*, 2 fev. 2012.

129. Ver Fareed Zakaria, *The Future of Freedom* (Nova York: Norton, 2007); e Parag Khanna, *Technocracy in America* (Parag Khanna, publicado pelo autor, 2017).

130. Ver Richard Tuck, "The Left Case for Brexit", *Dissent*, 6 jun. 2016, https://www.dissentmagazine.org/online_articles/left-case-brexit, e Tuck, "Brexit: A Prize in Reach for the Left", *Policy Exchange*, 17 jul. 2017, https://policyexchange.org.uk/pxevents/brexit-a-prize-in-reach-for-the-left/.

3. A DEMOCRACIA ESTÁ SE DESCONSOLIDANDO [pp. 125-61]

1. David Runciman, *The Confidence Trap: A History of Democracy in Crisis from World War I to the Present*. Princeton: Princeton University Press, 2015, p. 210.

2. Jeffrey M. Jones, "American's Trust in Political Leaders, Public, at New Low", Gallup, 21 set. 2016, http://www.gallup.com/poll/195716/americans-trust-political-leaders-public-new-lows.aspx.

3. Ibid.

4. "Confidence in Institutions", pesquisa Gallup, 2017, http://www.gallup.com/poll/1597/confidence-institutions.aspx. Note que aumentou moderadamente desde então, para 12% em 2017. No entanto, isso pode muito bem refletir um percalço no início de uma nova presidência e poderia declinar rapidamente em anos por vir.

5. Ver Roberto Foa e Yascha Mounk, "Are Americans Losing Faith in Democracy?" *Vox*, 18 dez. 2015, https://www.vox.com/polyarchy/2015/12/18/9360663/is-democracy-in-trouble.

6. Em 1972, por exemplo, muito mais cidadãos alemães acreditavam que os parlamentares defendiam principalmente os interesses da população do que acreditavam que priorizavam outros interesses. Em 2014, essa tendência foi revertida, com o número de pessoas que atribuíam motivações louváveis aos políticos caindo significativamente. Os alemães não apenas confiam menos nos políticos do que antes; eles têm uma visão muito mais negativa de suas capacidades. Em 1972, cerca de dois terços dos consultados na Alemanha Ocidental acreditavam que era preciso ter muita perícia para se tornar um parlamentar, e menos de um quarto pensava o contrário. Em 2014, os sentimentos se inverteram: mais da metade consultada acreditava agora que não se exigia nenhuma perícia especial para se tornar um político, e menos de um quarto acreditava que os políticos têm algum talento especial. Ver Thomas Petersen, "Anfag vom Ende der Politikverdrossenheit?", *Frankfurter Allgemeinen Zeitung*, v. 66, n. 19, 5 mar. 2014.

7. O comparecimento às urnas caiu significativamente em décadas recentes em muitas democracias antigas na Europa Ocidental. E a participação em partidos políticos está diminuindo ainda mais rapidamente. Na França, por exemplo, havia mais de 1,7 milhão de filiados a partidos em 1978; em 2009, havia menos de 1 milhão. Ingrid Van Biezen, Peter Mair e Thomas Poguntke, "Going, Going… Gone? The Decline of Party Membership in Contemporary Europe", *European Journal of Political Research*, v. 51, n. 1, 2012, pp. 24-56, p. 44.

8. Roberto Stefan Foa e Yascha Mounk, "The Danger of Deconsolidation: The Democratic Disconnect", *Journal of Democracy*, v. 27, n. 3, 2016, pp. 10-2.

9. Jon Henley, "Chirac's Popularity Hits New Low as Public Loses Faith in Politicians", *Guardian*, 7 jun. 2005, https://www.theguardian.com/world/2005/jun/08/france.jonhenley.

10. "Support for Sarkozy Hits Record Low", *France 24*, 19 abr. 2011.

11. "Into the Abyss", *Economist*, 5 nov. 2016.

12. Jeremy Berke, "Emmanuel Macron's Approval Rating Is Taking a Massive Nosedive", *Business Insider*, 22 ago. 2017, http://www.businessinsider.com/emmanuel-macron-poll-approval-rating-trump-2017-8.

13. Comunicação pessoal.

14. Lynn Vavreck, "The Long Decline of Trust in Government, and Why That Can Be Patriotic", *New York Times*, 3 jul. 2015, https://www.nytimes.com/2015/07/04/upshot/the-long-decline-of-trust-in-government-and-why-that-can-be-patriotic.html.

15. David Easton, "A Re-assessment of the Concept of Political Support", *British Journal of Political Science*, v. 5, n. 4, 1975, pp. 435-57.

16. Larry Diamond, "Facing Up to the Democratic Recession", *Journal of Democracy*, v. 26, n. 1, 2015, pp. 141-55. Ver também Freedom House, *Freedom in the World 2016: The Annual Survey of Political Rights and Civil Liberties* (Rowman & Littlefield, 2016); e Freedom House, *Freedom in the World 2017: Populists and Autocrats: The Dual Threat to Global Democracy* (Rowman & Littlefield, 2017).

17. De fato, pode assim bastar a um demagogo alegar que vai realizar algo que é importante para esses cidadãos — uma vitória simbólica contra um inimigo externo, talvez, ou simplesmente um contracheque um pouco mais polpudo — para que abandonem aspectos essenciais da democracia.

18. Isso não significa que a maioria dos millennials seja ativamente contrária à democracia. Como observaram alguns críticos, a pontuação média não mudou drasticamente. Erik Voeten, "That Viral Graph about Millennials' Declining Support for Democracy? It's Very Misleading", *Washington Post*, 5 dez. 2016. Uma minoria substancial ainda considera crucial viver numa democracia. E a maioria do restante acha que está tudo perfeitamente bem — ela é algo desejável, ainda que não de particular importância. Mas o contraste com as gerações mais velhas ainda é supreendente. Se incluirmos na amostra pessoas que consideram razoavelmente importante viver numa democracia (uma escala de oito a dez), cerca de nove em dez americanos mais velhos acham importante viver numa democracia, mas menos de seis em dez americanos mais jovens acham o mesmo. O rápido crescimento no número de pessoas que são neutras quanto à democracia (uma escala de quatro a sete) é ainda mais notável. Embora apenas cerca de um em dez americanos mais velhos se encaixem nessa descrição, quase quatro em dez americanos mais jovens são neutros em relação à democracia. Ver Yascha Mounk e Roberto Foa: "Yes, People Really Are Turning Away from Democracy", *Washington Post*, 8 dez. 2016.

19. Um bom exemplo é a Nigéria, onde 22% dos millennials classificou a democracia como muito importante (dez), ao passo que 15% das pessoas com

mais de 65 fizeram o mesmo. Mas os próximos à idade dos millennials e pessoas com mais de 65 deram importância relativamente baixa (um a cinco) para a democracia.

20. Amanda Taub, "How Stable Are Democracies? 'Warning Signs Are Flashing Red'", *New York Times*, 29 nov. 2016.

21. Esses resultados são tão desconcertantes que é tentador encontrar uma maneira de desconsiderá-los. Afinal, os jovens não são sempre mais críticos do sistema político do que as pessoas mais velhas? Na verdade, não. Embora ainda não disponhamos de dados de série temporal que nos permitam testar se os jovens hoje são menos propensos a dizer que é importante para eles viver numa democracia do que seus pais ou avós em idade equivalente, para visões negativas sobre a democracia, dispomos dos dados. O que eles mostram é inequívoco: tanto na Europa como nos Estados Unidos, pessoas de dezesseis a 24 anos hoje criticam muito mais a democracia do que pessoas da mesma idade há duas décadas. E não é reconfortante que uma clara maioria de jovens ainda ache que a democracia é um bom sistema de governo? De jeito nenhum. É verdade que 23% dos millennials americanos que abertamente afirmam que a democracia é um modo ruim ou muito ruim de conduzir seu país permaneçam como minoria. Mas, da perspectiva internacional, é na verdade um número muito elevado. A média mais elevada registrada em qualquer país é apenas um pouco mais elevada: na Rússia, cerca de 26% dos consultados manifestaram opinião negativa parecida sobre a democracia. Por outro lado, no mundo todo, apenas uma em dez pessoas partilham de uma visão tão negativa da democracia — e isso inclui muitos países que são ditaduras estáveis ou conheceram golpes militares frequentes no passado.

22. Michael Ignatieff, "Enemies vs. Adversaries", *New York Times*, 16 out. 2013, http://www.nytimes.com/2013/10/17/opinion/enemies-vs-adversaries.html?mcubz=3. Ver também a reflexão graciosa e perspicaz de Ignatieff sobre o fracasso político em Michael Ignatieff, *Fire and Ashes* (Cambridge, MA: Harvard University Press, 2013).

23. Ignatieff, "Enemies vs. Adversaries", art. cit.

24. "Jörg Haider: Key Quotes", BBC News, 2 fev. 2000, http://news.bbc.co.uk/2/hi/europe/628282.stm.

25. "Wilders Warns Australia of 'Dangerous' Islam", *Al Jazeera*, 20 fev. 2013, http://www.aljazeera.com/news/asia-pacific/2013/02/2013220145950228630.html.

26. Gavin Jones, "Insight: Beppe Grillo — Italian Clown or Political Mastermind?", Reuters, 7 mar. 2013, http://www.reuters.com/article/us-italy-vote-grillo-insight-idUSBRE92608G20130307.

27. O partido hoje depende de fundos oriundos das fake news inspiradas na desinformação russa — e assim não surpreende que, para ficar só num exemplo,

um vídeo recente de uma fonte noticiosa controlada pelo partido alegasse que a Turquia e os Estados Unidos estão conspirando secretamente para impedir a Rússia de combater o Estado Islâmico. Ver Alberto Nardelli e Craig Silverman, "Italy's Most Popular Political Party Is Leading Europe in Fake News and Kremlin Propaganda", BuzzFeed, 29 nov. 2016, https://www.buzzfeed.com/albertonardelli/italys-most-popular-political-party-is-leading-europe-in-fak?utm_term=.is5qZZWjgy#.ekqA77x1jD. O partido também está se afastando pouco a pouco de suas raízes de esquerda, com políticos importantes proferindo slogans anti-imigração ainda mais virulentos em meses recentes. Ver Stefano Pitrelli e Michael Birnbaum, "Anti-immigrant, Anti-Euro Populists Gain Ground in Italy as Prime Minister Resigns", *Washington Post*, 5 dez. 2016, https://www.washingtonpost.com/world/as-italysleader-exits-a-door-opens-for-anti-elite--populists/2016/12/05/9eb4a5d6-ba83-11e6-ae79-bec72d34f8c9_story.html.

28. Hortense Goulard, "Nicolas Sarkozy Says Climate Change Not Caused by Man", Politico, 14 set. 2016, http://www.politico.eu/article/nicolas-sarkozy--says-climate-change-not-caused-by-man-cop-21/.

29. Ver David Lublin, *The Paradox of Representation: Racial Gerrymandering and Minority Interests in Congress* (Princeton: Princeton University Press, 1999). Observe-se ainda as interessantes passagens sobre a tentativa de Barack Obama de realizar o redesenho de seu distrito eleitoral na Câmara dos Representantes em Ryan Lizza, "The Obama Memos", *New Yorker*, 30 jan. 2012.

30. Richard Moberly, "Whistleblowers and the Obama Presidency: The National Security Dilemma", *Employee Rights and Employment Policy Journal*, v. 16, n. 1, 2012, pp. 51-141; Binyamin Appelbaum e Michael D. Shear, "Once Skeptical of Executive Power, Obama Has Come to Embrace It", *New York Times*, 13 ago. 2016, https://www.nytimes.com/2016/08/14/us/politics/obama-era-legacy--regulation.html?_r=0.

31. Thomas E. Mann e Norman J. Ornstein, *It's Even Worse than It Looks: How the American Constitutional System Collided with the New Politics of Extremism*. Nova York: Basic Books, 2016.

32. Associated Press, "McCain Counters Obama 'Arab' Question", YouTube, 11 out. 2008, https://www.youtube.com/watch?v= jrnRU3ocIH4.

33. Carl Hulse, "In Lawmaker's Outburst, a Rare Breach of Protocol", *New York Times*, 9 set. 2009.

34. Sarah Palin, Newt Gingrich, David Vitter e Mike Huckabee estão entre os políticos republicanos que difundiram a conspiração da certidão de nascimento explicitamente ou lhe deram seu apoio implícito. Glenn Kessler, "More 'Birther' Nonsense from Donald Trump and Sarah Palin", *Washington Post*, 12 abr. 2011; Brian Montopoli, "New Gingrich Pandering to Birthers, White House Suggests",

site da CBS News, 13 set. 2010; Nia-Malika Henderson, "Gingrich Says Birther Claims Not Racist, Are Caused by Obama's 'Radical' Views", *Washington Post*, 29 maio 2012; Andy Barr, "Vitter Backs Birther Suits", Politico, jul. 13, 2010; Michael D. Shear, "Huckabee Questions Obama Birth Certificate", site do *New York Times*, 1 mar. 2011. Para uma crítica sólida da subserviência de seu partido aos assim chamados "*birthers*" [os que afirmam que a certidão é falsa], ver Jeff Flake, *Conscience of a Conservative: A Rejection of Destructive Politics and a Return to Principle* (Nova York: Random House, 2017), pp. 31-3.

35. Uma vez que é difícil dar uma definição precisa do que constitui obstrução, estou usando o número de moções de *cloture* [encerramento rápido do debate] que ocorre em qualquer sessão do Congresso aqui. Entre o 88º e o 90º senado americano, sob Lyndon B. Johnson, foram dezesseis votações para invocar *cloture*, ao passo que do 111º ao 114º senado, sob Obama, foram 506 votações para invocar *cloture*. Ver Molly Reynolds, Curtlyn Kramer, Nick Zeppos, Emma Taem, Tanner Lockhead, Michael Malbin, Brendan Glavin, Thomas E. Mann, Norman J. Ornstein, Raffaela Wakeman, Andrew Rugg e Campaign Finance Institute, "Vital Statistics on Congress", Report, Brookings Institution, 7 set. 2017, https://www.brookings.edu/multi-chapter-report/vital-statistics-on-congress/.

36. Garland foi confirmado pelo Tribunal de Circuito de Washington por um Senado controlado por republicanos em 1996, ganhando a votação por 76 a 23. A Ordem dos Advogados americana o considerou "unanimemente bem qualificado". Melanie Garunay, "The American Bar Association Gives Its Highest Rating to Chief Judge Garland", The White House, 21 jun. 2016.

37. Patrick Caldwell, "Senate Republicans Are Breaking Records for Judicial Obstruction", *Mother Jones*, 6 maio 2016.

38. Richard L. Hasen, "Race or Party? How Courts Should Think about Republican Efforts to Make It Harder to Vote in North Carolina and Elsewhere", *Harvard Law Review Forum*, v. 127, 2014; Anthony J. McGann, Charles Anthony Smith, Michael Latner e Alex Keena, *Gerrymandering in America: The House of Representatives, the Supreme Court, and the Future of Popular Sovereignty*. Nova York: Cambridge University Press, 2016; Tim Dickinson, "How Republicans Rig the Game", *Rolling Stone*, 11 nov. 2013, http://www.rollingstone.com/politics/news/how-republicans-rig-the-game-20131111. Embora os democratas também sempre tenham feito esse jogo, são menos culpados do mesmo pecado em anos recentes, em parte porque sua fragilidade em câmaras estaduais do país todo representou para eles pouca oportunidade de se envolver em esquemas parecidos.

39. William Wan, "How Republicans in North Carolina Created a 'Monster' Voter ID Law", *Chicago Tribune*, 2 set. 2016, http://www.chicagotribune.com/news/nationworld/politics/ct-north-carolina-voter-id-law-20160902-story.html.

40. Alison Thoet, "What North Carolina's Power-Stripping Laws Mean for New Gov. Roy Cooper", PBS Newshour, 3 jan. 2017, http://www.pbs.org/newshour/updates/north-carolinas-power-stripping-laws-mean-new-gov-roy-cooper/. Desde então, houve uma complicada discussão sobre a legalidade dessa jogada. Ver Mitch Smith, "North Carolina Judges Suspend Limit on Governor's Powers", *New York Times*, 8 fev. 2017, https://www.nytimes.com/2017/02/08/us/politics/north-carolina-judges-suspend-limit-on-governors-powers.html?_r=0; Jason Zengerle, "Is North Carolina the Future of American Politics?" *New York Times*, 20 jun. 2017, https://www.nytimes.com/2017/06/20/magazine/is-north-carolina-the-future-of-american-politics.html; Mark Joseph Stern, "North Carolina Republicans Are Trying to Strip the Governor of His Power to Challenge Laws", *Slate*, 21 jun. 2017, http://www.slate.com/blogs/the_slatest/2017/06/21/north_carolina_republicans_budget_prevents_governor_from_suing.html; Colin Campbell, "Cooper Vetoes Budget — And Hints at Another Lawsuit, as Senate Overrides", *News & Observer*, 27 jun. 2017, http://www.newsobserver.com/news/politics-government/state-politics/article158409209.html.

41. Dan Roberts, Ben Jacobs e Sabrina Siddiqi, "Donald Trump Threatens to Jail Hillary Clinton in Second Presidential Debate", *Guardian*, 10 out. 2016; Demetri Sevastoplou e Barney Jopson, "Trump Refuses to Say If He Will Accept Election Result in Final Debate", *Financial Times*, 20 out. 2016; Sydney Ember, "Can Libel Laws Be Changed Under Trump?", *New York Times*, 13 nov. 2016; e Madeline Conway, "In Twitter Attack on New York Times, Trump Floats Changing Libel Laws", Politico, 30 mar. 2017; Simon Saradzhyan, Natasha Yefimova-Trilling e Ted Siefer, "How Trump Invited Putin to Hack the Election. Every Last Utterance", *Newsweek*, 16 jul. 2017; Anthony D. Romero, "Donald Trump: A One-Man Constitutional Crisis", Medium, 13 jul. 2016, https://medium.com/aclu election2016/donald-trump-a-one-man-constitutional-crisis-9f7345e9d376.

42. Justin Levitt, "A Comprehensive Investigation of Voter Impersonations Finds 31 Credible Incidents Out of One Billion Ballots Cast", *Washington Post*, Wonkblog, 6 ago. 2014, https://www.washingtonpost.com/news/wonk/wp/2014/08/06/a-comprehensive-investigation-of-voter-impersonation-finds-31-credible-incidents-out-of-one-billion-ballots-cast/?utm_term=.9935eee8566d; e Maggie Koerth-Baker, "The Tangled Story behind Trump's False Claims of Voter Fraud", site FiveThirtyEight, 11 maio 2017, https://fivethirtyeight.com/features/trump-noncitizen-voters/; Fred Barbash, "Appeals Court Judges Rebuke Trump for 'Personal Attacks' on Judiciary, 'Intimidation'", *Washington Post*, 16 mar. 2017; Michael C. Bender, "After Setback on Sanctuary Cities Order, Trump

Attacks 'Messy' Federal Court System", *Wall Street Journal*, 26 abr. 2017; Louis Nelson, "Trump Likens Intel Community to Russia in Renewed Barrage Against Agencies", Politico, 15 fev. 2017; Peter Schroeder, "Report: Trump Pressed Argentina's President about Stalled Building Project", *Hill*, 21 nov. 2016; Susanne Craig and Eric Lipton, "Trust Records Show Trump Is Still Closely Tied to His Empire", *New York Times*, 3 fev. 2017; e Jeremy Nevook, "Trump's Interests vs. America's, Dubai Edition", *Atlantic*, 9 ago. 2017, https://www.theatlantic.com/business/archive/2017/08/donald-trump-conflicts-of-interests/508382/; Domenico Montanaro, "6 Strongmen Trump Has Praised — and the Conflicts It Presents", NPR website, 2 maio 2017, http://www.npr.org/ 2017/05/02/526520042/6-strongmen--trumps-praised-and-the-conflicts-it-presents.

43. "Trump Wiretapping Claim: Did Obama Bug His Successor?", site da BBC News, 20 mar. 2017, http://www.bbc.co.uk/news/world-us-canada-39172635; Amy B. Wang, "Trump Lashes Out at 'So-Called Judge' Who Temporarily Blocks Travel Ban", *Washington Post*, 4 fev. 2017; CNN Staff, "Timeline of Donald Trump Jr.'s Meeting Revelations", site da CNN, 4 ago. 2017, http://edition.cnn.com/2017/08/01/politics/timeline-donald-trump-jr-/index.html; Donald J. Trump, post no Twitter, 17 fev. 2017, 5h48 PM, https://twitter.com/realdonaldtrump/status/832708293516632065?lang=env; Donald J. Trump, post no Twitter, 28 jun. 2017, 9h06, https://twitter.com/realDonaldTrump/status/880049704620494848; Matthew Rosenberg, Maggie Haberman e Adam Goldman, "2 White House Officials Helped Give Nunes Intelligence Reports", *New York Times*, 30 mar. 2017, https://www.nytimes.com/2017/03/30/us/politics/devin-nunes-intelligence-reports.html?_r=0; Michael D. Shear e Matt Apuzzo, "FBI Director James Comey Is Fired by Trump", *New York Times*, 9 maio 2017, https://www.nytimes.com/2017/05/09/us/politics/james-comey-fired-fbi.html; Donald J. Trump, post no Twitter, 12 maio 2017, 8h26, https://twitter.com/realDonaldTrump/status/863007411132649473.

44. Alec Tyson e Shiva Maniam, "Behind Trump's Victory: Divisions by Race, Gender, Education", Pew Research Center, 9 nov. 2016, http://www.pewresearch.org/fact-tank/2016/11/09/behind-trumps-victory-divisions-by-race--gender-education/; "EU Referendum: The Result in Maps and Charts", BBC News, jun. 2016, http://www.bbc.com/news/uk-politics-36616028.

45. "M5S secondo partito nei sondaggi: ma tra i giovani e la prima scelta", *L'Espresso*, 3 fev. 2016, http://espresso.repubblica.it/palazzo/2016/02/03/news/m5s-secondo-partito-nei-sondaggi-ma-tra-i-giovani-e-la-prima-scelta-1.248910. Ver também Tristan Quinault-Maupoli, "Les Jeunes plébiscitent Le Pen et Mélenchon, les cadres votent Macron", *Le Figaro*, 24 abr. 2017; Víctor Ruiz De Almirón López, "Podemos se impone entre los jóvenes y ya muestra más fidelidad

que el PSOE", ABC España, 5 maio 2016; e Emilia Landaluce, "A quién votan los jóvenes?", *El Mundo*, 25 abr. 2016.

46. Ver Ben Kentish, "Nearly Half of Young French Voters Backed Marine Le Pen, Projections Suggest", *Independent*, 7 maio 2017; Emily Schultheis, "Marine Le Pen's Real Victory", *Atlantic*, 7 maio 2017, https://www.theatlantic.com/international/archive/2017/05/le-pen-national-front-macron-france-election/525759/; e Anne Muxel, "Les Jeunes qui votent pour la première fois préfèrent Marine Le Pen", Slate.fr, 24 mar. 2017, http://www.slate.fr/story/141710/jeunes-presidentielle. Ver também o forte apoio a Le Pen em eleições regionais anteriores: Claire Sergent e Katy Lee, "Marine Le Pen's Youth Brigade", *Foreign Policy*, 7 out. 2016; e Joseph Bamat, "Mélenchon and Le Pen Win Over Youth in French Vote", *France 24*, 24 abr. 2017, http://www.france24.com/en/20170424-france-presidential-election-youth-vote-melenchon-le-pen; e Schultheis, "Marine Le Pen's Real Victory". Mas compare Jonathan Bouchet-Petersen e Laurent Troude, "Qui sont les 21,4% d'électeurs de Marine Le Pen", *Libération*, 24 abr. 2017, https://oeilsurlefront.liberation.fr/les-idees/2017/04/24/qui-sont-les-214-d-electeurs-de-marine-le-pen_1565123.

47. Ver Carla Bleiker, "Young People Vote Far-Right in Europe", *Deutsche Welle*, 14 dez. 2015, http://www.dw.com/en/young-people-vote-far-right-in-europe/a-18917193; Benjamin Reuter, "'Right-Wing Hipsters' Increasingly Powerful in Austria", WorldPost, 20 maio 2016, http://www.huffingtonpost.com/entryright-wing-hipsters-increasingly-powerful-in-austria_us_573e0e07e4b-0646cbeec7a07; "Populism in Europe: Sweden", *Demos*, 23 fev. 2012, https://www.demos.co.uk/project/populism-in-europe-sweden/; Alexandros Sakellariou, "Golden Dawn and Its Appeal to Greek Youth", Friedrich Ebert Stiftung, jul. 2015, http://library.fes.de/pdf-files/bueros/athen/11501.pdf; Veronika Czina, "The Rise of Extremism among the Youth of Europe: The Case of Hungary's Jobbik Party", Project for Democratic Union, 29 nov. 2013, http://www.democraticunion. eu/2013/11/popularity-extremism-among-youth-europe-case--hungarys-jobbik-party/; e Hillary Pilkington, "Are Young People Receptive to Populist and Radical Right Political Agendas?", MYPLACE Policy Forum, 20 nov. 2014, http://www.fp7-myplace.eu/documents/policy-forum/Policy%20Forum, %20Session%202%20presentation%20v.8.pdf.

48. Matthew Smith, "Theresa May Is Britain's Most Popular Politician", YouGov, 15 ago. 2016, https://www.theguardian.com/politics/2017/jun/10/jeremy--corbyn-youth-surge-votes-digital-activists. (Mas observe que evidências posteriores sugerem que o aumento da participação de jovens nas eleições de 2017 pode ter sido significativamente superestimado nas pesquisas de boca de urna iniciais.)

49. Emma Fidel, "White People Voted to Elect Donald Trump", Vice News, 9 nov. 2016, https://news.vice.com/story/white-people-voted-to-elect-donald-trump. Vale notar também que embora Clinton tenha ganhado a votação geral entre os jovens de forma decisiva graças a sua imensa vantagem entre eleitores jovens negros e latinos, sua margem geral de vitória foi mais baixa do que a desfrutada por Obama em 2012. Ver Emily Richmond, Mikhail Zinshteyn e Natalie Gross, "Dissecting the Youth Vote", *Atlantic*, 11 nov. 2016, https://www.theatlantic.com/education/archive/2016/11/dissecting-the-youth-vote/507416/.

50. Sobre as eleições polonesas, ver Frances Millard, *Democratic Elections in Poland, 1991-2007* (Londres: Routledge, 2010); sobre o PIB da Polônia, ver "Poland GDP", *Trading Economics*, 2017, http://www.tradingeconomics.com/poland/gdp; sobre a sociedade civil ativa da Polônia, ver Grzegorz Ekiert and Jan Kubik, "Civil Society in Poland", artigo apresentado na conferência internacional The Logic of Civil Society in New Democracies: East Asia and East Europe, Taipei, Taiwan, 5-7 jun. 2009; Grzegorz Ekiert e Roberto Foa, "Civil Society Weakness in Post-Communist Europe: A Preliminary Assessment", *Carlo Alberto Notebooks*, v. 198, 2011; e Grzegorz Ekiert e Jan Kubik, *Rebellious Civil Society: Popular Protest and Democratic Consolidation in Poland, 1989-1993* (Ann Arbor: University of Michigan Press, 2001). Finalmente, sobre a imprensa polonesa e o ensino superior, ver Frances Millard, "Democratization and the Media in Poland 1989-97", *Democratization*, v. 5, n. 2, 1998, pp. 85-105; J. Reichel e A. Rudnicka, "Collaboration of NGOs and Business in Poland", *Social Enterprise Journal*, v. 5, n. 2, 2009, pp. 126-40; e Marek Kwiek, "From System Expansion to System Contraction: Access to Higher Education in Poland", *Comparative Education Review*, v. 57, n. 3, 2013, pp. 553-76.

51. "Briefing N. 20: Democracy and Respect for Human Rights in the Enlargement Process of the European Union", *European Parliament*, 1 abr. 1998, http://www.europarl.europa.eu/enlargement/briefings/20a2_en.htm.

52. Daniel Treisman, um estudioso que é referência na área, por exemplo, chamou a Polônia de "democracia consolidada" no verão de 2014. Daniel Treisman, "Lessons from 25 Years of Post-Communism: The Importance of Reform, Democracy, and Geography", *Washington Post* Monkey Cage, 10 jun. 2014, https://www.washingtonpost.com/news/monkey-cage/wp/2014/06/10/lessons-from-25-years-of-post-communism-the-importance-of-reform-democracy-and-geography/?utm_term=.b4026c436666. Ver também Radosław Markowski, "Party System Institutionalization in New Democracies: Poland — A Trend-Setter with No Followers", em Paul G. Lewis (Org.), *Party Development and Democratic Change in Post-communist Europe*, pp. 55-77 (Portland, OR: Frank Cass, 2001).

53. Rick Lyman, "Secret Tapes of Politicians Cause a Stir in Poland", *New York Times*, 16 jun. 2014, https://www.nytimes.com/2014/06/17/world/europe/secret-tapes-of-politicians-cause-a-stir-in-poland.html.

54. "Polish PM Sacks Coalition Partner Ahead of Early Elections", *Deutsche Welle*, 13 ago. 2007; "Program Prawa i Sprawidliwosci 2014", http://pis.org.pl/document/archive/download/128. Ver também David Ost, "Regime Change in Poland, Carried Out from Within", *Nation*, 8 jan. 2016, https://www.thenation.com/article/regime-change-in-poland-carried-out-from-within/; Gerhard Gnauck, "The Most Powerful Man in Poland", *Deutsche Welle*, 25 out. 2016.

55. Ver Guy Verhofstadt, "Is Poland a Failing Democracy?", Politico, 13 jan. 2016, http://www.politico.eu/article/poland-democracy-failing-pis-law-and-justice-media-rule-of-law/; Neil Ascherson, "The Assault on Democracy in Poland Is Dangerous for the Poles and All Europe", *Guardian*, 17 jan. 2016, https://www.theguardian.com/commentis free/2016/jan/17/poland-rightwing-government--eu-russia-democracy-under-threat; e The Editorial Board, "Poland's Constitutional Crisis", *New York Times*, 18 mar. 2016, https://www.nytimes. com/2016/03/18/opinion/polands-constitutional-crisis.html?_r=0.

56. Annabelle Chapman, "Pluralism Under Attack: The Assault on Press Freedom in Poland", Freedom House Report, jun. 2017, https://freedomhouse.org/sites/default/files/FH_Poland_Report_Final_2017.pdf. Ver também Alison Smale e Joanna Brendt, "Poland's Conservative Government Puts Curbs on State TV News", *New York Times*, 3 jul. 2016, https://www.nytimes.com/2016/07/04/world/europe/polands-conservative-government-puts-curbs-on-state-tv-news.html.

57. Henry Foy e Zosia Wasik, "Poland: An Inconvenient Truth", *Financial Times*, 1º maio 2016, https://www.ft.com/content/4344ca44-0b94-11e6-9cd4--2be898308be3. Ver também Chapman, "Pluralism Under Attack."

58. Sobre Jan Gross, ver Alex Duval Smith, "Polish Move to Strip Holocaust Expert of Award Sparks Protests", *Guardian*, 13 fev. 2016, https://www.theguardian.com/world/2016/feb/14/academics-defend-historian-over-polish-jew-killings-claims; sobre lei criminalizando linguagem, ver "Poland Approves Bill Outlawing Phrase 'Polish Death Camps'", *Guardian*, 16 ago. 2016, https://www.theguardian.com/world/2016/aug/16/poland-approves-bill-outlawing-phrase--polish-death-camps.

59. "Se esse projeto de lei for aprovado", a Fundação de Helsinque para os Direitos Humanos disse num pronunciamento, "vai limitar significativamente a possibilidade de organizar contramanifestações e comícios espontâneos". Marcin Goettig, "Polish Ombudsman, Rights Activists Rap Freedom of Assembly Bill", Reuters, 30 nov. 2016. Devido em parte a tais protestos internacionais, o presidente polonês acabou rejeitando o projeto de lei. Ver também Chapman, "Pluralism Under Attack".

60. European Commission for Democracy through Law (Venice Commission), "Draft Opinion on Amendments to the Act of 25 June 2015 on the Constitutional Tribunal of Poland", 26 fev. 2016, http://static.presspublica.pl/red/rp/pdf/kraj/komisjawenecka.pdf. Ver também Jan Cienski e Maia De La Baume, "Poland's 'Rule of Law in Danger'", Politico, 1 mar. 2016, http://www.politico.eu/article/poland-kaczynski-szydlo-tribunal-constitution-crisis/.

61. Verhofstadt, "Is Poland a Failing Democracy?", art. cit.

62. Jan-Werner Müller, "The Problem with Poland", *New York Review of Books*, 11 fev. 2016, http://www.nybooks.com/daily/2016/02/11/kaczynski-eu-problem-with-poland/.

63. Tecnicamente, em 23,7%, o apoio entre millennials americanos foi um pouco maior do que o apoio entre a população geral na Polônia. Todos os números acima foram extraídos da World Values Survey.

64. Sobre Andrzej Lepper, ver Natalja Reiter, "Ich, Der Diktator", *Zeit*, 17 jun. 2004, http://www.zeit.de/2004/26/Polen/komplettansicht; Vanessa Gerra, "Andrzej Lepper, at 57; Populist Polish Politician", *Boston Globe*, 6 ago. 2011, http://archive.boston.com/bostonglobe/obituaries/articles/2011/08/06/andrzej_lepper_at_57_populist_polish_politician/; Clare McManus-Czubińska, William L. Miller, Radosław Markowski e Jacek Wasilewski, "The New Polish 'Right'?", *Journal of Communist Studies and Transition Politics*, v. 19, n. 2, 2003, pp. 1-23. Sobre a Liga das Famílias Polonesas, ver "Poland's Right-wingers: On the Rise", *Economist*, 12 dez. 2002, http://www.economist.com/node/1494297.

PARTE DOIS: ORIGENS [pp. 165-8]

1. Para uma ferramenta útil que lhe permita calcular o ponto de ebulição da água a diferentes altitudes, ver http://www.csgnetwork.com/h2oboilcalc.html.

2. Bertrand Russell, *Problems of Philosophy*. Oxford: Oxford University Press, 1912, p. 63. Ver também Introdução.

3. Sobre condições de escopo, ver Jeffrey W. Lucas, "Theory-testing, Generalization, and the Problem of External Validity", *Sociological Theory*, v. 21, n. 3, 2003, pp. 236-53; e Martha Foschi, "On Scope Conditions", *Small Group Research*, v. 28, n. 4, 1997, pp. 535-55.

4. AS MÍDIAS SOCIAIS [pp. 169-83]

1. O tratamento definitivo sobre o surgimento da prensa e suas consequências permanece sendo Elizabeth L. Eisenstein, *The Printing Press as an Agent of*

*Change* (Cambridge: Cambridge University Press, 1980). Sobre a comunicação "um-para-muitos", ver também Lucien Febvre e Henri-Jean Martin, *The Coming of the Book: The Impact of Printing 1450-1800* (Nova York: Verso, 1976) e Clay Shirky, *Here Comes Everybody: The Power of Organizing without Organizations* (Nova York: Penguin, 2008).

2. Remetendo a Eisenstein, assim como a Febvre e Martinho, ver Jeremiah E. Dittmar, "Information Technology and Economic Change: The Impact of the Printing Press", *Quarterly Journal of Economics*, v. 126, n. 3, 2011, pp. 1133-72.

3. Andrew Keen, "Can the Internet Save the Book?", *Salon*, 9 jul. 2010, http://www.salon.com/2010/07/09/clay_shirky/.

4. Helen Waters, "Entering the Second Age of Enlightenment: Heather Brooke at TEDGlobal 2012", TEDblog, 28 jun. 2012, http://blog.ted.com/entering-the-second-age-of-enlightenment-heather-brooke-at-tedglobal-2012/.

5. Ver Jib Fowles, "On Chronocentrism", *Futures*, v. 6, n. 1, 1974, pp. 65-8.

6. Shirky, *Here Comes Everybody*, op. cit. 87. Para uma descrição incrivelmente presciente da comunicação muitos-para-muitos, ver também Chandler Harrison Stevens, "Many-to-Many Communication", Sloan Working Paper n. 1225-81, Center for Information Systems Research, Sloan School of Management, M.I.T., 1981, https://dspace.mit.edu/bitstream/handle/1721.1/48404/manytomany commun00stev.pdf.

7. Ver Bruce A. Williams e Michael X. Delli Carpini, "Unchained Reaction: The Collapse of Media Gatekeeping and the Clinton-Lewinsky Scandal", *Journalism*, v. 1, n. 1, 2000, pp. 61-85; Philip Seib e Dana M. Janbek, *Global Terrorism and New Media: The Post-Al Qaeda Generation* (Nova York: Routledge, 2011); Manuela Caiani e Linda Parenti, *European and American Extreme Right Groups and the Internet* (Surrey, Reino Unido: Ashgate, 2013; Routledge, 2016).

8. Larry Diamond, "Liberation Technology", *Journal of Democracy*, v. 21, n. 3, 2010, reimpresso em Larry Diamond e Marc F. Plattner (Orgs.), *Liberation Technology: Social Media and the Struggle for Democracy*. Baltimore: Johns Hopkins University Press, 2012, p. 70.

9. Ibid., p. 74.

10. Citado em Evgeny Morozov, *Net Delusion* (Nova York: PublicAffairs, 2011), p. 1. Sullivan, na verdade, estava à frente de seu tempo, falando sobre a Revolução Verde fracassada no Irã. Ver Andrew Sullivan, "The Revolution Will Be Twittered", *Atlantic*, 13 jun. 2009, https://www.theatlantic.com/daily-dish/archive/2009/06/the-revolution-will-be-twittered/200478/.

11. Citado em Morozov, *Net Delusion*, op. cit., 2.

12. Shirky, *Here Comes Everybody*, op. cit.

13. Sobre o Tea Party, ver Vanessa Williamson, Theda Skocpol e John Coggin,

"The Tea Party and the Remaking of Republican Conservatism", *Perspectives on Politics*, v. 9, n. 1, 2011, pp. 25-43, p. 28. Sobre Occupy Wall Street e Black Lives Matter, ver Monica Anderson e Paul Hitlin, "Social Media Conversations about Race", Pew Research Center, 15 ago. 2016, http://assets.pewresearch.org/wp-content/uploads/sites/14/2016/08/PI_2016.08.15_Race-and-Social-Media_FINAL.pdf; Bijan Stephen, "Social Media Helps Black Lives Matter Fight the Power", Wired, nov. 2015, https://www.wired.com/2015/10/how-black-lives--matter-uses-social-media-to-fight-the-power/; Michael D. Conover, Emilio Ferrara, Filippo Menczer e Alessandro Flammini, "The Digital Evolution of Occupy Wall Street", *PLOS ONE*, v. 8, n. 5, 2013; e Munmun De Choudhury, Shagun Jhaver, Benjamin Sugar e Ingmar Weber, "Social Media Participation in an Activist Movement for Racial Equality", texto apresentado na Décima Conferência AAAI Internacional sobre Web e Mídias Sociais, Colônia, maio de 2016.

14. Thomas L. Friedman, "The Square People, Part 1", *New York Times*, 13 maio 2014, https://www.nytimes.com/2014/05/14/opinion/friedman-the-square--people-part-1.html.

15. Diamond, "Liberation Technology", art. cit., p. 71.

16. Ver, por exemplo, Morozov, *Net Delusion;* e Evgeny Morozov, "Whither Internet Control?" em Diamond e Plattner (Orgs.), *Liberation Technology*.

17. Ver Cass R. Sunstein, *Republic.com 2.0.* (Princeton: Princeton University Press, 2009); Elanor Colleoni, Alessandro Rozza e Adam Arvidsson, "Echo Chamber or Public Sphere? Predicting Political Orientation and Measuring Political Homophily in Twitter Using Big Data", *Journal of Communication*, v. 64, n. 2, 2014, pp. 317-32; e Walter Quattrociocchi, Antonio Scala e Cass R. Sunstein, "Echo Chambers on Facebook", 13 jun. 2016 https://ssrn.com/abstract=2795110.

18. Ver Hunt Allcott e Matthew Gentzkow, "Social Media and Fake News in the 2016 Election", *Journal of Economic Perspectives*, v. 31, n. 2, 2017, pp. 211-36. Compare Jonathan Mahler, "CNN Had a Problem. Donald Trump Solved It", *New York Times*, 4 abr. 2017, https://www.nytimes.com/2017/04/04/magazine/cnn-had-a-problem-donald-trump-solved-it.html?_r=0.

19. Ver Wil S. Hylton, "Down the Breitbart Hole", *New York Times Magazine*, 16 ago. 2017, https://www.nytimes.com/2017/08/16/magazine/breitbart-alt-right--steve-bannon.html; Michael M. Grynbaum and John Herrman, "Breitbart Rises from Outlier to Potent Voice in Campaign", *New York Times*, 26 ago. 2016, https://www.nytimes.com/2016/08/27/business/media/breitbart-news-presidential-race.html; David van Drehle, "Is Steve Bannon the Second Most Powerful Man in the World?", *Time Magazine*, 2 fev. 2017.

20. "Pope Francis Shocks World, Endorses Donald Trump for President,

Releases Statement", Newsbreakshere, 27 set. 2016, https://newsbreakshere.com/pope-francis-shocks-world-endorses-donald-trump-president-releases-statement.

21. "Bombshell: Hillary Clinton's Satanic Network Exposed", InfoWars, 4 nov. 2016, https://www.infowars.com/bombshell-hillary-clintons-satanic-network-exposed/.

22. James Barrett, "Poll: Who's More 'Evil,' Hillary or Trump?" Daily Wire, 29 ago. 2016, http://www.dailywire.com/news/8720/poll-whos-more-evil-hillary-or-trump-james-barrett.

23. Rafi Schwartz, "41% of Trump Supporters in North Carolina Think That Hillary Clinton Is Literally the Devil", Fusion, 9 ago. 2016, http://fusion.net/story/334920/hillary-clinton-devil-poll/.

24. Farhad Manjoo, "Social Media's Globe-Shaking Power", *New York Times*, 16 nov. 2016, https://www.nytimes.com/2016/11/17/technology/social-medias-globe-shaking-power.html.

25. Jan H. Pierskalla e Florian M. Hollenbach, "Technology and Collective Action: The Effect of Cell Phone Coverage on Political Violence in Africa", *American Political Science Review*, v. 107, n. 2, 2013, pp. 207-24. Sobre as expectativas dos economistas de efeitos positivos, ver Jenny C. Aker e Isaac M. Mbiti, "Mobile Phones and Economic Development in Africa", *Journal of Economic Perspectives*, v. 24, n. 3, 2010, pp. 207-32; Jenny C. Aker, "Information from Markets Near and Far: Mobile Phones and Agricultural Markets in Niger", *American Economic Journal: Applied Economics*, v. 2, n. 3, 2010, pp. 46-59; Jenny C. Aker, Christopher Ksoll e Travis J. Lybbert, "Can Mobile Phones Improve Learning? Evidence from a Field Experiment in Niger", *American Economic Journal: Applied Economics*, v. 4, n. 4, 2012, pp. 94-120; Reuben Abraham, "Mobile Phones and Economic Development: Evidence from the Fishing Industry in India", *Information Technologies and International Development*, v. 4, n. 1, 2007, pp. 5-17.

26. Pierskalla e Hollenbach, "Technology and Collective Action", art. cit., pp. 220-1. Ver também Jacob N. Shapiro e Nils B. Weidmann, "Is the Phone Mightier than the Sword? Cell phones and Insurgent Violence in Iraq", *International Organization*, v. 69, n. 2, 2015, pp. 247-74.

27. Sobre a difusão a princípio lenta da prensa, ver Dittmar, "Information Technology and Economic Change", art. cit.

28. Josh Constine, "Facebook Now Has 2 Billion Monthly Users... and Responsibility", Techcrunch, 27 jun. 2017, https://techcrunch.com/2017/06/27/facebook-2-billion-users/.

29. George Orwell, "Second Thoughts on James Burnham", *Polemic*, v. 3, maio 1946.

## 5. ESTAGNAÇÃO ECONÔMICA [pp. 184-94]

1. Ver Thomas Piketty, *Capital in the Twenty-First Century* (Cambridge, MA: Belknap Press of Harvard University Press, 2014), pp. 72-112.

2. S. N. Broadberry e Bas van Leeuwen, "British Economic Growth and the Business Cycle, 1700-1870: Annual Estimates", Working Paper, Department of Economics, University of Warwick, Coventry, UK, fev. 2011, CAGE Online Working Paper Series, v. 2010 (20), http://www2.warwick.ac.uk/fac/soc/economics/events/seminars-schedule/conferences/venice3/programme/british_economic_growth_and_the_business_cycle_1700-1850.pdf.

3. Segundo Jeffrey Williamson, o coeficiente de Gini para assalariados do sexo masculino subiu de .293 para .358 entre 1827 e 1851. Por comparação, o coeficiente de Gini da Islândia atual é .280, ao passo que o da Índia atual é .352. Ver Jeffrey G. Williamson, "Earnings Inequality in Nineteenth-Century Britain", *Journal of Economic History*, v. 40, n. 3, 1980, pp. 457-75, p. 467; assim como o World Factbook, 2017: Distribution of Family Income — Gini Index, Central Intelligence Agency, https://www.cia.gov/library/publications/the-world-factbook/rankorder/2172rank.html.

4. Facundo Alvaredo, Anthony B. Atkinson, Thomas Piketty e Emmanuel Saez, "The Top 1% in International and Historical Perspective", *Journal of Economic Perspectives*, v. 27, n. 3, 2013, pp. 3-20, https://eml.berkeley.edu/~saez/alvaredo-atkinson-piketty-saezJEP13top1percent.pdf.

5. Kimberly Amadeo, "U.S. GDP by Year Compared to Recessions and Events", The Balance, 4 abr. 2017, https://www.thebalance.com/us-gdp-by-year-3305543. Ver também Juan Antolin-Diaz, Thomas Drechsel e Ivan Petrella, "Tracking the Slowdown in Long-run GDP Growth", *Review of Economics and Statistics*, v. 99, n. 2, 2017, pp. 343-56; e Robert J. Gordon, *The Demise of U.S. Economic Growth: Restatement, Rebuttal, and Reflections*, NBER Working Paper N. 19895, National Bureau of Economic Research, fev. 2014, http://www.nber.org/papers/w19895.

6. Para a França, ver Pierre Sicsic e Charles Wyplosz, "France: 1945-92", em Nicholas Crafts e Gianni Toniolo (Orgs.), *Economic Growth in Europe since 1945*, pp. 210-39 (Cambridge: Cambridge University Press, 1996); e "France GDP Growth Rate by Year", Multpl, http://www.multpl.com/france-gdp-growth-rate/table/by-year. Acesso em: 5 abr. 2017. Para a Alemanha, ver Jurgen Weber, *Germany, 1945-1990: A Parallel History* (Budapest: Central European University Press, 2004), pp. 37-60; e "Germany GDP Growth Rate by Year", Multpl, http://www.multpl.com/germany-gdp-growth-rate/table/by-year. Acesso em: 5 abr. 2017. Para a Itália, ver Vera Zamagni, *The Economic History of Italy 1860-1990* (Oxford: Oxford University Press, 1993); e "Italy GDP Growth Rate by Year",

Multpl, http://www.multpl.com/italy-gdp-growth-rate/table/by-year. Acesso em: 5 abr. 2017.

7. Diferentes medidas de igualdade pintam retratos ligeiramente diferentes da exata força do crescimento recente da desigualdade. Nesse caso, me referi ao coeficiente de Gini para a renda do trabalho. Ver, por exemplo, Anthony B. Atkinson, J. Hasell, Salvatore Morelli e M. Roser, Chartbook of Economic Inequality, 2017, http://www.chartbookofeconomicinequality.com/inequality-by-country/usa/. Mas resultados semelhantes também são válidos acerca de outras maneiras de medir a desigualdade de renda, ou na verdade a desigualdade de riqueza. Ver, por exemplo, Piketty, *Capital*, op. cit.

8. Ver nota 28 da Introdução.

9. Raj Chetty, David Grusky, Maximilian Hell, Nathaniel Hendren, Robert Manduca e Jimmy Narang, "The Fading American Dream: Trends in Absolute Income Mobility since 1940", *Science*, v. 356, n. 6336, 2017, pp. 398-406. Ver também John H. Goldthorpe, *Social Mobility and Class Structure in Modern Britain* (Oxford: Oxford University Press, 1987); e compare o mais qualitativo Arlie Hochschild, *Strangers in Their Own Land: Anger and Mourning on the American Right* (Nova York: New Press, 2016).

10. David Leonhardt, "The American Dream, Quantified at Last", *New York Times*, 8 dez. 2016, https://www.nytimes.com/2016/12/08/opinion/the-american-dream-quantified-at-last.html?_r=0. Sobre a importância política das expectativas econômicas, ver também Justin Gest, *The New Minority: White Working Class Politics in an Age of Immigration and Inequality* (Oxford: Oxford University Press, 2016).

11. A matéria comenta que, provavelmente, "É a primeira vez na história da sociedade industrial, salvo por períodos de guerra ou desastre natural, que a renda dos adultos jovens até o momento caiu, em comparação com o resto da sociedade". Caelainn Barr e Shiv Malik, "Revealed: The 30-Year Economic Betrayal Dragging Down Generation Y's Income", *Guardian*, 7 mar. 2016, https://www.theguardian.com/world/2016/mar/07/revealed-30-year-economic-betrayal-dragging-down-generation-y-income.

Alguns economistas acreditam que a realidade não é tão ruim como essas estatísticas sugerem. Dados agregados por renda, dizem, não conseguem captar adequadamente os avanços tecnológicos. Veja os computadores e smartphones: há uma geração, até mesmo os fãs mais aficionados de música ou cinema tinham uma coleção limitada de LPS e só podiam rever seus filmes favoritos se passassem na televisão. Hoje em dia, têm praticamente toda a música do mundo à sua disposição e inúmeros filmes para baixar ao clicar de um botão. Os dados econômicos são capazes de compreender o progresso trazido pelos últimos anos se não conseguem incorporar a vasta diferença na qualidade de sua experiência de consumidor? Tenho certeza que sim. Mas, por mais maravilhosos que possam ser o Spotify e a Netflix, é duvidoso que possam compensar a estagnação econômica em questões como alimento e abrigo. E (como mencionei brevemente abaixo) os dados não econômicos sobre a expectativa de vida, felicidade e uma gama de outros indicadores não mostram um retrato vastamente mais positivo. Ver Chad Syverson, *Challenges to Mismeasurement Explanations for the U.S. Productivity Slowdown*, NBER Working Paper N. 21974, National Bureau of Economic Research, fev. 2016, http://www.nber.org/papers/w21974; e David M. Byrne, John G. Fernald e Marshall B. Reinsdorf, "Does the United States Have a Productivity Slowdown or a Measurement Problem?", *Brookings Papers on Economic Activity*, n. 1, 2016, pp. 109-82.

12. Anne Case e Angus Deaton, "Rising Morbidity and Mortality in Midlife among White Non-Hispanic Americans in the 21st Century", *Proceedings of the National Academy of Sciences of the United States of America*, v. 112, n. 49, 2015, pp. 15078-83. Sobre expectativa de vida, ver Elizabeth Arias, "United States Life Tables, 2003", *National Vital Statistics Reports*, v. 54, n. 14, 2006, pp. 1-40, https://www.cdc.gov/nchs/data/nvsr/nvsr54/nvsr54_14.pdf.

13. Jonathan T. Rothwell e Pablo Diego-Rosell, "Explaining Nationalist Political Views: The Case of Donald Trump" (esboço preliminar), 2 nov. 2016, https://papers.ssrn.com/sol3/papers.cfm?abstract_id=2822059. Mais amplamente, o voto influenciado pela classe declinou marcadamente nas últimas décadas, tanto na América do Norte como na Europa Ocidental. Talvez como resultado disso, a ênfase nos assuntos econômicos também declinou marcadamente. Se antes os manifestos dos principais partidos europeus costumavam priorizar as questões econômicas, a maioria deles hoje concede aos assuntos não econômicos muito mais espaço. E, embora normalmente se acredite que os populistas são bem-sucedidos devido às frustrações econômicas, sua retórica se concentra na maior parte em questões sociais e culturais. Assim, não deverá causar surpresa que até mesmo alguns marcadores culturais obscuros sejam melhores em prever a votação em candidatos e tendências populistas do que marcadores econômicos. No caso britânico, como Eric Kaufmann observa, o apoio ao Brexit é previsto com mais eficiência pelo apoio à pena de morte — que não tinha absolutamente nada a ver com o debate político antes do plebiscito — do que por renda ou classe. Ver Eric Kaufmann, "It's NOT the Economy, Stupid: Brexit as a Story of Personal Values", London School of Economics, blog British Politics and Policy, 7 jul. 2016, http://blogs.lse.ac.uk/politicsandpolicy/personal-values-brexit-vote/.

Mais amplamente, Ronald Inglehart e Pippa Norris mostram que medições simples de privação social não preveem o apoio a partidos populistas, que foi mais forte entre a pequena burguesia comparativamente rica do que entre a classe trabalhadora. Já os fatores culturais testados por eles — incluindo "atitudes anti-imigrantes, desconfiança dos governos mundial e nacional, apoio a valores autoritários e identificação ideológica pessoal como esquerda-direita" —, todos previam fortemente o apoio aos partidos populistas. Ronald Inglehart e Pippa Norris, "Trump, Brexit, and the Rise of Populism: Economic Have-Nots and Cultural Backlash", HKS Working Paper n. RWP16-026, Harvard Kennedy School, 29 jul. 2016, p. 4, https://ssrn.com/abstract=2818659.

14. Bryce Covert, "No, 'Economic Anxiety' Doesn't Explain Donald Trump", *New Republic*, 18 nov. 2016, https://newrepublic.com/article/138849/no-economic-anxiety-doesnt-explain-donald-trump.

15. Steve Benen, "'Economic Anxieties' Don't Explain Donald Trump's Victory", MSNBC, 28 dez. 2016, http://www.msnbc.com/rachel-maddow-show/economic-anxieties-dont-explain-donald-trumps-victory.

16. Matthew Yglesias, "Why I Don't Think It Makes Sense to Attribute Trump's Support to Economic Anxiety", *Vox*, 15 ago. 2016, http://www.vox.com/2016/8/15/12462760/trump-resentment-economic-anxiety.

17. Rothwell and Diego-Rosell, "Explaining Nationalist Political Views", art. cit., p. 11.

18. Ibid., p. 1.

19. Max Ehrenfreund e Jeff Guo, "A Massive New Study Debunks a Widespread Theory for Donald Trump's Success", *Washington Post*, 12 ago. 2016, https://www.washingtonpost.com/news/wonk/wp/2016/08/12/ a-massive-new--study-debunks-a-widespread-theory-for-donald-trumps-success/?utm_term=.0dde2f2e2004.

20. Como mostra Jed Kolko, em condados com relativamente poucos empregos rotineiros, Clinton ficou à frente em mais de 30%. Por outro lado, em condados com muitos empregos rotineiros, Trump obteve vantagem comparável. Jed Kolko, "Trump Was Stronger Where the Economy Is Weaker", FiveThirtyEight, 10 nov. 2016, https://fivethirtyeight.com/features/trump-was-stronger--where-the-economy-is-weaker/.

21. Ibid.

22. Ben Delsman, "Automation and Populist Vote Share", inédito. Sobre as causas econômicas do populismo, ver também Martin Eiermann, "The Geography of German Populism: Reflections on the 2017 Bundestag Elections", inédito; Dani Rodrik, "Populism and the Economics of Globalization", NBER Working Paper N. 23 559, National Bureau of Economic Research, jun. 2017, http://www.nber.org/papers/w23559; Noam Gidron and Peter A. Hall, "Populism as a Problem of Social Integration" (esboço preliminar), https://scholar.harvard.edu/hall/publications/populism-problem-social-integration; e Chase Foster e Jeffry

Frieden, "Crisis of Trust: Socio-Economic Determinants of Europeans' Confidence in Government", *European Union Politics*, 2017.

23. Há muitos precedentes para isso, claro. No entreguerras na Europa, por exemplo, a *"petite bourgeoisie"* muitas vezes foi com frequência altamente hostil à democracia e desempenhou um papel crucial na ascensão do fascismo. Ver, por exemplo, Richard F. Hamilton, *Who Voted for Hitler?* (Princeton: Princeton University Press, 2014), pp. 9-36. Mas compare, no mesmo livro, 37-63.

## 6. IDENTIDADE [pp. 195-218]

1. Ironicamente, Péricles veio a lamentar a mudança de regra que ele próprio introduzira: depois de se casar com Aspásia de Mileto, ele precisou tentar outra alteração na lei, para que seu filho pudesse ser considerado cidadão ateniense. Sobre o status social de Aristóteles e Diógenes, ver Ben Akrigg, "Metics in Athens", em Claire Taylor e Kostas Vlassopoulos (Orgs.), *Communities and Networks in the Ancient Greek World*, (Oxford: Oxford University Press: 2015), pp. 155-7; sobre os metecos de forma mais ampla, ver David Whitehead, *The Ideology of the Athenian Metic* (Cambridge: Cambridge Philological Society, 1977). Para um tratamento mais amplo das leis de cidadania ateniense, ver Philip Brook Manville, *The Origins of Citizenship in Ancient Athens* (Princeton: Princeton University Press, 2014).

2. O tratamento clássico das leis e práticas romanas de cidadania continua sendo Adrian Nicholas Sherwin-White, *The Roman Citizenship* (Nova York: Oxford University Press, 1980).

3. Peter Garnsey, "Roman Citizenship and Roman Law in the Late Empire", em Simon Swain e Mark J. Edwards (Orgs.), *Approaching Late Antiquity: The Transformation from Early to Late Empire*. Nova York: Oxford University Press, 2004.

4. Sobre o Império Otomano, ver Halil Inalcik, *The Ottoman Empire: The Classical Age, 1300-1600*. Trad. Norman Itzkowitz e Colin Imber (Nova York: Praeger, 1973); Stanford J. Shaw, *The Jews of the Ottoman Empire and the Turkish Republic* (Basingstoke: Macmillan, 1991); e Will Kymlicka, "Two Models of Pluralism and Tolerance", *Analyse & Kritik*, v. 14, n. 1, 1992, pp. 33-56. Sobre o Império Habsburgo, ver Carlile Aylmer Macartney, *The Habsburg Empire: 1790-1918* (Londres: Weidenfeld and Nicolson, 1968); assim como o antigo clássico de Robert A. Kann, *The Multinational Empire: Nationalism and National Reform in the Habsburg Monarchy, 1848-1918*, v. 1: *Empire and Nationalities* (Nova York: Columbia University Press, 1950).

5. Ver John W. Mason, *The Dissolution of the Austro-Hungarian Empire, 1867-1918*, 2. ed. (Nova York: Longman, 1997); e Tibor Iván Berend, *History Derailed: Central and Eastern Europe in the Long Nineteenth Century* (Berkeley: University of California Press, 2003).

6. Comunicação pessoal.

7. Ver Roger D. Petersen, *Understanding Ethnic Violence: Fear, Hatred, and Resentment in Twentieth-Century Eastern Europe* (Cambridge: Cambridge University Press, 2002); Eagle Glassheim, *Noble Nationalists: The Transformation of the Bohemian Aristocracy* (Cambridge, MA: Harvard University Press, 2005); T. Mills Kelly, *Without Remorse: Czech National Socialism in Late-Habsburg Austria* (Boulder, CO: East European Monographs, 2006); assim como diversos ensaios em Pieter M. Judson e Marsha L. Rozenblit (Orgs.), *Constructing Nationalities in East Central Europe* (Nova York: Berghahn Books, 2004).

8. Para uma crítica geral do aspecto exclusivista dos movimentos de autodeterminação, ver Amitai Etzioni, "The Evils of Self-Determination", *Foreign Policy*, v. 89, 1992, pp. 21-35; mas compare o relato mais equilibrado das vantagens e desvantagens de diferentes tipos de formação do Estado para as minorias em Michael Walzer, "States and Minorities", em C. Fried (Org.), *Minorities: Community and Identity* (Berlim: Springer, 1983), pp. 219-27.

9. Sobre a *Kulturkampf*, ver Michael B. Gross, "Kulturkampf and Unification: German Liberalism and the War against the Jesuits", *Central European History*, v. 30, n. 4, 1997, pp. 545-66; e Ronald J. Ross, "Enforcing the Kulturkampf in the Bismarckian State and the Limits of Coercion in Imperial Germany", *Journal of Modern History*, v. 56, n. 3, 1984, pp. 456-82. Sobre a Itália, Suzanne Stewart-Steinberg, *The Pinocchio Effect: On Making Italians, 1860-1920* (Chicago: University of Chicago Press, 2007). Compare ainda o estudo clássico nesse gênero, na França: Eugen Weber, *Peasants into Frenchmen: The Modernization of Rural France, 1870-1914* (Stanford: Stanford University Press, 1976).

10. Ver Francis Ludwig Carsten, *The Rise of Fascism* (Berkeley: University of California Press, 1982); Sheri Berman, "Civil Society and the Collapse of the Weimar Republic", *World Politics*, v. 49, n. 3, 1997, pp. 401-29; e o tratamento clássico da questão em William L. Shirer, *The Rise and Fall of the Third Reich: A History of Nazi Germany* (1960; Nova York: Random House, 1991).

11. Ver Ronald M. Smelser, *The Sudeten Problem, 1933-1938: Volkstumspolitik and the Formulation of Nazi Foreign Policy* (Middletown, CT: Wesleyan University Press, 1975). Para uma análise recente interessante do efeito do irredentismo no pós-guerra, ver David S. Siroky e Christopher W. Hale, "Inside Irredentism: A Global Empirical Analysis", *American Journal of Political Science*, v. 61, n. 1, 2017, pp. 117-28.

12. Anthony Browne, "The Last Days of a White World", *Guardian*, 3 set. 2000, https://www.theguardian.com/uk/2000/sep/03/race.world.

13. "Ethnicity and Religion Statistics", Institute of Race Relations, 2017, http://www.irr.org.uk/research/statistics/ethnicity-and-religion/.

14. Wolfgang Seifert, "Geschichte der Zuwanderung nach Deutschland nach 1950", Bundeszentrale fur politische Bildung, 31 maio 2012, http://www.bpb.de/politik/grundfragen/deutsche-verhaeltnisse-eine-sozialkunde/138012/ge-schichte-der-zuwanderung-nach-deutschland-nach-1950?p =all.

15. "Area and Population — Foreign Population", Federal Statistical Office and the Statistical Offices of the Lander, 26 ago. 2016, http://www.statistik-portal.de/Statistik-Portal/en/en_jb01_jahrtab2.asp; "Germany", Focus Migration, http://focus-migration.hwwi.de/Germany.1509.0.html?&L=1; "Die soziale Situation in Deutschland", Bundeszentrale fur politische Bildung, 11 jan. 2016, http://www.bpb.de/wissen/NY3SWU,0,0,Bev%F6lkerung_mit_Migrationshintergrund_I.html.

16. "Reconstruction of the Resident Population by Age, Sex and Citizenship in Common", National Institute of Statistics, 2011, http://www.istat.it/it/archivio/99464.

17. "Standard Eurobarometer 85: Public Opinion in the European Union", European Commission, Directorate-General for Communication, 2016, 6, https://ec.europa.eu/COMMFrontOffice/publicopinion/index.cfm/ResultDoc/download/DocumentKy/75902.

18. "Top Voting Issues in 2016 Election", Pew Research Center, 7 jul. 2016, http://www.people-press.org/2016/07/07/4-top-voting-issues-in-2016-election/.

19. "'Wien darf nicht Istanbul werden', schimpft Wiener FPÖ-Chef", *Der Standard*, 4 mar. 2005, http://derstandard.at/1966831/Wien-darf-nicht-Istanbul-werden-schimpft-Wiener-FPoe-Chef.

20. Alexandra Sims, "Alternative for Germany: The Anti-immigration Party Even Scarier than Donald Trump", *Independent*, 14 mar. 2016, http://www.independent.co.uk/news/world/europe/alternative-for-germany-the-anti-immigration-party-even-scarier-than-donald-trump-a6930536.html.

21. Michael Strange, "Why the Danish People's Party Will Do Better Sitting on the Sidelines", *Guardian*, 19 jun. 2015, https://www.theguardian.com/commentisfree/2015/jun/19/danish-peoples-party-denmarkgovernment.

22. Os cientistas políticos descobriram que um novo influxo de migração em partes específicas da Áustria, da Alemanha, da Dinamarca e da Suécia aumentou a votação dos populistas nessas áreas. Boris Podobnik, Marko Jusup, Dejan Kovac e H. E. Stanley, "Predicting the Rise of EU Right-Wing Populism in Response to Unbalanced Immigration", *Complexity*, 2017, p. 2; Christopher J.

Anderson, "Economics, Politics, and Foreigners: Populist Party Support in Denmark and Norway", *Electoral Studies*, v. 15, n. 4, 1996, pp. 497-511; Matt Golder, "Explaining Variation in the Electoral Success of Extreme Right Parties in Western Europe", *Comparative Political Studies*, v. 36, n. 4, 2003, pp. 432-66; Daniel Oesch, "Explaining Workers' Support for Right-wing Populist Parties in Western Europe: Evidence from Austria, Belgium, France, Norway, and Switzerland", *International Political Science Review*, v. 29, n. 3, 2008, pp. 349-73; K. Arzheimer e E. Carter, "Political Opportunity Structures and Right-wing Extremist Party Success", *European Journal of Political Research*, v. 45, n. 3, 2006, pp. 419-43.

23. Brian F. Schaffner, Matthew MacWilliams e Tatishe Nteta, "Explaining White Polarization in the 2016 Vote for President: The Sobering Role of Racism and Sexism", Working Paper, 2016, http://people.umass.edu/schaffne/IDC_conference.pdf; Daniel Cox, Rachel Lienesch, e Robert P. Jones, "Beyond Economics: Fears of Cultural Displacement Pushed the White Working Class to Trump", PRRI, Washington, DC, 5 set. 2017, https://www.prri.org/research/whiteworking--class-attitudes-economy-trade-immigration-election-donald-trump/; Ronald Inglehart e Pippa Norris, "Trump, Brexit, and the Rise of Populism: Economic Have-nots and Cultural Backlash", HKS Working Paper N. RWP16-026, Harvard Kennedy School, 29 jul. 2016; Eric Kaufmann, "It's NOT the Economy, Stupid: Brexit as a Story of Personal Values", London School of Economics, blog British Politics and Policy, 7 jul. 2016, http://blogs.lse.ac.uk/politicsandpolicy/personal-values-brexit-vote/.

24. Lynn Vavreck, "The Great Political Divide over American Identity", *New York Times*, 2 ago. 2017, https://www.newyorktimes.com/2017/08/02/upshot/the-great-political-divide-over-american-identity.html.

25. Sobre a opinião relativamente positiva da imigração entre americanos, ver Eduardo Porter, "For Immigrants, America Is Still More Welcoming than Europe", *New York Times*, 8 dez. 2015, https://www.nytimes.com/2015/12/09/business/international/for-immigrants-america-is-still-more-welcoming-than--europe.html.

26. Ver Mae M. Ngai, "The Architecture of Race in American Immigration Law: A Reexamination of the Immigration Act of 1924", *Journal of American History*, v. 86, n. 1, 1999, pp. 67-92; e Edward Prince Hutchinson, *Legislative History of American Immigration Policy 1798-1965* (Filadélfia: University of Pennsylvania Press, 1981).

27. Renee Stepler e Anna Brown, "Statistical Portrait of Hispanics in the United States", Pew Research Center, 19 abr. 2016, http://www.pew hispanic.org/2016/04/19/statistical-portrait-of-hispanics-in-the-united-states-key--charts/#hispanic-pop.

28. "A Demographic Portrait of Muslim Americans", Pew Research Center, 30 ago. 2011, http://www.people-press.org/2011/08/30/section-1-a-demographic-portrait-of-muslim-americans/#number-of-muslims-in-the-u-s; Besheer Mohamed, "A New Estimate of the U.S. Muslim Population", Pew Research Center, 6 jan. 2016, http://www.pewresearch.org/fact-tank/2016/01/06/a-new-estimate-of-the-u-s-muslim-population/.

29. Ver Philip A. Klinkner e Rogers M. Smith, *The Unsteady March: The Rise and Decline of Racial Equality in America* (Chicago: University of Chicago Press, 1999), p. 339.

30. Michelle Ye Hee Lee, "Donald Trump's False Comments Connecting Mexican Immigrants and Crime", *Washington Post*, 8 jul. 2015.

31. Para um excelente resumo da literatura, ver Zack Beauchamp, "White Riot: How Racism and Immigration Gave Us Trump, Brexit, and a Whole New Kind of Politics", *Vox*, 20 jan. 2017, http://www.vox.com/2016/9/19/12933072/far-right-white-riot-trump-brexit.

32. Jon Huang, Samuel Jacoby, Michael Strickland e K. K. Rebecca Lai, "Election 2016: Exit Polls", *New York Times*, 8 nov. 2016, https://www.nytimes.com/interactive/2016/11/08/us/politics/election-exit-polls.html?_r=0.

33. Catherine Rampell, "Americans — Especially But Not Exclusively Trump Voters — Believe Crazy, Wrong Things", *Washington Post*, 28 dez. 2016, https://www.washingtonpost.com/news/rampage/wp/2016/12/28/americans-especially-but-not-exclusively-trump-voters-believe-crazy-wrong-things/?utm_term=.f8514ecce52c.

34. Porcentagem de nascidos no estrangeiro extraída das estimativas de 2009-2013 da American Community Survey: http://www.indexmundi.com/facts/united-states/quick-facts/illinois/foreign-born-population-percent#chart.

35. "Area and Population — Foreign Population", Federal Statistical Office and Statistical Offices of the Lander, 26 ago. 2016, http://www.statistik-portal.de/Statistik-Portal/en/en_jb01_jahrtab2.asp; Frankfurter Rundschau, "AfD ist in Sachsen stärkste Kraft", 25 set. 2017, http://www.fr.de/politik/bundestagswahl/der-wahlabend-afd-ist-in-sachsen-staerkste-kraft-a-1356919. Similarmente, a AfD obteve seu melhor resultado nas eleições estaduais até o momento na Alta Saxônia, outro estado onde a porcentagem de residentes nascidos no estrangeiro fica abaixo de 4%. Ver também Ben Knight, "Euroskeptic AfD Cements Place in German Politics, for Now", *Deutsche Welle*, 15 set. 2014, http://www.dw.com/en/euroskeptic-afd-cements-place-in-german-politics-for-now/a-17921496. Compare também Emily Hruban, "BIBrief: A Temporary Alternative for Germany? A Look at AfD's Rise", Bertelsmann Foundation, 17 mar. 2016, http://www.bfna.org/publication/bbrief-a-temporary-alternative-for-germany-a-look-at-afd-

%E2%80%99s-rise; e "German State Elections: Success for Right-Wing AfD, Losses for Merkel's CDU", *Deutsche Welle*, 13 mar. 2016, http://www.dw.com/en/german-state-elections-success-for-right-wing-afd-losses-for-merkels--cdu/a-19113604.

36. Ingrid Melander e Michel Rose, "French Far-Right Fails to Win Any Regions in Upset for Le Pen", Reuters, 13 dez. 2015.

37. Num nível mais óbvio, áreas de imigração elevada, por definição, também contêm número elevado de eleitores minoritários — muito menos propensos a votar em candidatos populistas cujos atrativos se baseiam fundamentalmente em fazê-los de bode expiatório.

38. Ryan D. Enos, "Causal Effect of Intergroup Contact on Exclusionary Attitudes", *Proceedings of the National Academy of Sciences of the United States of America*, v. 111, n. 10, v. 2014, pp. 3699-704, https://static1.squarespace.com/static/521abb79e4b0ee5879077f61/t/58d6a6d62994ca9ba72a184e/1490462427818/EnosTrains.pdf. Para uma visão geral da teoria do contato, ver Thomas F. Pettigrew, "Intergroup Contact Theory", *Annual Review of Psychology*, v. 49, n. 1, 1998, pp. 65-85. Sobre Gordon Allport, ver também Thomas F. Pettigrew e Linda R. Tropp, "Allport's Intergroup Contact Hypothesis: Its History and Influence", em *On the Nature of Prejudice: Fifty Years after Allport*, John F. Dovidio, Peter Glick e Laurie A. Rudman (Orgs.), Malden, MA: Blackwell, 2005, pp. 262-77.

39. Robert D. Putnam, "E Pluribus Unum: Diversity and Community in the Twenty-First Century: The 2006 Johan Skytte Prize Lecture", *Scandinavian Political Studies*, v. 30, n. 2, 2007, pp. 137-74.

40. Barrett A. Lee, John Iceland e Gregory Sharp, "Racial and Ethnic Diversity Goes Local: Charting Change in American Communities over Three Decades", Working Paper, Project 2010, Russell Sage Foundation Report, 11 set. 2012, https://s4.ad.brown.edu/Projects/Diversity/Data/Report/report08292012.pdf.

41. Janet Adamy e Paul Overberg, "Places Most Unsettled by Rapid Demographic Change Are Drawn to Trump", *Wall Street Journal*, 1º nov. 2016, https://www.msn.com/en-us/news/politics/places-most-unsettled-by-rapid-demographic-change-are-drawn-to-trump/ar-AAjHg76.

42. Nate Cohn, "Why Trump Won: Working-Class Whites", *New York Times*, 9 nov. 2016, https://www.nytimes.com/2016/11/10/upshot/why-trump-won--working-class-whites.html.

43. Adamy e Overberg, "Places Most Unsettled", art. cit.

44. Além das evidências fornecidas pelas pesquisas de opinião com eleitores reais, apresentadas abaixo, há também evidências muito sugestivas do papel importante dos medos demográficos, obtidas de experimentos de sondagem. Ver, por exemplo, a fascinante descoberta de que os eleitores americanos com grau

elevado de identificação racial ficaram muito mais propensos a apoiar Donald Trump se condicionados a pensar que os brancos se tornariam uma minoria no futuro: Brenda Major, Alison Blodorn e Gregory Major Blascovich, "The Threat of Increasing Diversity: Why Many White Americans Support Trump in the 2016 Presidential Election", *Group Processes and Intergroup Relations* (out. 2016).

45. Steve King (@SteveKingIA). "Wilders entende que a cultura e a demografia são nosso destino. Não podemos reconstruir nossa civilização com os bebês dos outros", 12 mar. 2017, tuíte, 14h40, https://twitter.com/SteveKingIA/status/840980755236999169.

46. Steve King é congressista pelo Quarto Distrito Congressional na região noroeste de Iowa, composta de 39 condados. Segundo dados liberados pela American Community Survey, por meio do Departamento de Censo dos Estados Unidos, em 2009, 4,1% da população nesses condados era nascida no exterior, proporção que aumentou para 5,1% em 2015. Defini "nascido no estrangeiro" como cidadão americano nascido em Porto Rico ou outras Áreas de Ilha dos Estados Unidos, um cidadão americano nascido no estrangeiro, filho de pais americanos, um cidadão americano por naturalização ou alguém que não é cidadão americano (qualquer um não nascido nos Estados Unidos).

47. Publius Decius Mus, "The Flight 93 Election", Claremont Review of Books (digital), Claremont Institute, 5 set. 2016, http://www.claremont.org/crb/basicpage/the-flight-93-election/. Ver também Rosie Gray, "The Populist Nationalist on Trump's National Security Council", *Atlantic*, 24 mar. 2017, https://www.theatlantic.com/politics/archive/2017/03/does-trumps-resident-intellectual-speak-for-his-boss/520683/.

48. Bradley Jones e Jocelyn Kiley, "More 'Warmth' for Trump among GOP Voters Concerned by Immigrants, Diversity", Pew Research Center, 2 jun. 2016, http://www.pewresearch.org/fact-tank/2016/06/02/more-warmth-for-trump-among-gop-voters-concerned-by-immigrants-diversity/.

49. Thilo Sarrazin, *Deutschland schafft sich ab: Wie wir unser Land aufs Spiel setzen* (Munique: Deutsche Verlags-Anstalt, 2010). Ver também Kim Bode et al., "Why Sarrazin's Integration Demagoguery Has Many Followers", Parte 4: "The Genetic Argument", *Der Spiegel*, 6 set. 2010, http://www.spiegel.de/international/germany/the-man-who-divided-germany-why-sarrazin-s-integration-demagoguery-has-many-followers-a-715876-4.html.

50. Zosia Wasik e Henry Foy, "Immigrants Pay for Poland's Fiery Rhetoric: Politicians Accused as Islamophobia Sparks Rise in Hate Crimes", *Financial Times*, 15 set. 2016, https://www.ft.com/content/9c59ba54-6ad5-11e6-a0b1-d87a9fea034f.

51. Ibid.

52. Yigal Schliefer, "Hungary at the Turning Point", *Slate*, 3 out. 2014, http://www.slate.com/articles/news_and_politics/moment/2014/10/viktor_orban_s_authoritarian_rule_the_hungarian_prime_minister_is_destroying.html.

53. Turkuler Isiksel, "Square Peg, Round Hole: Why the EU Can't Respond to Identity Politics", inédito.

54. "Perils of Perception: A 40-Country Study", Ipsos, 2016; https://www.ipsos.com/sites/default/files/2016-12/Perils-of-perception-2016.pdf.

55. Ivan Krastev, "The End of the German Moment?" The German Marshall Fund of the United States, 21 set. 2016, http://www.gmfus.org/blog/2016/09/21/end-german-moment.

56. Podobnik et al., "Predicting the Rise", art. cit.

57. "Decennial Censuses and the American Community Survey", US Census Bureau. Citado em "Immigrants in California", Public Policy Institute of California, http://www.ppic.org/publication/immigrants-in-california/. Acesso em: 1 abr. 2017; Emily Cadei, "The California Roots of Trumpism", *Newsweek*, 5 jul. 2016, http://www.newsweek.com/2016/07/15/proposition-187-anti-immigration-donald-trump-477543.html; "Proposition 187: Text of Proposed Law", KPBS, http://www.kpbs.org/documents/2014/oct/24/proposition-187-text-proposed-law/; "Proposition 209: Text of Proposed Law", Voter Information Guides, http://vigarchive.sos.ca.gov/1996/general/pamphlet/209text.htm; "Proposition 227-Full Text of the Proposed Law", Voter Information Guides, http://vigarchive.sos.ca.gov/1998/primary/propositions/227text.htm. Numa medida relacionada, motivada em grande parte pelo medo de imigrantes criminosos, os californianos também instituíram uma "regra das três tacadas" que pedia por termos de prisão draconianos para criminosos reincidentes, mesmo que seus delitos fossem relativamente pequenos. "California's Three Strikes Sentencing Law", California Courts: The Judicial Branch of California, http://www.courts.ca.gov/20142.htm; "A Primer: Three Strikes — the Impact after More Than a Decade", Legislative Analyst's Office, out. 2005, http://www.lao.ca.gov/2005/3_strikes/3_strikes 102005.htm.

58. Essas medidas incluem ações que restringiriam as forças de segurança de colher informação relativa ao status imigratório de residentes e oferecer auxílio financeiro para as despesas legais dos processos. Kate Murphy, "Defiant California Legislature Fast-Tracks 'Sanctuary State' Bills", *Mercury News*, 30 jan. 2017, http://www.mercurynews.com/2017/01/30/a-defiant-california- legislature-fast-tracks-sanctuary-state-bills/. Sobre revogação de legislação anterior, ver Patrick McGreevy, "Gov. Brown Signs Bill Repealing Unenforceable Parts of Prop. 187", *Los Angeles Times*, 15 set. 2014, http://www.latimes.com/local/politics/la-me-pol-brown-bills-20140916-story.html; e Jazmine Ulloa, "California Will Bring

Back Bilingual Education as Proposition 58 Cruises to Victory", *Los Angeles Times*, 8 nov. 2016.

59. Ver Abraham H. Maslow, "A Theory of Human Motivation", *Psychological Review*, v. 50, n. 4, 1943, pp. 370-96; e Abraham H. Maslow, *The Farther Reaches of Human Nature* (Nova York: Viking, 1971).

60. Ver Ronald Inglehart, *Culture Shift in Advanced Industrial Society* (Princeton: Princeton University Press, 1990); Paul R. Abramson e Ronald Inglehart, "Generational Replacement and the Future of Postmaterialist Values", *Journal of Politics*, v. 49, n. 1, 1987, pp. 231-41; e Ronald Inglehart, "Public Support for Environmental Protection: Objective Problems and Subjective Values in 43 Societies", *PS: Political Science and Politics*, v. 28, n. 1, 1995, pp. 57-72.

61. Citado em: Annie Lowrey, "Is It Better to Be Poor in Bangladesh or the Mississippi Delta?" *Atlantic*, 8 mar. 2017, https://www.theatlantic.com/business/archive/2017/03/angus-deaton-qa/518880/.

62. Sobre a questão do que chamo de pós-pós-materialismo, ver o interessante diálogo recente entre Robert Brym e Ronald Inglehart: Robert Brym, "After Postmaterialism: An Essay on China, Russia and the United States", *Canadian Journal of Sociology*, v. 41, n. 2, 2016, pp. 195-211; e Ronald Inglehart, "After Postmaterialism: An Essay on China, Russia and the United States: A Comment", *Canadian Journal of Sociology*, v. 41, n. 2, 2016, pp. 213-22.

PARTE TRÊS: REMÉDIOS [pp. 221-32]

1. Sobre Park Geun-hye, sua tendência ao autoritarismo, o escândalo de corrupção envolvendo Choi Soon-il e as manifestações que levaram à sua derrocada, ver Dave Hazzan, "Is South Korea Regressing into a Dictatorship?", *Foreign Policy*, 14 de julho de 2016, http://foreignpolicy.com/2016/07/14/is-south-korea-regressing-into-a-dictatorship-park-geun-hye/; Ock-Hyum Ju, "Freedom of Assembly on Trial in South Korea", *Korean Herald*, 1 jul. 2016, http://www.koreaherald.com/view.php?ud=20160630001122; Jennifer Williams, "The Bizarre Political Scandal That Just Led to the Impeachment of South Korea's President", *Vox*, 9 mar. 2017, https://www.vox.com/world/2016/11/30/ 13775920/south-korea-president-park-geun-hye-impeached; Justin McCurry, "Former South Korean President Park Geun-hye on Trial for Corruption", *Guardian*, 23 maio 2017. Para um quadro mais geral dos partidos de origem autoritária, ver James Loxton, "Authoritarian Successor Parties", *Journal of Democracy*, v. 26, n. 3, 2015, pp. 157-70.

2. Sobre a Turquia, ver Soner Cagaptay e Oya Rose Aktas, "How Erdoganism

Is Killing Turkish Democracy", *Foreign Affairs*, 7 jul. 2017; e Yusuf Sarfati, "How Turkey's Slide to Authoritarianism Defies Modernization Theory", *Turkish Studies*, v. 18, n. 3, 2017, pp. 395-415. Sobre a Polônia, ver Daniel R. Kelemen, "Europe's Other Democratic Deficit: National Authoritarianism in Europe's Democratic Union", *Government and Opposition*, v. 52, n. 2, 2017, pp. 211-38; e Daniel R. Kelemen, "The Assault on Poland's Judiciary", *Foreign Affairs*, 26 jul. 2017. Sobre os Estados Unidos, ver Brian Klaas, "The Five Ways President Trump Has Already Damaged Democracy at Home and Abroad", *Washington Post*, 28 abr. 2017; e Yascha Mounk, "Trump Is Destroying Our Democracy", *New York Times*, 1 ago. 2017.

3. Francesca Polletta, *Freedom Is an Endless Meeting: Democracy in American Social Movements* (Chicago: University of Chicago Press, 2002). Ver também o clássico ensaio de Michael Walzer sobre como o trabalho de engajamento político pode entrar em conflito com os objetivos libertadores das políticas de esquerda. Michael Walzer, "A Day in the Life of a Socialist Citizen", *Dissent*, v. 15, n. 3, 1968, pp. 243-47.

4. Ainda não há pesquisas suficientes sobre a questão específica da eficácia de certas formas de protesto em reação a governos populistas. Para os indícios recentes sobre a efetividade política de diferentes formas de protesto em geral, ver, por exemplo, Emma F. Thomas e Winnifred R. Louis, "When Will Collective Action Be Effective? Violent and Non-violent Protests Differentially Influence Perceptions of Legitimacy and Efficacy among Sympathizers", *Personality and Social Psychology Bulletin*, v. 40, n. 2, 2014, pp. 263-76; Andreas Madestam, Daniel Shoag, Stan Veuger e David Yanagizawa-Drott, "Do Political Protests Matter? Evidence from the Tea Party Movement", *Quarterly Journal of Economics*, v. 128, 2013, pp. 1633-85; Grzegorz Ekiert e Jan Kubik, Rebellious *Civil Society: Popular Protest and Democratic Consolidation in Poland, 1989-1993* (Ann Arbor: University of Michigan Press, 1999); Taras Kuzio, "Civil Society, Youth and Social Mobilization in Democratic Revolutions", *Communist and Post-Communist Studies*, v. 39, 2006, pp. 365-86. Para uma visão contrária, ver Peter L. Lorentzen, "Regularizing Rioting: Permitting Public Protest in an Authoritarian Regime", *Quarterly Journal of Political Science*, v. 8, 2013, pp. 127-58.

5. Ver Anne Applebaum, "Poles Fought the Nationalist Government with Mass Protests — and Won", *Washington Post*, 24 jul. 2017, https://www.washingtonpost.com/news/global-opinions/wp/2017/07/24/how-street-demonstrators-scored-a-victory-against-polands-government/?utm_term=.51c4821e-1d0c.

6. Ver Nick Thorpe, "Hungary CEU: Protesters Rally to Save University", BBC *News*, 3 abr. 2017, http://www.bbc.co.uk/news/world-europe-39479398; e "CEU

to Remain in Budapest for 2017-2018 Academic Year, Hopes for Long-Term Solution", Central European University, 30 maio 2017, https://www.ceu.edu/article/2017-05-30/ceu-remain-budapest-2017-2018-academic-year-hopes-long-term-solution.

7. Só saberemos daqui a muitos anos o quanto a oposição pública a Donald Trump ajudou instituições independentes a demonstrarem sua força. Mas há boas razões teóricas e práticas para crermos que tiveram um papel relevante. Cientistas políticos, por exemplo, há muito entendem que as opiniões de até mesmo as cortes mais superiores dos Estados Unidos são influenciadas de forma profunda pela opinião pública. Ver, por exemplo, William Mishler e Reginald S. Sheehan, "The Supreme Court as a Countermajoritarian Institution? The Impact of Public Opinion on Supreme Court Decisions", *American Political Science Review*, v. 87, n. 1, 1993, pp. 87-101. Entretanto, é razoável desconfiar de que Rod Rosenstein foi, em certa medida, influenciado pela reação arrasadora de muitos de seus colegas à sua aparente cumplicidade na demissão de James Comey. Ver Benjamin Wittes, "Et Tu Rod? Why the Deputy Attorney General Must Resign", *Lawfare*, 12 maio 2017, https://www.lawfareblog.com/et-tu-rod-why-deputy-attorney-general-must-resign.

8. Embora a democracia da Rússia tenha sempre sido, na melhor das hipóteses, imperfeita, ainda era considerada "parcialmente livre" pela Freedom House em 2004, meses após Vladimir Putin concorrer à reeleição pela primeira vez (Freedom House, "Russia", em *Freedom in the World 2004*, https://freedomhouse.org/report/freedom-world/2004/russia). Por outro lado, em 2008, quando as novas eleições foram acentuadamente menos justas do que as anteriores, o país foi considerado "não livre" pela Freedom House (Freedom House, "Russia", em *Freedom in the World 2008*; https://freedomhouse.org/report/freedom-world/ 2008/russia). Para um exemplo similar sobre a Turquia, ver Steven A. Cook, "How Erdogan Made Turkey Authoritarian Again", *Atlantic*, 21 jul. 2016, https://www.theatlantic.com/international/archive/2016/07/how-erdogan-made-turkey-authoritarian-again/492374/; e, sobre a Venezuela, compare Freedom House, "Venezuela", em *Freedom in the World 2003*, https://freedomhouse.org/report/freedom-world/2003/venezuela a Freedom House, "Venezuela", em *Freedom in the World 2017*, https://freedomhouse.org/report/freedom-world/2017/venezuela.

9. Ver "Election Resources on the Internet: Elections to the Polish Sejm — Results Lookup", http://electionresources.org/pl/sejm.php?election=2015, e "Polish Parliamentary Election, 2015", Wikipedia, https://en.wikipedia.org/wiki/Polish_parliamentary_election,_2015.

10. Sobre a Índia, ver Milan Vaishnav, "Modi's Victory and the BJP's Future",

*Foreign Affairs*, 15 mar. 2017, http://carnegieendowment.org/2017/03/15/modi-s-victory-and-bjp-s-future-pub-68281; Anita Katyal, "The Opposition Is Divided on How It Should Unite Against the BJP Ahead of the 2019 General Elections", *Scroll.in*, https://scroll.in/article/834312 the-opposition-is-divided-on-how-it-should-unite-against-the-bjp-ahead-of-the-2019-general-elections/. Sobre a Turquia, ver "Turkish General Election, 2007," Wikipedia, https://en.wikipedia.org/wiki/Turkish_general_election,_2007. Sobre os Estados Unidos, ver Christopher J. Devine e Kyle C. Kopko, "5 Things You Need to Know about How Third-Party Candidates Did in 2016", *Washington Post*, 15 nov. 2016, https://www.washingtonpost.com/news/monkey-cage/wp/2016/11/15/5-things-you-need-to-know-about-how-third-party-candidates-did-in-2016/?utm_term=.a37910397372.

11. Comunicação em particular.

12. Andrés Miguel Rondón, "In Venezuela, We Couldn't Stop Chávez. Don't Make the Same Mistakes We Did", *Washington Post*, 27 jan. 2017, https://www.washingtonpost.com/posteverything/wp/2017/01/27/in-venezuela-we-couldnt-stop-chavez-dont-make-the-same-mistakes-we-did/?utm_term=.58b6866907f8.

13. Ibid.

14. Luigi Zingales, "The Right Way to Resist Trump", *New York Times*, 18 nov. 2016, https://www.nytimes.com/2016/11/18/opinion/the-right-way-to-resist-trump.html?_r=0.

15. Aaron Blake, "Trump's Full Inauguration Speech Transcript, Annotated", *Washington Post*, 20 jan. 2017, https://www.washingtonpost.com/news/the-fix/wp/2017/01/20/donald-trumps-full-inauguration-speech-transcript-annotated/?utm_term=.7e71667cfff7.

16. Jenna Johnson, "Donald Trump to African American and Hispanic Voters: 'What Do You Have to Lose?'", *Washington Post*, 22 ago. 2016, https://www.washingtonpost.com/news/post-politics/wp/2016/08/22/donald-trump-to-african-american-and-hispanic-voters-what-do-you-have-to-lose/?utm_term=.0faa24c31da9.

17. Hillary Clinton e Tim Kaine, *Stronger Together: A Blueprint for America's Future*. Nova York: Simon & Schuster, 2016.

18. Hillary Clinton (@Hillary Clinton), "'America is already great. America is already strong & I promise you, our strength, our greatness, does not depend on Donald Trump.'— @POTUS." ["A América já é grande. A América já é forte & eu juro, nossa força, nossa grandiosidade, não dependem de Donald Trump."] Twitter, 27 jul. 2016, 20h18, https://twitter.com/hillaryclinton/status/758501814945869824?lang=en.

19. Monica Hersher e Yascha Mounk, "The Centre in the United Kingdom, France and Germany", Tony Blair Institute for Global Change, jun. 2017, http://institute.global/sites/default/files/field_article_attached_file/IGC_Centre%20Polling_14.07.17.pdf.

20. O exemplo mais óbvio aqui é o da vitória de Emmanuel Macron contra Marine Le Pen na eleição presidencial francesa de 2017. Ver Tracy McNicoll, "Macron Beats Le Pen to Win French Presidency, Toughest Tasks to Come", *France24*, 8 maio 2017, http://www.france24.com/en/20170507-frances-macron-beats-le-pen-win-presidency-toughest-tasks-come; e Yascha Mounk, "It's Far Too Early to Declare Victory over Populism", *Slate*, 8 maio 2017, http://www.slate.com/articles/news_and_politics/the_good_fight/2017/05/four_reasons_not_to_be_cheered_by_emmanuel_macron_s_defeat_of_marine_le.html.

21. Até os melhores livros sobre política e interesse público tendem a sofrer do mesmo defeito: a maior parte da obra é uma análise perspicaz, aprofundada, de tendências extremamente preocupantes. Em seguida, a conclusão apresenta sugestões simplistas, apressadas, quanto ao que fazer a respeito delas. Não é coincidência: é muito mais fácil diagnosticar problemas do que resolvê-los. Um entendimento profundo do problema não necessariamente aponta o caminho para uma solução sensata. E, mesmo quando uma solução proposta parece correta em termos de mérito, não raro é óbvio que ela jamais será adotada. Todos esses problemas se aplicam ao meu tema assim como se aplicaria a outros. E é por isso que almejo oferecer ao leitor um acordo simples antes de iniciar meu próprio relato dos possíveis remédios para a crise da democracia: encontrar soluções para grandes desafios que resumi no livro é dificílimo. Levei a tarefa a sério e identifiquei algumas maneiras promissoras de lidar com o problema. Penso genuinamente — e espero fervorosamente — que refletir sobre o desafio do modo como o delineio aqui, e até adotar algumas das políticas concretas que menciono, ampliaria nossas chances de rejuvenescer nossas democracias e manter populistas autoritários sob controle. Mas não vou fingir que essas sugestões são soluções milagrosas. Tampouco posso prometer que a adoção delas bastaria para salvar a democracia liberal. Podem se mostrar insuficientes; porém, levando-se a sério a ideia de salvar a democracia liberal, são o que temos de melhor.

## 7. DOMESTICAR O NACIONALISMO [pp. 233-56]

1. Ver Yascha Mounk, "*The Pursuit of Italy* by David Gilmour", crítica literária, *Bookforum*, 7 out. 2011, http://www.bookforum.com/review/8442; e David

Gilmour, *The Pursuit of Italy: A History of a Land, Its Regions, and Their Peoples* (Nova York: Farrar, Straus and Giroux, 2011).

2. Yascha Mounk, *Stranger in My Own Country: A Jewish Family in Modern Germany*. Nova York: Farrar, Straus and Giroux, 2014.

3. Sobre a necessidade de repensar a soberania para que atenda aos desafios estratégicos globais, ver, por exemplo, o tratamento dado ao "paradoxo da globalização" em Anne-Marie Slaughter, *A New World Order* (Princeton: Princeton University Press, 2004). Ver também Kanishka Jayasuriya, "Globalization, Law, and the Transformation of Sovereignty: The Emergence of Global Regulatory Governance", *Indiana Journal of Global Legal Studies*, v. 6. 1999, pp. 425-55; e uma defesa da soberania do Estado-nação em Jean L. Cohen, *Globalization and Sovereignty: Rethinking Legality, Legitimacy, and Constitutionalism* (Cambridge: Cambridge University Press, 2012). Para um exemplo da esperança de que a esfera pública europeia se seguisse à criação do Estado europeu, ver Jürgen Habermas, *Sobre a constituição da Europa: Um ensaio* (São Paulo: Unesp, 2012); ou o Jürgen Habermas mais antigo, "Why Europe Needs a Constitution", em Erik Oddvar Eriksen, John Erik Fossum e Agustín José Menéndez (Orgs.), *Developing a Constitution for Europe*, pp. 17-33 (Nova York: Routledge, 2004).

4. Fraser Cameron, "The European Union as a Model for Regional Integration", Council on Foreign Relations, 24 set. 2010, https://www.cfr.org/report/european-union-model-regional-integration.

5. Ver Mark Leonard, *Why Europe Will Run the 21st Century* (Nova York: Public Affairs, 2005). Compare também com Andrew Moravcsik, *The Choice for Europe: Social Purpose and State Power from Messina to Maastricht* (Ithaca, NY: Cornell University Press, 1998); e Robert O. Keohane, "Ironies of Sovereignty: The European Union and the United States", *Journal of Common Market Studies*, v. 40, n. 4, 2002, pp. 743-65.

6. Ghia Nodia, "The End of the Postnational Illusion", *Journal of Democracy*, v. 28, n. 2, 2017, pp. 5-19, p. 9.

7. Ibid.

8. "Referendums Related to the European Union", Wikipedia, https://en.wikipedia.org/wiki/Referendums_related_to_the_European_Union. Acesso em: 9 set. 2017.

9. Em 2005, eleitores franceses e holandeses rejeitaram a proposta de Constituição Europeia. A fim de preservar a parte principal da reforma, os chefes de Estado europeus modestamente alteraram o texto e às pressas o rebatizaram de Tratado de Lisboa. Os franceses e os holandeses não tiveram outra oportunidade de expressar suas opiniões. Mas os irlandeses sim — e convenientemente tam-

bém votaram contra. Só quando o governo pediu que votassem outra vez, e os eleitores irlandeses obedeceram, o Tratado de Lisboa pôde entrar em vigor. Ibid.

10. Ver o primeiro gráfico em "Spain's Reforms Point the Way for Southern Europe", *Economist,* 15 jun. 2017, https://www.economist.com/news/europe/21723446-having-tackled-its-problems-earlier-italy-or-greece-spain-now-seeing-results-spains. Para índices de desemprego, ver "Unemployment by Sex and Age — Annual Average", Eurostat, http://appsso.eurostat.ec.europa.eu/nui/show.do?dataset=une_rt_a&lang=en. Acesso em: 9 set. 2017.

11. Ver Markus K. Brunnermeier, Harold James e Jean-Pierre Landau, *The Euro and the Battle of Ideas* (Princeton: Princeton University Press, 2016); e Joseph E. Stiglitz, *The Euro: How a Common Currency Threatens the Future of Europe* (Nova York: Norton, 2016); ver também Thomas Meaney e Yascha Mounk, "What Was Democracy?", *Nation,* 13 maio 2014, https://www.thenation.com/article/what-was-democracy/.

12. Ver Basharat Peer, *A Question of Order: India, Turkey, and the Return of the Strongmen* (Nova York: Columbia Global Reports, 2017). Sobre a China, ver a discussão nuançada em Alastair Iain Johnston, "Is Chinese Nationalism Rising? Evidence from Beijing", *International Security,* v. 41, n. 3, 2016, pp. 7-43.

13. Nodia, "The End of the Postnational Illusion", art. cit.

14. Michael Lind, "In Defense of Liberal Nationalism", *Foreign Affairs,* maio-jun. 1994, p. 87.

15. Constituição dos Estados Unidos. Ver https://www.law.cornell.edu/constitution/preamble.

16. Jan-Werner Müller, "Capitalism in One Family", *London Review of Books,* v. 38, n. 23, 2016, pp. 10-4.

17. Ver Krishnadev Calamur, "A Short History of 'America First'", *Atlantic,* 21 jan. 2017, https://www.theatlantic.com/politics/archive/2017/01/trump-america-first/514037/; e Jonah Goldberg, "What Trump Means When He Says, 'America First'", *National Review,* 25 jan. 2017, http://www.nationalreview.com/article/444211/donald-trump-america-first-slogan-stands-nationalist-identity.

18. Um nacionalismo baseado no pertencimento étnico e religioso, e que considere todos os oponentes do líder populista antipatrióticos, também tende a incitar tensões internacionais. O problema aqui não é tanto que líderes nacionalistas da laia de Trump estejam determinados a ir atrás dos interesses da nação. (Afinal, a maioria dos líderes eleitos democraticamente acreditam que sua responsabilidade principal é para com o próprio povo.) Na verdade, é a suposição de que outra nação tem que perder para que a nação deles ganhe. Essa ideia está condensada na insistência de Trump de que seu conhecimento da arte de

negociar vai fazer com que os Estados Unidos avancem. É o subtexto de sua promessa de defender os interesses de Pittsburgh em vez dos de Paris (como se a mudança climática não fosse uma ameaça igual a Paris e a Pittsburgh). E também é a base de sua crença de que os acordos comerciais "enriqueceram a indústria estrangeira à custa da indústria americana". Ver Alan Murray, "Trump's Zero-Sum Economic Vision", *Forbes*, 23 jan. 2017, http://fortune.com/2017/01/23/trump-protectionism-inaugural-address-zero-sum/.

19. Para um influente estudo sobre discriminação contra afro-americanos no mercado de trabalho, ver Marianne Bertrand e Sendhil Mullainathan, "Are Emily and Greg More Employable than Lakisha and Jamal? A Field Experiment on Labor Market Discrimination", *American Economic Review*, v. 94, 2004, pp. 991-1013. Sobre vieses no sistema de justiça criminal, ver Alberto Alesina e Eliana La Ferrara, "A Test of Racial Bias in Capital Sentencing", *American Economic Review*, v. 104, 2014, pp. 3397-433; bem como Lawrence D. Bobo e Victor Thompson, "Unfair by Design: The War on Drugs, Race, and the Legitimacy of the Criminal Justice System", *Social Research*, v. 73, 2006, pp. 445-72. Sobre o risco de levar um tiro de um agente da lei, ver Alison V. Hall, Erika V. Hall e Jamie L. Perry, "Black and Blue: Exploring Racial Bias and Law Enforcement in the Killings of Unarmed Black Male Civilians", *American Psychologist*, v. 71, n. 3, 2016, pp. 175-86.

20. *Parents Involved in Community Schools v. Seattle School Dist. N. 1 (N. 05--908 e 05-915)* 2007, https://www.law.cornell.edu/supct/html/05-908.ZS.html.

21. Conforme o comentário de Eduardo Bonilla-Silva a uma questão relativa (porém mais controversa), "Se a raça desaparecer como categoria de divisão oficial, como aconteceu em boa parte do mundo, facilitará a emergência de uma ordem racial plural em que grupos existem na prática mas não são reconhecidos oficialmente — e qualquer pessoa que tente abordar a divisão racial provavelmente será repreendida pela racialização da população". Eduardo Bonilla-Silva, *Racism without Racists: Color-Blind Racism and the Persistence of Racial Inequality in America*, 5. ed. (2003; Lanham, MD: Rowman and Littlefield, 2018), p. 189.

22. Adia Harvey Wingfield, "Color-Blindness Is Counterproductive", *Atlantic*, 13 set. 2015, https://www.theatlantic.com/politics/archive/2015/ 09/color--blindness-is-counterproductive/405037/.

23. Uma explicação que viralizou bastante sobre os males da apropriação cultural foi a de Maisha Z. Johnson, "What's Wrong with Cultural Appropriation? These 9 Answers Reveal Its Harm", Everyday Feminism, 14 jun. 2015, http://everydayfeminism.com/2015/06/cultural-appropriation-wrong/. Sobre microagressões, ver Miguel Ceja e Tara Yosso, "Critical Race Theory, Racial Microaggressions and Campus Racial Climate: The Experiences of African American College

Students", *Journal of Negro Education*, v. 69, 2000, pp. 60-73; Daniel Solórzano, "Critical Race Theory, Race, and Gender Microaggressions, and the Experience of Chicana and Chicano Scholars", *International Journal of Qualitative Studies in Education*, v. 11, 1998, pp. 121-36; e Kevin L. Nadal, *That's So Gay! Microaggressions and the Lesbian, Gay, Bisexual, and Transgender Community* (Washington, DC: American Psychological Association, 2013). Por fim, sobre liberdade de expressão, ver Ulrich Baer, "What 'Snowflakes' Get Right about Free Speech", *New York Times*, 24 abr. 2017, https://www.nytimes.com/2017/04/24/opinion/what-liberal-snowflakes-get-right-about-free-speech.html.

24. Emanuella Grinberg, "Dear White People with Dreadlocks: Some Things to Consider", CNN, 1 abr. 2016, http://edition.cnn.com/2016/03/31/living/white-dreadlocks-cultural-appropriation-feat/index.html; Clover Linh Tran, "CDs Appropriates Asian Dishes, Students Say", *Oberlin Review*, 6 nov. 2015, https://oberlinreview.org/9055/news/cds-appropriates-asian-dishes-students-say/.

25. Princess Gabbara, "The History of Dreadlocks", *Ebony*, 18 out. 2016, http://www.ebony.com/style/history-dreadlocks#axzz4qX8wRTJe.

26. Sobre Bagdá, ver Jim Al-Khalili, "When Baghdad Was Centre of the Scientific World", *Guardian*, 25 set. 2010, https://www.theguardian.com/books/2010/sep/26/baghdad-centre-of-scientific-world; sobre Viena, ver Carl E. Schorske, *Viena fin-de-siècle* (São Paulo: Companhia das Letras, 1988); e sobre Nova York, ver E. B. White, *Aqui está Nova York* (Rio de Janeiro: José Olympio, 2002).

27. Escrevendo na época mais sombria da Primeira Guerra Mundial, por exemplo, o comediante austríaco Karl Kraus apresenta membros de uma "comissão voluntária" que tenta erradicar todos os usos de palavras em francês, inglês e italiano das ruas de Viena. Karl Kraus, *Os últimos dias da humanidade* (1918; São Paulo: Balão Editorial, 2017), ato 3, cena 8.

28. Em termos filosóficos, até certas formas de discurso de ódio têm, é claro, "valor de verdade", o que significa que exprimem uma proposição reconhecível, que não é sandice semântica. No entanto, é provável que não tenham valor no sentido de promover um ponto de vista que seja importante que os outros ouçam (muito menos transmitam uma suposta observação sobre o mundo).

29. Como explica Kenan Malik, a questão principal é "quem faz o policiamento? Toda sociedade tem seus guardiões, com a função de proteger certas instituições, preservar os privilégios de grupos específicos e impedir que algumas crenças sejam desafiadas. Esses guardiões protegem não os marginalizados, mas os poderosos". Kenan Malik, "Cultural Appropriation and Secular Blas-

phemy", Pandemonium, 9 jul. 2017, https://kenanmalik.wordpress.com/2017/07/09/cultural-appropriation-and-secular-blasphemy/.

30. Para uma exploração mais a fundo dessa linha de argumentação, ver Thomas Scanlon, "A Theory of Freedom of Expression", *Philosophy and Public Affairs*, v. 1, 1972, pp. 204-26.

31. Wingfield, "Color Blindness Is Counter-Productive", art. cit.

32. Alex Rosenberg, "The Making of a Non-patriot," *New York Times*, 3 jul. 2017, https://www.nytimes.com/2017/07/03/opinion/the-making-of-a-non-patriot.html. O editorial foi publicado on-line na véspera do Dia da Independência, mas claramente com o intuito de coincidir com a data.

33. DisastaCaPiTaLisM, "Antifa Chanting 'No Trump, No Wall, No USA At All'", YouTube, 5 set. 2017, https://www.youtube.com/watch?v=IV440PbnIPI.

34. Shaun King, "KING: Thomas Jefferson Was a Horrible Man Who Owned 600 Human Beings, Raped Them, and Literally Worked Them to Death", *New York Daily News*, 3 jul. 2017, http://www.nydailynews.com/news/national/king-thomas-jefferson-evil-rapist-owned-600-slaves-article-1.3308931.

35. Ver Hans Kundnani, *Utopia or Auschwitz: Germany's 1968 Generation and the Holocaust* (Oxford: Oxford University Press, 2009); e Simon Erlanger, "'The Anti-Germans' — The Pro-Israel German Left", *Jewish Political Studies Review*, v. 21, 2009, pp. 95-106.

36. Ver Maya Rhodan, "Transcript: Read Full Text of President Barack Obama's Speech in Selma", *Time*, 7 mar. 2015, http://time.com/3736357 /barack-obama-selma-speech-transcript/.

37. Ibid.

38. Alastair Jamieson e Chloe Hubbard, "Far-Right Marine Le Pen Leads French Polls but Still Seen Losing Runoff", NBC News, 23 fev. 2017, http://www.nbcnews.com/news/world/far-right-marine-le-pen-leads-french-election-polls-still-n724536.

39. Emmanuel Macron, "Quand je regarde Marseille je vois… les Algériens, les Marocains, les Tunisiens… E. Macron", discurso postado no YouTube, 3 abr. 2017, https://www.youtube.com/watch?v=Yxmbctib964.

40. Benedict Anderson, *Comunidades imaginadas*. São Paulo: Companhia das Letras, 2008.

41. Um bom resumo da visão cética sobre a migração europeia está em Christopher Caldwell, *Reflections on the Revolution in Europe: Immigration, Islam, and the West* (Nova York: Anchor, 2009).

42. Sobre injustiça estrutural, ver Iris Marion Young, "Structural Injustice and the Politics of Difference", em Emily Grabham et al. (Orgs.), *Intersectionality and Beyond: Law, Power and the Politics of Location*, 2008, p. 273.

43. Estudos sugerem que esse sistema prejudica duplamente os estudantes de minorias: para começar, é menos provável que os professores os recomendem às universidades mais prestigiosas, ainda que tenham desempenho no mesmo nível. Além disso, estudantes talentosos de passado desvantajoso geralmente precisam de mais de quatro anos de educação formal para alcançar os colegas de classe de famílias com maior grau de instrução. Veja o panorama em Heike Solga e Rosine Dombrowski, "Soziale Ungleichheiten in schulischer und außerschulischer Bildung: Stand der Forschung und Forschungsbedarf", Working Paper, Bildung und Qualifizierung, n. 171, 2009, https://www.econstor.eu/handle/10419/116633. Mas considere também a visão mais cética de Cornelia Kirsten, "Ethnische Diskriminierung im deutschen Schulsystem? Theoretische Überlegungen und empirische Ergebnisse", WZB Discussion Paper, n. SP IV 2006-601, https://www.econstor.eu/handle/10419/49765.

44. Ver Marie Duru-Bellat, "Social Inequality in French Education: Extent and Complexity of the Issues", *International Studies in Educational Inequality, Theory and Policy*, 2007, pp. 337-56; bem como Michel Euriat e Claude Thélot, "Le Recrutement social de l'élite scolaire en France: Évolution des inégalités de 1950 a 1990", *Revue Française de Sociologie*, 1995, pp. 403-38; e Christian Baudelot e Roger Establet, *L'Élitisme républicain: l'École française à l'épreuve des comparaisons internationales* (Paris: Seuil, 2009).

45. "K-12 Education: Better Use of Information Could Help Agencies Identify Disparities and Address Racial Discrimination", Government Accountability Office dos Estados Unidos, abr. 2016, http://www.gao.gov/assets/680/676744.pdf. Essa descoberta foi confirmada por um estudo recente do Civil Rights Project, da Universidade da Califórnia em Los Angeles, que também mostrou que "escolas hipersegregadas, em que 90% ou mais dos alunos são de minorias, desde 1988 cresceram de 5,7% a 18,4%". Gary Orfield, Jongyeon Ee, Erica Frankenberg e Genevieve Siegel-Hawley, "*Brown* at 62: School Segregation by Race, Poverty and State", The Civil Rights Project, UCLA, 16 maio 2016, https://civilrightsproject.ucla.edu/research/k-12-education/integration-and-diversity/brown-at-62-school-segregation-by-race-poverty-and-state/. Ver também Greg Toppo, "GAO Study: Segregation Worsening in U.S. Schools", USA *Today*, 17 maio 2016, https://www.usatoday.com/story/news/2016/05/17/gao-study-segregation-worsening-us-schools/84508438/.

46. Ver Qanta Ahmed, "And Now, Female Genital Mutilation Comes to America", *Daily Beast*, 18 abr. 2017, http://www.thedailybeast.com/and-now-female-genital-mutilation-comes-to-america; "Female Genital Mutilation Exposed in Swedish Class", The Local, 20 jun. 2014, https://www.thelocal.se/20140620/swedish-school-class-genitally-mutilated; e Alexandra Topping, "FGM Specialist

Calls for Gynaecological Checks for All Girls in Sweden", *Guardian,* 27 jun. 2014, https://www.theguardian.com/society/2014/jun/27/female-genital-mutilation--fgm-specialist-sweden-gynaecological-checks-children.

47. Ver Helen Pidd, "West Yorkshire Police and Agencies 'Failed to Protect' Groomed Girl", *Guardian,* 6 de dezembro de 2016; "Oxford Grooming: 'No Hiding' from Authorities' Failures", BBC News, 2 mar. 2015, http://www.bbc.co.uk/news/uk-england-oxfordshire-31696276; e David A. Graham, "How Belgium Tried and Failed to Stop Jihadist Attacks", *Atlantic,* 22 mar. 2016.

48. "Gewalt-Rechtfertigung mit Koran—Richterin abgezogen", *Spiegel Online,* 21 mar. 2007, http://www.spiegel.de/politik/deutschland/justiz-skandal-gewalt-rechtfertigung-mit-koran-richterin-abgezogen-a-472966.html.

49. Ver Will Kymlicka, *Multicultural Citizenship: A Liberal Theory of Minority Rights* (Oxford: Clarendon Press, 1995), cap. 3. Comparar a Mounk, *Stranger in My Own Country,* cap. 10.

50. Sobre essa questão, ver Michael Walzer, *Spheres of Justice: A Defense of Pluralism and Equality* (Nova York: Basic Books, 1983), cap. 1; e David Miller, "The Ethical Significance of Nationality", *Ethics,* v. 98, 1988, pp. 647-62.

51. Ver Jeffrey G. Reitz, "The Distinctiveness of Canadian Immigration Experience", *Patterns of Prejudice,* v. 46, n. 5, 2012, pp. 518-38; e Garnett Picot e Arthur Sweetman, "Making It in Canada: Immigration Outcomes and Policies", *IRPP Study,* v. 29, 2012, pp. 1-5.

## 8. CONSERTAR A ECONOMIA [pp. 257-80]

1. Karen Tumulty, "How Donald Trump Came Up with 'Make America Great Again'", *Washington Post,* 18 jan. 2017, https://www.washingtonpost.com/politics/how-donald-trump-came-up-with-make-america-great-again/2017/01/17/fb6acf5e-dbf7-11e6-ad42-f3375f271c9c_story.html?utm_term=.064c24103851.

2. Oficialmente, o slogan era "Retomando o Controle", mas a maioria dos políticos que evocava o slogan não usava o gerúndio. Ver "Boris Johnson: UK 'Should Take Back Control'", BBC News, http://www.bbc.com/news/av/uk-35739955/boris-johnson-uk-should-take-back-control; e Joseph Todd, "Why Take Back Control Is the Perfect Left-Wing Slogan", *New Statesman,* 13 mar. 2017, http://www.newstatesman.com/politics/staggers/2017/03/why-take-back--control-perfect-left-wing-slogan.

3. Essa é uma das razões por que as minorias, na maioria dos países, se sentem muito menos atraídas por políticos populistas tanto de extrema direita

quanto de extrema esquerda. Embora também estejam sofrendo financeiramente, elas viram melhorias genuínas nas últimas décadas e continuam com muita esperança no futuro. Ver Mark Hugo Lopez, Rich Morin e Jens Manuel Krogstad, "Latinos Increasingly Confident in Personal Finances, See Better Economic Times Ahead", Pew Research Center, http://www.pewhispanic.org/ 2016/ 06/08/latinos-increasingly-confident-in-personal-finances-see-better-economic-times-ahead/; e Jamelle Bouie, "Who Is Most Excited about America's Future? Minorities", *Daily Beast,* 3 fev. 2014, http://www.thedailybeast.com/who-is--most-excited-about-americas-future-minorities.

4. Sobre o produto interno bruto per capita, ver US Bureau of Economic Analysis, "Real Gross Domestic Product per Capita (A939RX0Q048SBEA)", obtido de FRED, Federal Reserve Bank of St. Louis, https://fred.stlouisfed.org/series/A939RX0Q048SBEA. A respeito do patrimônio líquido, ver Board of Governors of the Federal Reserve System (U.S.), "Households and Nonprofit Organizations; Net Worth, Level (TNWBSHNO)", obtido de FRED, Federal Reserve Bank of St. Louis, ajustado de acordo com a inflação, https://fred.stlouisfed.org/series/TNWBSHNO. Por fim, quanto o lucro empresarial per capita, ver U.S. Bureau of Economic Analysis, Corporate Profits After Tax (without IVA and CCAdj) [CP], obtido de FRED, Federal Reserve Bank of St. Louis, ajustado de acordo com a inflação, https://fred.stlouisfed.org/series/CP.

5. Ver o Apêndice On-line (Tabela B3) em Emmanuel Saez e Gabriel Zucman, "Wealth Inequality in the United States since 1913: Evidence from Capitalized Income Tax Data", *Quarterly Journal of Economics,* v. 131, n. 2, 2016, pp. 519-78. Em consequência, 90% das famílias da base da pirâmide viram seu total de riqueza cair de 36% para 23%. Muitos acreditam que essa riqueza foi transferida para os 5% no topo da pirâmide ou até mesmo para o 1% do topo, mas não é totalmente verdade. A queda de treze pontos percentuais na participação na riqueza dos 90% da base é equivalente ao crescimento de treze pontos percentuais na riqueza dos 0,1% do alto da pirâmide. Ver o Apêndice On-line (Tabela B1) em Saez e Zucman, "Wealth Inequality in the United States".

6. Ver "Tax Rate Schedules", Instructions for 1987 Form 1040, Internal Revenue Service, U.S. Department of the Treasury, p. 47, e "Federal Capital Gains Tax Rates, 1988–2011", Tax Foundation, https://files.taxfoundation.org/legacy/docs/fed_capgains_taxrates-20100830.pdf.

7. Sobre Reagan, ver Peter Dreier, "Reagan's Real Legacy", *Nation,* 29 jun. 2015. Sobre o Personal Responsibility and Work Opportunity Reconciliation Act, ver Yascha Mounk, *The Age of Responsibility* (Cambridge, MA: Harvard University Press, 2017), cap. 2; e Carly Renee Knight, "A Voice without a Vote: The

Case of Surrogate Representation and Social Welfare for Legal Noncitizens since 1996", no prelo.

8. Eduardo Porter, "The Republican Party's Strategy to Ignore Poverty", *New York Times*, 27 out. 2015. Um dos poucos pontos de claridade nessa história sombria foi a reforma da saúde aprovada por Barack Obama. Pela primeira vez na história, os Estados Unidos levaram a sério um dos deveres morais mais básicos de qualquer sociedade afluente: dar assistência médica a (grande parte de) seus cidadãos. Mas, embora o futuro formato do sistema de saúde americano vá continuar incerto por bastante tempo, seus principais elementos estão sendo extirpados: caso os legisladores transformem em lei as metas do governo atual, milhões de americanos perderão seus seguros nos próximos anos.

9. Ver Marina Karanikolos et al., "Financial Crisis, Austerity, and Health in Europe", *Lancet*, v. 381, n. 9874, 2013, pp.1323-31; Emmanuele Pavolini, Margarita León, Ana M. Guillén e Ugo Ascoli, "From Austerity to Permanent Strain? The EU and Welfare State Reform in Italy and Spain", *Comparative European Politics*, v. 13, 2015, pp. 56-76; Mark Blyth, *Austeridade: História de uma ideia perigosa* (São Paulo: Autonomia Literária, 2018), principalmente o cap. 3; e Matt Pickles, "Greek Tragedy for Education Opportunities", BBC News, 30 set. 2015, http://www.bbc.co.uk/news/business-34384671.

10. Ver Horst Feldmann, "Technological Unemployment in Industrial Countries", *Journal of Evolutionary Economics*, v. 23, 2013, pp. 1099-126. Mas considere também vozes mais céticas, tais como James E. Bessen, "How Computer Automation Affects Occupations: Technology, Jobs, and Skills", Law and Economics Research Paper no. 15-49, Boston University School of Law, 3 out. 2016, https://papers.ssrn.com/sol3/papers.cfm?abstract_id=2690435. Para uma série de possíveis reações em termos de políticas, ver Yvonne A. Stevens e Gary E. Marchant, "Policy Solutions to Technological Unemployment", em Kevin LaGrandeur e James J. Hughes (Orgs.), *Surviving the Machine Age* (Cham, Suíça: Palgrave MacMillan, 2017).

11. Ver Justin R. Pierce e Peter K. Schott, "The Surprisingly Swift Decline of U.S. Manufacturing Employment", *American Economic Review*, v. 106, n. 7, 2016, pp. 1632-62; Thomas Kemeny, David Rigby e Abigail Cooke, "Cheap Imports and the Loss of U.S. Manufacturing Jobs", *World Economy*, v. 38, n. 10, 2015, pp. 1555-73; e William J. Carrington e Bruce Fallick, "Why Do Earnings Fall with Job Displacement?", Federal Reserve Bank of Cleveland Working Paper n. 14-05, 19 jun. 2014, https://papers.ssrn.com/sol3/papers.cfm?abstract_id= 2456813.

12. Ver Lawrence H. Summer, "U.S. Economic Prospects: Secular Stagnation, Hysteresis, and the Zero Lower Bound", *Business Economics*, v. 49, 2014, pp.

65-73; e Tyler Cowen, *The Great Stagnation: How America Ate All the Low-Hanging Fruit of Modern History, Got Sick, and Will (Eventually) Feel Better* (Nova York: Dutton, 2011). Para uma discussão mais nuançada sobre as possibilidades de convergência entre países como a China, por um lado, e a América do Norte e a Europa Ocidental, por outro, leia Dani Rodrik, "The Future of Economic Convergence", Jackson Hole Symposium of the Federal Reserve Bank of Kansas City, 2011, http://drodrik.scholar.harvard.edu/files/dani-rodrik/files/future-economic-convergence.pdf?m=1435006479.

13. A esperança de que um dia as máquinas façam o trabalho que tradicionalmente cabe aos homens, permitindo que os seres humanos se dediquem a iniciativas mais elevadas, é muito antiga. Ver Karl Marx, *A ideologia alemã* (São Paulo: Boitempo, 2007); e Herbert Marcuse, *An Essay on Liberation* (Boston: Beacon Press, 1969), especialmente a p. 6. Para uma interpretação mais recente em um espírito mais ou menos similar, ver Rutger Bregman, *Utopia para realistas: Como construir um mundo melhor* (Rio de Janeiro: Sextante, 2018).

14. Como mostra o Relatório Mundial de Desigualdade de 2018, há muita variação no grau com que diferentes países permitiram a seus cidadãos partilhar do crescimento da economia local. Isso, os autores concluem, sugere "a importância das estruturas institucionais e planos de ação" no estabelecimento das consequências da afluência e desigualdade. Facundo Alvaredo, Lucas Chancel, Thomas Piketty, Emmanuel Saez e Gabriel Zucman (Orgs.), *The World Inequality Report* (Cambridge, MA: Belknap Press of Harvard University Press, 2018).

15. Para uma defesa recente dos benefícios econômicos de impostos mais altos, ver Peter Diamond e Emmanuel Saez, "The Case for a Progressive Tax: From Basic Research to Policy Recommendation", *Journal of Economic Perspectives*, v. 25, n. 4, 2011, pp. 165-90. Para um argumento inesperado sobre a *popularidade* de tal tributação, ver Vanessa S. Williamson, *Read My Lips: Why Americans Are Proud to Pay Taxes* (Princeton: Princeton University Press, 2017).

16. Ver Alberto Alesina e Dani Rodrik, "Distributive Politics and Economic Growth", *Quarterly Journal of Economics*, v. 109, 1994, pp. 465-90; Mounk, *Age of Responsibility;* Blyth, *Austeridade,* principalmente os capítulos 6 e 7. O interessante é que há um apoio crescente ao Estado de bem-estar social por parte de libertários de vários matizes. Ver Matt Zwolinski, "Libertarianism and the Welfare State", em Jason Brennan, Bas van der Vossen e David Schmidtz (Orgs.), *The Routledge Handbook of Libertarianism* (Nova York: Routledge, 2017); e Matt Zwolinski, "Libertarianism and the Welfare State", Bleeding Heart Libertarians, 7 mar. 2016, http://bleedingheartlibertarians.com/2016/03/libertarianism-and-the-welfare-state/.

17. Ver Alicia H. Munnell, "Policy Watch: Infrastructure Investment and Economic Growth", *Journal of Economic Perspectives*, v. 6, n. 4, 1992, pp. 189-98; Gilles St. Paul e Thierry Verdier, "Education, Democracy, and Growth", *Journal of Development Economics*, v. 42, 1993, pp. 399-407; e P. Aghion, L. Boustan, C. Hoxby e J. Vandenbussche, "The Causal Impact of Education on Economic Growth: Evidence from U.S.", manuscrito não publicado, mar. 2009, https://scholar.harvard.edu/files/aghion/files/causal_impact_of_education.pdf.

18. Para uma boa síntese de alguns dos custos econômicos da falta de oferta de um sistema de saúde universal, ver David Sterret, Ashley Bender e David Palmer, "A Business Case for Universal Healthcare: Improving Economic Growth and Reducing Unemployment by Providing Access for All", *Health Law and Policy Brief*, v. 8, n. 2, 2014, pp. 41-55, http://digitalcommons.wcl.american.edu/cgi/viewcontent.cgi?article=1132&context=hlp.

19. Damian Paletta, "With Tax Break, Corporate Rate Is Lowest in Decades", *Wall Street Journal*, 3 fev. 2012, https://www.wsj.com/articles/SB10001424052970204662204577199492233215330.

20. Tim Fernholz, "Why Buying a Corporate Jet Pays for Itself", Quartz, 8 abr. 2014, https://qz.com/196369/why-buying-a-corporate-jet-pays-for-itself/.

21. "Broken at the Top: How America's Dysfunctional Tax System Costs Billions in Corporate Tax Dodging", Oxfam America, 14 abr. 2016, https://www.oxfamamerica.org/static/media/files/Broken_at_the_Top_4.14.2016.pdf. Ver também Gabriel Zucman, *The Missing Wealth of Nations: The Scourge of Tax Havens* (Chicago: University of Chicago Press, 2015); e Scott D. Dyreng e Bradley P. Lindsey, "Using Financial Accounting Data to Examine the Effect of Foreign Operations Located in Tax Havens and Other Countries on U.S. Multinational Firms' Tax Rates", *Journal of Accounting Research*, v. 47, 2009, pp. 1283--316.

22. Michael S. Knoll, "The Taxation of Private Equity Carried Interests: Estimating the Revenue Effects of Taxing Profit Interests as Ordinary Income", *William and Mary Law Review*, v. 50, n. 1, 2008, pp. 115-61. Sobre a "Regra de Buffett", ver Warren E. Buffett, "Stop Coddling the Super-Rich", *New York Times*, 14 ago. 2011, http://www.nytimes.com/2011/08/15/opinion/stop-coddling-the--super-rich.html; e Chris Isadore, "Buffett Says He's Still Paying Lower Tax Rate than His Secretary", CNN Money, 4 mar. 2013, http://money.cnn.com/2013/03/04/news/economy/buffett-secretary-taxes/index.html.

23. Para informação sobre paraísos fiscais, ver Luke Harding, "What Are the Panama Papers? A Guide to History's Biggest Data Leak", *Guardian*, 5 abr. 2016, https://www.theguardian.com/news/2016/apr/03/what-you-need-to-know--about-the-panama-papers; e Jane G. Gravelle, "Tax Havens: International Tax

Avoidance and Evasion", *National Tax Journal*, v. 62, n. 4, 2009, pp. 727-53. Sobre o problema crescente da sonegação de impostos, ver Chuck Marr e Cecily Murray, "IRS Funding Cuts Compromise Taxpayer Service and Weaken Enforcement", Center on Budget and Policy Priorities, 4 abr. 2016, https://www.cbpp.org/research/federal-tax/irs-funding-cuts-compromise-taxpayer-service-and--weaken-enforcement; e Emily Horton, "'Egregious' Employment Tax Evasion Grows as IRS Enforcement Funding Shrinks", Center on Budget Policy and Priorities, 27 abr. 2017, https://www.cbpp.org/blog/egregious-employment-tax--evasion-grows-as-irs-enforcement-funding-shrinks sobre o caso americano. Ver também Nikolaos Artavanis, Adair Morse e Margarita Tsoutsoura, "Measuring Income Tax Evasion Using Bank Credit: Evidence from Greece", *Quarterly Journal of Economics*, v. 131, 2016, pp. 739-98.

24. James A. Caporaso, "Changes in the Westphalian Order: Territory, Public Authority, and Sovereignty", *International Studies Review*, v. 2, 2000, pp. 1-28; e Stuart Elden, "Contingent Sovereignty, Territorial Integrity and the Sanctity of Borders", SAIS *Review of International Affairs*, v. 26, 2006, pp. 11-24. Ver também Richard Tuck, *The Rights of War and Peace: Political Thought and the International Order from Grotius to Kant* (Oxford: Oxford University Press, 1999).

25. Em meados dos anos 1990, o político britânico Vincent Cable escreveu um artigo interessante — e ainda muito relevante — resumindo de quais modos a globalização enfraquecia os poderes tradicionais do Estado e ao mesmo tempo abria novos caminhos para a intervenção estatal: Vincent Cable, "The Diminished Nation-State: A Study in the Loss of Economic Power," *Daedalus*, v. 124, n. 2, 1995, pp. 23-53.

26. Ver Merriam Webster, "Words Unfit for the Office", https://www.merriam-webster.com/words-at-play/us-presidents-say-the-darndest-things/misunderestimate. Acesso em: 14 set. 2017.

27. Receita Federal dos Estados Unidos, "U.S. Citizens and Resident Aliens Abroad", https://www.irs.gov/individuals/international-taxpayers/u-s-citizens-and-resident-aliens-abroad. Acesso em: 14 set. 2017; e John D. McKinnon, "Tax History: Why U.S. Pursues Citizens Overseas", *Wall Street Journal*, 18 maio 2012, https://blogs.wsj.com/washwire/2012/05/18/tax-history-why-u-s-pursues-citizens-overseas/.

28. Ver também Yascha Mounk, "Steuerpflicht für alle!", *Die Zeit*, 25 jul. 2012, http://www.zeit.de/wirtschaft/2012-07/steuerpflicht. Sem dúvida, os países também devem manter ou adotar regras sensatas acerca da bitributação. Em muitos casos, faz mais sentido que indivíduos paguem impostos no seu local de residência do que no país de que são cidadãos. É por isso que os Estados Unidos permitem que as pessoas deduzam os impostos pagos no exterior dos impostos

que teriam de pagar caso morassem no país. A questão, em outras palavras, não é tanto assegurar que o cidadão americano encha os cofres do Tio Sam para sempre, mas que os cidadãos americanos cumpram sua obrigação fiscal em algum país, seja o deles ou algum outro.

29. Houve muita discussão sobre essas propostas tanto em Toronto como em Vancouver, onde o investimento estrangeiro recente causou um enorme boom no setor imobiliário. Ver Josh Gordon, "The Ethical Case for Taxing Foreign Home Buyers", *Globe and Mail*, 12 abr. 2017, https://www.theglobeandmail.com/report-on-business/rob-commentary/the-ethical-case-for-taxing-foreign-home-buyers/article34690709/.

30. Ver "Swiss Finished?", *Economist*, 7 set. 2013, https://www.economist.com/news/finance-and-economics/21585009-america-arm-twists-bulk-switzerlands-banks-painful-deal-swiss; Ryan J. Reilly, "Swiss Banks Deal Near in Tax Haven Crackdown, Justice Department Says", *Huffington Post*, 29 ago. 2013, http://www.huffingtonpost.com/2013/08/28/swiss-banks-deal_n_3832052.html; e Polly Curtis, "Treasury Strikes Tax Evasion Deal with Switzerland to Recoup Unpaid Cash", *Guardian*, 24 ago. 2011, https://www.theguardian.com/business/2011/aug/24/switzerland-does-tax-deal-with-treasury.

31. Ver, por exemplo, Michael J. Graetz, Jennifer F. Reinganum e Louis L. Wilde, "The Tax Compliance Game: Toward an Interactive Theory of Law Enforcement", *Journal of Law, Economics, & Organization*, v. 2, n. 1, 1986, pp. 1-32.

32. Ver Eoin Burke-Kennedy, "Ireland Branded One of World's Worst Tax Havens", *Irish Times*, 12 dez. 2016, https://www.irishtimes.com/business/economy/ireland-branded-one-of-world-s-worst-tax-havens-1.2901822; e Leslie Wayne, "How Delaware Thrives as a Corporate Tax Haven", *New York Times*, 30 jun. 2012, http://www.nytimes.com/2012/07/01/business/how-delaware-thrives-as-a-corporate-tax-haven.html.

33. Para ver uma das maneiras como isso pode funcionar, ver Zucman, *The Missing Wealth of Nations*. Para uma solução alternativa para o mesmo problema latente, ver Reuven Avi-Yonah, "The Shame of Tax Havens", *American Prospect*, 1 dez. 2015, http://prospect.org/article/shame-tax-havens.

34. François de Beaupuy, Caroline Connan e Geraldine Amiel, "France and Germany Plan Tax Crackdown on U.S. Tech Giants", *Bloomberg*, 7 ago. 2017, https://www.bloomberg.com/news/articles/2017-08-07/france-and-germany-plan-crackdown-on-tax-loopholes-used-by-apple. Ver também Jim Brunsden e Mehreen Khan, "France Drives EU Tax Blitz on Revenues of US Tech Giants", *Financial Times*, 9 set. 2017, https://www.ft.com/content/371733e8-94ae-11e7-bdfa-eda243196c2c. Uma vantagem de todas essas propostas é que não

demandariam uma grande cooperação internacional para sair do papel. Isso não é verdade para a maioria das ideias sugeridas neste espaço. Propostas interessantes como a da taxação de transações financeiras internacionais, defendida por Thomas Piketty, entre muitos outros, por exemplo, poderiam ser benéficas se dezenas de países conseguissem entrar em acordo ao mesmo tempo. Mas, como é simplesmente improvável que tal cooperação aconteça em breve, o efeito imediato de nos concentrarmos nessas estratégias é não conseguirmos absolutamente nada.

35. Em valores atualizados, isso quer dizer que a média do preço de aluguel em Nova York basicamente dobrou, indo de 1,5 mil dólares em meados dos anos 1960 para cerca de 3 mil dólares atualmente, enquanto o preço médio da compra de um pé quadrado aumentou mais de cinco vezes, de pouco menos que 200 dólares a bem mais que mil dólares. O preço da compra de uma casa média em Londres também subiu de quase 200 mil dólares em 1986 para mais de 600 mil dólares, em dólares de hoje. Ver Jonathan Miller, "Tracking New York Rents and Asking Prices over a Century", Curbed, 2 jun. 2015, https://ny.curbed.com/2015/6/2/9954250/tracking-new-york-rents-and-asking-prices-over-a-century; "The Rise and Rise of London House Prices", ITV, 15 jul. 2014, http://www.itv.com/news/london/2014-07-15/the-rise-and-rise-of-london-house-prices--1986-to-2014/.

36. "English Housing Survey: Headline Report 2013-14", UK Department for Communities and Local Government, https://www.gov.uk/government/uploads/system/uploads/attachment_data/file/469213/English_Housing_Survey_Headline_Report_2013-14.pdf.

37. Na verdade, até os moradores das zonas rurais que por acaso são extremamente atraentes são cada vez mais empurrados para fora de suas comunidades. Ver Olivia Rudgard, "One in Ten British Adults Now a Second-Home Owner", *Telegraph*, 18 ago. 2017, http://www.telegraph.co.uk/news/ 2017/08/18/one-ten-british-adults-now-second-home-owner/.

38. David Adler, "Why Housing Matters", manuscrito inédito.

39. No Reino Unido, onde a crise habitacional é extremamente crítica, recentemente houve algumas iniciativas visando à aceleração do processo de planejamento. Ver "Fast Track Applications to Speed Up Planning Process and Boost Housebuilding", Gov.uk, 18 fev. 2016, https://www.gov.uk/government/news/fast-track-applications-to-speed-up-planning-process-and-boost-house--building; e Patrick Wintour e Rowena Mason, "Osborne's Proposals to Relax Planning System a 'Retreat from Localism'", *Guardian,* 10 jul. 2015, https://www.theguardian.com/society/2015/jul/10/osbornes-proposals-relax-planning-system-retreat-localism.

40. Ver "Whitehall to Overrule Councils That Fail to Deliver Housebuilding Plans", Public Sector Executive, 12 out. 2015, http://www.publicsectorexecutive.com/News/whitehall-to-overrule-councils-that-fail-to-deliver-housebuilding-plans/120953.

41. Nicola Harley, "Theresa May Unveils Plan to Build New Council Houses", Telegraph, 13 maio 2017, http://www.telegraph.co.uk/news/2017/05/13/theresa-may-unveils-plan-build-new-council-houses/; ver também "Forward, Together: Our Plan for a Stronger Britain and a Prosperous Future: The Conservative and Unionist Party, Manifesto 2017", Conservatives.com, 2017, pp. 70-2, https://www.conservatives.com/manifesto.

42. Uma boa síntese acerca do imposto único sobre o valor da terra está em "Why Land Value Taxes Are So Popular, Yet So Rare", Economist, 10 nov. 2014, https://www.economist.com/blogs/economist-explains/2014/11/economist-explains-0. O mais interessante é que o imposto tem grandes defensores tanto na esquerda como na direita. Ver Andy Hull, "In Land Revenue: The Case for a Land Value Tax in the UK", Labour List, 8 maio 2013, https://labourlist.org/2013/05/in-land-revenue-the-case-for-a-land-value-tax-in-the-uk/; e Daran Sarma, "The Case for a Land Value Tax", Institute of Economic Affairs, 15 fev. 2016, https://iea.org.uk/blog/the-case-for-a-land-value-tax-0.

43. Várias cidades e países, de Paris a Nova York, passando pela Itália, estão rumando para a taxação mais pesada de segundas casas. Ver Megan McArdle, "Own a Second Home in New York? Prepare for a Higher Tax Bill," Atlantic, 11 fev. 2011, https://www.theatlantic.com/business/archive/2011/02/own-a-second-home-in-new-york-prepare-for-a-higher-tax-bill/71144/; Feargus O'Sullivan, "Paris Sets Its Sights on Owners of Second Homes", Citylab, 15 jun. 2016, https://www.citylab.com/equity/2016/06/paris-wants-to-raise-second-homes-taxes-five-times/487124/; Gisella Ruccia, "Imu, Renzi: 'Via tassa su prima casa anche per i ricchi perché impossibile riforma del Catasto'", Il Fatto Cotidiano, 15 set. 2015, http://www.ilfattocotidiano.it/2015/ 09/15/imu-renzi-via-tassa-su-prima-casa-anche-per-i-ricchi-perche-impossibile-riforma-del-catasto/414080/. Para um exemplo de sanção fiscal por casas vazias, ver "Council Tax: Changes Affecting Second Homes and Empty Properties", Gov.uk: Borough of Poole, http://www.poole.gov.uk/benefits-and-council-tax/council-tax/council-tax-changes-affecting-second-homes-and-empty-properties/. Acesso em: 14 set. 2017.

44. Os benefícios da dedução de juros da hipoteca — introduzida no formato atual em 1986 — são dez vezes maiores para uma família que ganhe mais que 250 mil dólares do que para uma família que ganhe entre 40 mil e 75 mil dólares. Ver James Poterba e Todd Sinai, "Tax Expenditures for Owner-Occupied Hous-

ing: Deductions for Property Taxes and Mortgage Interest and the Exclusion of Imputed Rental Income", artigo apresentado no American Economic Association Annual Meeting, New Orleans, LA, 5 jan. 2008, http://real.wharton.upenn. edu/~sinai/papers/Poterba-Sinai-2008-ASSA-final.pdf. Acesso em: 14 set. 2017.

45. Isso é muito notável principalmente nos Estados Unidos e na Grã-Bretanha. Ver Karen Rowlingson, "Wealth Inequality: Key Facts", University of Birmingham Policy Commission on the Distribution of Wealth, 14 dez. 2012, http://www.birmingham.ac.uk/Documents/research/SocialSciences/Key-Facts-Background-Paper-BPCIV.pdf; e Michael Neal, "Homeownership Remains a Key Component of Household Wealth", National Association of Home Builders, 3 set. 2013, http://nahbclassic.org/generic.aspx?genericContentID=215073.

46. A descrição mais acessível da função da bolha imobiliária na criação da Grande Recessão ainda está em Michael Lewis, *A jogada do século* (Rio de Janeiro: Best Seller, 2015). Ver também Atif Mian e Amir Sufi, *House of Debt: How They (and You) Caused the Great Recession, and How We Can Prevent It from Happening Again* (Chicago: University of Chicago Press, 2014).

47. Essa sugestão é inspirada em propostas similares relativas à taxação de emissões de carbono. Ver, por exemplo, Robert O. Keohane, "The Global Politics of Climate Change: Challenge for Political Science", *PS: Political Science & Politics*, v. 48, n. 1, 2015, pp. 19-26.

48. Há inúmeras razões para isso, da Grande Recessão até o movimento Occupy Wall Street. Mas o livro que catalisou grande parte dessa discussão foi, sem dúvida, o de Thomas Piketty, *O capital no século XXI* (Rio de Janeiro: Intrínseca, 2014).

49. Sobre o papel do lobby na política, ver Jane Mayer, *Dark Money: The Hidden History of the Billionaires behind the Rise of the Radical Right* (Nova York: Doubleday, 2016); e Lee Drutman, *The Business of America Is Lobbying: How Corporations Became More Politicized and Politicians Became More Corporate* (Nova York: Oxford University Press, 2015). Para um argumento recente de que o problema da reserva de oportunidades vai além do 1% mais rico, abarcando enormes faixas da classe média alta, ver Richard V. Reeves, *Dream Hoarders: How the American Upper Middle Class Is Leaving Everyone Else in the Dust, Why That Is a Problem, and What to Do about It* (Washington, DC: Brookings Institution Press, 2017). Sobre o enfraquecimento dos laços sociais, ver Robert D. Putnam, *Bowling Alone: The Collapse and Revival of American Community* (Nova York: Touchstone, 2001).

50. Casa Branca, *Economic Report of the President*, fev. 2015, p. 33, https://obamawhitehouse.archives.gov/sites/default/files/docs/cea_2015_erp.pdf.

51. Ver University World News, "Cuts in Spending for Research Worldwide May Threaten Innovation", *Chronicle of Higher Education*, 14 dez. 2016, http://www.chronicle.com/article/Cuts-in-Spending-for-Research/ 238693; e "Universities Report Four Years of Declining Federal Funding", National Science Foundation, 17 nov. 2016, https://www.nsf.gov/news/news_summ.jsp?cntn_id= 190299. Sobre a Califórnia, ver "State Spending on Corrections and Education", Universidade da Califórnia, https://www.universityofcalifornia.edu/infocenter/california-expenditures-corrections-and-public-education. Acesso em: 14 set. 2017. A Califórnia não está sozinha nessa: outros dez estados americanos gastam mais em presídios do que em educação. Ver Katie Lobosco, "11 States Spend More on Prisons than on Higher Education", CNN Money, 1 out. 2015, http://money.cnn.com/2015/10/01/pf/college/higher-education-prison-state-spending/index.html.

52. Yascha Mounk, "Hallo, hörst du mich?", *Die Zeit*, 2 nov. 2016, http://www.zeit.de/2016/44/universitaeten-deutschland-besuch-studenten-professoren-hoersaal.

53. A tecnologia digital não está prestes a tornar os professores humanos obsoletos, portanto; no futuro próximo, a presença de professores muito bem treinados continuará tão importante quanto foi no passado. Mas ela exige que desenvolvam novas habilidades e se concentrem em áreas nas quais retenham uma vantagem genuína sobre as ferramentas digitais. Ver Ashish Arora, Sharon Belenzon e Andrea Patacconi, "Killing the Golden Goose? The Decline of Science in Corporate R&D", NBER Working Paper n. 20 902, National Bureau of Economic Research, jan. 2015, http://www.nber.org/papers/w20902.

54. Mary Webb e Margaret Cox, "A Review of Pedagogy Related to Information and Communications Technology", *Technology, Pedagogy, and Education*, v. 13, 2004, pp. 235-86. Para a complicada interação entre habilidade tecnológica e as convicções pedagógicas dos professores, ver Peggy A. Ertmer, "Teacher Pedagogical Beliefs: The Final Frontier in Our Quest for Technology Integration?", *Educational Technology Research and Development*, v. 53, 2005, pp. 25-39; e Peggy A. Ertmer e Anne T. Ottenbreit-Leftwich, "Teacher Technology Change", *Journal of Research on Technology in Education*, v. 42, 2010, pp. 255-84.

55. Uma abordagem promissora seria permitir que adultos fizessem cursos e tomassem empréstimos estudantis durante determinado número de semestres após concluírem sua formação, reembolsando os custos com uma porcentagem de suas rendas futuras. Veja esta reportagem especial da revista *Economist*: Andrew Palmer, "Lifelong Learning Is Becoming an Economic Imperative", *Economist*, 12 jan. 2017, https://www.economist.com/news/special-report/21714169-

-technological-change-demands-stronger-and-more-continuous-connections-between-education. Não há pesquisas suficientes acerca do financiamento da educação continuada. Para uma síntese um pouco desatualizada, ver Gerald Burke, "Financing Lifelong Learning for All: An International Perspective", Working Paper n. 46, Acer Centre for the Economics of Education and Training, Monash University, nov. 2002, http://www.monash.edu.au/education/noncms/centres/ceet/docs/workingpapers/wp46nov02burke.pdf.

56. A afirmação clássica desse argumento continua sendo a ideia de "desmercantilização" proposta por Gosta Esping-Andersen. Ver Gosta Esping-Andersen, *The Three Worlds of Welfare Capitalism* (Princeton: Princeton University Press, 1990).

57. O problema, obviamente, é que um número cada vez menor de sindicalizados também gerou a queda rápida do poder de barganha dos sindicatos. Para uma abordagem instigante do problema, ver Anthony B. Atkinson, *Desigualdade: O que pode ser feito?* (São Paulo: LeYa, 2015).

58. Ver a excelente série de ensaios sobre "dualização" em Patrick Emmenegger (Org.), *The Age of Dualization: The Changing Face of Inequality in Deindustrializing Societies* (Oxford: Oxford University Press, 2012), bem como o clássico de Gosta Esping-Andersen, "Welfare States without Work: The Impasse of Labour Shedding and Familialism in Continental European Social Policy", em Gosta Esping-Andersen (Org.), *Welfare States in Transition: National Adaptations in Global Economies,* pp. 66-87 (Londres: Sage, 1996).

59. Sobre desincentivos a empregadores, ver Karsten Grabow, "Lohn-und Lohnnebenkosten", em Grabow, *Die westeuropäische Sozialdemokratie in der Regierung*, pp. 123-41 (Wiesbaden: Deutscher Universitäts-Verlag, 2005). Sobre os incluídos no mercado de trabalho, ver Assar Lindbeck e Dennis J. Snower, "Insiders versus Outsiders", *Journal of Economic Perspectives*, v. 15, n. 1, 2001, pp. 165-88; Samuel Bentolila, Juan J. Dolado e Juan F. Jimeno, "Reforming an Insider-Outsider Labor Market: The Spanish Experience", IZA *Journal of European Labor Studies*, v. 1, n. 1, 2012, pp. 1-19, p. 4; bem como Silja Häusermann e Hanna Schwander, "Varieties of Dualization? Labor Market Segmentation and Insider-Outsider Divides across Regimes", em Patrick Emmenegger et al. (Orgs.), *The Age of Dualization: The Changing Face of Inequality in Deindustrializing Societies*, pp. 27-51 (Nova York: Oxford University Press, 2012).

60. Sobre os Estados Unidos, ver Jacob S. Hacker, "Privatizing Risk without Privatizing the Welfare State: The Hidden Politics of Social Policy Retrenchment in the United States", *American Political Science Review*, v. 98, 2004, pp. 243-60. Sobre a Europa, ver Mounk, *Age of Responsibility,* cap. 2.

61. Em termos per capita, a Suécia tem quatro vezes mais start-ups do que os Estados Unidos. Ver Flavio Calvino, Chiara Criscuolo e Carlo Menon, "Cross-country Evidence on Start-Up Dynamics", OECD Science, Technology and Industry Working Papers, 2015/06 (Paris: OECD Publishing, 2015). Para uma boa investigação jornalística dos motivos para o sucesso da Suécia, ver Alana Semuels, "Why Does Sweden Have So Many Start-Ups?", *Atlantic*, 28 set. 2017, https://www.theatlantic.com/business/archive/2017/09/sweden-startups/541413/. Para indícios de que Estados de bem-estar social grandes geralmente diminuem o número de start-ups, ver Ruta Aidis, Saul Estrin e Tomasz Marek Mickiewicz, "Size Matters: Entrepreneurial Entry and Government", *Small Business Economics*, v. 39, n. 1, 2012, pp. 119-39.

62. Comunicação particular.

63. Para um estudo interessante da interação complicada entre o efeito do crescimento populacional das minorias e supostas ameaças ao status social, ver Maureen A. Craig e Jennifer A. Richeson, "More Diverse Yet Less Tolerant? How the Increasingly Diverse Racial Landscape Affects White Americans' Racial Attitudes", *Personality and Social Psychology Bulletin*, v. 40, 2014, pp. 750-61. Ver também Binyamin Appelbaum, "The Vanishing Male Worker: How America Fell Behind", *New York Times*, 12 dez. 2014, https://www.nytimes.com/2014/12/12/upshot/unemployment-the-vanishing-male-worker-how-america-fell-behind.html.

64. Conforme Barack Obama teve a infelicidade de dizer durante a campanha de 2008, "não surpreende, portanto, que fiquem amargurados, que se apeguem às armas ou à religião ou à antipatia contra quem não é como eles ou à perspectiva anti-imigração ou anticomércio como forma de explicar suas frustrações". Citação de Mayhill Fowler, "Obama: No Surprise That Hard-Pressed Pennsylvanians Turn Bitter", *Huffington Post*, 17 nov. 2008, http://www.huffingtonpost.com/mayhill-fowler/obama-no-surprise-that-ha_b_ 96188.html.

65. Para um bom resumo, ver Valerio De Stefano, "The Rise of the 'Just-in-Time Workforce': On-Demand Work, Crowdwork, and Labor Protection in the 'Gig-Economy'", *Comparative Labor Law and Policy Journal*, v. 37, n. 3, 2016, pp. 471-503. Note-se que até abordagens políticas robustas de regulamentação da economia sob demanda, como um discurso recente da senadora americana Elizabeth Warren amplamente retratado como hostil ao Uber e ao Lyft, buscam regularizar em vez de lutar contra essas novas indústrias. Elizabeth Warren, "Strengthening the Basic Bargain for Workers in the Modern Economy", comentário, New American Annual Conference, 19 maio 2016, https://www.warren.senate.gov/files/documents/2016-5-19_Warren_New_AmericaRemarks.pdf.

## 9. RENOVAR A FÉ CÍVICA [pp. 281-99]

1. Sobre a Alemanha, ver Heidi Tworek, "How Germany Is Tackling Hate Speech", *Foreign Affairs*, 16 maio 2017, https://www.foreignaffairs.com/articles/germany/2017-05-16/how-germany-tackling-hate-speech; e Bundesrat, "Entwurf eines Gesetzes zur Verbesserung der Rechtsdurchsetzung in sozialen Netzwerken (Netzwerkdurchsetzungsgesetz-NetzDG)" (Köln: Bundesanzeiger Verlag, 2017), http://www.bundesrat.de/SharedDocs/drucksachen/2017/0301--0400/315-17.pdf?__blob=publicationFile&v=2. Sobre os Estados Unidos, ver Zeynep Tufekci, "Zuckerberg's Preposterous Defense of Facebook", *New York Times*, 29 set. 2017, https://www.nytimes.com/2017/09/29/opinion/mark-zuckerberg-facebook.html?mcubz=3; Zeynep Tufekci, "Facebook's Ad Scandal Isn't a 'Fail,' It's a Feature", *New York Times*, 23 set. 2017, https://www.nytimes.com/2017/09/23/opinion/sunday/facebook-ad-scandal.html; e Zeynep Tufekci, "Mark Zuckerberg Is in Denial", *New York Times*, 15 nov. 2016, https://www.nytimes.com/2016/11/15/opinion/mark-zuckerberg-is-in-denial.html.

2. Jefferson Chase, "Facebook Slams Proposed German 'Anti-hate Speech' Social Media Law", *Deutsche Welle*, 29 de maio de 2017, http://www.dw.com/en/facebook-slams-proposed-german-anti-hate-speech-social-media-law/a-39021094.

3. Ver American Civil Liberties Union, "Internet Speech", https://www.aclu.org/issues/free-speech/internet-speech. Acesso em: 14 set. 2017; Mike Butcher, "Unless Online Giants Stop the Abuse of Free Speech, Democracy and Innovation Is Threatened", TechCrunch, 20 mar. 2017, https://techcrunch.com/2017/03/20/online-giants-must-bolster-democracy-against-its-abuse-or-watch-innovation-die/; "Declaration on Freedom of Expression", http://deklaration-fuer-meinungsfreiheit.de/en/. Acesso em: 14 set. 2017; e Global Network Initiative, "Proposed German Legislation Threatens Free Expression around the World", http://globalnetworkinitiative.org/news/proposed-german-legislation-threatens-free-expression-around-world. Acesso em: 19 abr. 2017. Para uma objeção mais específica quanto à forma como o Facebook tenta censurar alguns conteúdos atualmente, ver Julia Angwin e Hannes Grassegger, "Facebook's Secret Censorship Rules Protect White Men from Hate Speech but Not Black Children", ProPublica, 28 jun. 2017, https://www.propublica.org/article/facebook--hate-speech-censorship-internal-documents-algorithms; e Jeff Rosen, "Who Decides? Civility v. Hate Speech on the Internet", *Insights on Law and Society*, v. 13, n. 2, 2013, https://www.americanbar.org/publications/insights_on_law_and--society/13/winter_2013/who_decides_civilityvhatespeechontheinternet.html.

4. Apesar de ainda haver muito que fazer, as grandes redes sociais começaram a levar suas responsabilidades mais a sério nesse quesito. Ver Todd Spangler, "Mark Zuckerberg: Facebook Will Hire 3,000 Staffers to Review Violent Content, Hate Speech", *Variety*, 3 maio 2017, http://variety.com/2017/digital/news/mark-zuckerberg-facebook-violent-hate-speech-hiring-1202407969/. Ver também esta interessante proposta de mistura de regulamentação e autonomia: Robinson Meyer, "A Bold New Scheme to Regulate Facebook", *Atlantic*, 12 maio 2016, https://www.theatlantic.com/technology/archive/2016/05/how-could-the-us-regulate-facebook/482382/. Para saber sobre o modelo de autorregulamentação nos Estados Unidos, ver Angela J. Campbell, "Self-Regulation and the Media", *Federal Communications Law Journal*, v. 51, n. 3, 1999, pp. 711-72.

5. Victor Luckerson, "Get Ready to See More Live Video on Facebook", *Time*, 1 mar. 2016, http://time.com/4243416/facebook-live-video/; e Kerry Flynn, "Facebook Is Giving Longer Videos a Bump in Your News Feed", Mashable, 26 jan. 2017, http://mashable.com/2017/01/26/facebook-video-watch-time/#xvosklsczzqi.

6. @mjahr, "Never Miss Important Tweets from People You Follow", blog do Twitter, 10 fev. 2016, https://blog.twitter.com/official/en_us/a/2016/never-miss-important-tweets-from-people-you-follow.html.

7. É provável que o avanço rápido da inteligência artificial facilite a detecção automática desses conteúdos nocivos num futuro próximo. Nesse ínterim, talvez não seja realista — nem desejável — que moderadores leiam milhões de entradas no Facebook todos os dias. Mas não precisam fazê-lo: já que poucos memes virais são responsáveis por uma vasta fatia do tráfego on-line, moderadores poderiam se concentrar em julgar um número comparativamente pequeno de postagens. No Facebook, por exemplo, os usuários continuariam podendo expor mensagens odiosas ou histórias inventadas a seus amigos em suas próprias timelines. Mas, para desacelerar ou evitar sua difusão, o Facebook devia parar de aceitar dinheiro de anunciantes para impulsionar tais postagens e mudar seus algoritmos a fim de impedir que sejam exibidos em posição de destaque nos feeds de notícias de outros usuários. Sobre a habilidade contínua de grupos promotores de discursos de ódio de ganhar dinheiro por meio de propagandas em plataformas como o YouTube, ver Patrick Kulp, "Big Brands Are Still Advertising on YouTube Vids by Hate Groups — Here's the Proof", Mashable, 26 jan. 2017, http://mashable.com/2017/03/23/youtube-advertisers-hate-groups/#gqeCW7JsAOqk; e Charles Riley, "Google under Fire for Posting Government Ads on Hate Videos", cnn Money, 17 mar. 2017, http://money.cnn.com/2017/03/17/technology/google-youtube-ads-hate-speech/index.html.

8. Gideon Resnick, "How Pro-Trump Twitter Bots Spread Fake News", *Daily*

Beast, 17 nov. 2016, http://www.thedailybeast.com/how-pro-trump-twitter-bots-spread-fake-news. Ver também S. Woolley e P. N. Howard, "Political Communication, Computational Propaganda, and Autonomous Agents", introdução à seção especial sobre Automação, Algoritmos e Política, *International Journal of Communication*, v. 10, 2016, pp. 4882-90; Philip N. Howard e Bence Kollanyi, "Bots, #StrongerIn, and #Brexit: Computational Propaganda during the UK-EU Referendum", Working Paper 2016.1, The Computational Propaganda Project, Oxford Internet Institute, Universidade de Oxford, 20 jun. 2016, www.politicalbots.org, http://dx.doi.org/10.2139/ssrn.2798311; e Bence Kollanyi, Philip N. Howard e Samuel C. Woolley, "Bots and Automation over Twitter during the Second U.S. Presidential Debate", Data Memo 2016.2, The Computational Propaganda Project, Oxford Internet Institute, Universidade de Oxford, 19 out. 2016, http://comprop.oii.ox.ac.uk/2016/10/19/bots-and-automation-over-twitter-during-the-second-u-s-presidential-debate/.

9. Comunicação particular.

10. Segundo uma pesquisa, por exemplo, metade dos moradores da cidade de Nova York acreditavam que o governo americano tinha propositalmente deixado de impedir os ataques de Onze de Setembro. Alan Feuer, "500 Conspiracy Buffs Meet to Seek the Truth of 9/11", *New York Times*, 5 jun. 2006, http://www.nytimes.com/2006/06/05/us/05conspiracy.html. Ver também Peter Knight, "Outrageous Conspiracy Theories: Popular and Official Responses to 9/11 in Germany and the United States", *New German Critique*, v. 103, 2008, pp. 165-93; e Jonathan Kay, *Among the Truthers: A Journey through America's Growing Conspiracist Underground* (Nova York: Harper Collins, 2011). Para informações sobre a crença de alguns de que o pouso na Lua foi forjado, ver Stephan Lewandowsky, Klaus Oberauer e Gilles E. Gignac, "NASA Faked the Moon Landing — Therefore, (Climate) Science Is a Hoax: An Anatomy of the Motivated Rejection of Science", *Psychological Science*, v. 24, n. 5, 2013, pp. 622-33; e Viren Swami, Jakob Pietschnig, Ulrich S. Tran, I. N. G. O. Nader, Stefan Stieger e Martin Voracek, "Lunar Lies: The Impact of Informational Framing and Individual Differences in Shaping Conspiracist Beliefs about the Moon Landings", *Applied Cognitive Psychology*, v. 27, n. 1, 2013, pp. 71-80. Sobre os Protocolos dos Sábios de Sião, ver Stephen Eric Bronner, *A Rumor about the Jews: Antisemitism, Conspiracy, and the Protocols of Zion* (Nova York: Oxford University Press, 2003); e Esther Webman (Org.), *The Global Impact of "The Protocols of the Elders of Zion": A Century-Old Myth* (Nova York: Routledge, 2012).

11. Para uma análise esclarecedora das causas de teorias da conspiração, ver Cass R. Sunstein e Adrian Vermeule, "Conspiracy Theories: Causes and Cures",

*Journal of Political Philosophy*, v. 17, n. 2, 2009, pp. 202-27; e Jovan Byford, *Conspiracy Theories: A Critical Introduction* (Nova York: Palgrave Macmillan, 2011). Sobre a perda de confiança no governo, ver o capítulo 3 bem como "Public Trust in Government: 1958-2017", Pew Research Center, 3 maio 2017, http://www.people-press.org/2017/05/03/public-trust-in-government-1958-2017/.

12. Ver Adam M. Samaha, "Regulation for the Sake of Appearance", *Harvard Law Review*, v. 125, n. 7, 2012, pp. 1563-638. A mesma ideia é expressa pela famosa máxima judicial do Lord Chief Justice Hewart: "Não só deve a justiça ser feita como deve sê-lo de forma visível" (*Rv Sussex Justices, Ex parte McCarthy* [1924] 1 KB 256, [1923] All ER Rep 233). Ver também a discussão fascinante em Amartya Sen, "What Do We Want from a Theory of Justice?", *Journal of Philosophy*, v. 103, n. 5, 2006, pp. 215-38.

13. Ver Gregory Krieg, "14 of Donald Trump's Most Outrageous 'Birther' Claims — Half from after 2011", CNN, 16 set. 2016, http://edition.cnn.com/2016/09/09/politics/donald-trump-birther/index.html; Jana Heigl, "A Timeline of Donald Trump's False Wiretapping Charge", Politifact, 21 mar. 2017, http://www.politifact.com/truth-o-meter/article/2017/mar/21/timeline-donald-trumps-false-wiretapping-charge/; e Michael D. Shear e Emmarie Huetteman, "Trump Repeats Lie about Popular Vote in Meeting with Lawmakers", *New York Times*, 23 jan. 2017, https://www.nytimes.com/2017/ 01/23/us/politics/donald-trump-congress-democrats.html.

14. McKay Coppins, "How the Left Lost Its Mind", *Atlantic*, 2 jul. 2017, https://www.theatlantic.com/politics/archive/2017/07/liberal-fever-swamps/530736/; e Joseph Bernstein, "Louise Mensch Has a List of Suspected Russian Agents", Buzzfeed, 21 abr. 2017, https://www.buzzfeed.com/josephbernstein/menschslist?utm_term=.jikjezozmj#.ix3w2bmbnj.

15. "O que devemos entender a partir dessa bizarra constelação de fatos?", o renomado blog *Lawfare* questionou em maio de 2017. "A resposta franca para quem quiser evitar especulações", responderam de início, "é que não sabemos". Porém, em uma tentativa de expor um leque de possíveis explicações para as ligações de Trump com a Rússia, os autores passaram a levantar uma gama de hipóteses — inclusive a de que Trump fosse um agente russo. "Consideramos essa possibilidade altamente improvável", enfatizaram. "É um esforço de credulidade imaginar que um presidente estaria a serviço de uma nação rival. Dito isso, trata-se de uma interpretação no mínimo coerente com os fatos conhecidos. E muita gente está dizendo..." Jane Chong, Quinta Jurecic e Benjamin Wittes, "Seven Theories of the Case: What Do We Really Know about l'Affaire Russe and What It Could All Mean?", *Lawfare*, 1 maio 2017, https://www.lawfareblog.com/seven-theories-case-what-do-we-really-know-about-laffaire-russe-and-what-could-it-all-mean.

16. "Transcript: Read Michelle Obama's Full Speech from the 2016 DNC", *Washington Post*, 26 jul. 2016, https://www.washingtonpost.com/news/post-politics/wp/2016/07/26/transcript-read-michelle-obamas-full-speech-from-the-2016-dnc/?utm_term=.8f6c82a2525f.

17. Ver capítulo 2.

18. Para algumas propostas recentes, ver Lawrence Lessig, *Republic, Lost: The Corruption of Equality and the Steps to End It*, edição revisada (Nova York: Twelve, selo editorial da Grand Central Publishing, 2015); Zephyr Teachout, *Corruption in America: From Benjamin Franklin's Snuffbox to Citizens United* (Cambridge, MA: Harvard University Press, 2014); Lee Drutman, *The Business of America Is Lobbying* (Oxford: Oxford University Press, 2015); John P. Sarbanes e Raymond O'Mara III, "Power and Opportunity: Campaign Finance Reform for the 21st Century", *Harvard Journal on Legislation*, v. 53, n. 1, 2016, pp. 1-38; e Tabatha Abu El-Haj, "Beyond Campaign Finance Reform," *Boston College Law Review*, v. 57, n. 4, 2016, pp. 1127-85.

19. Ver Tony Blair Institute for Global Change, "The Centre in the United Kingdom, France and Germany", jun. 2017, http://institute.global/sites/default/files/inline-files/IGC_Centre%20Polling_14.07.17.pdf. Para algumas propostas recentes para a democratização da União Europeia, ver Stéphanie Hennette, Thomas Piketty, Guillaume Sacriste e Antoine Vauchez, *Pour un traité de démocratisation de l'Europe* (Paris: Seuil, 2017); Agnes Bénassy-Quéré, Michael Hüther, Philippe Martin e Guntram B. Wolff, "Europe Must Seize This Moment of Opportunity", Bruegel, 12 ago. 2017, http://bruegel.org/2017/08/europe-must-seize-this-moment-of-opportunity/; e Cécile Ducourtieux, "Europe: Macron livre une feuille de route ambitieuse tout en ménageant Berlin", *Le Monde*, 27 set. 2017, http://www.lemonde.fr/europe/article/2017/ 09/27/europe-macron-livre-une-feuille-de-route-ambitieuse-mais-menage-berlin_5191974_3214.html.

20. Sobre a capacidade congressional, ver Lee Drutman, "These Frightening New Survey Results Describe a Congress in Crisis", *Vox*, 8 ago. 2017, https://www.vox.com/polyarchy/2017/8/8/16112574/cmf-congress-survey-crisis; Lee Drutman e Steve Teles, "Why Congress Relies on Lobbyists Instead of Thinking for Itself", *Atlantic*, 10 mar. 2015, https://www.theatlantic.com/politics/archive/2015/03/when-congress-cant-think-for-itself-it-turns-to-lobbyists/387295/; bem como Kevin R. Kosar et al., "Restoring Congress as the First Branch", *R Street Policy Study*, n. 50, jan. 2016, http://www.rstreet.org/wp-content/uploads/2016/01/RSTREET50.pdf.

21. Ver Jon S. T. Quah, "Controlling Corruption in City-States: A Comparative Study of Hong Kong and Singapore", *Crime, Law and Social Change*, v. 22, n. 4, 1994, pp. 391-414.

22. George Washington, "Eighth Annual Address to Congress", 7 dez. 1796. Disponível em: American Presidency Project, http://www.presidency.ucsb.edu/ws/?pid=29438.

23. James Madison a W. T. Barry, correspondência, 4 ago. 1822, em: *Writings of James Madison*, Gaillard Hunt (Org.), v. 9 (Nova York: Putnam, 1910), pp. 103-9, citação da p. 103. Disponível em: Philip B. Kurland e Ralph Lerner (Orgs.), *The Founders' Constitution* (Chicago: University of Chicago Press and the Liberty Fund, 1986), v. 1, cap. 18, documento 35, http://press-pubs.uchicago.edu/founders/documents/v1ch18s35.html.

24. Para o famoso vídeo do "Schoolhouse Rock", ver "Schoolhouse Rock — How a Bill Becomes a Law", temporada 3, episódio 1, 18 set. 1975, American Broadcasting Corporation. Disponível em: https://www.youtube.com/watch?v=otbml6wIQPO.

25. Ver Allan Bloom, *Closing of the American Mind* (Nova York: Simon and Schuster, 1987).

26. Ver American Bar Association and YMCA Youth in Government, "Partners in Civic Engagement", 2010, p. 2, https://www.americanbar.org/content/dam/aba/migrated/publiced/YouthInGovtYMCA.authcheckdam.pdf.

27. James W. Fraser, *Reading, Writing, and Justice: School Reform as If Democracy Matters*. Albany: SUNY Press, 1997, p. 55.

28. *Bethel School District N. 403 v. Fraser* 478 U.S. 675 (1986).

29. Para uma crítica baseada em dados do pouco que os estudantes universitários aprendem na maioria dos campi americanos, ver Richard Arum e Josipa Roksa, *Academically Adrift: Limited Learning on College Campuses* (Chicago: University of Chicago Press, 2011); e Richard Arum e Josipa Roksa, *Aspiring Adults Adrift: Tentative Transitions of College Graduates* (Chicago: University of Chicago Press, 2014).

30. Para uma excelente análise das tendências mais preocupantes, ver Campaign for the Civic Mission of Schools, "Civic Learning Fact Sheet", http://www.civicmissionofschools.org/the-campaign/civic-learning-fact-sheet.

31. Ver Max Fisher, "Americans vs. Basic Historical Knowledge", *Atlantic*, 3 jun. 2010, https://www.theatlantic.com/politics/archive/2010/06/americans-vs-basic-historical-knowledge/340761/; e Jonathan R. Cole, "Ignorance Does Not Lead to Election Bliss," *Atlantic*, 8 nov. 2016, https://www.theatlantic.com/education/archive/2016/11/ignorance-does-not-lead-to-election-bliss/506894/. Ver também William A. Galston, "Civic Education and Political Participation", *PS: Political Science and Politics*, v. 37, n. 2, 2004, pp. 263-6; e William A. Galston, "Civic Knowledge, Civic Education, and Civic Engagement: A Summary of Recent Research", *International Journal of Public Administration*, v. 30, n. 6-7, 2007, pp. 623-42.

32. Pelo que sei, há pouca pesquisa sistemática sobre essa pergunta especificamente. Mas, como os americanos com idade para ser pais têm muito menos interesse em política, e têm muito menos conhecimento de educação cívica do que tinham décadas atrás, é bem provável que a evidência anedótica de fato aponte um padrão nesse caso.

33. Sobre a pedagogia dos departamentos de Educação, ver David F. Labaree, "Progressivism, Schools and Schools of Education: An American Romance", *Paedagogica Historica*, v. 41, n. 1-2, 2005, pp. 275-88; e David F. Labaree, *The Trouble with Ed Schools* (New Haven: Yale University Press, 2004). Para saber do esforço feito para educar mais professores no contexto das universidades que fazem pesquisas, ver Arthur Levine, "Educating School Teachers", relatório do Education Schools Project, Washington, DC, set. 2006, http://files.eric.ed.gov/fulltext/ED504144.pdf.

34. Ver David Randall com Ashley Thorne, "Making Citizens: How American Universities Teach Civics", National Association of Scholars, jan. 2017, https://www.nas.org/images/documents/NAS_makingCitizens_fullReport.pdf; bem como a resposta de Stanley Fish, "Citizen Formation Is Not Our Job", *Chronicle of Higher Education,* 17 jan. 2017, http://www.chronicle.com/article/Citizen-Formation-Is-Not-Our/238913.

35. David Brooks, "The Crisis of Western Civ", *New York Times,* 21 abr. 2017, https://www.nytimes.com/2017/04/21/opinion/the-crisis-of-western-civ.html?mcubz=0.

## CONCLUSÃO [pp. 301-315]

1. Sobre Atenas, ver Sarah B. Pomeroy, *Ancient Greece: A Political, Social, and Cultural History* (Oxford: Oxford University Press, 1999); e Robert Waterfield, *Athens: A History, From Ancient Ideal to Modern City* (Nova York: Basic Books, 2004). Sobre Roma, ver Mary Beard, *SPQR: Uma história da Roma Antiga* (São Paulo: Planeta, 2017); e Marcel Le Glay, Jean-Louis Voisin e Yann Le Bohec, *Histoire romaine* (Paris: Presses Universitaires de France, 1991). Sobre Veneza, ver o clássico Frederic Chapin Lane, *Venice, a Maritime Republic* (Baltimore: Johns Hopkins University Press, 1973); e John Julius Norwich, *A History of Venice* (Londres: Penguin, 1982).

2. Ver Adam Easton, "Analysis: Poles Tire of Twins", BBC News, 22 out. 2007, http://news.bbc.co.uk/1/hi/world/europe/7057023.stm; e Choe Sang-Hun, "Park Geun-hye, South Korea's Ousted Leader, Is Arrested and Jailed to Await Trial", *New York Times,* 30 mar. 2017.

3. Sobre a Turquia, ver Dexter Filkins, "Erdogan's March to Dictatorship in Turkey", *New Yorker*, 31 mar. 2016; e Soner Cagaptay, *The New Sultan: Erdogan and the Crisis of Modern Turkey* (Londres: I. B. Tauris, 2017). Sobre a Venezuela, ver Rory Carroll, *Comandante: A Venezuela de Hugo Chávez* (Rio de Janeiro: Intrínseca, 2013); e "Freedom in the World 2017: Venezuela", website do Freedom House, https://freedomhouse.org/report/freedom-world/2017/venezuela.

4. Ver Kanchan Chandra, "Authoritarian India: The State of the World's Largest Democracy", *Foreign Affairs*, 16 jun. 2016, https://www.foreignaffairs.com/articles/india/2016-06-16/authoritarian-india; Anne Applebaum, "It's Now Clear: The Most Dangerous Threats to the West Are Not External", *Washington Post*, 16 jul. 2016, https://www.washingtonpost.com/opinions/global-opinions/its-now-clear-the-most-dangerous-threats-to-the-west-are-not-external/2017/07/16/2475e704-68a6-11e7-a1d7-9a32c91c6f40_story.html; e Richard C. Paddock, "Becoming Duterte: The Making of a Philippine Strongman", *New York Times Magazine*, 21 mar. 2017, https://www.nytimes.com/2017/ 03/21/world/asia/rodrigo-duterte-philippines-president-strongman.html.

5. Michael S. Schmidt, "In a Private Dinner, Trump Demanded Loyalty. Comey Demurred", *New York Times*, 11 maio 2017, https://www.nytimes.com/2017/05/11/us/politics/trump-comey-firing.html; Sharon Lafraniere e Adam Goldman, "Guest List at Donald Trump Jr.'s Meeting with Russian Expands Again", *New York Times*, 18 jul. 2017, https://www.nytimes.com/2017/07/18/us/politics/trump-meeting-russia.html; Rosie Gray, "Trump Defends White-Nationalist Protesters: 'Some Very Fine People on Both Sides'", *Atlantic*, 15 ago. 2017, https://www.theatlantic.com/politics/archive/2017/08/trump-defends-white-nationalist-protesters-some-very-fine-people-on-both-sides/537012/; e @realdonaldtrump: tuíte "So why aren't the Committees and investigators, and of course our beleaguered A. G., looking into Crooked Hillarys crimes & Russia relations?" [Então por que os comitês e investigadores, e é claro, nosso acossado A. G., não estão analisando os crimes da Corrupta Hillary e relações com a Rússia?], 24 jul. 2017, 9:49, https://twitter.com/realdonaldtrump/status/889467610332528641?lang=en. (Observe que, embora Trump tenha repetidamente se negado a se distanciar dos supremacistas brancos em termos claros, ele os rechaçou em outras ocasiões.)

6. Ver Tim Marcin, "Donald Trump's Popularity: His Approval Rating among His Base Voters Is Back Up", *Newsweek*, 12 jul. 2017, http://www.newsweek.com/donald-trumps-popularity-approval-rating-base-voters- 635626.

7. Ver David Leonhardt, "G.O.P. Support for Trump Is Starting to Crack", *New York Times*, 24 jul. 2017, https://www.nytimes.com/2017/07/24/opinion/republican-support-donald-trump.html.

8. O melhor agregador das pesquisas de aprovação a Donald Trump, contando inclusive com uma proveitosa comparação com ex-presidentes, é feita pela FiveThirtyEight. Ver "How Popular Is Donald Trump?", FiveThirtyEight.com, https://projects.fivethirtyeight.com/trump-approval-ratings/.

9. Note-se que, a esta altura, um segundo mandato de Donald Trump é improvável — mas não, sob nenhuma hipótese, impossível. Para uma conjuntura convincente de como Trump ainda pode vencer em 2020, ver Damon Linker, "Trump Is Toxically Unpopular. He Still Might Win in 2020", The Week, 30 ago. 2017, http://theweek.com/articles/721436/trump-toxically-unpopular-still-might-win-2020.

10. Beard, *SPQR*, op. cit.

11. Para uma narrativa fascinante da República Romana tardia, ver Mike Duncan, *The Storm before the Storm: The Beginning of the End of the Roman Republic* (Nova York: Public Affairs, 2017).

12. Epicteto, *The Discourses*, livro 1, capítulo 1.

# Créditos das figuras

p. 53. Proporção de votos dados a partidos contra o establishment na União Europeia (EU15). FONTE: Timbro Authoritarian Populism Index 2017; https://timbro.se/ideologi/timbro-authoritarian-populism-index-2017-2/. Andreas Johansson Heinö, Giovanni Caccavello e Cecilia Sandell, Timbro Authoritarian Populism Index 2017. TIMBRO, Estocolmo/EPICENTER (European Policy Information Center), Bruxelas.

pp. 105-6. Custo de vencer uma eleição à Câmara de Deputados; Custo de vencer uma eleição ao Senado. FONTE: dados do Federal Election Campaign processados pelo Campaign Finance Institute; http://www.cfinst.org/data/historicalstats.aspx. Análise do Campaign Finance Institute (CFI) sobre dados do Federal Election Commission (FEC).

p. 110. Gastos com lobby nos Estados Unidos, 1998-2016. FONTE: Análise do Center for Responsive Politics (CRP) sobre dados do Senate Office of Public Records (OPR) (CC BY-NC-SA 3.0); https://www.opensecrets.org/lobby/.

p. 126. Entrevistados norte-americanos que expressam interesse na política, por década de nascimento. FONTE: Pesquisa Mundial de Valores (WVS), 6ª Onda (2010-14), World Values Survey Association; http://www.worldvaluessurvey.org.

p. 128. Porcentagem de eleitores franceses que creem "totalmente" ou "bastante" que o presidente "solucionará os problemas que a França enfrenta atualmente", 1995-2017. FONTE: Kantar TNS (antigo TNS SoFres) Baromètre/revista Le Figaro; https://www.tns-sofres.com/cotes-de-popularites.

p. 132. "Para você, qual é a importância de viver em um país governado de forma democrática?" A categorização da vida em uma democracia como "essencial" é definida quando o entrevistado classifica a relevância da democracia como 10 em uma escala de 1 ("nenhuma importância") a 10 ("importantíssimo"). FONTE: Pesquisa Mundial de Valores (wvs), 6ª Onda (2010-4), World Values Survey Association; http://www.worldvaluessurvey.org.

p. 133. Essa figura examina as respostas dadas à pesquisa em países classificados como "livres" segundo a Freedom House e de "alta renda" pelo Banco Mundial. Inclui todos os países com populações acima de 1 milhão de habitantes e que tenham dados sobre a questão. Perguntaram aos entrevistados: "Para você, qual é a importância de viver em um país governado de forma democrática?". A categorização da vida em uma democracia como "essencial" é definida quando o entrevistado classifica a relevância da democracia como 10 em uma escala de 1 ("nenhuma importância") a 10 ("importantíssimo"). FONTE: Pesquisa Mundial de Valores (wvs), 5ª Onda (2005-9) e 6ª Onda (2010-4), World Values Survey Association; http://www.worldvaluessurvey.org.

p. 134. Essa figura examina as respostas dadas à pesquisa em países classificados como "livres" segundo a Freedom House e de "alta renda" pelo Banco Mundial. Inclui todos os países com populações acima de 1 milhão de habitantes e que tenham dados sobre a questão. Mostra a parcela de entrevistados que consideram "ter um sistema político democrático" um modo "ruim" ou "muito ruim" de "administrar este país", segundo país. O Uruguai foi omitido do gráfico porque nenhum entrevistado nascido na década de 1930 considerou a democracia uma forma "ruim" ou "muito ruim" de governar o país. FONTE: Pesquisa Mundial de Valores (wvs), 5ª Onda (2005-9) e 6ª Onda (2010-4), World Values Survey Association; http://www.worldvaluessurvey.org, e Pesquisa Europeia de Valores (4ª Onda), European Values Study; http://www.europeanvaluesstudy.eu/page/surveys.html.

p. 137. Mudança de porcentagem, por ano, de entrevistados do mundo inteiro que acham que "ser governado por militares" é um sistema político "bom" ou "muito bom". FONTE: Pesquisa Mundial de Valores (wvs), 3ª Onda (1995-8), 4ª Onda (1999-2004), 5ª Onda (2005-9) e 6ª Onda (2010-4), World Values Survey Association; http://www.worldvaluessurvey.org.

p. 138. Essa figura examina as respostas dadas à pesquisa em países classificados como "livres" segundo a Freedom House e de "alta renda" pelo Banco Mundial. Inclui todos os países com populações acima de 1 milhão de habitantes e que tenham dados sobre a questão ou do wvs ou do evs. O índice de mudança é calculado por ano entre a primeira e a última pesquisa disponível. No caso de alguns países, a primeira pesquisa em que essa pergunta foi feita foi no wvs 3ª Onda (1995-8), e no caso de outros, foi no EVS 3ª Onda (1999). No caso de alguns países, a última pesquisa em que a pergunta foi feita foi no wvs 6ª Onda (2010-4) e no caso de outros foi o EVS 4ª Onda (2008-10). FONTE: Pesquisa Mundial de Valores (wvs), 3ª Onda (1995-8), 4ª Onda (1999-2004), 5ª Onda (2005-9) e 6ª Onda (2010-4), World Values Survey Association. Pesquisa Europeia de Valores (EVS), 3ª Onda (1999) ZA3811 e 4ª Onda (2008) ZA4800, GESIS Data Archive, Colônia.

p. 139. Essa figura examina as respostas dadas à pesquisa em países classificados como "livres" segundo a Freedom House e de "alta renda" pelo Banco Mundial. Inclui todos os países com populações acima de 1 milhão de habitantes e que tenham dados em série sobre a questão ou do wvs ou do EVS. O índice de mudança é calculado por ano entre a primeira e a última pesquisa disponível. No caso de alguns países, a primeira pesquisa em que essa pergunta foi feita foi no wvs 3ª Onda (1995-8), e no caso de outros, foi no EVS 3ª Onda (1999). No caso de alguns países, a última pesquisa em que a pergunta foi feita foi no wvs 6ª Onda (2010-4) e no caso de outros foi o EVS 4ª Onda (2008-10). FONTE: Pesquisa Mundial de Valores (wvs), 3ª Onda (1995-8), 4ª Onda (1999-2004), 5ª Onda (2005-9) e 6ª Onda (2010-4), World Values Survey Association (www.worldvaluessurvey.org). Pesquisa Europeia de Valores (EVS), 3ª Onda (1999) ZA3811 e 4ª Onda (2008) ZA4800, GESIS Data Archive, Colônia. Dados de pesquisas mais recentes, ainda não publicadas, sobre líderes autoritários no Reino Unido, na França e na Alemanha foram acessados a pedido do autor.

p. 150. Essa figura examina as respostas dadas à pesquisa em países classificados como "livres" segundo a Freedom House e de "alta renda" pelo Banco Mundial. Inclui todos os países com populações acima de 1 milhão de habitantes e que tenham dados em série sobre a questão ou do wvs ou do EVS. A mudança de porcentagem de cada país é a diferença de participantes que se posicionaram ou como "1" (extrema esquerda) ou "10" (extrema direita) no espectro político, da 2ª Onda ou do wvs ou do EVS até a pesquisa mais recente. Como a participação dos países no wvs e no EVS muda ao longo do tempo, a data da pesquisa inicial vai de 1989 a 1996 e a data da última pesquisa vai de 2006 a 2012. FONTE: Pesquisa Mundial de Valores (wvs), 2ª Onda (1990-4), 5ª Onda (2005-9) e 6ª Onda (2010-4), World Values Survey Association; http://www.worldvaluessurvey.org. Pesquisa Europeia de Valores (EVS), 2ª Onda (1990) ZA4460, 3ª Onda (1999) ZA3811, e 4ª Onda (2008) ZA4800, GESIS Data Archive, Colônia.

p. 188. Porcentagem de filhos cuja renda familiar aos trinta anos é maior do que a de seus pais quando estavam com a mesma idade, por década de nascimento, nos Estados Unidos. FONTE: Raj Chetty, David Grusky, Maximilian Hell,

Nathaniel Hendren, Robert Manduca e Jimmy Narang, "The Fading American Dream: Trends in Absolute Income Mobility since 1940", The Equality of Opportunity Project, dez. 2016; http://www.equality—of-opportunity.org/assets/documents/abs_mobility_summary.pdf.

p. 202. População nascida no estrangeiro vivendo nos Estados Unidos. FONTE: US Census Bureau, "Historical Census Statistics on the Foreign-Born Population of the United States: 1850-2000", https://www.census.gov/population/www/documentation/twps0081/twps0081.html; e tabulações do Pew Research Center do American Community Survey (IPUMS) de 2010 e 2015, em Gustavo López e Kristen Bialik: "Key Findings about U.S. Immigrants", Pew Research Center, Washington, DC, 3 maio 2017, http://www.pewresearch.org/fact — tank/2017/05/03/key-findings-about-u-s-immigrants/.

# Agradecimentos

No final de "O fim da história?", Francis Fukuyama revelou que teve algumas dúvidas sobre a possibilidade de que a história realmente acabasse:

> O fim da história será um momento muito triste. A batalha por reconhecimento, a disposição de arriscar a própria vida em nome de uma meta puramente abstrata, a luta ideológica mundial que trouxe à tona ousadia, coragem, imaginação e idealismo, será substituída pelo cálculo econômico, a eterna solução de problemas técnicos, preocupações ambientais e a satisfação de demandas de consumo sofisticadas. No período pós-histórico não haverá arte nem filosofia, somente a supervisão perpétua do museu da história humana. Sinto em mim mesmo, e vejo em pessoas ao meu redor, uma potente nostalgia da época em que a história existia. Tal nostalgia, de fato, continuará a alimentar competições e conflitos mesmo no mundo pós-histórico por algum tempo. Embora admita sua inevitabilidade, minhas impressões mais ambivalentes dizem respeito à civilização criada na Europa desde 1945, com

seus ramos no Atlântico Norte e na Ásia. Talvez seja justamente essa perspectiva de séculos de tédio no fim da história o que fará com que a história se inicie outra vez.

Esse trecho nos ajuda a entender nosso drama atual?

Os paralelos são óbvios. Muitos dos mais fervorosos e mais eficientes adversários da democracia liberal usufruíram de vidas confortáveis — e agora utilizam plenamente as liberdades que nosso sistema político lhes garante. De fato, às vezes parece que sua hostilidade a um sistema que os tratou extremamente bem é, mais do que tudo, impulsionada por um desejo de aplacar seu tédio.

Mas as diferenças entre a nossa realidade e a previsão de Fukuyama também são consideráveis. Pois, embora alguns populistas esperem apenas ostentar sua audácia, sua capacidade de atrair tamanho apoio só pode ser explicada por meio de fatores mais estruturais. Muito do descontentamento que motiva a oposição à democracia liberal é baseado em queixas genuínas. A não ser que nos comprometamos a lidar com essas queixas, as próximas décadas serão emocionantes demais.

Escritores vivenciam a tensão entre tédio e emoção de um jeito peculiar. Por décadas a fio, tiveram a liberdade de escrever o que quisessem. Em vez de apreciar esse privilégio, muitos ansiaram em segredo por uma época em que sua liberdade estaria sob ataque e fosse mais fácil achar oportunidades de valentia e heroísmo.

O momento chegou. Criados em uma época de normalidade, adentramos uma era extraordinária. O que os escritores fazem de repente passou a importar. E fazer a coisa certa talvez exija muito mais coragem do que pensávamos poucos anos atrás. Em vez de cair na armadilha de romantizar a situação, temos que fazer o possível para retomar o tédio dos tempos em que o risco da política era, quando muito, mediano.

Mas isso não significa que não podemos aproveitar as parcas consolações que esse momento oferece. Para mim, um novo senso de propósito e comunidade é o que se destaca. Há pessoas que eu costumava achar que estavam no geral alinhadas comigo, embora não sentisse uma verdadeira afinidade com elas; hoje eu as considero minhas companheiras. E há também as pessoas que via como adversários políticos até as primeiras horas do dia 9 de novembro de 2016; agora, reconheço que nosso compromisso compartilhado com a democracia liberal é muito mais profundo do que nossas discordâncias sobre políticas públicas.

Portanto, é a essa comunidade heterogênea de companheiros e aliados que eu acima de tudo gostaria de expressar minha gratidão. Minha sincera esperança é de que, em algum momento no futuro não muito distante, o objetivo que nos une já não seja mais tão urgente. Nosso senso de companheirismo deve desvanecer. Com um pouquinho de sorte, talvez cheguemos até a viver tempo suficiente para ver períodos políticos tão normais que possamos voltar a nos considerar adversários.

Essa grande comunidade, que inclui gente que conheço bem e gente que só conheci através de seus textos, me ajudou bastante nos últimos meses. Ao mesmo tempo, uma comunidade muito mais específica, formada por amigos, colegas e colaboradores, me ajudou, de formas incontáveis e mais concretas, a transformar este livro em realidade.

Molly Atlas acreditou neste projeto quando minhas preocupações com a estabilidade da democracia pareciam bem mais exageradas do que parecem agora. Ela foi a melhor conselheira, a defensora mais feroz e a crítica mais incisiva que alguém poderia desejar, mesmo nos momentos em que não deveria estar nem perto do telefone. Torço francamente para que estejamos elaborando projetos de livros quando Donald Trump for apenas uma lembrança distante e a ideia de que a democracia liberal possa estar em risco volte a parecer inverossímil.

O populismo é um fenômeno global. Portanto, desde o começo, desejei muito que este livro desse uma pequena contribuição para uma conversa genuinamente global sobre como resistir a ele. É por isso que sou muitíssimo grato a Roxane Edouard e Sophie Baker, incansáveis (e incrivelmente bem-sucedidas) em seus esforços para garantir que este livro veja a luz do dia em muitos países e em muitas línguas.

John Kulka ajudou a dar forma a este projeto desde o começo. Sempre que eu me via em apuros para descobrir como torná-lo ao mesmo tempo sério e acessível, analítico e entusiasmado, ele estava disponível, com um conselho perfeitamente calibrado. Portanto, fiquei muito triste quando ele mudou de emprego e entregou as rédeas deste projeto. Como presente de despedida, ele fez questão de que o livro se beneficiasse da orientação de outro editor extraordinário.

Ian Malcolm me ajudou a conceber a terceira parte de *O povo contra a democracia* e aprimorou muito quase todas as suas páginas. O esforço que despendeu para garantir que este livro chegasse à sua melhor versão possível foi, francamente, estarrecedor. Acadêmicos volta e meia agradecem a várias pessoas pelos conselhos, só para depois destacar que quaisquer defeitos restantes são de sua própria lavra. A longa lista de pensadores ilustres que trabalharam com Ian atesta prontamente o fato de que esse lugar-comum é, no caso dele, uma verdade indisputável.

Ao longo dos últimos meses, a Harvard University Press me deixou em uma posição muito difícil. Todo autor que conheço gosta de reclamar de sua casa editorial. Portanto, sempre que amigos meus começavam a inevitável litania de queixas, eu os desconcertava e incomodava elogiando a minha. Susan Donnelly,

Richard Howells, Gregory Kornbluh e Rebekah White fizeram um trabalho fenomenal para divulgar o livro e colocá-lo nas livrarias. Jill Breitbarth criou uma capa formidável. Kate Brick fez um trabalho heroico para editar e imprimir o livro dentro de um cronograma apertadíssimo. Anne McGuire fez milagre ao arrumar a seção bibliográfica e formatar as notas.

A decisão mais inspirada da editora foi trazer a bordo Angela Bagetta. Quando soube dos livros que ela havia ajudado a divulgar, desconfiei de que nos daríamos muito bem. Agora que já faz alguns meses que venho trabalhando com ela, percebo que jamais teria ouvido falar desses livros se ela não tivesse trabalhado neles.

Minha maior dívida intelectual neste livro é indubitavelmente para com Roberto Foa. Quando começamos a examinar alguns dos dados preocupantes da Pesquisa Mundial de Valores durante uma bela semana de verão em Montelaterone e demos início a uma discussão sobre o artigo que daria ensejo ao nosso trabalho sobre a desconsolidação democrática, não tínhamos como saber da relevância que nossas descobertas adquiririam, ou da amplitude com que seriam debatidas. O capítulo 3 deste livro é pouco mais que uma tentativa de reformulação definitiva de nossos artigos em coautoria. Sem dúvida nenhuma, nosso trabalho até hoje é apenas o começo de uma longa colaboração.

Três pareceristas anônimos teceram comentários minuciosos e extremamente caridosos a respeito do manuscrito. Deram enormes contribuições para que eu tornasse o argumento mais preciso e mais completo. Se o processo de avaliação por pares fosse sempre tão proveitoso e construtivo como neste caso, nossas universidades seriam lugares bem mais interessantes.

Monica Hersher foi de imensa valia. Ela produziu a maioria dos gráficos deste livro e, a esta altura, provavelmente conhece os dados de opinião pública sobre a postura diante da democracia melhor do que ninguém. Também foi uma ótima interlocutora quanto às outras partes do livro; quando eu conseguia convencer sua mente sempre cética de algum argumento, tinha a absoluta certeza de que estava pisando em terra firme.

Aos 21 anos, Sam Koppelman é sem sombra de dúvida o jovem escritor mais talentoso que conheço. Tive a sorte incrível de me beneficiar de seu auxílio em tudo, de sugestões amplas de edição à descoberta de citações corroborantes. Quando inevitavelmente escrever seu primeiro grande livro, espero que ele me permita retribuir o favor.

A discussão sobre soluções políticas na terceira parte do livro se serviu imensamente dos debates que tive no porão com David Adler, Eleni Arzoglou, Sheri Berman, Ben Delsman, Limor Gultchin, Monica Hersher, Shashank Joshi, Sam Koppelman, Hans Kundnani, Harvey Redgrave e Chris Yiu. Devo a eles, e às pessoas maravilhosas que possibilitaram nossas conversas, minha profunda gratidão — pelas contribuições intelectuais que deram a este projeto e por muito mais.

Dan Kenny e Jesse Shelburne me deram uma utilíssima assistência de pesquisa acerca de questões específicas, indo da história do controle de constitucionalidade na década de 1920 aos pontos mais refinados do direito comercial internacional. Leo Kim, Teoman Kucuk, Ted Reinert, Susannah Rodrigue, Dylan Schaffer e Elena Souris me proporcionaram uma paciente assistência bibliográfica e de pesquisa.

Anos atrás, Jan-Werner Müller organizou uma conferência sobre populismo no Center for Human Values de Princeton e teve a bizarra ideia de convidar um estudante de pós-graduação que era um zé-ninguém para ajudá-lo. Gideon Rose teve a ideia ainda mais bizarra de pedir a esse estudante que transformasse o ensaio que escreveu para uma oficina em artigo para o *Foreign Affairs*. Ambos deveriam ser responsabilizados pelas consequências imprevistas de sua generosidade.

É desnecessário dizer que Larry Diamond e Marc Plattner ajudaram a aprimorar minha forma de pensar sobre a desconsolidação democrática. Porém, minhas conversas com eles, tanto por e-mail quanto pessoalmente, foram importantes também para a formulação de quase todas as partes do livro. Sou muito grato a eles pelo companheirismo intelectual e por concederem tanto espaço do *Journal of Democracy* ao debate sobre desconsolidação democrática.

Uma das atitudes mais valiosas de Larry e Marc foi incitar o engajamento crítico com a nossa discussão. Embora continue discordando de Amy Alexander, Pippa Norris, Erik Voeten e Christian Welzel em questões importantes, aprendi muito com as reações deles ao nosso trabalho.

Nos últimos anos, tive a sorte grande de escrever artigos sobre democracia e populismo para muitos editores extraordinários. Sewell Chan merece um agradecimento especial por defender minha escrita bem no começo e me ensinar tanto sobre o que torna uma coluna opinativa eficaz. Desde então, tive a chance de trabalhar com Carla Blumenkranz, Jane Carr, Manuel Hartung, Giles Harvey, Laura Marsh, John Palattella, Max Strasser e Elbert Ventura, entre outros. Suas sacadas estão presentes em muitas partes deste livro, e suas orientações estilísticas em todas elas. Trechos breves de alguns dos artigos que escrevi para eles chegaram a estas páginas sem modificações.

Escrevi boa parte do livro enquanto recebia uma bolsa da Transatlantic Academy do German Marshall Fund. Do ponto de vista político, o ano que passei com Frédéric Bozo, Stefan Fröhlich, Wade Jacoby, Harold James, Michael Kimmage, Hans Kundnani, Ted Reinert, Mary Elise Sarotte e Heidi Tworek não poderia ter sido mais deprimente; do ponto de vista pessoal, não poderia ter sido mais frutífero e divertido. Existe uma, e somente uma, declaração que eu ousaria fazer em nome do grupo inteiro: o ano da bolsa de estudos só pôde ser tão agradável e tão produtivo devido à gentileza e liderança de Steve Szabo.

Uma das vantagens de passar mais tempo em Washington foi que, depois de muitos anos sendo afiliado da New America, finalmente consegui participar mais ativamente de sua maravilhosa comunidade. O programa de Reforma Política, especificamente, faz um trabalho incrível; minha abordagem da reestruturação das instituições políticas dos Estados Unidos sofreu a influência profunda de Mark Schmitt e Lee Drutman; também aprendi muito com Hollie Gilman, Heather Hurlburt e Chayenne Polimédio. Fuzz Hogan foi de uma generosidade inacreditável com seu tempo, seus conselhos e seus recursos ao longo dos anos. Peter Bergen e Anne-Marie Slaughter apostaram em mim desde o começo e têm sido sempre generosos.

A revista *Slate* tem sido, no último ano, um lar editorial fantástico, e tenho enorme gratidão a Jacob Weisberg e Julia Turner por me darem uma ótima plataforma para minhas ideias. John Swansburg foi um maravilhoso aliado e coconspirador na concepção da minha coluna semanal, o que me permitiu testar muitas das ideias que enchem as páginas deste livro; espero trabalhar com ele por muitos anos. Nos últimos meses, Josh Keating tem sido um editor incisivo, criativo e espantosamente paciente (assim como Allison Benedikt durante a licença-paternidade dele).

Em novembro de 2016, sugeri informalmente a Fuzz Hogan a possibilidade de criar um podcast sobre "as ideias, políticas e estratégias que podem derrotar populistas autoritários como Donald Trump". Ele transformou minha ideia incipiente em uma realidade bem melhor, e muito mais rápido do que eu ousaria imaginar. Desde então, Steve Lickteig e June Thomas fizeram um belo trabalho ao trazer "The Good Fight" para a *Slate*. Mas o fato de que o podcast tenha encontrado um público — e de ter sido uma forma tão divertida e produtiva de testar e questionar as ideias deste livro — se deve em grande medida ao talento formidável, e torcida ainda mais formidável, de John Williams.

Sem os conselhos de Eric Beerbohm, Sheri Berman, Grzegorz Ekiert, Tom Meaney, K. Sabeel Rahman, Nancy Rosenblum, Michael Sandel, Richard Tuck e Dan Ziblatt este livro não existiria. Há muitas outras pessoas com as quais discuti os temas contidos nele ao longo dos anos e que acrescentaram observações valiosas ou ofereceram comentários incisivos sobre partes do livro. Alguns deles são Liaquat Ahmad, Jonathan Bruno, Aleksandra Dier, Martin Eiermann, Johann Frick, Art Goldhammer, Sam Goldman, Antara Haldar, Peter Hall, Alia Hassan, Michael Ignatieff, Dan Kehleman, Madhav Khosla, Alex Lee, Steve Levitsky, Michael Lind, Pratap Mehta, Guillermo del Pinal, Rachel Pritzker, Jed Purdy, Emma Saunders-Hastings, William Seward, Dan Shore, Ganesh Sitaraman, Justin E. H. Smith, Dan Stid e Don Tontiplaphol. É inevitável que muitos fiquem de fora desta lista, e peço minhas sinceras desculpas.

Agradecimentos de coração aos que mantiveram minha sanidade e fizeram questão de que eu me divertisse um pouco: Thierry Artzner, Eleni Arzoglou, Alex Drukier, Helena Hessel, Sam Holmes, Carly Knight, Tom Meaney, Nat Schmookler, Carl Schoonover, Shira Telushkin, William Seward — e, claro, minha mãe, Ala (que também ajudou bastante com a edição alemã).

Conforme comento na conclusão, tenho sentimentos ambíguos quanto ao estoicismo. Ele pode nos ajudar com a determinação de fazermos a coisa certa neste perigoso momento político. Mas sua exortação à indiferença pelas coisas e pessoas é a fórmula perfeita para uma vida depauperada. Ninguém me ensinou essa lição de modo mais belo do que Hanqing Ye. Eu não conseguiria escrever este livro sem a força que ela me dá. Caso não a conhecesse, nem começaria a compreender como a vida se torna rica quando você resolve enredar sua felicidade à da pessoa que você ama.

# Índice remissivo

aborto, 94, 96
ação afirmativa, 214
Acordo de Paris (2015), 122
Adams, John, 78-9
Addicting Info (website), 286
África, 17, 235
africanos: uso de telefones celulares por, 180-1
afro-americanos, 240-1; apropriação cultural pelos, 243; atitude de Trump em relação a, 230; como migrantes, 212; e escravidão, 204, 238; e movimento pelos direitos civis, 94, 246-8; na Estônia, 212; segregação de, 93-4, 238, 241, 248, 251-2
Agência Ambiental (Grã-Bretanha), 88
Agência de Energia Atômica Internacional, 120
Agência de Proteção Ambiental (EUA), 86-7, 89, 120
Agência de Proteção Financeira ao Consumidor (CFPB, Estados Unidos, 87, 89
agências reguladoras, 88, 288
agricultura, 264
Agripino (filósofo estoico), 312-3
Akron, Ohio, 230
Alabama, 248-9
alemães, 49, 70, 91, 139, 198, 211, 302
Alemanha, 22, 24, 49, 70-2, 89, 91, 104, 139, 149, 198-200, 211, 230, 234, 240, 244; apoio a governo militar, 138; apoio a líder autoritário, 139; atitude em relação à democracia, 134; Bundesbank (banco central alemão), 90; Bundestag (parlamento alemão), 70; Constituição (*Grundgesetz*), 70, 246; corrupção na, 104, 115; democracia na, 17, 138; e cidadania, 35, 198; educação na, 251, 270; eleições na, 200-1, 204-5; imigração na, 31, 35,

47-9, 69-70, 201, 211; imprensa na, 48, 50, 69; islamismo na, 47-9, 53; Judiciário na, 66, 253; marco alemão, 91; minorias étnicas na, 252-3; multietnicidade na, 204; nacionalismo na, 198-9; padrão de vida na, 186; Partido Nacional Democrático (NPD), 71; populismo na, 22, 52-3, 60, 69-71, 204-5; protestos na, 47-9; Prússia, 29, 74; radicalismo político da juventude, 150; República de Weimar, 89; salários na, 188; Terceiro Reich, 198
Alemanha Oriental, 47
Alessi, Christopher, 91
alfabetização, 54, 170, 180, 271
Allason, Rupert, 103
Allport, Gordon, 206
Al-Qaeda, 210
Alternativa para a Alemanha (AfD), 8, 69, 72, 201, 204-5
América Central, 209
América do Norte, 17-8, 30, 32, 43, 45, 50, 66, 128, 131-2, 158, 186, 188, 204-5, 207, 209, 230-1, 244, 258, 261, 267, 279, 285, 287, 302, 305
América Latina, 17, 58, 149, 235
"América Primeiro" (slogan de Trump), 239
*American Idol* (programa de TV), 80
American Renaissance (website), 177
americanismo, 61
Ancara, Turquia, 22
Anderson, Benedict, 250
antissemitismo, 158, 284
Anton, Michael, 210
aposentadoria, 149, 155, 310
Apple, 266
apropriação cultural, 242-5

Arcadia, Wisconsin, 208
áreas urbanas: custos de habitação em, 267; e imigração, 206-8
Argélia, 137
Argentina, 18
aristocracia, 78, 302
Aristóteles, 196
armas, controle de, 22, 94
armas nucleares, proliferação de, 120
armênios, 249
arrecadações de fundos, 113, 224
Ásia, 16-7, 221
asiático-americanos, 204, 238, 246
assistência médica, 36, 94, 191, 262, 274-5
assistência social, 260
Assistência Temporária para Famílias Carentes, 260
Associação Americana de Aposentados (AARP), 102
Associação Cristã de Moços, 291
associação, liberdade de, 43
Atenas, Grécia, 22, 288; antiga, 29, 77-8, 184, 195-6, 301
ativistas, 67, 94, 174-5, 183, 227, 245, 282
*Atlantic* (revista), 174
austeridade, política de, 27
Austrália, 16, 152; apoio a governo militar, 138; apoio a líder autoritário, 139; atitude em relação à democracia, 133; populismo na, 22; radicalismo político da juventude, 150
Áustria: eleições na, 62, 225; imigração na, 201; Império Austro-Húngaro, 198, 233; Partido da Liberdade, 9, 62, 141, 201; passado nazista, 142; populismo na, 17, 52, 150, 201, 225; voto da juventude, 150

austríacos, 198
autocracias *ver* ditaduras
autogoverno, 197, 311, 315
automação, 55, 191-2, 261
autoritarismo: apoio ao, 19, 139; atitude americana em relação ao, 19, 135-9; aumento da abertura ao, 135-9, 148, 152; competitivo, 118; e educação cívica, 290; e eleições, 138-40; e populismo, 72, 227, 280, 298, 301-5; na Coreia do Sul, 222, 303; na Hungria, 16, 298, 302, 305; na Índia, 226, 304-5; na Polônia, 16, 156, 226, 298, 302-5; na Rússia, 16, 53, 226; na Turquia, 16, 53, 237, 304-5; na Venezuela, 53, 226, 304; nas Filipinas, 302, 304; Trump como líder autoritário, 16, 50, 226, 239, 305, 308-9
autorrealização, 215-6
autorregulamentação, 283
Auxílio a Famílias com Filhos Dependentes, 260
auxílio-alimentação, 260

Bagdá, Iraque, 243
Bahamas, 264
Banco Central Europeu, 27, 91, 118
Banco Mundial, 99
bancos: centrais, 81-2, 89, 91-3, 101, 118-20; regulamentação de, 86, 89, 121
bandeira dos Estados Confederados, 48
Bangladesh, 261
Bannon, Stephen, 120
Barro, Robert, 92
BBC (British Broadcasting Corporation), 64, 84

Beck, Glenn, 63
Bélgica: minorias étnicas na, 252; sede da União Europeia na, 23, 27, 100, 111, 236, 288
bem-estar social, 12, 36, 207, 215, 262, 272-5, 279
Berlim, Alemanha, 204, 288
Berlusconi, Silvio, 11, 51, 116, 142, 229
Berna, Suíça, 50
*Bethel School District Nº. 403 v. Fraser*, caso (EUA), 291
Bíblia, 78
bibliotecas, 171
*Big Brother* (programa de TV), 80
bilíngue, ensino, 214
Black Lives Matter (movimento), 174
Blagojevich, Rod, 104-5
blocos regionais, 236
Bolsa de Valores de Londres, 104
Bolsonaro, Jair, 10-3
bots (robôs da internet), 283-4
Brasil, 8-10
Breitbart (website), 177
Bretton Woods, sistema de, 92-3
Brexit, 42, 148-9, 201
Brooke, Heather, 171
Brooks, David, 296
*Brown v. Board of Education* (decisão judicial, EUA), 251
Bruxelas, Bélgica, 23, 27-8, 100, 111, 236, 288
Buchanan, Pat, 202
Buffett, Warren, 263
Bulgária, 213
Bundesbank (banco central alemão), 90-1
Bundestag (parlamento alemão), 70
burocracia, 23, 81, 83-5, 88-9, 93, 101, 122-3, 288, 305

Burundi, 105
Bush, George W., 43, 259
BuzzFeed (website), 64

Califórnia: educação na, 214, 270; imigrantes na, 205, 209, 213; padrões de votação na, 205, 209; plebiscitos na, 214; prática de lobby na, 109
Cameron, David, 84
Canadá, 141, 250, 266; atitude em relação à democracia, 134; Carta dos Direitos e das Liberdades, 96; como democracia liberal, 55, 81, 154; controle de constitucionalidade no, 96; imigração no, 255; minorias raciais no, 31; Parlamento, 50; Partido Liberal, 140-1; radicalismo político da juventude, 150; salários no, 188
capitalismo, 63, 115; chinês, 17; de Estado, 17; mobilidade do capital, 264
Carolina do Norte, 146-7
Carta dos Direitos e das Liberdades (Canadá), 96
Carter, Jimmy, 113
casamento: casamentos forçados, 252; entre pessoas do mesmo sexo, 35, 94
Case, Anne, 189
católicos, 238
censura, 94, 174, 179, 283-4, 290
*chaebols* (grandes empresas coreanas), 221-2
Chávez, Hugo, 11, 65, 226
chavismo, 228
checagem de fatos, 281
Chetty, Raj, 187

Chicago, Illinois, 204-5
Chile, 138; apoio a governo militar, 138; apoio a líder autoritário, 139; atitude em relação à democracia, 133-4; radicalismo político da juventude, 150
China: atitude de Trump em relação a, 22, 57; capitalismo de Estado na, 17; como país em desenvolvimento, 55; nacionalismo na, 237; Partido Comunista, 174; poder econômico da, 22, 57, 261; tecnologia da comunicação na, 174
Chipre, 133
Chirac, Jacques, 52, 127-8
Choi Soon-il, 222
Churchill, Winston, 8
Cícero, 290
cidadania, 160, 240; direitos da, 33, 44; e *demos*, 62; e educação cívica, 291-2; e identidade, 195-8, 201-2; e igualdade, 159, 196, 250, 251; em impérios multiétnicos, 197; na Alemanha, 35, 198; na França, 249; na Grécia antiga, 195; na Roma antiga, 196; nos Estados Unidos, 201, 238, 242, 265, 291
cinema, 283
Citizens United (grupo de lobby conservador, EUA), 107
classe média, 55, 69, 116, 190, 268-9, 276
Clinton, Bill, 43, 260
Clinton, Hillary, 56, 58-9, 107, 111, 148, 151, 178, 192, 203, 230, 285
CNBC (Consumer News and Business Channel), 174
CNN (Cable News Network), 64, 171
Coalizão Unida de Esquerda (Polônia), 227

coeficiente de Gini, 185
"coétnico", modo de vida, 198
comércio: acordos comerciais, 99; internacional, 97, 261; livre-comércio, 98-101
Comissão de Títulos e Câmbio (SEC, Estados Unidos), 86, 89
Comissão de Veneza, 156
Comissão Europeia, 27, 88-9, 100
Comissão Federal de Comunicações (FCC, Estados Unidos), 86-7, 89
Comitê pela Proteção da Democracia (Polônia), 226
computadores, 174-5
comunicação de massa, 32; e democracia, 174, 177-8, 181, 183, 281, 283; tecnologia de impressão, 170, 182; tecnologia digital, 170-1, 174, 180-2, 281
comunismo, 17, 151, 290, 297
confiança no governo, 27, 31, 57, 125-6, 128-30, 190, 206, 231, 284-8, 309
conflito de interesses, 286
Congresso (EUA), 108, 226, 251, 293, 305-6, 308; confiança no, 126; custo de funcionamento do, 104-5, 113; e agências reguladoras, 88; e *gerrymandering* (redesenho dos distritos eleitorais), 289; e impeachment presidencial, 308; e instituições independentes, 102; e líder autoritário, 135-6; e lobistas, 104-8, 115; e ordens executivas, 144; e sistema tributária, 262; eleição direta de senadores, 77; financiamento de campanha, 104-7, 113; financiamento do, 289; ligação de membros com distritos, 114; partidarismo no, 145-7; patrimônio líquido de membros, 113
Conseil d'État (França), 96
Conselho contra Discriminação Racial, Xenofobia e Intolerância (Polônia), 211
Conselho da Europa, 156
Conselho Nacional da Batata (EUA), 102
conservadorismo, 25, 42, 104, 106, 116, 128-9, 155, 240-1, 296
Constituição: alemã (*Grundgesetz*), 70, 246; britânica, 95; holandesa, 96; suíça, 68; venezuelana, 65
Constituição (EUA), 246, 251, 308; atitude de Trump em relação a, 16-7; e direitos civis, 248; e educação cívica, 248; e impeachment presidencial, 305-6; e Suprema Corte, 94, 145; emendas à, 77, 107, 289; universalismo da, 238
consumidor: preços ao, 119; segurança do, 121
consumismo, 258
controle de armas, 22, 94
controle de constitucionalidade, 93, 95-7, 107
Convenção Europeia dos Direitos Humanos, 95
Cooper, Roy, 146
Copenhague, Dinamarca, 50
Corão, 71, 142
Corbyn, Jeremy, 150
Coreia do Sul: apoio a governo militar, 138; apoio a líder autoritário, 139; autoritarismo na, 222, 303; *chaebols* (grandes empresas coreanas), 221, 222; corrupção na, 221-4, 303; Corte Constitucional, 223; demo-

cracia na, 221; eleições na, 221; Judiciário na, 222; Parlamento, 222; populismo na, 221; radicalismo político da juventude, 150
corporações, 98, 109, 115, 120
corrupção: alegações populistas sobre, 58; "corrupção por dependência", 112; na Alemanha, 104, 115; na Coreia do Sul, 221-4, 303; na França, 116; na Hungria, 25; na Itália, 51, 142; na Polônia, 153-4; nos Estados Unidos, 104-5, 125
Corte Constitucional (Coreia do Sul), 223
Costa do Marfim, 249
creches, 290-1
crédito internacional, 27
crescimento econômico, 33, 92, 119, 170, 184-6, 216, 274, 279
crescimento populacional, 188, 207, 212-3
crise financeira de 2008, 51, 87, 154, 188, 236, 268
cristianismo, 48, 203, 248
"cronocentrismo", 171
culpabilização, 22, 217
cultura: apropriação cultural, 242-5; nacionalismo cultural, 197-8; pluralismo cultural, 32; relativismo cultural, 252; sensibilidade cultural, 243, 252

Dahl, Robert, 43-4
*Daily Mail* (jornal), 66
*Daily Telegraph* (jornal), 66
Dakota do Sul, 182
Dalton, Russell J., 129
De Blasio, Bill, 56
Deaton, Angus, 189, 216

Declaração de Independência (EUA, 1776), 130
Delsman, Ben, 192
demagogia, 305
democracia, 34, 74-5, 82, 101, 135, 140-1, 165-6, 189, 225, 261, 295, 298, 302, 314; atitudes em relação à, 133-4; consolidada, 8, 19, 24, 124, 131, 153-4, 161, 305; definições de, 43-4, 117; democracia liberal, 10, 15-9, 24-5, 29, 32-4, 36-7, 39, 42-5, 55, 68, 72, 75, 92, 123, 131, 134, 136, 142, 148-9, 151, 154, 156-7, 159-61, 179, 183, 189, 194, 199, 216, 218, 223-6, 229, 231-2, 240, 244-6, 253-5, 285, 290, 295-9, 302-5, 309-10, 313-5; desconsolidada, 131, 148, 152, 158; desencanto da juventude com, 148-51; direta, 70, 78-9; e comunicação de massa, 174, 177-8, 181, 183, 281, 283; e direitos, 45, 302; e diversidade, 218, 245; e eleições, 121-2, 226; e globalização, 33; e identidade, 195-200; e igualdade, 159, 218, 297; e imigração, 254-5; e liberalismo, 20, 28-9, 43-5, 122-4; e oligarquias competitivas, 119; e populismo, 23, 71, 223, 231-2, 303; estabilidade da, 18, 31, 140, 148, 152, 166-7, 187, 194, 217, 287, 301, 314; falta de confiança na, 128-31, 133-4; hierárquica, 26, 71-2; iliberal, 26, 30, 37, 45, 68, 72-3, 124, 153, 303, 308; multiétnica, 33, 201, 204, 248; na Alemanha, 17, 138; na Coreia do Sul, 221; na França, 16; na Grã-Bretanha, 75, 138; na Grécia antiga, 77-8, 301; na Holanda,

17; na Índia, 138; na Itália, 51; na Suécia, 17, 138; na Suíça, 68; na União Europeia, 288; normas democráticas, 141, 143, 147, 152, 157, 223, 227, 229, 239, 310; nos Estados Unidos, 16, 77, 115, 117-8, 125, 149, 226, 289, 306-8; representativa, 76, 78-80, 82, 85, 102; transição da Hungria rumo à, 24, 197; transição da Polônia rumo à, 153, 156-7; triunfo da, 17-8
democratas (EUA) *ver* Partido Democrata
democratas cristãos, 80, 117
demografia: temores demográficos, 210-2, 253; transformações demográficas, 208-12
*demos*, 24, 62
Departamento de Estado (EUA), 100
deportações de imigrantes ilegais, 254
"desaparecimento étnico", 213
desemprego, 27, 91-3, 192, 236, 273-4; *ver também* emprego
desigualdade, 33, 43, 55, 82, 185-7, 216, 269, 272
Diamond, Larry, 130, 173-6
Diego-Rosell, Pablo, 190
Dinamarca, 50, 201; Partido Popular, 201
Diógenes, 196
direita política: extrema direita, 9, 17, 22, 48, 52, 54, 64, 71, 120, 143, 149-50, 154, 202, 209, 230
direitos: civis, 94, 246, 248; das minorias, 28, 45, 67, 140; de empresas, 107; de minorias, 20, 29; democracia e, 45, 302; direito ao voto, 146, 159, 289; direitos humanos, 53, 96, 154, 156; individuais, 20, 24, 26, 28-30, 37, 43-5, 68, 93, 96-7, 123-4, 302, 315; liberais, 44, 118
discriminação, 97, 238, 240-1, 243, 250-3, 313
discursos de ódio, 34, 281-4
ditaduras, 18, 33, 130-1, 224, 297; aumento da abertura em relação a, 136-7, 152; e mídias sociais, 174, 178, 182-3; e populismo, 57, 72; e Primavera Árabe, 174; eleitorais, 16; Hungria como, 122; Rússia como, 16, 53-4, 81, 148, 226; Turquia como, 16, 53, 122, 223, 228, 304; Venezuela como, 53, 226, 304
diversidade, 23, 48, 204, 206, 209, 237, 249
Dresden, Alemanha, 47-8, 50, 52-3
Drutman, Lee, 109-10
Du Camp, Maxime, 233
Dublin, Irlanda, 266
Düsseldorf, Alemanha, 266
Duterte, Rodrigo, 7-8
Dworkin, Ronald, 97

École National d'Administration (França), 116
economia: crescimento econômico, 33, 92, 119, 170, 184-6, 216, 274, 279; declínio econômico, 26-8, 186, 193, 232, 236, 253; digital, 55, 278; elites econômicas, 75, 102; estagnação econômica, 55-6, 161, 184-94, 216, 258; igualdade econômica, 185, 262; redistribuição econômica, 56, 207, 215-6; reformas econômicas, 33, 123, 257-80
Édito de Caracala (Roma antiga), 196
educação: atitude de Trump em relação a, 228; bilíngue, 214; cívica,

290-8; e minorias, 251; na Alemanha, 251, 270; na França, 116, 251; na Hungria, 25, 225; na Polônia, 153; nos Estados Unidos, 214, 228, 251, 270; reformas educacionais, 271; segregada, 251; superior, 272, 292-4, 296
Eggers, Andrew C., 103
Egito, 130, 174; antigo, 243
eleições: ditaduras eleitorais, 16; e democracia, 121-2, 226; e líderes autoritários, 138; e populismo, 53, 213; livres e justas, 8, 10, 20, 34, 35, 73, 147, 153, 303; na Alemanha, 200-1, 204-5; na Áustria, 62, 225; na Coreia do Sul, 221; na Dinamarca, 200; na Espanha, 225; na França, 52, 60, 127, 225; na Grécia, 27, 51; na Holanda, 71; na Hungria, 118, 200; na Índia, 226, 228; na Itália, 51, 229; na Polônia, 24, 153-4, 226-7, 303; na Rússia, 226; na Suécia, 225; na Turquia, 24, 62, 226; na União Europeia, 88-9; na Venezuela, 226, 228; nos Estados Unidos, 16, 50, 56, 58-61, 72, 104, 136, 144, 146-51, 178, 182, 190-1, 200, 203-4, 208, 210, 214, 226, 229-30, 287, 306-7, 310
elites, 78; abastadas, 55; com estudo superior, 228; e populistas, 58, 65, 123; econômicas, 75, 102; liberais, 22; políticas, 26, 32, 80, 91, 117-20, 217; tradicionais, 58, 65, 75
empreendedorismo, 77, 275
emprego: discriminação no, 251; e benefícios sociais, 273-5; período integral, 273; significativo, 275-8; *ver também* desemprego

Erasmo de Roterdã, 296
Erdoğan, Ali, 66, 68
Erdoğan, Recep, 57, 60, 62, 67, 226, 304
escravidão, 204, 238
eslovacos, 197-8
Eslovênia, 138-9, 150
Espanha, 17, 27, 51, 58, 149, 198, 240, 310; apoio a governo militar, 138; apoio a líder autoritário, 139; atitude em relação à democracia, 133-4; eleições na, 225; partidos políticos na, 17; Podemos (partido espanhol), 51, 59, 71, 149; populismo na, 225; radicalismo político da juventude, 150; salários na, 188
esquerda política: extrema esquerda, 17, 52, 64, 120, 149-50, 230
Estado de bem-estar social *ver* bem-estar social
Estado de direito, 20, 44, 156, 223
Estado Islâmico, 59, 182
Estado-nação, 33, 237, 262, 264-5
Estados Confederados, bandeira dos, 48
Estados Unidos, 8, 22-3, 31, 36, 42, 48, 55, 72, 75, 77, 88-9, 95, 100, 104-5, 108, 110, 124, 132-4, 136-9, 141, 143-4, 150-2, 154, 174, 182, 186-9, 193, 200-3, 209-10, 212, 223, 226, 228-9, 238, 240, 243, 245-8, 252, 257-61, 264-6, 268, 270, 282, 291-2, 295-6, 302, 307-10; Agência de Proteção Ambiental (EPA), 86-7, 89, 120; Agência de Proteção Financeira ao Consumidor (CFPB), 87, 89; atitude em relação à democracia, 133-4; comércio dos, 99; Comissão de Títulos e Câmbio (SEC), 86, 89; Comissão Federal de

Comunicações (FCC), 86-7, 89; Conselho Nacional da Batata, 102; corrupção nos, 104, 105, 125; Declaração de Independência (1776), 130; democracia nos, 16, 77, 115, 117-8, 125, 149, 226, 289, 306-8; Departamento de Estado, 100; distribuição de renda nos, 186; e autoritarismo, 19, 135-9; e cidadania, 201, 238, 242, 265, 291; educação nos, 214, 228, 251, 270; eleições nos, 16, 50, 56, 58-61, 72, 104, 136, 144, 146-51, 178, 182, 190-1, 200, 203-4, 208, 210, 214, 226, 229-30, 287, 306-7, 310; FBI (Federal Bureau of Investigation), 148, 306; Government Accountability Office, 251; Guerra Civil (1861-65), 77; habitação nos, 267; igualdade nos, 204; imigração nos, 77, 94, 144, 201-5, 214, 238-9, 246; imprensa nos, 64, 86-8, 94, 147, 177, 239, 306; industrialização dos, 77; Informe Econômico ao Presidente (2015), 269; Judiciário nos, 93-4, 96, 107, 109, 114, 117, 145-7, 225, 238, 241, 251, 289, 291, 305; muçulmanos nos, 23, 202; nacionalismo nos, 239; padrão de vida nos, 31, 186-8, 258, 267, 269; Pais Fundadores, 21, 76, 93, 108, 114, 247, 298, 305; Partido Democrata, 43, 114, 144, 146, 209, 226; Partido Republicano, 8, 43, 61, 114, 128, 144-7, 210, 306-9; partidos políticos nos, 43, 61, 114, 143, 145-7, 209-10, 226, 307-8; populismo nos, 21-2, 50, 57, 208, 226, 230, 239, 308; Tea Party, 144, 174; voto da juventude, 150-1

estagnação econômica, 55-6, 161, 184-94, 216, 258
Estocolmo, Suécia, 22, 50
estoicismo, 312-3
Estônia, 212; apoio a governo militar, 138; apoio a líder autoritário, 139; atitude em relação à democracia, 133-4; imigração na, 211, 212; radicalismo político da juventude, 150
estudantes, 251-2, 291-2, 294-5, 297; movimento estudantil, 125
Eurobarômetro, 212
Europa: Central, 25, 157, 205, 211-2, 237; Leste Europeu, 17, 24, 213, 237; Ocidental, 17-8, 28, 31-2, 43, 45, 50, 66, 128, 130-2, 158, 186, 188, 205, 207, 209, 211, 230-1, 234, 244, 250, 258, 261, 267, 279, 285, 287, 298, 302, 305; sul da, 149, 236; *ver também* União Europeia
"Europeus Patriotas contra a Islamização do Ocidente" (PEGIDA), 47-8, 54
Evangelho de Lucas, 78
eventos de angariação de fundos, 113, 224
expectativa de vida, 189

Facebook, 34, 64, 80, 171-2, 175-6, 178, 181-3, 282-5
fake news, 34, 50, 64, 282-3
falência: empresarial, 193; nacional, 27, 236
Farage, Nigel, 22-3
fascismo, 54, 71, 91, 151, 198-9, 244, 290, 297
fatos, checagem de, 281
FBI (Federal Bureau of Investigation), 148, 306

fé cívica, 281-99
"Federalista, O" (Hamilton e Madison), 77
Feingold, Russ, 106, 107
Fidesz (União Cívica Húngara), 25
Filipinas, 8, 174, 302, 304
financiamento de campanhas, 94, 106, 288
Finlândia: apoio a governo militar, 138; apoio a líder autoritário, 139; atitude em relação à democracia, 133-4; Parlamento da, 50; populismo na, 52; radicalismo político da juventude, 150; voto da juventude, 150
Floro (senador romano), 312
Foa, Roberto Stefan, 131
Fox News, 64
França, 17, 22, 41, 58, 60, 71, 116, 124, 128, 230, 234-5, 249, 310; apoio a governo militar, 138; apoio a líder autoritário, 139; atitude em relação à democracia, 133-4; Conseil d'État, 96; corrupção na, 116; democracia na, 16; distribuição de renda na, 186; e cidadania, 249; École National d'Administration, 116; educação na, 116, 251; eleições na, 52, 60, 127, 225; France Insoumise, 149; Frente Nacional, 52, 71, 249; imigração na, 204, 212, 249, 251; índices de aprovação de presidentes, 127-128; islamismo na, 60, 212; Judiciário na, 96; mídias sociais na, 182; padrão de vida na, 186; Parlamento, 50; partidos políticos na, 16; populismo na, 22, 52, 57, 60-1, 150, 204, 225, 249; questões ambientais, 143; radicalismo político da juventude, 150; Regime de Vichy, 71; Revolução Francesa, 48, 62; salários na, 188; voto da juventude, 150
France Insoumise (partido), 149
Francisco, papa, 177-8
Franklin, Benjamin, 108
Freedom House, 9, 130
Frente Nacional (França), 52, 71, 249
Friedman, Thomas, 175
fronteiras, controle de, 56, 211, 254, 258
Fukuyama, Francis, 17, 18
Fundo Monetário Internacional (FMI), 27
Furedi, Frank, 52-3

Gallatin, Illinois, 205
Gallup, pesquisas, 125, 190
Garland, Merrick, 145-6
gênero, discriminação de, 253
gentrificação, 267
Georgia (EUA), 109
*gerrymandering* (redesenho dos distritos eleitorais), 289
Gilens, Martin, 102
Gini, coeficiente de, 185
Ginsburg, Tom, 95
globalismo, 61
globalização, 33, 55, 99, 175, 191, 217, 234, 258-9, 261-2, 277-8
Goldman Sachs (banco), 59
Gordon, Robert J., 92
Government Accountability Office (EUA), 251
governo: autogoverno, 197, 311, 315; confiança no, 27, 31, 57, 125-6, 128-30, 190, 206, 231, 284-8, 309; popular, 30, 37, 291

governo, legitimidade do, 130
Grã-Bretanha, 22, 41, 55, 66, 76, 83, 85, 88, 95-6, 116, 134, 138-9, 149, 151-2, 185-6, 193, 230, 234-5, 258, 266, 268; Agência Ambiental, 88; apoio a governo militar, 138; apoio a líder autoritário, 139; atitude em relação à democracia, 133; banco central na, 92; burocratas na, 85; Constituição, 95; democracia na, 75, 138; desigualdade de renda na, 186; distribuição de renda na, 186; e paraísos fiscais, 265; e União Europeia, 42, 66, 149, 201, 236, 257; habitação na, 267; imigração na, 200; imprensa na, 64, 66, 116; Judiciário na, 66, 95-6; minorias étnicas na, 252; Parlamento na, 66, 76, 86, 95, 103, 112, 286; Partido Conservador, 103-4; Partido da Independência do Reino Unido (UKIP), 71; Partido Liberal Democrata, 103; Partido Trabalhista, 150; populismo na, 22, 71; radicalismo político da juventude, 150; voto da juventude, 150
Graco, Caio, 311
Graco, Tibério, 310
Grécia, 22, 29, 266, 288; antiga, 29, 77, 184, 195-6, 243, 301; crise da dívida grega, 26-8, 120-1; eleições na, 27, 51; imprensa na, 27-8, 64; mercado de trabalho na, 274; Movimento Socialista Pan-Helênico (PASOK), 51; Nova Democracia, 51; partidos políticos na, 17, 51; populismo na, 26-7; radicalismo político da juventude, 149; Syriza (Coalizão da Esquerda Radical), 51-2, 149; trabalhadores convidados da, 200; voto da juventude, 150
Grillo, Beppe, 51, 57-8, 64, 142
Gros, Daniel, 91
Gross, Jan, 156
*Grundgesetz* (constituição alemã), 70, 246
grupos de ação política, 107
grupos de interesse, 102, 107, 109-10, 112; *ver também* lobby
*Guardian, The* (jornal), 188
Guerra Civil (EUA, 1861-65), 77
Guerra do Vietnã, 125
Guerra Fria, 17, 151
Guillén, Mauro, 92-3
Gutenberg, Johannes, 169, 170

habitação, 266-9, 279
Haider, Jörg, 141-2
Hainmueller, Jens, 103
Hamilton, Alexander, 76
Helsinque, Finlândia, 50
Hereford, Texas, 245
Hess, Rudolf, 71
hierarquia de necessidades, 214-5
hinduísmo, 60
hispânicos *ver* latinos
Hitler, Adolf, 91, 142
Höcke, Björn, 72
Hofer, Norbert, 62
Holanda: apoio a governo militar, 138; apoio a líder autoritário, 139; atitude em relação à democracia, 133-4; Constituição, 96; democracia na, 17; eleições na, 71; islamismo na, 71, 142; oposição à maior integração europeia, 236; Partido para a Liberdade (PVV), 142; populismo na, 52, 71, 142; radicalismo político da juventude, 150

holandeses, 199
Hollande, François, 127-8
Hollenbach, Florian, 180-1
Holocausto, 71-2, 156, 234
homogeneidade étnica, 199
homossexualidade: casamento entre pessoas do mesmo sexo, 35, 94
Hood, James, 94
humanismo, 296
húngaros, 25, 197-8
Hungria, 8-9, 13, 24-5, 205, 240, 310; apoio a governo militar, 138; apoio a líder autoritário, 139; atitude em relação à democracia, 133-4; autoritarismo na, 16, 298, 302, 305; como ditadura, 122; corrupção na, 25; educação na, 25, 225; eleições na, 118, 200; Fidesz (União Cívica Húngara), 25; imigração na, 24, 25, 200, 205, 211; imprensa na, 16; Judiciário na, 25, 65, 122; manifestações na, 225; nacionalismo na, 197, 198; Parlamento, 25; populismo na, 16, 28, 29, 57, 205, 228, 298, 302; radicalismo político da juventude, 150; transição à democracia, 24, 197; Universidade Centro-Europeia, 25, 225; voto da juventude, 150

Idade Média, 169
identidade, 198, 202-17, 234, 242; atribuída, 276-7; "conquistada", 276; e cidadania, 195-8, 201-2; e democracia, 195-200; e trabalho, 276-7; nacional, 23; política, 197; sexual, 35-6
idosos, assistência aos, 274
Iêmen, 137

Iglesias, Pablo, 51, 59
Ignatieff, Michael, 140-1
Igreja católica, 153
igualitarismo: e cidadania, 159, 196, 250-1; e democracia, 159, 218, 297; igualdade econômica, 185, 262; igualdade política, 159, 297; igualdade racial, 33, 254; igualdade religiosa, 254; nos Estados Unidos, 204; proteção igualitária nos termos da lei, 241
iliberal, democracia, 26, 30, 37, 45, 68, 72-3, 124, 153, 303, 308
Illinois, 104, 205, 209
Iluminismo, 294-7
imigração, 100, 207, 216, 253, 276; atitude de Trump em relação à, 56, 177, 203-4, 214, 239, 254; deportações de imigrantes ilegais, 254; e democracia, 254-5; e populismo, 50, 60, 167, 204-5, 213, 277; imigrantes sem documentação, 214; na Alemanha, 31, 35, 47-9, 69-70, 201, 211; na Áustria, 201; na Estônia, 211-2; na França, 204, 212, 249, 251; na Grã-Bretanha, 200; na Grécia antiga, 195-6; na Hungria, 24-5, 200, 205, 211; na Polônia, 211; na Suécia, 31; na Suíça, 67; na União Europeia, 212; no Canadá, 255; no Japão, 48-9; nos Estados Unidos, 77, 94, 144, 201-5, 214, 238-9, 246
impeachment, 11, 222-3, 303, 308
Império Austro-Húngaro, 198, 233
Império Habsburgo, 197, 233
Império Otomano, 197
Império Romano, 197
impérios multiétnicos, 197

impostos *ver* tributação
imprensa, 20, 44, 48, 50, 64, 103, 140, 147, 239, 245, 285; ataques de Trump à, 64, 147, 239, 306; ataques populistas contra, 23, 48, 63, 147, 224; liberdade de, 16, 43, 63, 65; na Alemanha, 48, 50, 69; na Grã-Bretanha, 64, 66, 116; na Grécia, 27, 28, 64; na Hungria, 16; na Itália, 64, 116; na Polônia, 24, 64, 153-5, 227; na Rússia, 53; na Turquia, 24, 53; na Venezuela, 53; nos Estados Unidos, 64, 86-8, 94, 147, 177, 239, 306; *ver também* comunicação de massa; jornais; mídias sociais
impressão, tecnologia de, 170, 182
Índia: apoio a governo militar, 138; apoio a líder autoritário, 226, 305; autoritarismo na, 226, 304-5; democracia na, 138; desigualdade de renda na, 185; eleições na, 226, 228; hinduísmo, 60; nacionalismo na, 237; populismo na, 57, 60, 226-7, 304-5; propinas na, 104
Indiana (EUA), 209
indígenas americanos, 203
industrialização, 77
indústrias, 99
inflação, 90-3; hiperinflação, 89, 91
informação viral, 32, 172-3, 247
Informe Econômico ao Presidente (EUA, 2015), 269
InfoWars (website), 177
infraestrutura, 177, 262, 279
Inglaterra *ver* Grã-Bretanha
Inglehart, Ronald, 129, 215-7
injustiças, 43, 151, 241, 243, 248, 294-7
instituições independentes, 10, 16, 24, 26, 28-9, 45, 53, 63, 66, 122, 307
instituições liberais, 24, 26, 44, 54, 223
instituições tutelares, 119
internet, 32, 34, 79, 87, 166, 171-2, 176, 178, 244, 281, 284
Iowa, 206, 209-10
iPhone, 266
Irã: Movimento Verde, 182
Iraque, 104; Bagdá, 243
Irlanda, 266
irlandeses, 236, 238
Isiksel, Turkuler, 211
Islã, 17; atitude de Trump em relação a muçulmanos, 23, 59, 202, 239, 254; banimento da imigração muçulmana, 254; Corão, 71, 142; Estado Islâmico, 59, 182; na Alemanha, 47-9, 53; na França, 60, 212; na Holanda, 71, 142; na Polônia, 211; na Suíça, 66-8; na Turquia, 237; nos Estados Unidos, 23, 202; teocracia islâmica, 17
Islândia, 185
Istambul, Turquia, 201
Itália, 9, 27, 51, 58, 60, 100, 116, 138-9, 142, 149, 193, 198-200, 233-5, 258; apoio a governo militar, 138; apoio a líder autoritário, 139; atitude em relação à democracia, 133-4; corrupção na, 51, 142; democracia na, 51; eleições na, 51, 229; imprensa na, 64, 116; mercado de trabalho na, 274; Movimento Cinco Estrelas (M5S), 9, 51, 142, 149; nacionalismo na, 198, 233; padrão de vida na, 186; Parlamento, 142, 198; partidos políticos na, 51; populismo na, 51, 57, 64, 142, 149-50, 229; radicalismo político da juventude, 150; salários na, 188; trabalhadores

convidados da, 200; *ver também* Roma

italianos, 11, 198, 238, 249

Japão, 48-9; apoio a governo militar, 138; apoio a líder autoritário, 139; atitude em relação à democracia, 133-4; banco central do, 92; comércio do, 99; imigração no, 48-9; radicalismo político da juventude, 150

Jefferson, Thomas, 247

Johnson, Lyndon, 145

jornais, 9, 64, 67, 103, 140, 153, 171; *ver também* imprensa

judeus: antissemitismo, 158, 284; discriminação contra, 238, 248, 302; Holocausto, 71-2, 156, 234

Judiciário: ataque de Trump contra o, 147; na Alemanha, 66, 253; na Coreia do Sul, 222; na França, 96; na Grã-Bretanha, 66, 95-6; na Hungria, 25, 65, 122; na Polônia, 24, 155, 223; na Suíça, 67; na Turquia, 24; nos Estados Unidos, 93-4, 96, 107, 109, 114, 117, 145-7, 225, 238, 241, 251, 289, 291, 305

justiça socioeconômica, 159, 245

juventude: desencanto com a democracia, 148, 150-1; radicalismo político da, 150; voto da juventude, 150-1

Kaczyski, Jarosław, 57-8, 64, 154-5, 211, 225-7, 304

Kelsen, Hans, 97

Kennedy, Anthony, 107, 111-2

King, Shaun, 247

King, Steve, 210

Kissling, Roland, 67

Klein, Naomi, 120

Kohl, Helmut, 115

Kolko, Jed, 192

KORWIN, 227

Krastev, Ivan, 54, 212

Kristof, Nicholas, 174

Kubrick, Stanley, 284

Lahren, Tomi, 241

latinos, 202, 204, 209, 230, 238, 246

Le Pen, Jean-Marie, 52, 71

Le Pen, Marine, 22, 52, 57-8, 60, 71, 149-50, 201, 204-5

legislaturas, 80-1, 86, 88, 101, 135, 146-7

legitimidade do governo, 130

legitimidade do regime, 130-1

Leipzig, Alemanha, 47

Lepper, Andrzej, 158

Lessig, Lawrence, 112

Leste Europeu, 17, 24, 213, 237

Levitsky, Steven, 118

Lewis, condado de (Nova York), 205

Lewis, John, 246-7

liberalismo, 21, 28-30, 37, 42-5, 68, 72, 101, 107, 112, 118-9, 121-4, 288, 303; antidemocrático, 28, 30, 37, 45, 68, 101, 107, 119, 121, 124, 288, 303; definições de, 42; e democracia, 20, 28-9, 43-5, 122-4; elites liberais, 22; instituições liberais, 24, 26, 44, 54, 223; *ver também* democracia

liberdade, 159, 224, 238, 298, 313-4; de associação, 43; de expressão, 29, 43-4, 107, 242, 244-5, 282, 284, 291; de imprensa, 16, 43, 63, 65; de reunião, 156; religiosa, 44, 67-8, 198

Líbia, 174
Liga das Famílias Polonesas, 158
Limens, Frau, 89-91
limpeza étnica, 199
Linz, Juan J., 19
Lipset, Seymour Martin, 50
Liverpool, Inglaterra, 41
livre mercado, 262
livre-comércio, 98-101
lobby, 105-12, 115, 118, 286-7, 289; *ver também* grupos de interesse
Londres, Inglaterra, 104, 266-7
Los Angeles, Califórnia, 204-5, 208
Luís XVI, rei da França, 108
Lutero, Martinho, 170-1
Luxemburgo, 266
Lviv, Ucrânia, 233

Macron, Emmanuel, 127, 249
Madison, James, 76, 291
Mainz, Alemanha, 182
maioria: demográfica, 211; tirania da, 21, 96
Malásia, 174
Mali, 249
Malinowski, Tom, 284
Manchester, Inglaterra, 41
manifestações em massa *ver* protestos/manifestações
Manjoo, Farhad, 178-9
Mann, Horace, 291
manufatura, 55, 57, 264, 271
Maquiavel, Nicolau, 290
marco alemão, 91
Maréchal-Le Pen, Marion, 60
marroquinos, 246, 249, 253
Marselha, França, 204, 249
Maslow, Abraham, 214-6
May, Theresa, 66

McCain, John, 106-7, 144
McConnell, Mitch, 145
medos: demográficos, 210-2, 253; exploração de, 22-3
meio ambiente *ver* questões ambientais
Mélenchon, Jean-Luc, 149
"memes", 172
Mensch, Louise, 286
mentiras, 12, 142, 147, 177, 179, 217, 232, 283, 289-90
mercados de trabalho, 271-5
Merkel, Angela, 27, 47, 49, 121
mexicanos, 23, 239
México, 203-4; muro na fronteira, 56-7, 247
Michigan, 182, 208
mídias sociais, 32, 34, 166, 169, 171-9, 182-3, 231-2, 281-2, 285, 289, 307; e Primavera Árabe, 174, 182; e tecno-otimistas, 173; e tecnopessimistas, 175; efeito sobre a democracia liberal, 299; na França, 182; uso por Trump, 21, 64, 177, 285, 307
militares, governo de, 20, 135-8, 158, 221
Minnesota, 209
minorias: direitos das, 28, 45, 67, 140; educação, 251; étnicas, 29, 31, 44, 50, 59, 61, 122, 140, 147, 198, 201, 211, 215-7, 237, 239, 242-3, 251, 277; linguísticas, 198; raciais, 31-3, 241, 246, 251, 254; religiosas, 29, 44, 59, 67-8, 97, 122, 140, 147, 170, 177, 198, 211, 215-7, 233-4, 237-9, 242-3, 246, 254, 277; sexuais, 97, 216
mobilidade de renda absoluta, 188-9, 194

Modi, Narendra, 57, 226, 304
Moldávia, 92
monarquia absolutista, 29, 75
"monopólio moral da representação", 62, 239
Montesquieu, barão de (Charles-Louis de Secondat), 296
Montgomery, Alabama, 248
moradia *ver* habitação
Morozov, Evgeny, 176
mortalidade infantil, 54
Mounk, Leon, 233
Movimento Cinco Estrelas (M5S, Itália), 9, 51, 142, 149
movimento estudantil, 125
Movimento Socialista Pan-Helênico (PASOK, Grécia), 51
Movimento Verde (Irã), 182
MSNBC (rede de TV), 191
muçulmanos *ver* Islã
mudança climática, 82, 87, 101, 121-2, 143, 288
Mueller, Robert, 307
mulheres, discriminação contra, 253
Müller, Jan-Werner, 62, 72-3, 156
Mussolini, Benito, 63

nacionalismo: cultural, 197-8; excludente, 238-40; inclusivo, 253-4; liberal, 197; na Alemanha, 198-9; na China, 237; na Hungria, 197-8; na Índia, 237; na Itália, 198, 233; na Turquia, 237; nos Estados Unidos, 239; supranacionalismo, 235; xenofóbico, 237
Nações Unidas, 99, 212
Nafta (Tratado Norte-Americano de Livre-Comércio), 100
Nápoles, Itália, 233

nazismo, 71, 142; movimento neonazista, 52
Nero, imperador romano, 311-2
*New Republic, The* (revista), 191
*New York Times, The* (jornal), 64, 174, 178
Nigéria, 174, 182
Nixon, Richard, 125
Nodia, Ghia, 235, 237
Nord-Pas-de-Calais-Picardie, França, 205
Nordrhein-Westfalen, Alemanha, 204
Norris, Pippa, 129
Noruega, 138-9, 150, 266
nostalgia, 257-9, 279-80
Nova Democracia (Grécia), 51
Nova York (NY), 56, 243, 267; ataques terroristas de Onze de Setembro (2001), 210, 284; imigrantes em, 204-5, 207
Nova Zelândia, 22, 134, 138-9

Obama, Barack, 43, 59, 104, 113, 144-6, 203, 230, 239, 248, 284-7
Obama, Michelle, 287
obstrucionismo, 145
Occupy Wall Street (movimento), 174
Occupy-Democrats (website), 286
Offenburg, Alemanha, 69
Oldenburg, família, 74
oligarquias: competitivas, 119; "oligarquia da UE", 58
ONGS (organizações não governamentais), 24-5, 88, 153
Onze de Setembro, ataques terroristas de (Nova York, 2001), 210, 284
opinião pública, 131, 236, 307
Orbán, Viktor, 8-10, 25-6, 57, 65, 72, 211, 225

Organização Mundial do Comércio (OMC), 99
organizações internacionais *ver* tratados e organizações internacionais
Orwell, George, 183
Ottawa, Canadá, 50
Oxfam, 263

padrão de vida, 18, 33, 56, 166, 175, 187-8, 217, 231, 267, 270; na Alemanha, 186; na França, 186; na Itália, 186; nos Estados Unidos, 31, 186-8, 258, 267, 269
Page, Benjamin, 102
Pais Fundadores (EUA), 21, 76, 93, 108, 114, 247, 298, 305
Palin, Sarah, 63, 144
Panama Papers, 263
paraísos fiscais, 263, 265
*Parents Involved in Community Schools v. Seattle School District Nº. 1*, caso (EUA), 241
Paris, França, 41, 50, 122, 204; Acordo de Paris (2015), 122
Park Geun-hye, 221, 303
Parks, Rosa, 94
Parlamento: alemão (Bundestag), 70; britânico, 66, 76, 86, 95, 103, 112, 286; canadense, 50; dinamarquês, 50; europeu, 89; finlandês, 50; francês, 50; húngaro, 25; italiano, 142, 198; polonês, 64, 156, 227; sueco, 50; suíço, 50; sul-coreano, 222
Partido Comunista (China), 174
Partido Conservador (Grã-Bretanha), 103-4
Partido da Independência do Reino Unido (UKIP), 71
Partido da Liberdade (Áustria), 9, 62, 141, 201
Partido Democrata (Estados Unidos), 43, 114, 144, 146, 209, 226
Partido Democrata (Suécia), 52
Partido Democrata Cristão (Alemanha), 115
Partido Juntos (Polônia), 227
Partido Lei e Justiça (Polônia), 156, 158, 303
Partido Liberal (Canadá), 140-1
Partido Liberal Democrata (Grã-Bretanha), 103
Partido Moderado (Suécia), 52
Partido Nacional Democrático (NPD, Alemanha), 71
Partido para a Liberdade (PVV, Holanda), 142
Partido Popular (Dinamarca), 201
Partido Popular Suíço, 67
Partido Republicano (EUA), 8, 43, 61, 114, 128, 144-7, 210, 306-9
Partido Social-Democrata (Suécia), 52
Partido Trabalhista (Grã-Bretanha), 150
partidos políticos: e populismo, 59; liberais, 216; na Áustria, 141; na Espanha, 17, 59; na França, 16; na Grã-Bretanha, 150; na Grécia, 17, 51; na Itália, 51; na Polônia, 158; na União Europeia, 52; nos Estados Unidos, 43, 61, 114, 143, 145-7, 209-10, 226, 307-8; "verdes", 217
patriotismo, 247-50
PEGIDA ("Europeus Patriotas contra a Islamização do Ocidente"), 47-8, 54
pena de morte, 94

penitenciária de Seul, 303
pensões, 260, 275
Péricles, 195
Petry, Frauke, 22, 69-71
Pettigrew, Thomas, 206
Pew Research Center, 210
PIB (produto interno bruto), 8, 54-5, 97, 105, 153, 270; per capita, 18, 153, 259
Pierskalla, Jan, 180-1
Piketty, Thomas, 186
Plataforma Cívica (Polônia), 154
Platão, 290
pluralismo, 32, 176, 200
pobreza, 43, 54, 61, 192, 215, 258, 295
Podemos (partido espanhol), 51, 59, 71, 149
poderes, separação de, 43
Polillo, Simone, 92-3
política: elites políticas, 26, 32, 80, 91, 117-20, 217; grupos de ação política, 107; identidade política, 197; igualdade política, 159, 297; influência do dinheiro na, 106, 288; monetária, 82; radicalismo político, 150
Polletta, Francesca, 224
Polônia, 8-9, 58, 153-4, 156-8, 198, 205, 211, 226-8, 233-4, 304-5; apoio a governo militar, 138; apoio a líder autoritário, 139; atitude em relação à democracia, 133-4; autoritarismo na, 16, 156, 226, 298, 302-5; Coalizão Unida de Esquerda, 227; Comitê pela Proteção da Democracia, 226; como democracia iliberal, 55, 81; Conselho contra Discriminação Racial, Xenofobia e Intolerância, 211; corrupção na, 153-4; e União Europeia, 154, 156, 158; educação na, 153; eleições na, 24, 153-4, 226-7, 303; imigração na, 211; imprensa na, 24, 64, 153-5, 227; islamismo na, 211; Judiciário na, 24, 155, 223; Liga das Famílias Polonesas, 158; manifestações na, 224; Parlamento, 64, 156, 227; Partido Juntos, 227; Partido Lei e Justiça, 156, 158, 303; partidos políticos na, 158; Plataforma Cívica, 154; populismo na, 16, 24, 57, 158, 205, 227, 298, 302, 304; radicalismo político da juventude, 150; Samoobrona (partido polonês), 158; Telewizja Polska (TVP, emissora estatal polonesa), 155; transição à democracia, 153, 156-7; Tribunal Constitucional, 155
poluição, 120
*Popolo d'Italia, Il* (jornal), 63
populismo: ataques contra a imprensa, 23, 48, 63, 147, 224; e autoritarismo, 72, 227, 280, 298, 301-5; e democracia, 23, 71, 223, 231-2, 303; e ditaduras, 57, 72; e elites, 53, 58, 65, 123, 213; e imigração, 50, 60, 167, 204-5, 213, 277; e partidos políticos, 59; na Alemanha, 22, 52-3, 60, 69-71, 204-5; na Austrália, 22; na Áustria, 17, 52, 150, 201, 225; na Coreia do Sul, 221; na Espanha, 225; na Finlândia, 52; na França, 22, 52, 57, 60-1, 150, 204, 225, 249; na Grã-Bretanha, 22, 71; na Grécia, 26-7; na Holanda, 52, 71, 142; na Hungria, 16, 28-9, 57, 205, 228, 298, 302; na Índia, 57, 60,

226-7, 304-5; na Itália, 51, 57, 64, 142, 149-50, 229; na Polônia, 16, 24, 57, 158, 205, 227, 298, 302, 304; na Suécia, 52; na Turquia, 24, 57, 60, 228, 304-5; na Venezuela, 153, 228, 304; nos Estados Unidos, 21-2, 50, 57, 208, 226, 230, 239, 308; riqueza e, 190

Powell, Lewis F., Jr., 109

preços ao consumidor, 119

Prêmio Nobel de Economia, 216

prestação de contas, 121, 174, 286

Primavera Árabe (2011), 174, 182

Primeira Guerra Mundial, 90

produtividade, 269-73, 275, 279

proliferação nuclear, 120

propaganda, 9, 21, 65, 155, 284

proteção igualitária nos termos da lei, 241

protestantes, 170, 238

protestos/manifestações, 47-8, 50, 63, 173-4, 222, 224-5, 303

*Protocolos dos Sábios de Sião* (panfleto antissemita), 284

Prússia, 29, 74

Putin, Vladimir, 48, 226

qualidade de vida, 189

Quênia, 92, 182, 203, 239

questões ambientais, 215; Acordo de Paris (2015), 122; mudança climática, 82, 87, 101, 121-2, 143, 288; partidos "verdes", 217; poluição, 120; regulamentação, 86-9, 98

raças/minorias raciais: atitude de Trump em relação a, 230; discriminação contra, 238, 253; e educação, 251; e estereótipos, 241; e hierarquia racial, 31, 218; e populismo, 205; igualdade racial, 33, 254; injustiça racial, 33, 241-2; no Canadá, 31; nos Estados Unidos, 31, 94, 239, 241-2, 246, 251-2

racismo, 179, 239, 242, 253, 294

radicalismo político, 150

rádio, 32, 65, 86, 94, 129, 171, 176, 180, 284-5

Randolph, A. Philip, 246

Reagan, Ronald, 43, 113, 259-60

redes sociais *ver* mídias sociais

redistribuição econômica, 56, 207, 215-6

Reforma Protestante, 170

reformas econômicas, 33, 123, 257-80

regulamentação, 25, 82, 87, 282-3; autorregulamentação, 283

Reino Unido *ver* Grã-Bretanha

relativismo cultural, 252

religião/minorias religiosas: atitude de Trump em relação a, 23, 59, 202, 239, 254; direitos das, 29, 44, 122, 140, 246; discriminação religiosa, 97, 253; e apropriação cultural, 243; e nacionalismo, 198, 237-8; e populismo, 59, 63, 276; em impérios multiétnicos, 197; igualdade religiosa, 254; liberdade religiosa, 44, 67-8, 198; na França, 212; na Holanda, 142; na Polônia, 211; na Suíça, 66-8; nos Estados Unidos, 23, 202, 238, 242; tolerância em relação a, 215-6, 234

República de Weimar (Alemanha), 89

republicanos (EUA) *ver* Partido Republicano

resgate financeiro, operações de, 27

reunião, liberdade de, 156
Revolução Americana, 293
Revolução Francesa, 48, 62
Revolução Industrial, 189
riqueza, 18, 21, 75, 103-4, 113, 184, 193-4, 215, 259, 268, 275; distribuição de, 186; e populismo, 190; influência política da, 106, 288; redistribuição econômica, 56, 207, 215-6
Roberts, John, 241
Robespierre, Maximilien de, 62
Rokkan, Stein, 50
Roma antiga, 301, 310-2; Édito de Caracala, 196; Império Romano, 197; República Romana, 196-7, 310-1
Romênia, 138-9, 150
romenos, 198
Romney, Mitt, 192
Rondón, Andrés Miguel, 228-9
Rothwell, Jonathan, 190
Rousseau, Jean-Jacques, 290, 296
Runciman, David, 125
Russell, Bertrand, 30, 129, 166, 194
Rússia: autoritarismo na, 16, 53, 226; como ditadura, 16, 53-4, 81, 148, 226; e eleições presidenciais americanas de 2016, 148, 286; eleições na, 226; imprensa na, 53; minorias na, 48; *ver também* União Soviética

salários, 23, 109, 217, 261, 272-3, 289
Salvini, Matteo, 60
Samoobrona (partido polonês), 158
Samsung, 222
Sanders, Adrian, 103
Sarkozy, Nicolas, 127-8, 143
Sarrazin, Thilo, 211
saúde, serviços de *ver* assistência médica

Saxônia, Alemanha, 205
Scalia, Antonin, 145
segregação, 93-4, 238, 248
Segunda Guerra Mundial, 51, 82, 91-2, 97, 120, 165, 199-200, 301
Selma, Alabama, 248-9
Senegal, 249
sensibilidade cultural, 243, 252
separação de poderes, 43
Seul, Coreia do Sul, 222; penitenciária de, 303
Shirky, Clay, 171, 174
Sibéria, 234, 284
sindicatos, 65, 80, 107, 109-10, 114, 116, 258, 276
Síria, 174, 211
sírios, 246
sistema de saúde *ver* assistência médica
social-democratas, 80, 117, 217
socialismo, 63
Sócrates, 296
Starbucks, 266
Stein, Jill, 50, 120
Stepan, Alfred, 19
Sudetos, 198
Suécia, 24, 133-4, 138, 149, 152, 234, 250, 258, 310; apoio a governo militar, 138; apoio a líder autoritário, 139; atitude em relação à democracia, 133-4; como Estado de bem-estar social, 275; democracia na, 17, 138; discriminação de gênero na, 252; eleições na, 225; imigração na, 31; multietnicidade na, 204; Parlamento, 50; Partido Democrata, 52; Partido Moderado, 52; Partido Social-Democrata, 52; populismo na, 52; radicalismo po-

lítico da juventude, 150; voto da juventude, 150
Suíça: apoio a governo militar, 138; apoio a líder autoritário, 139; atitude em relação à democracia, 133-4; como paraíso fiscal, 265; Constituição, 68; democracia na, 68; imigração na, 67; islamismo na, 66-8; Judiciário na, 67; Parlamento, 50; Partido Popular Suíço, 67; radicalismo político da juventude, 150; referendo na, 67-70
Sullivan, Andrew, 174
*Sun, The* (jornal), 116
Sunstein, Cass, 176
supranacionalismo, 235
Suprema Corte (EUA), 93-5, 109, 126, 145, 241, 289, 291, 305; caso *Bethel School District Nº. 403 v. Fraser*, 291; caso *Brown v. Board of Education*, 251; caso *Citizens United vs. Federal Election*, 111; caso *Parents Involved in Community Schools v. Seattle School District Nº. 1*, 241; função constitucional da, 94, 145; nomeação de Merrick Garland, 145
supremacistas brancos, 306
Sydney, Austrália, 22
Syriza (Coalizão da Esquerda Radical, Grécia), 51-2, 149

Tailândia, 130
Taiwan, 99
taxas alfandegárias, 263-5
Taylor, Astra, 52-3
tchecos, 197-8
Tchecoslováquia, 198
Tea Party (EUA), 144, 174

Teachout, Zephyr, 108
tecnocratas, 21, 27, 29, 91-3, 98, 120
tecnologia: digital, 170-1, 174, 180-2, 281; de impressão, 170, 182
telefones celulares, 175, 180-1
televisão, 9, 25, 32, 36, 48, 64-5, 86-7, 94, 116, 155, 171, 176-7, 283-4
Telewizja Polska (TVP, emissora estatal polonesa), 155
temores demográficos, 210-2, 253
teocracias, 17, 297
teorias da conspiração, 158, 179, 281, 284-6, 288, 290
Terceiro Mundo, 203, 210
Terceiro Reich (Alemanha), 198
territorialismo, 264-5, 279
terrorismo, 23, 49, 60, 173, 210, 212, 217
Texas, 209, 245
Thatcher, Margaret, 84
#TheResistance, 226, 286
TNS-Sofres, pesquisa, 127
trabalho: identidade e, 276-7; mercados de trabalho, 271-5; significativo, 275-8; "trabalhadores convidados", 200; trabalhadores especializados, 56; trabalhadores pouco qualificados, 261, 272
transformações demográficas, 208-12
Tratado Norte-Americano de Livre-Comércio (Nafta), 100
tratados e organizações internacionais, 81-2, 97-8
Tribunal Constitucional (Polônia), 155
tributação, 260, 262, 264
Trump, Donald, 7-8, 10, 16, 21-3, 42, 54, 56-64, 72, 111, 120, 147-51, 177-8, 182, 190-2, 203-5, 208-10,

214, 230, 239, 240, 246-7, 254, 285-7, 298, 306-10; "América Primeiro" (slogan), 239; ataques à imprensa, 64, 147, 239, 306; como líder autoritário, 16, 50, 226, 239, 305, 308-9; e a Constituição dos Estados Unidos, 16, 147; e afro-americanos, 230; e China, 22, 57; e educação, 228; e imigração, 56, 177, 203-4, 214, 239, 254; e Judiciário, 147; e latinos, 202, 230; e minorias, 23, 59, 147, 177, 202, 230, 239, 254; e minorias étnicas, 230; e muçulmanos, 23, 59, 202, 239, 254; e questões econômicas, 22, 56, 190, 257; finanças de, 111; investigação por conselho especial, 308; nacionalismo de, 239; possível impeachment de, 305-8; "Universidade Trump", 56; uso da mídias sociais por, 21, 64, 177, 285, 307

Tsipras, Alexis, 27-8, 51, 64

Tunísia, 174

turcos, 211, 246

Turquia, 13, 304-5, 310; autoritarismo na, 16, 53, 237, 304-5; como ditadura, 16, 53, 122, 223, 228, 304; eleições na, 24, 62, 226; imprensa na, 24, 53; islamismo na, 237; Judiciário na, 24; nacionalismo na, 237; populismo na, 24, 57, 60, 228, 304-5; trabalhadores convidados da, 200

Tusk, Donald, 154

tutelares, instituições, 119

Twitter, 21, 34, 80, 171-2, 174-8, 181, 183, 282-6

Uber, 277-8

Ucrânia, 233

União Europeia, 27, 53, 66, 88, 100, 111, 120, 149, 156, 158, 212, 234-7, 257-8; Banco Central Europeu, 27, 91, 118; burocracia da, 23, 88, 235-6; Comissão Europeia, 27, 88-9, 100; como liberalismo antidemocrático, 55, 81; Conselho da Europa, 156; Convenção Europeia dos Direitos Humanos, 95; democracia na, 288; e Brexit, 42, 66, 149, 201, 236, 257; e controle de constitucionalidade, 95; e dívida da Grécia, 26-7; e lobistas, 111; e Polônia, 154, 156, 158; eleições na, 88-9; imigração na, 212; livre-comércio na, 100; Parlamento europeu, 89; partidos populistas na, 52; zona do Euro, 28, 236; *ver também* Europa

União Soviética, 17, 233; *ver também* Rússia

Universidade Centro-Europeia (Hungria), 25, 225

Universidade da Carolina do Norte, 146

Universidade de Oxford, 84

Universidade Harvard, 176, 270, 292

"Universidade Trump", 56

Uruguai, 138-9

Usbequistão, 174

Varsóvia, Polônia, 22, 156

Vavreck, Lynn, 129

Vdare (website), 177

Veneza, Itália: Comissão de Veneza, 156; República de, 301

Venezuela: autoritarismo na, 53, 226, 304; chavismo na, 228; como ditadura, 53, 226, 304; Constituição,

65; eleições na, 226, 228; imprensa na, 53; oposição na, 228; populismo na, 153, 228, 304
"verdes", partidos, 217
Verhofstadt, Guy, 156
Versteeg, Mila, 95
Vichy, Regime de (França), 71
Viena, Áustria, 201, 243
Vietnã, Guerra do, 125
violência doméstica, 253
viral, informação, 32, 172-3, 247
vontade popular, 20-1, 26, 28, 53-4, 62, 66, 73, 84-5, 89, 97, 102, 118-9, 123-4, 288, 302
*Vox* (website), 191

Waldron, Jeremy, 96-7
*Wall Street Journal, The* (jornal), 209
Wangen bei Olten, Suíça, 66-7
Washington, DC, 50, 109, 114, 189, 266, 288, 309
Washington, George, 290
Watergate, escândalo, 125
Way, Lucan, 118
Weber, Max, 85
Weidel, Alice, 60
Wellington, Nova Zelândia, 22
Wieseltier, Leon, 198
Wilders, Geert, 71, 142, 240
Williamson, Kevin, 56
Wilmington, Delaware, 266
Wingfield, Adia Harvey, 241, 246
Wisconsin, 208-9
World Values Survey, 132

xenofobia, 211, 237, 244

*Yes Minister* (programa de TV), 84

Zingales, Luigi, 229
Zona do euro, 28, 236
zonas rurais, 116, 205, 207, 212, 267

1ª EDIÇÃO [2019] 6 reimpressões

ESTA OBRA FOI COMPOSTA EM MINION PELO ACQUA ESTÚDIO E IMPRESSA
PELA GRÁFICA SANTA MARTA EM OFSETE SOBRE PAPEL PÓLEN NATURAL
DA SUZANO S.A. PARA A EDITORA SCHWARCZ EM JANEIRO DE 2023

A marca FSC® é a garantia de que a madeira utilizada na fabricação do papel deste livro provém de florestas que foram gerenciadas de maneira ambientalmente correta, socialmente justa e economicamente viável, além de outras fontes de origem controlada.